Gwaith Cymdeithasol a'r Iaith Gymraeg

~

Social Work and the Welsh Language

Gwaith Cymdeithasol a'r Iaith Gymraeg

~

Social Work and the Welsh Language

golygwyd gan/edited by

RHIAN HUWS WILLIAMS, HYWEL WILLIAMS & ELAINE DAVIES

ar ran/on behalf of

CCETSW CYMRU

CCETSW CYMRU
GWASG PRIFYSGOL CYMRU
CAERDYDD 1994

Mae cofnod catalogio'r gyfrol hon ar gael gan y Llyfrgell Brydeinig

ISBN 0-7083-1203-9

Clawr gan Design Principle, Caerdydd
Cysodwyd yng Ngwasg Prifysgol Cymru, Caerdydd
Argraffwyd yn Lloegr gan The Alden Press, Rhydychen

A catalogue record for this book is available from the British Library

ISBN 0-7083-1203-9

Cover by Design Principle, Cardiff
Typeset at the University of Wales Press, Cardiff
Printed in England by The Alden Press, Oxford

Rhagair
~
Preface

Mae gan CCETSW yn gyffredinol gyfrifoldeb dros hyrwyddo a chymeradwyo addysg a hyfforddiant ar gyfer gwaith a gofal cymdeithasol. Ei nod yw hyrwyddo safonau uchel ac ymarfer da yn y maes hwn. Ar gyfer y gwaith yng Nghymru mae gan CCETSW ymrwymiad i:

* ddatblygu addysg a hyfforddiant trwy gyfrwng y Gymraeg
* anelu at sicrhau addysg a hyfforddiant sy'n sensitif at iaith a diwylliant
* anelu at sicrhau fod holl waith CCETSW yng Nghymru yn rhoi ystyriaeth lawn i'r Gymraeg.

Fel rhan o'r ymrwymiad hwn gwelwyd yr angen am gyhoeddiadau a fyddai'n gosod cyd-destun clir a chyhyrog ar gyfer deall ac arddel gwahanol agweddau ar ymarfer da mewn perthynas â defnyddwyr Cymraeg eu hiaith. Mae'r gyfrol hon yn perthyn i'r cnwd cyntaf o gyhoeddiadau o'r fath.

Mae'n rhan o weithgarwch Rhaglen Gymraeg CCETSW ac yn ymddangos yr un adeg â *'They All Speak English Anyway' – Yr Iaith Gymraeg ac Ymarfer Gwrth-Orthrymol* ynghyd â *Cyfeiriadur Deunyddiau*. Mae'r tri chyhoeddiad hyn yn mynd law yn llaw â'i gilydd: gyda'r gyfrol hon yn gosod fframwaith academaidd cadarn ar gyfer deall a dadansoddi safle ac arwyddocâd y Gymraeg yn y gymdeithas sydd ohoni. Mae *'They All Speak English Anyway'* yn trafod y Gymraeg yng nghyd-destun ymarfer gan ddefnyddio dulliau dysgu'r Brifysgol Agored i gyflwyno gwybodaeth ac ymdrin ag agweddau a gwerthoedd. Mae'r *Cyfeiriadur Deunyddiau* yn corlannu gwybodaeth am gyhoeddiadau a deunyddiau eraill a fydd o

CCETSW has general responsibility for the promotion and approval of education and training in social work and social care. Its aim is to promote high standards and good practice in this field. With regard to its remit in Wales, CCETSW is committed to:

* the development of Welsh-medium education and training
* aiming to ensure linguistically and culturally sensitive education and training
* aiming to ensure that all CCETSW's work in Wales gives full consideration to the Welsh language.

As part of this commitment, it was recognized that publications setting a clear and robust context for the understanding and adoption of various aspects of good practice in relation to Welsh-speaking users were required. This volume belongs to the first crop of such publications.

It forms part of CCETSW's Welsh Language Programme and appears at the same time as *'They All Speak English Anyway' – The Welsh Language and Anti-Oppressive Practice* and a *Directory of Materials*. All three publications go hand in hand: this volume sets a firm academic framework for the understanding and analysis of the position and significance of the Welsh language in contemporary society. *'They All Speak English Anyway'* discusses the Welsh language in the practice context and utilizes Open University teaching methods to present information and to tackle attitudes and values. The *Directory of Materials* collates information on publications and other materials of interest to those who wish to ensure good practice in relation to the Welsh

ddiddordeb i'r sawl sydd am sicrhau ymarfer da mewn perthynas â'r iaith Gymraeg a sensitifrwydd ieithyddol yn gyffredinol. Ond y gyfrol hon yw'r sail; hon sy'n gosod y cywair ar gyfer medru deall ystyr, goblygiadau a sialens cyplysu'r Gymraeg ac ymarfer da yn y nawdegau.

Rhian Huws Williams
Pennaeth Rhaglen Gymraeg CCETSW
Gorffennaf 1994

language and linguistic sensitivity generally. Nevertheless, this volume lays the foundation; it sets the tone which will enable people to understand the meaning, the implications and the challenges of relating the Welsh language to good practice in the nineties.

Rhian Huws Williams
Head of CCETSW's Welsh Programme
July 1994

Diolchiadau
~
Acknowledgements

Hoffai CCETSW ddiolch i bawb a fu'n gyfrifol am gefnogi a hyrwyddo'r cyhoeddiad hwn. Diolch i'r awduron am gyfrannu papurau sylweddol a pherthnasol gyda phob ymdriniaeth yn cyfrannu tuag at ymestyn trafodaeth a dealltwriaeth. Diolch i swyddogion Gwasg Prifysgol Cymru am eu cyngor a'u gwaith gofalus trwy gydol y prosiect; diolch i Hywel Williams ac Elaine Davies am gyd-weithio â mi yn y broses o olygu'r gyfrol ac i Brengain Evans am weinyddu'r cyfan. A diolch i'r Swyddfa Gymreig am ei chefnogaeth ariannol yn hyrwyddo'r fenter.

Rhian Huws Williams
Pennaeth Rhaglen Gymraeg CCETSW
Gorffennaf 1994

CCETSW would like to thank everyone responsible for supporting and promoting this publication. We are grateful to the authors for contributing substantial and relevant papers each of which contributes towards enhancing discussion and understanding. Thanks must also go to the officers of the University of Wales Press for their advice and careful work; to Hywel Williams and Elaine Davies for their co-operation in the process of editing the volume, and to Brengain Evans for carrying out the administrative work. May I also thank the Welsh Office for its financial support in promoting the venture.

Rhian Huws Williams
Head of CCETSW's Welsh Programme
July 1994

Cynnwys
~
Contents

Rhagymadrodd

~

Introduction

Er y dylai'r iaith Gymraeg fod yn ganolog i unrhyw drafodaeth gynhwysfawr am waith cymdeithasol yng Nghymru, mae'r ymdriniaeth ohoni cyn belled yn denau. Mae'n hanfodol agor trafodaeth felly, a gellid gwneud hynny trwy edrych ar yr iaith y tu mewn i fframwaith gorthrwm mewn cymdeithas yn gyffredinol. Mae hyn yn gwbl gyson â'r pwyslais cyfoes ar ymarfer da mewn gwaith cymdeithasol sy'n seiliedig ar egwyddorion gwrth-orthrymol. Er enghraifft mewn cyhoeddiad diweddar, *Improving Practice With Elders* (Northern Curriculum Development Project, CCETSW Leeds), ceir disgrifiad clir iawn o bŵer a gorthrwm yng nghyd-destun y gwasanaethau cyhoeddus yn gyffredinol a gwaith cymdeithasol yn benodol.

> Power in society manifests itself predominantly through its institutional procedures including the law enforcement agencies (police and courts), education systems, social work systems, etc. This power is transmitted at an individual level through agents of the institutions. A social worker in interacting with a client takes with them the institutional power of the employing organization, in the same way that a police officer does, although the nature of power and the framework for interaction is affected by the professional culture in which they operate.

Mae'r gyfrol hon yn anelu at osod seiliau ar gyfer y fath drafodaeth trwy gyflwyno nifer o bapurau sy'n trafod y Gymraeg, ei safle a'i harwyddocâd, o safbwyntiau gwahanol. Nid

The Welsh language should be central to any comprehensive discussion of social work in Wales, but to date it has received little attention. It is therefore essential that a debate be initiated, and this can be done by considering the language within the framework of oppression in society generally. This approach is consistent with current emphasis on good practice in social work based on anti-oppressive principles. For example, a recent publication, *Improving Practice With Elders* (Northern Curriculum Development Project, CCETSW Leeds), provides a very clear definition of power and oppression within the general context of public services and in social work specifically.

> Power in society manifests itself predominantly through its institutional procedures including the law enforcement agencies (police and courts), education systems, social work systems, etc. This power is transmitted at an individual level through agents of the institutions. A social worker in interacting with a client takes with them the institutional power of the employing organization, in the same way that a police officer does, although the nature of power and the framework for interaction is affected by the professional culture in which they operate.

This volume aims to lay the foundations for such a debate by presenting from a variety of standpoints a number of discussion papers on the Welsh language, its position and its significance. It does not aim to deal directly

yw'n anelu at ymdrin yn uniongyrchol â'r gofynion sy'n codi wrth ymarfer gwaith cymdeithasol mewn cymdeithas ddwyieithog. Yn hytrach, dyma gasgliad o bapurau sy'n gosod fframwaith a chyd-destun academaidd cadarn ar gyfer gwneud hynny.

Rhoddwyd fforwm i nifer o awduron sy'n amlwg yn eu meysydd. Trwy wneud hyn, efallai bod modd dadlau y gellid dod o hyd i'w gwaith mewn cyhoeddiadau eraill a bod rhywfaint o gynnwys y papurau eisoes yn gyfarwydd i rai. Ond, yn aml, mae cyd-destun eu sylwadau'n wahanol ac, o ganlyniad, y ffordd y maent yn trafod eu pwnc. Bwriad y gyfrol hon, felly, yw corlannu casgliad o drafodaethau perthnasol a phwysig o feysydd gwahanol mewn un gyfrol hylaw sydd wedi ei hanelu'n arbennig at bobl sy'n ymwneud â gwaith a gofal cymdeithasol yng Nghymru. Yn hynny o beth, mae'r gyfrol yn newydd sbon. Hyderwn hefyd y bydd peth wmbreth o'i chynnwys yn ffres a herfeiddiol.

Fe'i cyhoeddir yr un adeg â *'They All Speak English Anyway': Yr Iaith Gymraeg ac Ymarfer Gwrth-Orthrymol*, cyhoeddiad ar y cyd rhwng CCETSW a'r Brifysgol Agored sy'n trafod y Gymraeg yng nghyd-destun ymarfer. Mae'r ddau gyhoeddiad hyn yn rhan o gyfres a fydd yn rhoi ystyriaeth fanwl i oblygiadau iaith a dwyieithrwydd ac yn foddion felly i hwyluso cynnig gwasanaeth effeithiol, gwrth-orthrymol i ddefnyddwyr yng Nghymru. Sylweddolir fod angen i gyfres ymarferol o'r fath gael ei gwreiddio mewn cyhoeddiad megis *Gwaith Cymdeithasol a'r Iaith Gymraeg* sy'n gosod canllawiau clir i hybu dealltwriaeth a dadansoddiad o'r Gymraeg yn y gymdeithas gyfoes.

Mae'r gyfrol yn ymddangos yn gyfochrog yn Gymraeg a Saesneg er mwyn i'w chynnwys fod o fewn cyrraedd y gynulleidfa ehangaf posibl. Mae'n ddeunydd darllen pwysig i siaradwyr Cymraeg ac ymarferwyr di-Gymraeg fel ei gilydd. Ac mewn cyd-destun Prydeinig hwyrach y bydd yn gyfraniad tuag at ymestyn dealltwriaeth o natur a goblygiadau ymarfer mewn cymdeithas amlieithog. Ar y cyfan, mae'r hyn sy'n

with the requirements which arise in relation to social work practice in a bilingual society. Rather, it is a collection of papers which sets out the framework and a firm academic foundation for such a process.

This volume provides a forum for a number of authors prominent in their own fields. It could be argued that their work appears in other publications and that some of the contents of their papers are already familiar in some quarters. However, their observations have often been made in a very different context, and consequently the way in which they tackle their subject differs. The aim therefore is to bring together in one handy volume a collection of relevant and important discussions from a variety of fields, aimed specifically at people working in social work and social care in Wales. In this context, it is a brand new volume. We are also confident that much of its contents are fresh and challenging.

Published in conjunction with *'They All Speak English Anyway': the Welsh Language and Anti-Oppressive Practice*, a joint publication between CCETSW and the Open University which discusses the Welsh language in the context of practice, it forms part of a series which will give thorough consideration to the implications of language and bilingualism and which will therefore be a means of providing an effective, anti-oppressive service for users in Wales. It is realized that a practical series such as this must be rooted in a publication such as *Social Work and the Welsh Language* which sets clear guidelines for promoting an understanding and analysis of the Welsh language in contemporary society.

The volume is published bilingually with Welsh and English versions appearing alongside each other so that its contents are accessible to the widest possible audience. It contains important reading material for Welsh-speaking and non-Welsh-speaking practitioners alike. And in a British context, it might contribute towards enhancing understanding of the nature and implications of practice in a multilingual society. Apart from minor variations here and there, the Welsh and English versions

ymddangos yn Gymraeg a Saesneg yn cyfateb yn union ond gyda mân amrywiaethau hwnt ac yma.

Rhoddwyd rhwydd hynt i awduron drefnu eu papurau yn ôl eu dewis. Felly, ceir amrywiaeth yn y dull o lunio troednodiadau, cyfeiriadau, llyfryddiaeth ac ati, yn ogystal â gwahaniaethau o ran arddull.

Yn ei ddisgrifiad dadansoddol o ddemograffi Cymru mae'r Athro Harold Carter yn dibynnu i raddau helaeth ar ffigyrau Cyfrifiad 1981, gan gyfeirio'n ogystal at brif batrymau ac arwyddocâd cyffredinol ffigyrau 1991. Wrth ddadansoddi'r ffigyrau hyn mae'n tanlinellu'r gwahaniaeth sylfaenol rhwng y 'nifer' absoliwt o siaradwyr Cymraeg mewn ardal a 'chanran' y siaradwyr yn yr un ardal. Mae goblygiadau hyn o'r pwys mwyaf i'r sawl sy'n gyfrifol am lunio a darparu gwasanaeth i ddefnyddwyr mewn gwahanol rannau o Gymru. Mae'n dangos, er enghraifft, mai dwyrain Dyfed ac ardal glannau môr y gogledd i'r dwyrain o'r Fenai yw'r ddwy ardal gyda'r nifer uchaf o siaradwyr Cymraeg. Gwelir felly nad iaith a gyfyngir i gadarnle honedig yn y gogledd a'r gorllewin gwledig yw'r Gymraeg bellach. O edrych wedyn ar ganran y siaradwyr, gwelir y canrannau uchaf nid mewn 'Bro Gymraeg' gyfan, gyflawn sy'n hawdd ei diffinio ond, yn hytrach, mewn nifer o gymunedau gwasgaredig ac ar wahân.

Mae rhai o brif gasgliadau'r papur yn allweddol bwysig i asiantaethau yng Nghymru wrth iddynt lunio polisïau sy'n ieithyddol addas i'w hardaloedd: glastwreiddio'r 'Fro Gymraeg' honedig yn y gogledd a'r gorllewin; twf yn nifer y Cymry Cymraeg mewn ardaloedd nas ystyrir yn rhai Cymraeg eu hiaith yn draddodiadol; a thuedd i ddefnydd o'r Gymraeg ymddihatru rhag ffactorau tiriogaethol clir.

Wrth i'r Athro Carter ddadansoddi ystadegau, mae'n gorfodi darllenwyr i ail-asesu rhagdybiaethau cyfeiliornus ynglŷn ag ardaloedd lle mae presenoldeb y Gymraeg yn gryf ac eraill lle mae wedi gwanhau. Mae'n codi cwestiynau pwysig ynglŷn â lleoliad

are identical.

The authors were at liberty to lay out their papers as they wished. Consequently there is some variation in their methods of denoting footnotes, references, bibliographies.

Professor Harold Carter's analytical description of Welsh demography draws to a great extent on 1981 Census figures, but he refers also to the main trends and general significance of the 1991 data. In analysing Census data, he emphasizes the basic difference between the absolute 'number' of Welsh-speakers in an area and the 'percentage' of Welsh-speakers. This has immense implications for those responsible for planning and providing a service for users in various parts of Wales. Professor Carter demonstrates, for example, that eastern Dyfed and the coastal area to the north and the east of the Menai are the two areas with the largest number of Welsh-speakers. We therefore see that the Welsh language is no longer restricted to the perceived rural heartlands of the north and west. Furthermore, when one considers the percentage of speakers, one sees the highest percentages occurring not in a neat, self-contained 'Bro Gymraeg' which is easily defined, but rather in a number of scattered, isolated communities.

Some of the main conclusions reached in the paper are key factors for consideration by agencies in Wales as they formulate policies which are linguistically appropriate for their areas: the weakening of the perceived 'Bro Gymraeg' in the north and the west; the increasing number of Welsh-speakers in areas not traditionally perceived as Welsh speaking; and the evidence that the Welsh language is tending to become detached from clear territorial factors.

Professor Carter analyses the statistics and, in so doing, forces readers to re-assess misconceptions about areas where the Welsh language is strong and others where the language has become weaker. It raises important questions regarding the geographical location of Welsh-speakers in

daearyddol siaradwyr Cymraeg o'i gymharu â lleoliad gwasanaethau sy'n ieithyddol addas ar eu cyfer.

Yn yr ail bennod, mae'r Arglwydd Gwilym Prys Davies yn olrhain datblygiad deddfwriaeth sy'n ymwneud â'r Gymraeg, yn ystyried ei goblygiadau ac yn pwyso a mesur ei dylanwad. Mae'n cyfeirio at dwf graddol mewn ymwybyddiaeth o'r Gymraeg yn ystod yr ugeinfed ganrif ac yn ystyried yn fanwl effaith *Deddf yr Iaith Gymraeg* 1967. Un elfen sydd o ddiddordeb arbennig i'r sawl sy'n gweithio mewn gwasanaeth cyhoeddus oedd methiant y Ddeddf honno i osod dyletswydd ar gyrff cyhoeddus i ddefnyddio'r Gymraeg neu 'chwaith hawl i ddefnyddwyr fynnu gwasanaeth trwy'r Gymraeg. Yn erbyn y cefndir hwnnw y gwelwyd galw cynyddol am Ddeddf Iaith newydd a chynhwysfawr. Mae'r awdur yn ymateb i *Ddeddf yr Iaith Gymraeg* 1993, gan roi disgrifiad cynhwysfawr o'i chynnwys yn ogystal â dadansoddiad manwl ohoni.

Yng nghyd-destun y gyfrol hon mae rhai cwestiynau amlwg yn codi ynglŷn â grym a natur y Ddeddf. Beth, er enghraifft, fydd union effaith yr amrywiaethau lleol a ganiateir o ran hybu hawliau defnyddwyr Cymraeg eu hiaith mewn gwahanol rannau o Gymru? Beth hefyd fydd canlyniadau'r briodas rhwng Deddf yr Iaith a deddfwriaeth ynglŷn ag ad-drefnu llywodraeth leol yng Nghymru? I ba raddau y medr darpariaethau Deddf yr Iaith ddelio â newidiadau radical yn strwythur a swyddogaethau'r sector cyhoeddus?

Mae'r awdur yn edrych ar *Ddeddf Iechyd Meddwl* 1983 ac ar y canllawiau i'r Ddeddf a gyhoeddwyd ym 1989 yn ogystal ag ar *Ddeddf Plant* 1989. Gwna hyn o safbwynt y gofynion sydd ynddynt ynglŷn ag iaith a diwylliant. O wneud hyn, gellir gweld fod cyflawni ysbryd y deddfwriaethau hyn yn her aruthrol i sicrhau ymarfer da. Mae Hywel Williams yn dilyn trywydd tebyg fel y mae'r Dr Glyn Williams a'r Dr Delyth Morris yn eu papur hwythau.

Â'r Arglwydd Gwilym Prys Davies yn ei flaen i drafod rhai materion perthnasol eraill, er enghraifft, y graddau y gall cyflogwr fynnu

comparison with the location of linguistically appropriate services.

In the second paper, Lord Gwilym Prys Davies traces the development of Welsh language legislation, considers its implications and evaluates its influence. He refers to the gradual growth in awareness of the Welsh language during the twentieth century and considers in detail the effects of the 1967 *Welsh Language Act*. One element of particular interest to those working in public service was that the Act failed to make it the duty of public bodies to use the Welsh language. Nor did it ensure that users had the right to demand Welsh-medium service provision. Against that background, a growing demand for a new and comprehensive Language Act arose. The author responds to the *Welsh Language Act* 1993, providing a comprehensive account and detailed analysis of its contents.

In the context of this publication, some obvious questions arise regarding the power and nature of the Act. What will be the precise effects, for example, of the local variations allowed on the promotion of the rights of Welsh-speaking users in different parts of Wales? What too, will be the consequences of the marriage between the Language Act and legislation bringing about the reorganization of local government in Wales? To what extent can the provisions of the Language Act tackle the radical changes afoot in the structure and functions of the public sector?

The author considers the 1983 *Mental Health Act* and its guidelines published in 1989 as well as the *Children Act* 1989. He does this from the perspective of their requirements in terms of language and culture. This exercise suggests that the challenge of ensuring good practice which reflects the spirit of such legislation is enormous. Hywel Williams raises similar issues as do Dr Glyn Williams and Dr Delyth Morris in their paper.

Lord Gwilym Prys Davies proceeds to discuss other relevant matters, for example, the extent to which an employer can legitimately insist that knowledge of the Welsh language is a condition of employment, and quotes the

yn gyfreithlon fod gwybodaeth o'r Gymraeg yn amod cyflogaeth, gan gyfeirio at achos *Jones a Doyle v. Cyngor Sir Gwynedd*. Mae hefyd yn cyfeirio at ymgais Senedd Ewrop i ymgiprys â chwestiwn hawliau ieithyddol ac yn cynnwys trafodaeth ddefnyddiol ar arwyddocâd canllawiau statudol a gwirfoddol.

Mae'r bennod hon yn gofnod arbenigwr o'r newidiadau yn statws cyfreithiol y Gymraeg ac yn gyfle i'r darllenydd, o dderbyn y fath wybodaeth fanwl, fedru dadansoddi a chodi ei ch/gwestiynau ei hun.

Mae cyfraniad y Dr Wynford Bellin yn cynnig arolwg o nifer o astudiaethau o faes seicoleg iaith. Ceir deunydd sy'n ffres a pherthnasol, nid yn unig i weithwyr cymdeithasol a phobl yn y maes gofal, ond hefyd i broffesiynau eraill sy'n gyfrifol am weithio'n uniongyrchol gydag unigolion mewn cymdeithas ddwyieithog.

Mae'r awdur yn annog yr hyn a eilw'n 'atblygedd' sef y gallu i ddeall union ymateb yr hunan tuag at sefyllfaoedd arbennig. Mae'r ddealltwriaeth neu'r ymwybyddiaeth hon ar ran gweithwyr sy'n ymarfer yng Nghymru yn arbennig o berthnasol. Wrth ymhelaethu, mae'r awdur yn tywys y darllenydd trwy waith ymchwil diweddar sy'n canolbwyntio ar ddelweddau am Gymru ac yn dangos sut mae pobl o'r tu mewn a'r tu allan i'r wlad yn coleddu delweddau a rhagfarnau cryfion amrywiol am Gymru a'r Cymry.

Mae'r Dr Bellin, felly, yn procio'r darllenydd i ystyried ei ymateb ei hun cyn mynd yn ei flaen i ddadlennu, fesul cam, doreth o wybodaeth am natur iaith unigolion a chymunedau mewn cymdeithas ddwyieithog. Un o bwyntiau craidd y papur yw sut y dylid ystyried y person dwyieithog. Mae'r awdur yn pwysleisio mai un 'person' ieithyddol cyflawn yw'r person dwyieithog yn hytrach na chyfuniad o ddau 'berson' uniaith. Mae yma gyfeiriadaeth helaeth at waith ymchwil, ond mae yma hefyd arwydd clir iawn o'r angen am waith pellach fydd yn ymestyn yr astudiaeth o seicoleg iaith mewn cyd-destun Cymreig.

Mae'r Dr Delyth Morris a'r Dr Glyn Williams yn edrych ar y ffordd y mae

case of *Jones and Doyle v. Gwynedd County Council*. He also refers to the European Parliament's efforts to tackle the question of linguistic rights and pursues an useful discussion on the significance of statutory and voluntary guidelines.

This paper is an expert's analysis of the changes in the legal status of the Welsh language, and it provides the reader with detailed information on which to base his or her own analyses and questions.

Dr Wynford Bellin's paper reviews a number of studies in the field of language psychology. The material is fresh and relevant, not only for social workers and people in the care sector, but also for other professions with a responsibility for working directly with individuals in a bilingual society.

The author encourages what is called 'reflexivity', namely the ability to understand one's own detailed reaction to particular situations. This understanding or awareness on the part of practitioners in Wales is especially relevant. As he elaborates, the author guides the reader through recent research which concentrates on images of Wales and demonstrates how people from both within and without the country embrace a variety of powerful images and prejudices about Wales and the Welsh.

Dr Bellin induces his readers to consider their own response, before proceeding to reveal, layer by layer, a large amount of information about the nature of the language of individuals and communities in a bilingual society. One of the core points made in the paper relates to the definition of a bilingual person. The author emphasizes that a bilingual person is one complete linguistic 'person'; not a combination of two monolingual 'persons'. The paper contains many research references, and indicates clearly that further work is required on the study of language psychology in a Welsh context.

Dr Delyth Morris and Dr Glyn Williams look at the way in which language theory colours the way in which language is understood as a social process. Their

damcaniaethau ynglŷn ag iaith yn lliwio'r ffordd o ddeall iaith fel proses gymdeithasol. Ceir arolwg o ddamcaniaethau amrywiol: bwrw golwg miniog a dadansoddol dros 'berspectif consensws' ac ar ddamcaniaethau sy'n seiliedig ar wrthdrawiad a delfrydiaeth. Trwy wneud hyn, gosodir llwyfan ar gyfer edrych ar beth o'r gwaith ymchwil sydd wedi ei gyflawni gan wyddonwyr cymdeithasol yng Nghymru, gwaith sydd o ddiddordeb uniongyrchol i'r sawl sy'n ymwneud â'r maes gofal yng Nghymru ac sy'n awyddus i ddeall arwyddocâd iaith a dwyieithrwydd. Mae'r awduron yn pwysleisio fod iaith a dealltwriaeth o arwyddocâd iaith yn hollol ganolog i waith y gweithiwr cymdeithasol. Ceir rhai awgrymiadau ganddynt am ffyrdd o gynnwys sensitifrwydd at iaith oddi mewn i faes gwaith a gofal cymdeithasol a'r pwysigrwydd o sicrhau fod cynllunio iaith yn rhan allweddol o'r broses o ddarparu gwasanaeth. Meddent: 'Mae'n anodd i ni gredu y gall gweithwyr cymdeithasol weithio o gwbl heb ymwybyddiaeth a dealltwriaeth o iaith mewn cymdeithas.'

Mae trafod y Gymraeg a dwyieithrwydd mewn fframwaith cymdeithasegol yn beth cymharol ddiweddar. Mae'n amlwg fod angen llawer mwy o astudiaethau cymdeithasegol sydd wedi eu seilio a'u gwreiddio yng Nghymru ac sy'n dadansoddi iaith mewn cymdeithas. O ymestyn y maes, mae'n siŵr y deuai'r cysyniadau, y damcaniaethau, yr ymdriniaeth gyffredinol ac arwyddocâd dadansoddiad, yn bethau llawer mwy cyfarwydd a hygyrch i'r darllenydd. O gael cnwd o waith ymchwil sy'n seiliedig ar Gymru, byddai modd cyfeirio'r rhai sydd wrthi'n cael eu cymhwyso fel gweithwyr cymdeithasol at ddeunydd dysgu a fyddai'n hollol berthnasol a phwrpasol at ddeall y gymdeithas gyfoes.

Mae Ned Thomas yn ei bapur yntau yn gosod profiad y Gymraeg ochr yn ochr ag ieithoedd lleiafrifol eraill Ewrop. O wneud hyn, gwelir nad profiad ynysig, neilltuedig yw profiad Cymry a'r Gymraeg ond rhywbeth sy'n eu tynnu'n agos at ieithoedd eraill Ewrop.

contribution reviews various theories: it provides a sharp and analytical overview of consensus perspective and theories based on conflict and idealism. In so doing, it sets the context for looking at some of the research work carried out by social scientists in Wales, work which is of direct interest to those who work in the care sector in Wales and who are keen to understand the significance of language and bilingualism. The authors emphasize that language and an understanding of its significance is crucial to a social worker's practice. A few suggestions are made regarding ways in which linguistic sensitivity can be developed within the social work setting, stressing the importance of ensuring that language planning becomes a key part of the service provision process. They say: 'We find it incomprehensible that social workers can practice without an awareness and understanding of language in society.'

Conducting a discussion on the Welsh language and bilingualism within a sociological framework is a comparatively recent development. It is obvious that there is a need for many more sociological studies grounded in Wales and aimed at analysing language in society. By extending the field, the concepts, the theories, the general treatment and the significance of such an analysis would surely become much more familiar and more accessible to the reader. A source of Welsh-based research work would mean that those who are in the process of qualifying as social workers could be directed towards totally relevant and purposeful materials with a view to understanding the society in which they live.

Ned Thomas, in his paper, compares the Welsh experience with that of other linguistic minorities in Europe. He shows clearly that the experience of the Welsh people and their language is not an isolated, detached experience, but one which draws them closer to other languages in Europe. This analysis offers a means of distancing Wales and the Welsh from being perceived as part of Britain and suggests an exciting way of looking at the

Mae'r dadansoddiad hwn yn cynnig ffordd i ymddihatru rhag y dehongliad Prydeinig arferol, trwy gynnig ffordd newydd gyffrous o ystyried safle'r Gymraeg yn yr Ewrop gyfoes.

Mae'n dadlau fod y cysyniad o diriogaeth yn hanfodol i leiafrifoedd ieithyddol, fod hawliau grŵp a chymuned ieithyddol i'w diffinio mewn perthynas ag ardal arbennig. Mae'n pwyso a mesur hawl yr unigolyn yn erbyn hawl cymuned ieithyddol ac yn cynnig ffordd glir allan o'r tir corsiog lle y ceisiwyd yn hollol gyfeiliornus gysylltu iaith â hil. (Gweler hefyd ymdriniaeth yr Arglwydd Gwilym Prys Davies a Hywel Williams o achos *Jones a Doyle v. Cyngor Sir Gwynedd.*)

Yn ei bennod, mae'n gosod cyd-destun hanesyddol trwy gyfeirio at y darlun Rhamantaidd a sentimental o'r Gymraeg ac ieithoedd lleiafrifol eraill Ewrop yn llenyddiaeth y bedwaredd ganrif ar bymtheg – ffordd o wthio'r ieithoedd bychain oddi ar lwyfan y byd modern i nychu yn nhreftadaeth eu gorffennol ysblennydd.

Gwêl Ned Thomas newidiadau sylfaenol yn Ewrop y nawdegau. Mae'n cyfeirio at y pwyslais newydd a roddir ar luosogrwydd ieithyddol a diwylliannol ac ar y broses o 'normaleiddio' amrywiaeth, cyn mynd ati i drafod rhai o sefydliadau ffurfiol ac anffurfiol y Gymru gyfoes. O ddarllen y papur yma, mae'n amlwg fod angen i gyrsiau cymhwyso gwaith cymdeithasol yng Nghymru ystyried yr angen i weld Cymru a'r Gymraeg yn rhan o Ewrop. Yn bendant mae lle iddynt ffurfio cysylltiadau a rhannu profiad â gwledydd ac ieithoedd bychain eraill Ewrop, trwy gynlluniau fel Mercator a'r Biwrô Ieithoedd Llai.

Nid ar hap y gosodir papur Hywel Williams ar ddiwedd y gyfrol. Y bwriad yw ei fod yn allwedd i gyhoeddiadau pellach a fydd wedi eu gwreiddio mewn ymarfer gwaith cymdeithasol. Mae'n agor trafodaeth; mae'n disgrifio a dadansoddi ac yn rhoi mewn print yr hyn y mae nifer gynyddol o weithwyr, myfyrwyr ac addysgwyr yn sôn amdano: mae iaith yn rhan annatod o ymarfer da. Ni ellir llaesu dwylo na theimlo'n foddhaus ynglŷn ag

position of the Welsh language in contemporary Europe.

He argues that the concept of territory is essential for linguistic minorities, that the linguistic rights of groups and communities be defined in relation to particular areas. The rights of the individual are considered alongside the rights of a linguistic community, and he offers a clear way out of the quicksand of misplaced attempts at linking language and race. (See also the references by Lord Gwilym Prys Davies and Hywel Williams to *Jones and Doyle v. Gwynedd County Council.*)

In this paper, Ned Thomas outlines the historical context by referring to the Romantic and sentimental image of the Welsh language and other European linguistic minorities as portrayed in nineteenth-century literature – resulting in minority languages being nudged off the modern world stage only to languish in the splendid heritage of their past.

Ned Thomas sees basic changes afoot in the Europe of the 1990s. He refers to the new emphasis on linguistic and cultural plurality and on the process of 'normalization' of diversity and goes on to discuss some of the formal and informal institutions of contemporary Wales. On the basis of this, it becomes obvious that social work qualifying courses in Wales must consider the need to see Wales and the Welsh language as part of Europe. Forging links and sharing experiences with the other minority languages of Europe through schemes like Mercator and the Bureau of Lesser Used Languages is essential.

Hywel Williams's paper was deliberately placed last in the volume. It is hoped that it will provide the key to further publications rooted in social work practice. It sets the scene by describing, analysing and expressing in print what a growing number of workers, students and educators feel: language forms an intrinsic part of good practice. One can never be complacent or satisfied about the quality of service provided to users until the significance of this relationship is thoroughly accepted and implemented.

The author bases his paper on the argument

ansawdd y ddarpariaeth i ddefnyddwyr hyd nes bod arwyddocâd y berthynas hon yn cael ei dderbyn a'i weithredu'n drylwyr.

Mae'r awdur yn seilio ei bapur ar y ddadl fod y cyfundrefnau sy'n gyfrifol am ddarparu gwasanaethau cymdeithasol personol yng Nghymru yn cynnig gwasanaeth sy'n ansensitif a gorthrymus tuag at siaradwyr Cymraeg. Mae'n dinoethi a dadansoddi rhai o'r syniadau cyfeiliornus sy'n cael eu harddel yn y maes – y cyfan yn peri gwadu hawliau sylfaenol i rai siaradwyr Cymraeg a fyddai'n dymuno derbyn gwasanaeth yn Gymraeg. Ceir disgrifiad manwl o ddeinameg grym yn y berthynas rhwng client ac asiantaeth a dadansoddiad o'r ffordd y mae iaith yn dylanwadu ar y berthynas hon, yn ei dwysáu, ei chymhlethu, ac yn bendant, yn cynnig her aruthrol o ran darparu gwasanaeth effeithiol a pherthnasol.

Yna, wrth i'r awdur arolygu polisïau iaith rhai sefydliadau yng Nghymru, gwelir newid graddol o ran agwedd tuag at y Gymraeg yn ystod y blynyddoedd diwethaf. Yn rhan olaf ei bennod mae Hywel Williams yn gosod agenda clir a herfeiddiol ar gyfer y blynyddoedd nesaf. Mae'n annog newidiadau sylfaenol o ran defnydd a statws y Gymraeg mewn nifer o feysydd, er enghraifft ym maes hyfforddiant gwaith cymdeithasol, ym mholisïau asiantaethau, ac o ran edrych yn fanwl ymchwilgar ar bob elfen o brofiad siaradwyr Cymraeg fel clientau ac fel gweithwyr.

Man cychwyn yw'r gyfrol hon. Mae yna lawer iawn mwy i'w ddweud. Mae'n amlwg fod angen mwy o ymchwil a gwaith mewn rhai meysydd penodol: astudiaethau cymdeithasol a chymdeithasegol o'r Gymru gyfoes ac o arwyddocâd iaith a dwyieithrwydd, er enghraifft. Mae'n angenrheidiol gallu deall cefndir, amodau byw ac anghenion defnyddwyr yng Nghymru mewn ffordd sydd mor fanwl a pherthnasol â phosibl. Ac mae'n hynod o bwysig medru deall ystyr ac arwyddocâd iaith fel proses seicolegol a chymdeithasol.

Mae rhai o'r papurau yn pwysleisio'r cyd-

that the institutions responsible for providing personal social services in Wales offer services which are insensitive and oppressive towards Welsh-speakers. He reveals and analyses some of the misplaced ideas held in the field – all of which ensure that basic rights are denied to those Welsh-speakers who would wish to receive services through the medium of Welsh. He describes in detail the dynamics of power in the relationship between client and agency and analyses the way in which language impacts upon such a relationship, intensifying it, complicating it, and most definitely, posing an enormous challenge in terms of providing an effective and relevant service.

As the author gives an overview of the language policies of some Welsh institutions, we see that in recent years a gradual change has taken place in attitude towards the Welsh language. In the closing section of the paper, Hywel Williams sets a clear and challenging agenda for the next few years. He urges basic changes in the use and in the status of the Welsh language in a number of fields, for example in social work training, in the policies adopted by agencies and in terms of carrying out detailed research into all elements of the experiences of Welsh-speakers, both as clients and as workers.

This volume is only a beginning. There is much more to be said. It is obvious that more research and work is required in specific fields: for example, social and sociological studies of contemporary Wales and the significance of language and bilingualism. It is important that we gain as detailed and as relevant an understanding as possible of the background, the living conditions and the needs of users in Wales. It is also extremely important that we understand the meaning and significance of language as a psychological and social process.

Some of the papers emphasize the European context and see Wales as a part of Europe. Specific research is required to determine the role of the Welsh language in the provision of care services and to compare and contrast this with practice in other minority languages in

destun Ewropeaidd, yn gweld Cymru fel rhan o Ewrop. Mae angen ymchwil benodol i ystyried lle'r Gymraeg yn narpariaeth y gwasanaethau gofal a'i gymharu a'i gyferbynnu â'r hyn sy'n digwydd yn achos ieithoedd lleiafrifol eraill Ewrop. Ac yn amlwg, mae angen dybryd am gorff o waith ymarferol sy'n edrych ar ffyrdd o ddarparu gwasanaeth gwrth-orthrymol sy'n sensitif o ran iaith a diwylliant i bob carfan o ddefnyddwyr yng Nghymru.

Bydd rhai darllenwyr yn fwy cyfarwydd na'i gilydd â'r maes, a'r gobaith yw y caiff y rhain gyfle i hogi a dyfnhau eu dealltwriaeth trwy gyfrwng y gyfrol yma. I'r darllenydd llai cyfarwydd bydd yn gyflwyniad ac yn gyfrwng i hybu gwybodaeth a sensitifrwydd at y Gymraeg. Ar lefel fwy cyffredinol, bydd darllen y gyfrol o ddiddordeb ac o ddefnydd i nifer fawr o weithwyr maes, myfyrwyr, hyfforddwyr ac eraill sy'n ymwneud â'r maes gofal yng Nghymru. Yn olaf, y gobaith yw ysgogi ymateb uniongyrchol i'r gyfrol a fydd trwy drafodaeth ac astudiaeth yn symbylu ymwybyddiaeth drylwyr o le hanfodol y Gymraeg wrth ddarparu gwasanaethau cymdeithasol yng Nghymru.

Europe. It is obvious that there is an urgent need for a body of practical work which considers ways of providing an anti-oppressive service which is linguistically and culturally sensitive for all groups of users in Wales.

Some readers will be more familiar with the field than others, and it is hoped that this volume will provide them with an opportunity to sharpen and deepen their understanding. For the less familiar reader, it will serve as an introduction and provide a means of promoting knowledge of the Welsh language and sensitivity towards it. On a more general level, the large number of field workers, students, trainers and others working in social care in Wales, will find much of interest and benefit in this volume. Finally, it is hoped that this publication will provoke a response which will instigate discussion and study and lead to a thorough awareness of the essential role of the Welsh language in the provision of social services in Wales.

Harold Carter

Arwyddocâd Tiriogaethol Iaith
~
The Territorial Significance of Language

Ar y wyneb, ymddengys fod yr angen i gynnwys iaith megis y Gymraeg yn nhrefn-iadaeth unrhyw wasanaeth yn gysylltiedig â dau fesur uniongyrchol ac yn cael ei ddangos ganddynt. Y cyntaf yw'r nifer absoliwt o Gymry Cymraeg mewn ardal. Hwn sy'n penderfynu pa mor debygol yw hi bod rhywun yn dod ar draws clientau sy'n siarad Cymraeg. Yr ail, pa gyfran o Gymry Cymraeg sydd mewn ardal. Dengys hyn ddominyddiaeth gymharol y Gymraeg neu'n symlach pa mor Gymraeg yw ardal. Fodd bynnag, mae'r ffordd hon o edrych ar iaith yn golygu nad yw'n cael ei hystyried yn ddim mwy na dull o gyfathrebu, sef, rhywbeth sy'n debyg i ffigyrau a sumbolau'r mathemategydd, ac mae iaith yn llawer mwy na hynny. Mae'r dyfyniad isod yn awgrymu i ba raddau y mae hynny'n wir.

> Human beings do not live in the objective world alone, nor alone in the world of social activity as ordinarily understood, but are very much at the mercy of the particular language which has become the medium of expression for their society. It is quite an illusion to imagine that one adjusts to reality essentially without the use of language and language is merely an incidental means of solving problems of communication and reflection. The fact of the matter is that the 'real world' is to a large extent unconsciously built upon the language habits of the group. No two languages are ever sufficiently similar to be considered as representing the same social reality. The worlds in which different societies live are distinct worlds not merely the same world with different labels attached.
>
> (Mandelbaum, 1949: 162)

Craidd y dyfyniad hwn yw bod iaith, mewn unrhyw sefyllfa, yn cyflwyno cyfres gymhleth o gyfeiriadau diwylliannol ac mae angen o leiaf ddeall y rhain, os nad eu rhannu, os ydym am greu cydymdeimlad llwyr. Yn ein bywyd beunyddiol, adlewyrchir hynny yn y dyw-

Superficially, the need to accommodate a language such as Welsh in the organization of any service would appear to be related to, and indicated by, two direct measures. The first is the absolute numbers of Welsh-speakers in an area. This determines the likelihood of coming across clients who are Welsh-speaking. The second is the proportion of Welsh-speakers in an area. This indicates the relative dominance of Welsh, or, in common parlance, how Welsh an area is. However, such a view relegates language to nothing more than a means of communication, rather like the figures and symbols of the mathematician, and language is a great deal more than that. How much more is indicated in the following extract.

> Human beings do not live in the objective world alone, nor alone in the world of social activity as ordinarily understood, but are very much at the mercy of the particular language which has become the medium of expression for their society. It is quite an illusion to imagine that one adjusts to reality essentially without the use of language and language is merely an incidental means of solving problems of communication and reflection. The fact of the matter is that the 'real world' is to a large extent unconsciously built upon the language habits of the group. No two languages are ever sufficiently similar to be considered as representing the same social reality. The worlds in which different societies live are distinct worlds not merely the same world with different labels attached.
>
> (Mandelbaum, 1949: 162)

The crux of the quotation is that, in any situation, language will introduce a complex series of cultural references which need at least to be understood, if not shared, if full empathy is to be generated. In everyday life this is reflected in the expression 'they are not speaking the same language' in relation to people who cannot get on because their basic

ediad 'does fawr o Gymraeg rhyngddyn nhw' am bobl na fedrant gytuno am eu bod yn troi mewn dau fyd mor wahanol i'w gilydd. Oherwydd ei swyddogaeth ganolog, ystyrir bod iaith yn aml iawn yn gyfystyr â diwylliant neu 'ffordd o fyw' ac fe'i cyfrifir yn sumbol ohonynt. Nid dim ond dull o gyfathrebu yw siarad iaith felly; mae'n allwedd i diriogaeth ddiwylliannol. Er mai ymwneud â data dosbarthiad iaith y mae'r bennod hon, ni ddylid byth anghofio bod i'r data hwnnw oblygiadau diwylliannol sydd y tu hwnt i batrymau ar fap.

Data ar yr iaith Gymraeg

Wedi derbyn y syniadau y cyfeiriwyd atynt yn fras yn yr adran flaenorol, mae modd dweud yn weddol syml beth yw amcan y bennod hon, sef amlinellu a dadansoddi dosbarthiad Cymry Cymraeg yng Nghymru. Ond dyna ben draw'r symlrwydd gan fod cyfres o anawsterau'n codi y mae angen eu hystyried er mwyn osgoi camddealltwriaeth.

Dim ond un ffynhonnell wybodaeth unffurf ac ar raddfa genedlaethol sydd ar gael, sef adroddiad y Cyfrifiad bob deng mlynedd *Yr Iaith Gymraeg yng Nghymru* a gyhoeddir gan Y Swyddfa Cyfrifiadau ac Arolygon Poblogaeth (OPCS). Mae problemau'n codi yn sgil y Cyfrifiad a gwell fyddai eu nodi'n eglur fesul un.

1. Cynhelir y Cyfrifiad bob deng mlynedd yn ystod blwyddyn gyntaf y degad, sef ym 1971, 1981, 1991 ac yn y blaen, ond mae angen amser i brosesu'r canlyniadau ac mae oedi cyn cyhoeddi. O ganlyniad, er mai ym 1992 yr ysgrifennwyd y bennod hon roedd rhaid i'r awdur ddibynnu i raddau helaeth ar ffigyrau 1981 am ei fanylion gan fod cymaint o oedi cyn cyhoeddi data Cyfrifiad 1991.

2. Y cwestiwn a ofynnir yn y Cyfrifiad yw – 'A yw person yn siarad, yn darllen neu'n ysgrifennu'r Gymraeg?' Yn y drafodaeth hon, ni thrafodir y gallu i ddarllen ac ysgrifennu'n fanwl o gwbl. Ym maes gwaith cymdeithasol a gwasanaethau tebyg lle bo cyfarfod pobl

terms of reference are so different. It is because of its central role that language is so often regarded as synonymous with culture or 'way of life' and is taken as a symbol of it. To speak a language, therefore, is not simply to have a means of communication, it is to enter into a cultural realm. Although this chapter is concerned with the data of language distribution it should never be forgotten that those data have cultural implications beyond the mapped patterns.

Welsh-language data

Once the ideas outlined in the previous section are accepted it is possible to state the aim of this chapter quite simply – to outline and analyse the distribution of Welsh-speakers in Wales. But at that point the simplicity ends and a series of difficulties arises which needs to be reviewed if misunderstandings are to be avoided.

There is only one source of data which is uniform and nationwide in reference and that is the decennial Census report *Welsh Language in Wales* published by the Office of Population Censuses and Surveys (OPCS). It is in relation to the Census that there are problems which are best set out separately and clearly.

1. The Census is taken every ten years in the first year of the decade, that is 1971, 1981, 1991 and so on, but the results take time to process and there is a time lag in publication. The consequence is that since this chapter was written in 1992, it depends largely for detail on 1981 figures since there were considerable delays in the publication of the 1991 Census data.

2. The question asked in the Census is - 'Does the person speak, read or write Welsh?' In this discussion the ability to read and write will not be treated in any detail since in social work and similar services where face-to-face meetings are involved verbal communication is central and the ability to speak crucial. Three problems arise from the nature of the question:

wyneb-yn-wyneb yn rhan o'r gwaith, mae cyfathrebu ar lafar yn ganolog a'r gallu i siarad yn hanfodol. Mae tair problem yn codi yn sgil natur y cwestiwn:

a) Mae'n bosibl, er bod hynny'n annhebygol bellach oherwydd y cyhoeddusrwydd a roddwyd i'r broblem, y gall ffurf y cwestiwn 'A yw' yn hytrach nag 'A all' fod yn holi am ddefnydd yn hytrach na gallu, hynny yw, 'Pa iaith y byddwch chi'n ei defnyddio fel arfer?' yn hytrach na 'Fedrwch chi siarad Cymraeg?'

b) Nid oes dim awgrym o ba mor rhugl yw siaradwr Cymraeg; gadewir y dehongli i'r unigolyn sy'n llenwi'r ffurflen ac mae cryn amrywiaeth yn bosibl. Yr unig sicrwydd y gellir ei roi yw bod amrywiaeth fel hyn yn debygol o fod wedi'i ddosbarthu'n gyfartal drwy Gymru fel nad yw'r patrymau a fapiwyd yn bell ohoni. Y brif broblem ynglŷn â Chyfrifiad 1991 yw y gall rhieni di-Gymraeg fod wedi gor-ddweud ynglŷn â pha mor rhugl oedd eu plant.

c) Ni ofynnir y cwestiwn 'Ydych chi'n deall Cymraeg?' Ar y cyfan, byddai rhywun yn tybio y byddai'r nifer yn gostwng ar draws y sbectrwm yn ôl y drefn: deall, siarad, darllen, ysgrifennu. Byddai'r nifer fwyaf yn honni eu bod yn deall yr iaith a'r nifer leiaf yn honni eu bod yn ei hysgrifennu. Felly, mae'n bosibl bod y Cyfrifiad yn tanystyried y gwir ddefnydd a wneir o'r Gymraeg. Ond rhaid pwysleisio bod y Cyfrifiad yn mesur gallu ac nid defnydd.

3. Gofynnir y cwestiwn am bawb sydd dros dair oed. Ond go brin y gellir ystyried plant sydd newydd gael eu tair yn blant hollol ddwyieithog. O ganlyniad, mae'r bobl uniaith Gymraeg, sef y rheiny na fedrant siarad Saesneg, fel y'u cyfrifir yn ôl y Cyfrifiad, yn cynnwys cymysgedd anghymharus o blant ifanc iawn, oedolion, sef, fel arfer, pobl oedrannus iawn nad ydynt erioed wedi dysgu'r Saesneg a'r gwleidyddol-ymroddedig sy'n gwrthod cydnabod eu bod yn medru'r Saesneg er eu bod yn ei medru ac yn ei

a) It is possible, though now given the publicity unlikely, that 'Does' rather than 'Can' in the question could be interpreted as an enquiry about usage rather than ability, that is, 'What language do you normally use?' rather than 'Can you speak Welsh?'

b) There is no indication of the degree of fluency which defines a Welsh-speaker; the interpretation is left to the individual completing the form and wide variation is possible. The only reassurance which can be given is that such variation is probably equally distributed over Wales so that mapped patterns are not greatly distorted. The main problem in relation to the 1991 Census is that non-Welsh-speaking parents might possibly have exaggerated the fluency of their children.

c) The question 'Do you understand Welsh?' is not asked. In general, there would be a presumption that numbers would decline across the spectrum – understand, speak, read, write. Most would claim to understand, fewest to write. Hence it is possible that the Census underestimates the actual use of Welsh. But it must be stressed that the Census measures facility and not use.

3. The question is asked in relation to all persons over the age of three. But it is unlikely that children just over that age can be regarded as fully bilingual. In consequence, the Welsh monoglot population, that is those who cannot speak English, as returned by the Census is made up of an anomalous mixture of very young children, adults, usually the very elderly who have never learned English and the politically committed who refuse to acknowledge that they can speak English even though they can and do. For those dealing with the public the Welsh monoglot section is particularly important, but the interpretation of its distribution is difficult. It was not retained in the 1991 Census.

4. Until 1981 the Census regarded the individual as located where he or she was on

defnyddio. I'r bobl hynny sy'n ymwneud â'r cyhoedd, mae'r garfan uniaith Gymraeg yn arbennig o bwysig ond mae'n anodd dehongli ei dosbarthiad. Fe'i hepgorwyd yng Nghyfrifiad 1991.

4. Tan 1981, roedd y Cyfrifiad yn ystyried bod unigolyn wedi'i leoli yn y fan lle'r oedd yn digwydd bod ar noson y Cyfrifiad. Yng Nghyfrifiad 1981 ac mewn cyfrifiadau wedi hynny, cofnodwyd sylfaen newydd hefyd, sef 'y lle byw arferol'. Mae'r broblem o anghysondeb sy'n codi yn sgil lleoli pobl yn waeth ym 1991 lle cynhwysir cartrefi gweigion, a hepgorwyd yn llwyr ym 1981, naill ai trwy ddosbarthu ffurflenni Cyfrifiad hwyr neu trwy ddefnyddio proses drosglwyddo gan yr OPCS. Ar y cyfan, ni chododd problemau mawr yn sgil y newid, ond gall gael cryn effaith ar fap dosbarthiad yr iaith. Yr enghraifft symlaf i egluro hyn yw myfyrwyr coleg a phrifysgol, oherwydd cyn 1981, fe'u cofnodwyd yn y fan lle'r oeddynt ar noson y Cyfrifiad, ond ym 1981, fe'u cofnodwyd yn eu cartref arferol. Mae'r un peth yn wir am bobl sy'n aros dros dro mewn cartrefi i'r henoed neu ysbytai. Yr unig ffordd o sicrhau cysondeb dros gyfnod yw defnyddio'r sail a ddefnyddiwyd cyn 1981, sef, lle'r oedd pobl ar noson y Cyfrifiad; yn sicr, pa bryd bynnag y cyfeirir at y ffigyrau, dylid bod yn ofalus i nodi'r sail a ddefnyddir.

Efallai bod modd gor-bwysleisio'r pedwar maes hyn sy'n creu anhawster wrth i rywun ymdrin â'r pwnc yn gyffredinol. Fodd bynnag, mae'n hollbwysig ein bod yn ymwybodol ohonynt ac o ansawdd y data a ddefnyddir.

Mapio iaith

Unwaith eto, er ei fod yn arwynebol syml, mae hwn yn bwnc sy'n codi anhawster technegol. Cyhoeddwyd llyfr yn ddiweddar dan y teitl *How to Lie with Maps*, (Monmonier, 1991). Prin bod llawer o bwynt archwilio'r anawsterau'n fanwl yma, ond mae'n hanfodol cyfeirio atynt yn fras. Fel y dangoswyd yn yr adran agoriadol, seilir data iaith ar ddwy brif elfen.

Census night. For the 1981 and subsequent censuses a new basis, 'usual place of residence' was recorded as well. This problem of consistency in the allocation to locations has been further increased in 1991 when wholly absent households, which were omitted altogether in 1981, have been included either by the distribution of a 'late' Census form or by a process of assignment by OPCS. In general, no major problems arose from this change, but it can have a considerable impact on the map of language distribution. The simplest example to give is college and university students. Prior to 1981 they were recorded at location on Census night, but since 1981 they have been allocated to usual place of residence. The same applies to people temporarily in old peoples homes or hospitals. The only way to preserve strict comparability over time is to use the pre-1981 basis of residence on Census night; certainly the basis used should be stated whenever figures are introduced.

These four areas of difficulty can, perhaps, be overestimated when only a generalized approach is adopted. Even so, it is essential to be aware of them and of the quality of the data being used.

The mapping of language

Again, though superficially straightforward, this is a further topic of some technical difficulty: a recently published book is entitled *How to Lie with Maps* (Monmonier, 1991). There is little purpose in an elaborate examination of the difficulties involved here, but some indication of them is essential. As the opening section indicated there are two main bases for the presentation of language data.

The first basis is the absolute *number* of Welsh-speakers by area, usually in the Welsh language maps included in this chapter by civil parish before 1974 or by community or ward afterwards. The second basis is the *proportion*, usually given as the percentage of speakers, again by the same civil divisions. It

Tabl 1 Cyfanswm y boblogaeth dros dair oed a oedd yn siarad Cymraeg yng Ngharon Uwch Clawdd, 1971–81.

~

Table 1 Total population over the age of three and Welsh-speakers in Caron Uwch Clawdd, 1971–81.

	1971	1981
Cyfanswm y boblogaeth/*Total population*	205	263
Yn siarad Cymraeg/*Welsh-speaking*	190	213

Y sail gyntaf yw'r *nifer* absoliwt o Gymry Cymraeg, fesul ardal, a ddangosir fel arfer yn y mapiau o Gymru a gynhwysir yn y bennod hon fesul plwyf sifil cyn 1974 neu fesul cymuned neu ward wedi hynny. Yr ail sail yw'r *gyfran* a ddangosir fel arfer ar ffurf canran y siaradwyr, a'r rheiny, unwaith eto, yn ôl yr un dosbarthiadau sifil. Mae'n hollbwysig deall bod y ddwy sail yn hollol wahanol i'w gilydd ac yn cynhyrchu mapiau gwahanol iawn. Gall enghraifft syml egluro'r pwynt. Ym 1981, er enghraifft, roedd 14,712 o Gymry Cymraeg yng Nghaerdydd, 18,465 yn Abertawe a 20,033 yn Nwyfor, y Cymreiciaf o'n Dosbarthau. (Dyma'r ffigyrau ar gyfer 1991, nad ydynt, cofiwch, ar yr un sail, Caerdydd 17,073, Abertawe 17,496 a Dwyfor 19,790.) Ychydig o wahaniaeth sydd yn y niferoedd, dim ond rhyw 1,500 rhwng Abertawe a Dwyfor ym 1981 a 2,300 ym 1991. Ond mae'r arfer o ystyried Dwyfor fel 'Y Cymreiciaf o'n Dosbarthau' yn deillio o'r gyfran o Gymry Cymraeg yn yr ardaloedd dan sylw, sef 5.7 y cant yng Nghaerdydd, 10.5 yn Abertawe ond 81.5 yn Nwyfor ym 1981 a 6.4, 10.0 a 75.4 y cant ar gyfer yr ardaloedd hynny ym 1991.

Mae'r newidiadau bob degad yn nifer y rhai sy'n siarad Cymraeg yn creu mwy o gymhlethdod. Bydd y cynnydd neu'r gostyngiad yng nghanran y rhai sy'n siarad Cymraeg yn hollol wahanol i'r gwahaniaeth yn y canran sy'n siarad Cymraeg ar y ddau ddyddiad. Rhywbeth arall sy'n creu anniddigrwydd mawr yw y gall cynnydd ddigwydd yng ngwir nifer y rhai sy'n siarad Cymraeg mewn ardal lle bydd canran y

is critical to understand that these two bases are quite distinct and generate very different maps. A simple example can demonstrate the point. In 1981, for example, there were 14,712 Welsh-speakers in Cardiff, 18,465 in Swansea and 20,033 in Dwyfor, that most Welsh of Districts. (The figures for 1991, which it must be remembered are not on the same basis, are Cardiff 17,073, Swansea 17,496 and Dwyfor 19,790.) The numbers are not that different, only some 1,500 between Swansea and Dwyfor in 1981 and 2,300 in 1991. But the perception embodied in the description 'that most Welsh of Districts' is derived from the proportions of Welsh-speakers in the area, which were 5.7 per cent in Cardiff, 10.5 in Swansea but 81.5 in Dwyfor in 1981, and 6.4, 10.0 and 75.4 per cent respectively in 1991.

Decadal change in Welsh speech introduces even greater complexity. The percentage increase or decrease in Welsh-speakers will be totally dissimilar from the difference in the percentage speaking Welsh at the two dates. Even more disconcerting is that an increase in the actual numbers of Welsh-speakers can take place in an area where the percentage of speakers falls. The parish community of Caron Uwch Clawdd near Tregaron can be used in demonstration.

Table 1 shows that the numbers of Welsh-speakers increased by 23 (190 to 213) or by 12.1 per cent. However, the percentage speaking Welsh in 1971 was 92.7 (190 out of 205) and that had fallen by 1981 to 81.0; that is, there was a difference of minus 11.7 (-11.7) per cent. The reason was clearly a greater influx of

siaradwyr yn gostwng. Mae plwyf cymuned Caron Uwch Clawdd ger Tregaron yn enghraifft o hyn.

Dengys Tabl 1 fod nifer y rhai sy'n siarad Cymraeg wedi cynyddu 23 (o 190 i 213) neu 12.1 y cant. Fodd bynnag, canran y rhai oedd yn siarad Cymraeg ym 1971 oedd 92.7 (190 o blith 205), ac roedd hwnnw wedi gostwng erbyn 1981 i 81.0, hynny yw gwahaniaeth o –11.7 y cant. Y rheswm oedd bod mwy o Saeson uniaith wedi mewnfudo i Gymru, ond mae hefyd yn amlwg y byddai map sy'n dangos cyfran y newid yn nifer y Cymry Cymraeg (lle byddai Caron Uwch Clawdd yn dangos +12.1 y cant) yn wahanol iawn i fap yn dangos y gwahaniaeth yng nghyfran y Cymry Cymraeg (lle byddai Caron Uwch Clawdd yn dangos –11.7 y cant).

Prin bod llawer o bwynt datblygu'r cymhlethdodau hyn. Y casgliad yw bod angen pwysleisio pwysigrwydd archwilio'n ofalus yr hyn sy'n cael ei fapio, a hefyd bydd rhaid i'r dadansoddwr ddewis yn ofalus beth i'w osod ar y map. Felly, gyda golwg ar y galw am ddarpariaeth gyhoeddus Gymraeg, mae cynnydd mewn niferoedd a chanrannau, ill dau'n hynod o berthnasol, er nad yw'r gwir wahaniaeth rhwng y cyfrannau ar ddau ddyddiad mor bwysig â hynny.

Dosbarthiad Cymry Cymraeg: niferoedd

Ym 1981, roedd 503,549 o boblogaeth gyfan o 2,645,114 dros dair oed, yn honni eu bod yn medru siarad Cymraeg. Ym 1991, ar yr un sail, y cyfanswm oedd 496,530. Mae'r map o'r niferoedd (Ffigwr 1) i ryw raddau'n cadarnhau'r syniadau safonol, sef y rhai y bydd pobl fel arfer yn eu disgwyl bellach, ynglŷn â phatrwm dosbarthiad yr iaith. Mae niferoedd bychain iawn yn iseldir Gwent ac ar hyd y ffin ym Mhowys a Chlwyd. Yn yr un modd, ychydig o Gymry Cymraeg sydd yn ne Penfro, a, hyd yn oed ar raddfa fras iawn, mae'r rhaniad traddodiadol rhwng y gogledd a'r de yn yr ardal honno, y Landsker, yn weladwy. Unwaith eto, cofnodir niferoedd uwch yn y dyffrynnoedd sydd i ffwrdd o'r arfordir, fel

English monoglots, but it is also clear that a map showing proportional change in Welsh-speakers (where Caron Uwch Clawdd would show +12.1 per cent) would differ greatly from one showing the difference in the proportions of Welsh-speakers (where Caron Uwch Clawdd would show -11.7 per cent).

There is little point in developing these complexities. The conclusion is the need to examine carefully what is being mapped, just as the analyst must choose carefully what to map. Thus in terms of the demand for public facilities in Welsh, both numbers and percentage increases are greatly relevant whereas the actual difference in the proportions at two dates is not all that significant.

The distribution of Welsh-speakers: numbers

In 1981, 503,549 out of a total population of 2,645,114 over the age of three claimed to speak Welsh. In 1991, on the same basis the total was 496,530. The map of numbers (Figure 1) will to some degree confirm standard, even stereotyped, notions of the distribution of the language. There are very small numbers in lowland Gwent and along the border country in Powys and Clwyd. Likewise south Pembrokeshire shows few Welsh-speakers and even at a crude scale the traditional divide between north and south in that area, the Landsker, can be identified. Again, higher numbers are recorded along valleys inland from the coast, as is apparent along the Tywi, Dee and Clwyd.

Nevertheless, such detailed observations are relatively unimportant against the main conclusion and the most significant observations which give a picture which is the reverse of conventional ideas. If one asks of this map 'Where is Welsh Wales?' two areas stand out most clearly. They are:

1. West Glamorgan and the industrial eastern fringe of Dyfed. This includes Swansea, the Tawe, Lliw and Aman valleys and the immediate hinterland of Llanelli.

sy'n amlwg ar hyd afonydd Tywi, Dyfrdwy a Chlwyd.

Wedi dweud hynny, mae'r sylwadau manwl hyn yn gymharol ddibwys o'u cymharu â'r prif gasgliad a'r sylwadau mwyaf arwyddocaol sy'n rhoi darlun sy'n groes i'r syniadau traddodiadol. Os bydd rhywun yn gofyn am y map hwn 'Lle mae'r Gymru Gymraeg?' mae dwy ardal yn dod i'r amlwg. Sef:

1. Gorllewin Morgannwg ac ymylon dwyreiniol Dyfed. Mae hyn yn cynnwys Abertawe, Dyffryn Lliw a Dyffryn Aman a'r ardal sy'n cefnu ar Lanelli.

2. Ardaloedd arfordirol gogledd-ddwyrain Cymru (nid y gorllewin, sylwer) o Afon Menai gan gynnwys Penrhyn y Creuddyn a Llandudno ac yn ymestyn i drefi'r Rhyl a Phrestatyn.

Os bydd rhywun yn chwilio am ardaloedd llai eang, yna, gellir ychwanegu:

3. Ardaloedd trefol yn bennaf, yn enwedig y trefi marchnad traddodiadol, megis Aberystwyth a Chaerfyrddin, ond hefyd, rhai o drefi a dinasoedd mwyaf Cymru, sef Caerdydd yn y de a Wrecsam yn y gogledd.

Lluniwyd y dosbarthiad hwn ar sail dwy ffenomen wrthgyferbyniol. Y gyntaf oedd bod niferoedd mawr o bobl wedi ymgasglu yn yr ardaloedd diwydiannol yn y bedwaredd ganrif ar bymtheg gan greu ffordd neilltuol Gymreig o fyw ar sail y ffaith fod pawb yn gweithio yn yr un diwydiant ac ar sail y capel. Mynegwyd hyn hefyd mewn ffyrdd eraill, megis yr ymlyniad wrth rygbi yn y de. Hyd yn oed yng Ngwent, mae ffigyrau o bwys yn codi – 1,799 o Gymry Cymraeg ym Mlaenau Gwent, 1,848 yn Islwyn. Hyd yn oed yng Nghasnewydd, mae 2,994, sef mwy na sydd yn Llangefni. Yr ail ffenomen yw'r mewnfudo mwy diweddar i'r ardaloedd ymddeol, yn enwedig yn y gogledd a'r dinasoedd sy'n ehangu.

Mae'n dilyn mai prif oblygiad y map yw bod y Gymraeg yn iaith drefol: gyda mwy na

2. The coastal areas of north Wales east (not west, notice) from the Menai Straits to include the Creuddyn Peninsula and Llandudno and extending to the towns of Rhyl and Prestatyn.

If less extensive areas are sought then one can add:

3. The primarily urban areas, especially the traditional market towns such as Aberystwyth and Carmarthen, but also the major urban agglomerations of Wales, Cardiff in the south and Wrexham in the north.

This distribution has been fashioned out of two contrasting phenomena. The first was the gathering of considerable numbers in the industrial settlements during the nineteenth century when a distinctive Welsh way of life was created based on a common workplace and the chapel, and also expressed in other ways such as the allegiance to rugby football in the south. Even in Gwent there are significant figures – 1,799 Welsh-speakers in Blaenau Gwent, 1,848 in Islwyn. Even in Newport there are 2,994, more than in Llangefni. The second phenomenon is the more recent migration to the retirement settlements, especially of the north, and to the burgeoning cities.

It follows that the major implication from the map is that Welsh is an urban language; more than half the speakers of Welsh live in towns. And it is by no means a distribution predominantly northern and western. This is in direct opposition to the convention that Welsh is a language of the countryside and of the north-west. The actual distribution as given by numbers is very different and does not fit the conventional mould at all.

The distribution of Welsh-speakers: proportions

In 1981, 18.9 per cent of the population over the age of three spoke Welsh (18.6 per cent in 1991) but the range of percentages of Welsh-speakers recorded is very considerable. Using the ward as an area basis the minimum recorded in 1981

hanner y rhai sy'n siarad Cymraeg yn byw mewn trefi. Nid yw ychwaith yn ddosbarthiad sy'n ogleddol ac yn orllewinol yn ei hanfod. Mae hyn yn hollol groes i'r syniad traddodiadol mai iaith y cefn gwlad a'r gogledd-orllewin yw'r Gymraeg. Mae'r gwir ddosbarthiad fel y'i gwelir ar ffurf niferoedd yn wahanol iawn ac nid yw'n cydymffurfio â'r confensiwn o gwbl.

Dosbarthiad Cymry Cymraeg: cyfrannau

Ym 1981, roedd 18.9 y cant o'r boblogaeth dros dair oed yn siarad Cymraeg (18.6 y cant ym 1991) ond mae amrediad y canrannau o Gymry Cymraeg a gofnodir yn sylweddol iawn. Gan ddefnyddio'r ward fel uned ardal, y lleiafswm a gofnodwyd ym 1981 oedd 0.8 y cant, a'r mwyafswm oedd 93.5 y cant. Y cyfartaledd oedd 30 y cant ond nid oedd y dosbarthiad o boptu i'r cyfartaledd hwnnw'n gytbwys gyda mwy na hanner y wardiau'n dychwelyd cyfrannau is na 13 y cant.

Y ffordd fwyaf cyffredinol o ddehongli dosbarthiad y canrannau sy'n siarad Cymraeg (Ffigwr 2) yn ystod y cyfnod ar ôl 1945 fu rhannu Cymru'n ddau, gan ystyried fod y ffin yn cynrychioli 50 y cant: sef gwahanu'r ardaloedd hynny lle bo mwy o'r boblogaeth yn medru Cymraeg nag sydd heb fod yn ei medru oddi wrth yr ardaloedd hynny lle mae'r gwrthwyneb yn wir. Yn ffodus, roedd graddiant newid iaith dros bellter yn serth, sef bod y ffigyrau'n newid o 50 neu o dan 50 i 70 neu fwy yn sydyn, a hynny'n bennaf o ganlyniad i natur y tirwedd lle ceir rhostiroedd ar yr ucheldir gyda phoblogaeth denau. Felly, er mai dim ond 36.4 y cant o'r boblogaeth a siaradai Gymraeg ym 1981 yn Llanwrtyd, y ffigwr ar gyfer y gymuned drws nesaf tua'r gorllewin, sef Llanddewibrefi, oedd 76.6. Tuedd hyn oll oedd atgyfnerthu'r syniad o'r Fro Gymraeg, sef ardal amlwg Gymraeg ei hiaith o'i chymharu â'r Gymru ddi-Gymraeg. Ag ystyried dosbarthiad niferoedd absoliwt, roedd y rhaniad syml hwnnw, fel y dangoswyd, yn syniad yr oedd angen bod yn ofalus ynglŷn ag ef erioed, er ei fod yn

was 0.8 per cent, the maximum 93.5 per cent. The mean was 30 per cent but the distribution about that mean was not evenly balanced with over half of the wards returning proportions below 13 per cent.

The most general interpretation of the distribution of percentages speaking Welsh (Figure 2) in the post-1945 period has been a division of Wales into two, taking the boundary as 50 per cent, that is, marking off those areas where more of the population speak Welsh than do not from those where the reverse holds good. Fortunately the gradient of language change over distance was steep, that is the change from figures at or below 50 to those at or above 70 was sharp, largely as a consequence of the nature of terrain made up of thinly populated high moorlands. Thus, whereas in 1981 only 36.4 per cent of the population spoke Welsh in Llanwrtyd, the figure for the immediately adjacent community to the west, Llanddewibrefi, was 76.6 All this tended to reinforce the concept of 'Y Fro Gymraeg', a distinctive Welsh-speaking area contrasted with 'Y Gymru ddi-Gymraeg', or an Anglo-Welsh area. Given thc distribution of absolute numbers, that simple division, as has been demonstrated, was always a notion requiring reservation although it was acceptable in terms of language dominance in everyday informal communication. The period 1961–1981, however, saw considerable changes. The result has been that any spatial continuity in the highest percentages speaking Welsh has been lost and the present distribution is much more in the nature of a series of separated, if not discrete, cores rather than a closely defined and continuous region.

Examination of the 1981 map (Figure 2) suggests first a break along the Severn–Dyfi line, that is across the narrow waist of mid Wales. To the north of that line there are three areas with high proportions, to the south there are two, these are:

1. *Ynys Môn or Anglesey* The distinction, of course, is largely a consequence of its island

dderbyniol pan fyddai rhywun yn ystyried pa iaith oedd flaenaf ym myd cyfathrebu anffurfiol beunyddiol. Yn ystod y cyfnod 1961–1981, er hynny, gwelwyd newidiadau mawr. Canlyniad hyn yw bod unrhyw gysondeb yn nhermau lle yn y canrannau sy'n siarad Cymraeg wedi'i golli ac mae'r dosbarthiad bellach yn debycach i gyfres o greiddiau ynysig, os nad digyswllt, yn hytrach nag ardal eang sydd wedi'i diffinio'n glir.

Wrth edrych ar fap 1981, (Ffigwr 2), awgrymir yn gyntaf fod toriad ar draws llinell Hafren–Dyfi. I'r gogledd o'r llinell honno, ceir tair ardal gyda chyfrannau uchel, i'r de, ceir dwy, sef:

1. *Ynys Môn* Y rheswm pennaf dros arwahanrwydd yr ardal hon yw ei bod yn ynys, ond er ei bod yn amlwg iawn yn dangos cyfrannau uchel, nid yw'r ffigwr ar gyfer Ynys Môn ei hun, sef 61.6 y cant efallai mor uchel ag y byddai rhywun yn ei ddisgwyl. Mewn sawl ffordd mae'n adlewyrchu'r sefyllfa yng Nghymru, gyda chanrannau is ar hyd yr arfordiroedd, yn enwedig tua'r dwyrain, ar hyd Afon Menai ac yng nghyffiniau Caergybi.

2. *Arfon, Llŷn (Dwyfor) ac Eifionydd* Efallai mai dyma'r craidd amlycaf gydag 81.5 y cant yn siarad Cymraeg yn Nwyfor (75.4 ym 1991) a 76.6 y cant yn Arfon (74.6 ym 1991). Fe'i diffinnir ar yr ymyl dwyreiniol, yr unig ffin ar y tir, gan fand amlwg iawn o gyfrannau is, sy'n ymestyn ar draws Eryri o Ddyffryn Conwy isaf yn y gogledd-ddwyrain, drwy Gapel Curig a Beddgelert i gyfeiriad Bae Ceredigion yn y de-orllewin.

3. *Meirionnydd–Nant Conwy* Ar y map, mae hon yn ardal eang sy'n creu cryn argraff. Penllyn yw'r craidd (Y Bala) ac mae'n ymestyn tua'r gogledd i fynydd Hiraethog a thua'r de tuag at linell Hafren–Dyfi. Mewn gwirionedd, mae llawer o'r ardal hon yn dir lle nad oes neb yn byw ac yn ei hanfod, ymyl cul yw'r ardal hon sy'n ffinio ar y craidd mynyddig (Aitchison a Carter, 1985). Mae cyfrannau'r Cymry Cymraeg yn gostwng yn amlwg wrth

nature but, although it stands out with high proportions, the figure for Ynys Môn itself at 61.6 per cent is perhaps not as high as might be expected. In many ways it mirrors Wales with lower percentages along the coasts, especially to the east, along the Menai Straits and around Holyhead.

2. *Arfon, Llŷn (Dwyfor) and Eifionydd* This is perhaps the clearest core with 81.5 per cent speaking Welsh in Dwyfor (75.4 in 1991) and 76.6 per cent in Arfon. (74.6 in 1991). It is defined on its eastern flank, the only landward boundary, by a very distinctive band of lower proportions which extends across Snowdonia from the lower Conwy Valley in the north-east through Capel Curig and Beddgelert to Cardigan Bay in the south-west.

3. *Meirionnydd–Nant Conwy*. On the map this is an extensive and impressive area, centred on Penllyn (Bala) and extending north to the Hiraethog mountains and south to the Severn–Dyfi line. In reality much of the area covered is unpopulated and its true nature is more of a narrow fringe around the mountain core (Aitchison and Carter, 1985). Proportions of Welsh-speakers decline markedly to the coast and there is a steep fall off in proportions to the borderland in the east.

4. *Rural Dyfed* This is a large but patchy area of high proportions without the high scores of the north. Again there is a decline to the west, while to the south, as was noted in the section on absolute numbers, the Landsker, the traditional line of division between the Anglicized south of Pembrokeshire and the Welsh-speaking north, remains a fairly sharp though now retreating frontier.

5. *Industrial south-east Dyfed and western West Glamorgan* Here again the lowest scores occur on the coast between Llanelli and Swansea so that the true core lies inland extending in an arc along the Gwendraeth and Amman valleys with the pivot at Brynamman.

Tabl 2 Canrannau'r Cymry Cymraeg yn nwyrain Mynydd Hiraethog, 1961–81. (Sylwer bod y cymunedau hyn wedi'u trefnu o'r gorllewin i'r dwyrain ac i'r canrannau gael eu codi i'r rhif cyfan agosaf.)

~

Table 2 Percentage able to speak Welsh in eastern Mynydd Hiraethog, 1961–81. (Note that the communities are arranged in a west to east succession and that percentages have been rounded to the nearest whole number.)

Cymunedau / *Communities*	1961	1971	1981
Cerrigydrudion	91	90	87
Nantglyn	83	77	63
Llanrhaeadr-yng-Nghinmeirch	88	80	70
Gyffylliog	87	75	68
Clocaenog	89	75	61
Llanynys	79	73	64
Efenechdyd	74	70	58

nesáu at y glannau ac maent hefyd yn gostwng yn sydyn wrth nesáu at y ffin tua'r dwyrain.

4. *Cefn Gwlad Dyfed* Ardal eang ond clytiog yw hon lle ceir cyfrannau uchel, heb y sgoriau uchel a gofnodir yn y gogledd. Unwaith eto, mai gostyngiad tua'r gorllewin, tra bo'r Landsker, y llinell rannu draddodiadol rhwng de Penfro Seisnig a'r ardal Gymraeg ei hiaith tua'r gogledd, yn dal i fod yn ffin weddol amlwg er ei bod bellach yn cilio.

5. *Ardal ddiwydiannol de-ddwyrain Dyfed ac ardal orllewinol Gorllewin Morgannwg* Eto, gwelir y sgoriau isaf ar hyd yr arfordir rhwng Llanelli ac Abertawe, fel bo'r gwir graidd i'w ganfod i mewn yn y tir ac yn ymestyn ar ffurf cromlin ar hyd Cwm Gwendraeth a Chwm Aman gyda'r colyn ym Mrynaman.

Ymddengys fod rhaid gosod unrhyw drafodaeth ar gyfrannau yng nghyd-destun darlun cyffredinol sydd yn llawer nes at y patrwm a ystyrir yn draddodiadol, sef Cymru wedi'i rhannu'n adran ogleddol a gorllewinol sy'n Gymraeg ei hiaith, ac adran ddeheuol a dwyreiniol sydd wedi'i Seisnigo. Er hynny, mae'r newidiadau sylweddol a ddigwyddodd er 1961 wedi tanseilio'r fath ddarlun syml, nes prin bod modd bellach cyfiawnhau'r syniad o'r

It is apparent that any discussion of proportions has to be set against a general picture which is much nearer to the stereotype of a Wales divided into a northern and western section which is Welsh-speaking and a southern and eastern section which is Anglicized. However, the considerable changes since 1961 have so undermined such a simple view that the concept of 'Y Fro Gymraeg' is now hardly tenable. Consequently, some review of the nature and causes of these changes is needed.

Changes in the distribution of Welsh-speakers, absolute and proportional, 1971-1981. Areas of decline and loss

Although it is an arbitrary and somewhat inelegant procedure, the nature of changes will be examined first and then a series of explanations offered, taking losses and gains in turn. Reference should be made to Figures 3, 4, 5 and 6.

1. The prime feature of change, virtually since Anglo-Norman times, has been the progressive westward retreat of the general language frontier between the English and the Welsh. This has continued through to the present century and was certainly evident in

Tabl 3 Canrannau'r Cymry Cymraeg mewn trawsdoriad yn ardal Bannau Brycheiniog–Fforest Fawr–Y Mynydd Du. (Sylwer bod y cymunedau hyn wedi'u trefnu o'r gorllewin i'r dwyrain.)

~

Table 3 Percentages speaking Welsh in a cross-section in the Brecon Beacons–Fforest Fawr–Black Mountains area. (Note that the communities are arranged in a west to east succession.)

Cymunedau/*Communities*	1961	1971	1981
Llanddeusant	85	82	67
Traean-glas	67	54	40
Cray	78	61	47
Senny	72	58	33
Glyn	26	16	8
Modrydd	17	12	4

'Fro Gymraeg'. O ganlyniad, rhaid edrych ar natur ac achosion rhai o'r newidiadau hyn.

Newidiadau yn nosbarthiad Cymry Cymraeg, niferoedd absoliwt a chyfrannau, 1971–1981. Ardaloedd dirywiad a cholled

Er ei bod hi'n broses fympwyol ac ychydig yn flêr, edrychwn yn gyntaf ar natur y newidiadau ac yna gynnig cyfres o esboniadau, gan ystyried y colledion a'r enillion yn eu tro. Dylid cyfeirio at Ffigyrau 3, 4, 5 a 6.

1. Prif nodwedd newid, fwy neu lai ers oes yr Anglo-Normaniaid, fu gweld ffin ieithyddol gyffredinol rhwng y Saeson a'r Cymry'n cilio'n gynyddol tua'r gorllewin. Mae hyn wedi digwydd drwodd i'r ganrif hon ac roedd yn sicr yn amlwg yn ystod degadau 1961–71 a 1971–81. Dengys Tabl 2 y cyfrannau sy'n siarad Cymraeg mewn cyfres o blwyfi/cymunedau ar ymylon Mynydd Hiraethog ac yn Nhabl 3, dangosir cyfres yn ardal Bannau Brycheiniog–Fforest Fawr–Y Mynydd Du. Symudir o'r gorllewin tua'r dwyrain yn y ddau dabl.

Mae dwy nodwedd yn amlwg. Y gyntaf yw'r trawsnewid sy'n digwydd ar draws y rhaniad ieithyddol wrth symud o'r gorllewin

the decades 1961–71 and in 1971–81. Table 2 sets out the percentages speaking Welsh in a series of parishes/communities on the edge of Mynydd Hiraethog and Table 3 a series in the Brecon Beacons–Fforest Fawr–Black Mountains area. Both are arranged from west to east.

Two features stand out. The first is the transition across the language divide from east to west, but only the Brecon Beacons shows the steep gradient which was especially marked in 1961 between Senny and Glyn where the difference was 46 per cent. It was visible in 1981 but had declined to 25 per cent, marking the blurring of the sharp breaks which had occurred. The second feature, associated with that blurring, is the westward shift of the language frontier. Four communities on the Hiraethog fringe have fallen to below 70 per cent; all in the southern area have done so.

2. The second major aspect of change has been the clear lowering of proportions of Welsh-speakers along the coastlines of Wales. This is particularly clear along the western coast and is illustrated in Table 4 from a set of communities in Meirionnydd.

Consideration of language distribution maps in the post-1945 period would suggest that a

Tabl 4 Canrannau'r Cymry Cymraeg mewn cymunedau ar hyd arfordir Meirionnydd.

~

Table 4 Percentage speaking Welsh in communities on the Meirionnydd coast.

Cymunedau / *Communities*	1961	1971	1981
Llanenddwyn	76	70	63
Llandwywe-is-y-graig	67	45	48
Llanaber	62	54	51
Y Bermo	56	51	44

i'r dwyrain, ond dim ond Bannau Brycheiniog sy'n dangos y graddiant serth a oedd mor amlwg ym 1961 rhwng Senni a'r Glyn lle'r oedd y gwahaniaeth yn 46 y cant. Roedd i'w weld ym 1981, ond ei fod bellach yn 25 y cant, gan bylu rhywfaint ar y toriadau amlwg a welid gynt. Yr ail nodwedd sydd ynghlwm wrth y pylu hwn, yw'r ffaith fod y ffin iaith yn symud tua'r gorllewin. Mae pedair cymuned ar ymylon Hiraethog wedi gostwng bellach o dan 70 y cant: ac mae pob un o'r cymunedau tua'r de wedi dilyn yr un patrwm.

2. Yr ail brif agwedd lle gwelwyd newid fu'r gostyngiad amlwg yng nghyfran y Cymry Cymraeg ar hyd arfordiroedd Cymru. Mae hyn yn arbennig o amlwg ar hyd arfordir y gorllewin a gellir ei weld yn Nhabl 4 wrth edrych ar nifer o gymunedau ym Meirionnydd.

Mae mapiau dosbarthiad iaith yn dilyn y cyfnod ar ôl 1945 yn awgrymu bod ffin newydd wedi ymddangos, sy'n ymwthio tua'r dwyrain o gyfeiriad arfordir y gorllewin. O ganlyniad mae'r ddwy ffin yn gwasgu a hynny fu'n bennaf gyfrifol am ddarnio'r 'Fro Gymraeg'.

3. Y drydedd brif nodwedd a berthyn i'r dirywiad fu'r cynnydd yn y torlinellau mewnol gan arwain at greu'r ardaloedd ynysig y cyfeiriwyd atynt. Gwelwyd hyn eisoes yn nirywiad ardaloedd arfordir Ynys Môn ond efallai mai'r enghraifft fwyaf arwyddocaol yw'r parth hwnnw sy'n gwahanu Arfon–Eifionydd a Meirionnydd–Nant Conwy. Dengys Tabl 5 y ffigyrau perthnasol.

new frontier has come into being, one pushing eastward from the west coast. In consequence there has been a squeeze exerted by the two 'frontiers' and that has been largely responsible for the fractionation of 'Y Fro Gymraeg'.

3. The third major feature of decline has been the exacerbation of the internal fracture lines which have created the separate areas which have been discussed. This has already been seen in the decline of the coastal areas of Ynys Môn but perhaps the most significant example is the zone which separates Arfon–Eifionydd from Meirionnydd–Nant Conwy. Table 5 sets out the relevant figures.

It is this area which is generally perceived as the mountain heart of Wales, where language would seem to be both protected and resilient. Yet in reality it is a fracture zone through north-west Wales and is of considerable significance with some communities returning quite startlingly low figures; Capel Curig for example with but 29 per cent in 1981.

4. A fourth feature of decline is a very patchy picture of decline over rural Wales in general. Thus in south Dyfed there are several communities recording quite a significant decline. Llangeitho, for example, returned 91.9 per cent Welsh-speakers in 1961 and 83 per cent in 1971. By 1981 the proportion had fallen quite catastrophically to 54.5 per cent. It is difficult to suggest any general form to this pattern of decline.

5 Canrannau'r Cymry Cymraeg mewn trawsdoriad ar draws Eryri o'r gogledd-ddwyrain i'r de-orllewin. (Codwyd y canrannau i'r rhif cyfan agosaf.)

le 5 Percentages speaking Welsh in a transect across Snowdonia from north-east to south-west. (Percentages have been rounded to the nearest whole number.)

Cymunedau/*Communities*	1961	1971	1981
Conwy	42	35	30
Henryd	51	52	47
Caerhun	73	57	50
Capel Curig	46	46	29
Beddgelert	55	52	47
Dolbenmaen	86	86	77
Porthmadog	82	82	81

Dyma'r ardal sydd fel arfer yn cael ei hystyried yn galon fynyddig Cymru, lle tybir bod yr iaith yn ddiogel yn ei chadarnle ac yn ddi-ildio. Eto i gyd, mewn gwirionedd, mae'r ardal hon yn dor-barth drwy ogledd-orllewin Cymru ac yn hynod o arwyddocaol gyda'r ffigyrau a ddychwelwyd ar gyfer rhai cymunedau'n syndod o isel; Capel Curig, er enghraifft, lle cofnodwyd 29 y cant ym 1981.

4. Pedwaredd nodwedd gyffredinol y dirywiad yw'r darlun darniog o'r dirywiad a geir yng Nghymru wledig drwyddi draw. Yn ne Dyfed, gwelir dirywiad eithaf sylweddol mewn sawl cymuned. Dengys y ffigyrau, er enghraifft fod 91.9 y cant yn medru Cymraeg yn Llangeitho ym 1961 ac 83 y cant ym 1971 ond erbyn 1981, roedd y canran wedi gostwng yn syfrdanol i 54.5 y cant. Mae'n anodd awgrymu unrhyw ffurf gyffredinol i'r patrwm hwn o ddirywiad.

5. Y bumed nodwedd gyffredinol a'r un olaf yw'r dirywiad sylweddol yn ardaloedd y maes glo (gweler yn arbennig Ffigwr 4), yn y gogledd ac yn y de. Yn ne Cymru, y prif ardaloedd lle gwelwyd colli niferoedd rhwng 1961 a 1971 oedd Canol Morgannwg, yn enwedig yng nghymoedd y Rhondda. Yn ystod y degad wedi hynny, rhwng 1971 a 1981, er bod niferoedd yn dal i gael eu colli yn yr ardaloedd hynny, yn y gorllewin y gwelwyd y

5. The fifth and final general feature is the substantial decline in the coalfield areas (see especially Figure 4), both in the north and south. In south Wales the major areas of loss between 1961 and 1971 were in Mid Glamorgan, especially the Rhondda valleys. During the succeeding decade, 1971–1981, although losses were still being recorded in those areas, the major decline was to the west, in Swansea and Llanelli and their mining and industrial hinterlands, a pattern continued between 1981 and 1991. In the north-east of Wales the pattern of loss remained much the same over the two decades, being located in Wrexham and its immediate hinterland and along the shore of the Dee estuary from Flint to Holywell, Whitford and Llanase. It is certainly possible to regard these losses as a special aspect of the general retreat of the eastern frontier over against English.

At this point, and before turning to consider areas of increase, it is appropriate to consider the reasons which explain the areas of decline. A starting-point must be a review, however restricted, of how language loss occurs. The simplest way is to itemize and link the processes.

1. *Lexical reduction* is the limitation in the range of vocabulary and terminology of a language.

prif ddirywiad, yn Abertawe ac yn Llanelli ac yn yr ardaloedd glofaol a diwydiannol sy'n cefnu arnynt. Gwelwyd yr un patrwm yn parhau rhwng 1981 a 1991. Yng ngogledd-ddwyrain Cymru, arhosodd patrwm y golled fwy neu lai'n gyson yn ystod y ddau ddegad, hynny yw yn Wrecsam a'r ardal sy'n cefnu arni, ac yna, ar hyd glannau Aber Afon Dyfrdwy o'r Fflint i Dreffynnon, Chwitffordd a Llanasa. Mae'n sicr yn bosibl ystyried y colledion hyn yn un wedd arbennig ar gilio cyffredinol y ffin ddwyreiniol rhag y Saesneg.

Yma, a chyn troi i ystyried meysydd lle gwelwyd cynnydd, mae'n briodol ystyried y rhesymau sy'n egluro pam fod dirywiad wedi digwydd yn yr ardaloedd uchod. Rhaid dechrau gydag arolwg, waeth pa mor anghyflawn fydd hwnnw, o sut y caiff iaith ei cholli. Y ffordd symlaf yw trwy eitemeiddio a chysylltu'r prosesau.

1. *Cyfyngu ar eirfa,* sef, bod cyfyngu ar amrediad geirfa a therminoleg iaith.

2. *Cymysgu codau,* sef, cyflwyno geiriau benthyg i iaith i'r fath raddau fel bo natur yr iaith honno'n newid. Bydd pawb yn gyfarwydd â defnyddio geiriau Saesneg wrth siarad Cymraeg bob dydd, a hynny'n aml iawn pan fydd geiriau Cymraeg da a digon cyfarwydd ar gael; nid dim ond ym maes termau technegol y digwydd hyn, fel y gŵyr y sawl sy'n gwrando ar gyfweliadau ar Radio Cymru neu S4C.

3. Mae hyn yn arwain at *newid codau* neu newid i iaith arall, sef yn y cyswllt hwn, i'r Saesneg, lle bydd problemau geirfa neu fynegiant yn dod yn hollbwysig.

4. Mae cysylltiad amlwg rhwng hyn a *chyfyngu ar feysydd yr iaith,* sy'n golygu ei bod yn cael ei neilltuo ar gyfer rhai agweddau penodol ar fywyd neu i feysydd penodol. Felly, er enghraifft, efallai y bydd pobl yn siarad Cymraeg gartref neu yn y capel, tra'n siarad Saesneg wrth weithio neu siopa.

2. *Code-mixing* This is the introduction of borrowed words into a language to an extent which changes its nature. Everyone will be familiar with the use of English words in everyday Welsh speech, often when perfectly sound and familiar Welsh words are available; it does not only occur where technical terms are involved as any listener to interviews on Radio Wales or S4C will be aware.

3. This leads to *code-switching* or the change to another language, in the case being reviewed here, English, when problems of vocabulary or expression become critical.

4. This is especially associated with *domain limitation,* which means the restriction of a language to a particular aspect of life or domain. Thus, for example, Welsh might be spoken at home or in chapel whilst English might be used in the domains of work or shopping.

All these processes are part of the way in which a language becomes less and less frequently used, confined to limited domains and eventually lost altogether. But why do they occur?

The simplest answer is that the processes are set in motion when the evaluation of the status of a language falls, either for social reasons or because of infrequency and extent of use. The social reasons are those associated with 'class links', more especially in a perceived way. There has been no Welsh-speaking aristocracy, even the major industrial entrepreneurs were mainly English or Anglicized. Welsh in the past was never associated with upward social mobility, rather the reverse. To succeed one had to 'pass' as English. This is certainly no longer true but there is a strong residual element when it comes to evaluation.

Frequency of use across all the domains is more significant. On the borderland between English and Welsh people are more exposed to the everyday use of English, particularly outside the home, at work, on the streets, in

Daw'r holl brosesau hyn yn rhan o'r ffordd y daw iaith i'w defnyddio'n llai a llai aml, a'i chyfyngu i feysydd cyfyngedig ac yn y pen draw, fe'i collir yn llwyr. Ond pam mae hyn yn digwydd?

Yr ateb symlaf yw bod y prosesau hyn yn cael eu rhoi ar waith pan fydd statws iaith yn gostwng yng ngolwg pobl, naill ai am resymau cymdeithasol neu am nad yw'r iaith honno'n cael ei defnyddio'n ddigon aml neu'n ddigon eang. Y rhesymau cymdeithasol yw'r rheiny a gysylltir â 'chysylltiadau dosbarth', a hynny'n bennaf yn y ffordd y bydd pobl yn gweld y cysylltiadau hyn. Ni fu erioed fonedd Cymraeg ei iaith. Roedd hyd yn oed yr *entrepreneurs* diwydiannol mawrion yn Saeson neu'n Gymry a Seisnigwyd. Fu'r Gymraeg erioed yn gysylltiedig â dringo cymdeithasol. Yn hytrach, bu'r gwrthwyneb yn wir. I lwyddo, roedd yn rhaid i rywun 'gael ei dderbyn' fel Sais. Yn sicr, nid yw hyn yn wir bellach, ond mae elfen gref o'r feddylfryd hon yn aros o hyd, pan fydd rhywun yn cloriannu'r sefyllfa.

Mae amlder y defnydd a wneir o'r iaith ym mhob maes yn elfen bwysicach. Ar y ffin rhwng y Saesneg a'r Gymraeg, mae pobl yn fwy agored i'r defnydd beunyddiol a wneir o'r Saesneg, yn enwedig y tu allan i'r cartref, yn y gwaith, ar y stryd, ac yn y siopau er enghraifft. Fel hyn, bydd meysydd defnyddio'r Gymraeg yn mynd yn fwyfwy cyfyng. Daw cymysgu codau'n beth mwy cyffredin ac mae tuedd i gyfnewid codau ledu'n ôl i'r cartref gan arwain yn y pen draw at golli'r iaith. Mae hefyd yn debygol iawn y gwelir priodasau cymysg ac, yn y pen draw, yr iaith sy'n gyffredin i'r ddau bartner fydd iaith y teulu yn eu cartref, sef Saesneg, ac ni fydd y plant yn etifeddu'r Gymraeg.

Ymddengys mai yng nghyswllt y ffin ieithyddol ddwyreiniol y mae'r esboniadau hyn ar eu mwyaf perthnasol lle bydd yr ieithoedd yn dod wyneb yn wyneb â'i gilydd bob dydd. Ond, er y gellid cyfiawnhau gwneud datganiad o'r fath wrth gyfeirio at y cyfnod yn union ar ôl 1945, prin ei fod yn ddilys bellach. Yn ystod yr ugain mlynedd diwethaf, gwelwyd mwy a mwy o bobl yn symud o le i le

the shops for example. In this way the domains of use become limited. Code-mixing becomes more common and there is a tendency for code-switching to spread back into the home and lead ultimately to loss. It is also most likely that mixed marriages will occur, again leading to the language of the home being the common one, English, and the children not acquiring Welsh.

These sorts of explanations would seem to be most applicable to the eastern linguistic frontier where the languages are in daily contact. But such a statement, possibly tenable in the immediate post-1945 period, has become less justifiable. Over the past twenty years there has been an immense increase in mobility and hence in contact, and not only physical mobility and the physical propinquity which ensues, but also what can be called electronic mobility. The widespread penetration of the mass media, especially television, has brought an alien language into the home and on to the very hearth itself. For the young, the world of 'pop' music is, as the word 'world' implies, international, but the language is English.

The increase in propinquity as a consequence of mobility has been derived from three specific sources:

1. *Tourism, recreation and the leisure industry* Perhaps the clearest example is that already given in Table 5. The language divide across Snowdonia is the product of these aspects, as is much of the decline on the coasts. The community of Llanddwywe-is-y-graig, which shows a decline in the percentage of Welsh-speakers from 67 per cent in 1961 to 48 per cent in 1981 (Table 4), also returned 19.5 per cent of household spaces as taken up by second or holiday homes.

2. *Counterurbanization* This is sometimes more explicitly called rural retreating. It defines the movement of people away from the congested, polluted and even dangerous towns and cities, and away from the tensions of urban living to the countryside. It is a phenomenon common to the western world, but in Wales it

ac o ganlyniad yn creu mwy a mwy o gysylltiadau. Mae hyn yn digwydd nid yn unig oherwydd bod pobl eu hunain yn symud ac yn sgil hynny'n dod yn nes at ei gilydd ond hefyd oherwydd yr hyn y gellir ei alw'n fudoledd electronig. Wrth i'r cyfryngau torfol ymwthio i bob twll a chornel, yn enwedig teledu, daeth iaith ddieithr i'r cartref ac i'r aelwyd ei hun. I bobl ifainc, mae byd cerddoriaeth bop, fel yr awgryma'r gair 'byd' yn rhywbeth rhyngwladol, ond Saesneg yw'r iaith.

Mae'r agosrwydd cynyddol a ddaw yn sgil mudoledd yn deillio o dair prif ffynhonnell.

1. *Y diwydiant twristiaeth, adloniant a hamdden* Efallai mai'r enghraifft egluraf yw honno a roddwyd eisoes yn Nhabl 5. Mae'r rhaniad ieithyddol ar draws Eryri'n gynnyrch yr agweddau hyn, fel y mae llawer o'r dirywiad a welwyd ar hyd y glannau. Yng nghymuned Llanddwywe-is-y-graig, gwelwyd dirywiad yng nghanran y Cymry Cymraeg o 67 y cant ym 1961 i 48 y cant ym 1981 (Tabl 4), ond hefyd, mae 19.5 y cant o'r cartrefi yno yn ail gartrefi neu'n dai haf.

2. *Gwrthdrefoli* Mae hyn weithiau'n cael ei ddisgrifio'n fwy manwl drwy sôn am encilio i gefn gwlad. Mae'n diffinio symudiad pobl i fyw yng nghefn gwlad allan o'r trefi a'r dinasoedd gorlawn, llygredig a pheryglus hyd yn oed, ac i ffwrdd o'r tensiynau sy'n codi wrth fyw yn y dref. Mae'n ffenomen sy'n gyffredin i'r byd gorllewinol, ond yng Nghymru, y canlyniad fu dod â phobl uniaith Saesneg i gefn gwlad Cymru. Ar un adeg, roedd y ffaith fod cefn gwlad mor ddiarffordd yn amddiffyn yr iaith; ond nid yw hynny'n wir bellach. Mae hyn yn egluro nifer o'r gostyngiadau a welir yn y cyfrannau yng nghefn gwlad Cymru, yn Nyfed er enghraifft. Mae hi hefyd yn werth cofnodi nad oes cysylltiad o anghenraid rhwng y broses hon a'r gwir ostyngiad yn nifer y Cymry Cymraeg. Yn wir, mae Caron Uwch Clawdd, y cyfeiriwyd ato yn Nhabl 1 yn enghraifft o'r ffenomen hon.

3. *Allfudo* Mae effaith mewnfudo Saeson has brought English monoglots into rural Wales. The integrity of language was once protected by remoteness; that is no longer so. This explains many of the declines in proportions in rural Wales, in Dyfed for example. It is also worth recording that it need not be associated with an actual loss in the number of Welsh-speakers. Indeed, Caron Uwch Clawdd, which was noted in Table 1, is an example of this phenomenon.

3. *Outmigration* The impact of the incoming of English monoglots is all the greater where it is associated with a century of rural depopulation. Underneath the growth in rural areas associated with counterurbanization, rural depopulation still continues. Thus in Dyfed (although it does contain the urban industrial areas of the south-east) the population grew by 9,500 between 1981 and 1987, but that was made up of a natural loss (excess of deaths over births) of 2,800 and a migration gain of 12,300. Such a migration gain comprises two movements. Thus, in 1987/88, some 15,324 moved in, but 10,354 moved out giving a net balance of 4,970 by immigration (Dyfed County Planning Department, 1989). Undoubtedly, outmigration has also contributed substantially to the loss of Welsh-speakers in the industrial areas. The population of Rhondda in 1961 was 100,309, in 1986 it was 77,800. It is not possible to identify how many were Welsh-speakers, but the implication is evident. Certainly agricultural reorganization and capitalization on the one hand and deindustrialization on the other have contributed to the loss of Welsh-speakers.

Changes in the distribution of Welsh-speakers, absolute and proportional, 1971–1981. Areas of increase and gain

The areas of increase and gain are very much more limited (Figures 5 and 6), but nevertheless are of considerable significance. Four can be suggested, though there is a considerable overlap amongst the first three.

uniaith yn fwy o lawer pan fo hynny'n gysylltiedig â chanrif o ddiboblogi yng nghefn gwlad. Er gwaetha'r twf mewn ardaloedd gwledig yn sgil y gwrthdrefoli, mae'r diboblogi'n dal i ddigwydd yng nghefn gwlad. Felly, yn Nyfed, (er bod y sir yn cynnwys ardaloedd diwydiannol trefol y de-ddwyrain) gwelwyd cynnydd o 9,500 yn y boblogaeth rhwng 1981 a 1987, ond roedd hynny'n cynnwys colled naturiol (mwy o farwolaethau o'u cymharu â genedigaethau) o 2,800 a chynnydd o 12,300 a fewnfudodd i Ddyfed. Mae'r nifer a enillir yn sgil y mewnfudo'n cynnwys dau symudiad. Felly, ym 1987/88, symudodd rhyw 15,324 i'r ardal, ond symudodd 10,354 o'r ardal, gan roi gwahaniaeth net o ryw 4,970 yn sgil y mewnfudo (Adran Gynllunio Sir Dyfed, 1989). Yn ddiamau, mae allfudo hefyd wedi cyfrannu'n sylweddol at golli Cymry Cymraeg yn yr ardaloedd diwydiannol. Roedd poblogaeth y Rhondda ym 1961 yn 100,309, ym 1986, roedd yn 77,800. Nid oes modd canfod faint o'r rhain oedd yn siarad Cymraeg, ond mae'r goblygiadau'n amlwg. Yn sicr, mae ad-drefnu amaethyddiaeth a chyfalafu ar y naill law a dad-ddiwydiannu ar y llall wedi cyfrannu at golli Cymry Cymraeg.

Newidiadau yn nosbarthiad y Cymry Cymraeg, absoliwt a chyfrannol, 1971–1981. Ardaloedd cynnydd ac ennill

Mae'r ardaloedd lle gwelwyd cynnydd ac ennill yn fwy cyfyng o lawer (Ffigyrau 5 a 6), ond er hynny, maent yn bwysig iawn. Gellir awgrymu pedwar maes, er bod y tri chyntaf yn gorgyffwrdd i raddau helaeth iawn.

1. *Gororau'r dwyrain* Mae'n annisgwyl gweld bod yr ardaloedd hyn a Seisnigwyd ers tro byd yn dangos cynnydd mewn niferoedd a chynnydd hefyd yng nghyfran y Cymry Cymraeg. Er hynny, mae angen gair o rybudd gan fod rhai o'r ffigyrau cyfrannol mawrion wedi'u seilio ar ffigyrau absoliwt bychain iawn. Un peth sy'n arbennig o arwyddocaol o fewn yr ardal yw'r canolfannau trefol, yn

1. *The eastern Marchlands* It is unexpected to find these long-Anglicized areas now showing both gains in numbers and increases in the proportions of Welsh-speakers. A word of warning is needed, however, since some large proportional gains are based on very small absolute figures. Particularly significant within the area are the urban centres, especially Cardiff, where the number increased from 13,370 to 15,018 between 1971 and 1981, and its suburban hinterland. Welsh-speakers increased in Wenvoe from 35 in 1961 to 90 in 1971 and 176 in 1981, increases of 157 and 90 per cent respectively (Aitchison and Carter, 1988). Even towns such as Newport, Newtown and Llandrindod Wells recorded increases in numbers, as did Mold in the north-east.

2. *The remaining Marchlands* All the classical Marchlands recorded increases, even the still more unexpected areas of south Pembrokeshire, Gower and the Vale of Glamorgan, the last area of course part of Cardiff's suburbia.

3. *Other urban areas* In general both the county and country towns showed increases – Aberystwyth, Bangor, Caernarfon and Carmarthen are examples.

4. *Rural communities* These are scattered rural communities where increases intermingled with areas of decline, indeed often quite close or adjacent to them. Again this is characteristic of rural Dyfed. It is possibly related to the target areas for immigrants, that is particular destinations become more widely known amongst those contemplating a move. Another explanation is simply the location of house building.

The reasons for these trends can be subsumed under two headings:

1. *Supportive measures* There has been a great change in the social evaluation of Welsh, and its former association with lack of upward social mobility has now almost been reversed.

enwedig Caerdydd a'i chyffiniau maesdrefol, lle cynyddodd y nifer o 13,370 i 15,018 rhwng 1971 a 1981. Cynyddodd nifer y Cymry Cymraeg yn y Wenfo o 35 ym 1961 i 90 ym 1971 ac i 176 ym 1981, sef cynnydd o 157 a 90 y cant, yn y drefn honno (Aitchison a Carter, 1988). Cofnodwyd cynnydd yn y nifer mewn trefi megis Casnewydd, Y Drenewydd a Llandrindod hyd yn oed, ac mae'r un peth yn wir hefyd am yr Wyddgrug yn y de-ddwyrain.

2. *Gweddill y Gororau* Cofnodwyd cynnydd ym mhob un o diroedd clasurol y Gororau, hyd yn oed yn ardaloedd mwy annisgwyl fyth de Penfro, Gŵyr a Bro Morgannwg, gyda'r ardal olaf hon wrth gwrs yn rhan o ardal faesdrefol Caerdydd.

3. *Ardaloedd trefol eraill* Drwyddi draw, gwelwyd cynnydd mewn trefi sirol a gwledig, er enghraifft yn Aberystwyth, Bangor, Caernarfon a Chaerfyrddin.

4. *Cymunedau gwledig* Cymunedau gwledig gwasgaredig yw'r rhain lle'r oedd y cynnydd yn gymysg ag ardaloedd o ddirywiad, gyda'r rheiny'n aml iawn yn weddol agos neu'n ffinio arnynt. Unwaith eto, mae hyn yn nodweddu cefn gwlad Dyfed. Efallai ei fod yn gysylltiedig ag ardaloedd y bydd mewnfudwyr yn eu targedu, hynny yw, bod y bobl hynny sy'n ystyried symud i Gymru'n dod i wybod am lefydd penodol. Un eglurhad syml arall yw lleoliad datblygiadau tai.

Gellir egluro'r rhesymau dros y tueddiadau hyn dan ddau bennawd:

1. *Mesurau cefnogol* Bu newid mawr yn y ffordd y gwerthusir y Gymraeg ar lefel gymdeithasol ac mae'r hen syniadau sy'n ei chysylltu â diffyg dringo cymdeithasol bellach bron iawn wedi'u gwrthdroi'n llwyr. Yn ogystal, cafwyd amrywiaeth eang o fesurau cefnogol, gyda byd addysg ar flaen y gad. Nid oes modd eu trafod yma (Aitchison a Carter, 1991) a bydd rhai o'r pynciau hyn yn cael eu trafod mewn penodau eraill. Mae *Deddf yr Iaith*

Along with that has come a great range of supportive measures where education has been the leader. It is impossible to review them here (Aitchison and Carter, 1991) and other chapters will have dealt with some of them. They can be epitomized by the 1993 *Welsh Language Act*.

2. *Post-industrial society* The decline of the coalfield-based smoke-stack industries, or more general deindustrialization, has been accompanied by a massive swing to service occupations. Amongst these, administration and the media rank highly and the ability to speak Welsh is certainly an advantage and in some cases essential in these fields. The burgeoning of S4C in Cardiff and the associated independent producers of film and TV material is typical. There has, therefore, been a movement of young Welsh-speakers into the towns and cities and into their suburbs.

Increases in some of the traditional areas of Welsh speech should not be ignored, but even so, the general trend over the last twenty years has been the somewhat anomalous one of losses from the heartland of Welsh speech and gains in the Anglo-Welsh periphery.

Age and the distribution of the Welsh language

The movements and changes which have been examined have had an inevitable impact upon the age structure of the Welsh-speaking population. Figure 7 shows the proportion of Welsh-speakers in the youngest age group, between three and fifteen, and Figure 8 the proportion in the oldest group, those aged sixty-five and over.

1. The youngest group shows the highest percentages which correspond to the Marcher areas of increase. This is quite simply the product of young people with families moving to these areas for the reasons given above.

2. The core areas, apart from industrial

Gymraeg 1993 yn crisialu'r mesurau hyn.

2. *Y gymdeithas ôl-ddiwydiannol* Yn sgil dirywiad diwydiannau'r maes glo a'r simne fwg a'r dad-ddiwydiannu cyffredinol, gwelwyd symudiad anferth i gyfeiriad swyddi yn y diwydiant gwasanaethau. Ymhlith y rhain, daeth gweinyddiaeth a'r cyfryngau'n flaenllaw ac mae'r gallu i siarad Cymraeg yn sicr yn fantais ac, mewn rhai achosion, yn hanfodol yn y meysydd hyn. Mae blodeuo S4C yng Nghaerdydd, a thwf y cynhyrchwyr ffilm a theledu annibynnol yn nodweddiadol. O ganlyniad, gwelwyd pobl ifainc Gymraeg eu hiaith yn symud i'r trefi a'r dinasoedd a'u maesdrefi.

Ni ddylid anwybyddu'r cynnydd yn rhai o feysydd traddodiadol y Gymraeg, ond er hynny, y duedd gyffredinol yn ystod yr ugain mlynedd diwethaf fu'r duedd anghyson braidd o weld colledion yng nghadarnleoedd y Gymraeg ac enillion ar y ffin rhwng y ddwy iaith.

Oedran a dosbarthiad yr iaith Gymraeg

Mae'r symudiadau a'r newidiadau a archwiliwyd wedi cael dylanwad anochel ar strwythur oedran y boblogaeth Gymraeg ei hiaith. Dengys Ffigwr 7 gyfran y Cymry Cymraeg sydd yn y grŵp oedran iau, sef rhwng tair a phymtheg oed, a Ffigwr 8, gyfran y siaradwyr sydd yn y grŵp oedran hŷn, sef y rhai sy'n bump a thrigain a throsodd.

1. Mae'r canrannau uchaf ymhlith y grŵp ieuengaf sy'n cyfateb i ardaloedd cynnydd y Gororau. Yn syml, canlyniad pobl ifainc â chanddynt deuluoedd yn symud i'r ardaloedd hyn yw hyn am y rhesymau a eglurwyd uchod.

2. Mae'r ardaloedd craidd, ar wahân i dde-ddwyrain diwydiannol Dyfed, yn dangos cyfrannau canolig o Gymry Cymraeg yn gymysg â chyfrannau isel. Canlyniad cyfnod hir o ddiboblogi yng nghefn gwlad yw hyn, a bod yno gyfran uwch o bobl hŷn, sy'n south-east Dyfed, show intermediate proportions of Welsh-speakers intermingled with low ones. These are the consequence of a long period of rural depopulation, the greater proportion of the elderly, and the closely associated limited natural increase or even actual decrease.

3. The oldest group of Welsh-speakers is concentrated in the south Wales coalfield over its whole extent. This is again the result of outmigration which is age specific, that is, it is mainly of young active people seeking work leaving the older groups behind.

4. The resorts tend to show the dominance of the elderly. This is particularly apparent along the north Wales coast east of Conwy which is the classic retirement area.

5. Elsewhere there is a very varied pattern which is again characteristic of rural Dyfed.

The 1991 Census – the county monitors

The publication of all the 1991 Census county monitors for Wales enables some preliminary, if very limited, comments to be made on changes in the population speaking Welsh since 1981. The limitations are partly derived from the restricted data which are given in the monitors and partly from the change between the 1981 base, when wholly absent households were excluded, and the 1991 base when they were included. The consequence of the change is that direct comparisons between 1981 and 1991 cannot be made at this stage, except at the crude county level where data for 1991 are provided on the 1981 base. Given the restricted data it is still possible to calculate totals for Wales from the county figures. That process gives a total of 496,531 speaking Welsh in Wales, or some 18.68 per cent of the population over the age of three. This compares with 503,549 in 1981 or 19.04 per cent. There has, therefore, been a decrease, but it is clearly at a much lower level than in previous decades; the post-1945 decennial differences being

Tabl 6 Canrannau'r Cymry Cymraeg fesul sir ym 1981 a 1991. (Ffynhonnell: Arolygon Sir y Cyfrifiad)

~

Table 6 Welsh-speaking percentages by counties 1981 and 1991. (Source: County Census Monitors)

Sir *County*	Dyddiad *Date*	Canran yn siarad Cymaeg *Percentage Welsh-speaking*	Canran yn ôl grŵp oedran *Percentage by age-group*			
			3–15	16–44	45–64	65+
Clwyd	1981	18.7	18.6	14.7	20.9	25.4
	1991	18.2	27.9	14.2	16.4	20.9
Dyfed	1981	47.0	40.3	41.0	52.2	60.0
	1991	43.9	47.7	38.3	43.6	52.2
Gwent	1981	2.5	2.3	2.1	2.9	3.4
	1991	2.4	4.8	1.9	1.8	2.0
Gwynedd	1981	63.0	69.3	59.7	64.4	61.7
	1991	61.5	77.6	60.5	56.9	56.1
C. Morgannwg/	1981	8.3	8.6	5.0	7.8	18.8
Mid Glam.	1991	8.4	16.1	5.9	4.3	11.7
De Morgannwg/	1981	5.7	7.4	5.2	5.0	6.3
S. Glam.	1991	6.5	11.9	6.0	4.5	4.7
G. Morgannwg/	1981	16.4	9.3	11.3	20.4	31.3
W. Glam.	1991	15.0	15.0	9.8	15.9	25.6
Powys	1981	20.5	16.7	16.8	24.2	27.3
	1991	20.2	30.0	16.0	18.5	23.0

gysylltiedig â chynnydd bychan naturiol neu hyd yn oed ostyngiad gwirioneddol.

3. Mae'r grŵp hynaf o Gymry Cymraeg wedi'i grynhoi ar draws holl faes glo de Cymru. Unwaith eto, canlyniad allfudo gan bobl o grŵp oedran penodol yw hyn, sef, yn bennaf, pobl ifanc weithgar sy'n chwilio am waith gan adael y grwpiau hŷn ar ôl.

4. Yn y trefi gwyliau y duedd yw bod yno fwy o bobl hŷn na'r grwpiau eraill. Mae hyn yn

respectively 2.9 per cent (51–61), 5.4 per cent (61–71), 1.9 per cent (71–81) and now 0.4 per cent (81–91). This is given greater detail if the county data set out in Table 6 are examined.

A number of conclusions can be derived from these data. Although there has been a general overall decline in the proportions speaking Welsh, gains were recorded in both Mid and South Glamorgan. Also the losses have been relatively small compared with previous decades, about 1.5 per cent in the counties with the highest proportions of

arbennig o amlwg ar hyd arfordir gogledd Cymru i'r dwyrain o Gonwy, sef yr ardal ymddeol glasurol.

5. Mewn mannau eraill, mae patrwm amrywiol iawn sydd eto'n nodweddu cefn gwlad Dyfed.

Cyfrifiad 1991: arolygon sir y Cyfrifiad

Yn sgil cyhoeddi holl ffigyrau'r Arolygon Sir ar gyfer Cyfrifiad 1991, mae modd gwneud rhai sylwadau rhagarweiniol, os cyfyngedig, ynglŷn â'r newidiadau yn y boblogaeth sy'n siarad Cymraeg er 1981. Mae'r data cyfyngedig a roddir yn y ffigyrau monitro'n cyfyngu i raddau ar y sylwadau hyn a hefyd y newid rhwng seiliau ffigyrau 1981 pan hepgorwyd cartrefi lle nad oedd neb gartref, a'r seiliau ym 1991 pan gawsant eu cynnwys. O ganlyniad i'r newid hwn, nid oes modd cymharu yn uniongyrchol 1981 a 1991 ar hyn o bryd, dim ond ar lefel sirol fras lle darparwyd data ar gyfer 1991 ar yr un seiliau ag ym 1981.

Ag ystyried cyfyngiadau'r data, mae hi'n dal yn bosibl canfod cyfansymiau ar gyfer Cymru ar sail y ffigyrau sirol. Mae'r broses honno'n rhoi cyfanswm o 496,531 o Gymry Cymraeg yng Nghymru, neu ryw 18.68 y cant o'r boblogaeth dros dair oed. Mae hyn yn cymharu â 503,549 ym 1981 neu 19.04 y cant. Felly, bu gostyngiad, ond mae'n amlwg bod y gostyngiad hwnnw yn llai o lawer na'r hyn a welwyd yn ystod degadau blaenorol; gyda'r gwahaniaethau bob degad er 1945 yn 2.9 y cant (51–61), 5.4 y cant (61–71), 1.9 y cant (71–81) ac yn awr yn 0.4 y cant (81–91). Gellir rhoi mwy o fanylion trwy archwilio'r data sirol a gynhwysir yn Nhabl 6.

Gellir casglu sawl peth ar sail y data hyn. Er bod dirywiad cyffredinol drwyddi draw yn y cyfrannau sy'n siarad Cymraeg, gwelwyd cynnydd yng Nghanol Morgannwg ac yn Ne Morgannwg. Hefyd, roedd y colledion yn weddol fychan o'u cymharu â'r hyn a welwyd mewn degadau blaenorol, tua 1.5 y cant yn y siroedd gyda'r cyfrannau uchaf o Gymry Cymraeg, a llai mewn mannau eraill. Welsh-speakers, less elsewhere. The highest difference of 3.1 per cent was recorded in Dyfed probably as a result of the well-documented inmigration to the rural parts during the decade (Dyfed County Planning Department, 1989) The proportion born in Wales in the county fell from 79.8 per cent in 1981 to 74.9 per cent in 1991.

It is not easy to discuss absolute numbers which are not given in the comparative section but which again can be calculated. They do provide some necessary development. Thus the population of Gwynedd rose between 1981 and 1991 by 6,179, and that over the age of three by 5,878. That increase means that although there was an apparent fall in the percentage speaking Welsh, the lower proportion is of a higher absolute number so that the number of Welsh-speakers actually rose by 401. In contrast in Mid Glamorgan although the percentage increased it is of a lower total, due largely to outmigration from the industrial valleys. Thus the actual number of Welsh-speakers did not increase but fell by 242. The fact that only 67.8 per cent of the population of Gwynedd was born in Wales compared with 89.2 per cent in Mid Glamorgan indicates the vast difference in migration experience.

The most significant feature is the distribution of change amongst the age-groups. There have been quite spectacular increases in the 3–15 group, the 16–44 group has remained steady, whilst the two older groups have experienced decline. This appears to reverse earlier patterns and, indeed, the youngest group has virtually doubled in all the counties. Thus in Clwyd it has risen from 18.6 per cent to 27.9, and in Powys from 16.7 to 30. But again some caution is necessary. In most cases a fall in the birth rate has meant that although 1991 showed higher proportions they are of smaller numbers. Thus in Gwynedd a rise from 69.3 per cent (of 41,537) to 77.6 per cent (of 35,940) produces an actual loss of 896 in that age-group over the ten years.

Even so, the general conclusion must testify to the success of Welsh-medium and bilingual

Cofnodwyd y gwahaniaeth mwyaf, sef 3.1 y cant yn Nyfed, a hynny mae'n debyg o ganlyniad i'r mewnfudo i'r ardaloedd gwledig yn ystod y degad (Adran Gynllunio Dyfed, 1989). Gostyngodd y nifer a anwyd yng Nghymru yn y sir o 79.8 y cant ym 1981 i 74.9 y cant ym 1991.

Nid yw'n hawdd trafod niferoedd absoliwt nas rhoddir yn yr adran gymharol ond, unwaith eto, mae modd cyfrifo'r ffigyrau hyn. Maent yn dangos rhywfaint o ddatblygiad angenrheidiol. Tyfodd poblogaeth Gwynedd 6,179 rhwng 1981 a 1991 gyda chynnydd o 5,878 ymhlith y rhai dros dair oed. Mae'r cynnydd hwnnw'n golygu, er bod gostyngiad ymddangosiadol yng nghanran y rhai sy'n siarad Cymraeg, fod y gyfran is hon, mewn gwirionedd, yn cynrychioli nifer absoliwt uwch, gan olygu cynnydd o 401 yn nifer y Cymry Cymraeg. Mewn gwrthgyferbyniad, er i'r canran gynyddu yng Nghanol Morgannwg, mae'r cyfanswm yn is, a hynny'n bennaf oherwydd allfudo o'r cymoedd diwydiannol. Felly, ni chynyddodd gwir nifer y Cymry Cymraeg. Yn hytrach, gostyngiad o 242 a gafwyd. Mae'r ffaith mai dim ond 67.8 y cant o boblogaeth Gwynedd a anwyd yng Nghymru o'i gymharu â 89.2 y cant yng Nghanol Morgannwg yn dangos y gwahaniaeth aruthrol rhwng yr ardaloedd o ran eu profiadau allfudo.

Y nodwedd amlycaf yw dosbarthiad y newid ymhlith y grwpiau oed. Gwelwyd cynnydd anhygoel ymhlith y grŵp 3–15 oed, gyda'r grŵp 16–44 yn aros yn weddol sefydlog, a'r dirywiad yn digwydd ymhlith y ddau grŵp hŷn. Ymddengys fod hyn yn gwrthdroi patrymau'r gorffennol ac, yn wir, mae'r grŵp ieuengaf wedi dyblu, fwy neu lai, ym mhob sir. Yng Nghlwyd cododd y canran o 18.6 y cant i 27.9 y cant ac ym Mhowys o 16.7 i 30. Ond unwaith eto, mae angen bod yn ofalus. Yn y rhan fwyaf o achosion, bu gostyngiad yn y gyfradd genedigaethau felly, er bod y canrannau'n uwch ym 1991, mae'r cyfanswm yn is. Felly mae cynnydd yng Ngwynedd o 69.3 y cant (o 41,537) i 77.6 y cant (o 35,940), mewn gwirionedd yn cynrychioli colled o 896 education establishing a new wave of Welsh-speakers. If that wave moves through the age-groups unchanged in succeeding decades then increases in the proportions of Welsh-speakers are likely to be recorded in the next century, reversing the trends in this one.

But there are three qualifications which have to be made: that the Census question has been answered properly and that parents have not exaggerated the fluency of their children; that the language is retained after school days; and that the young eventually stay in Wales and do not migrate.

It is difficult to say anything of value on the figures for the Districts since the 1981 and 1991 bases differ. The general pattern in geographical terms of a steady decrease from west to east is as expected. Perhaps it is permissible to base some comment on the extent of the decadal difference, and on the contrast between those which have experienced an increase and those which have not. The largest differences are in Dwyfor, Meirionnydd and Dyffryn Lliw; the small gains are in Islwyn, Alun and Deeside, Radnor and in the three southernmost districts of Mid Glamorgan. Cardiff remains the same but the Vale of Glamorgan shows an increase. Perhaps in these figures there is some slight evidence of the levelling out to which attention has already been directed (Aitchison and Carter, 1987). Certainly the trend in Taff–Ely and the Vale of Glamorgan seems to confirm the growth in the Cardiff region which characterized the last decade.

If the age structure at the District level is examined then the figures confirm the conclusions already reached. There are relatively high proportions in the youngest age-group. It is significant that Districts such as Cynon Valley and Rhondda show a higher proportion in the youngest age group than in the oldest. It is also worth noting that in the youngest group the proportion in Dwyfor reaches 94.1 per cent, a point at which a truly bilingual condition can be suggested.

In Taff-Ely the proportion in the 3–15 age-group is 23.1 per cent, in marked contrast to

yn y grŵp oed hwnnw dros gyfnod o ddeng mlynedd.

Ond wedi dweud hyn, rhaid i'r casgliad cyffredinol dystio i lwyddiant addysg Gymraeg ei chyfrwng ac addysg ddwyieithog wrth sefydlu ffrwd newydd o Gymry Cymraeg. Os bydd y don honno'n symud drwy'r grwpiau oed, heb newid, yn ystod degadau'r dyfodol, yna, mae'n debygol y gwelir cofnodi cynnydd yng nghyfrannau'r Cymry Cymraeg yn ystod y ganrif nesaf, gan wrthdroi tueddiadau'r ganrif hon.

Er hynny, rhaid cyfeirio at dri amod: sef, bod cwestiwn y Cyfrifiad wedi'i ateb yn iawn ac nad yw rhieni wedi gor-ddweud wrth sôn am ba mor rhugl yw eu plant; bod yr iaith yn cael ei chadw ar ôl dyddiau ysgol; a bod yr ifainc yn y pen draw yn aros yng Nghymru ac nad ydynt yn allfudo.

Mae'n anodd dweud dim byd o werth ynglŷn â ffigyrau ardaloedd y Cynghorau Dosbarth gan fod seiliau 1981 a 1991 yn wahanol i'w gilydd. Mae'r patrwm daearyddol o ostyngiad cyson o'r gorllewin i'r dwyrain yn ôl y disgwyl. Efallai y gellir gwneud rhai sylwadau ar faint o newid a welwyd o ddegad i ddegad, ac ar y gwrthgyferbyniad rhwng yr ardaloedd hynny lle gwelwyd cynnydd a'r rheiny lle na chafwyd dim. Mae'r gwahaniaethau mwyaf yn Nwyfor, Meirionnydd ac yn Nyffryn Lliw; mae'r cynnydd lleiaf yn Islwyn, Alun Dyfrdwy, a Maesyfed ac yn nhri dosbarth mwyaf deuheuol Canol Morgannwg. Ni welir dim newid yng Nghaerdydd ond gwelir cynnydd ym Mro Morgannwg. Efallai bod rhywfaint o dystiolaeth yn y ffigyrau hyn fod y sefyllfa'n sefydlogi a chyfeiriwyd at hyn eisoes (Aitchison a Carter, 1981). Yn sicr, mae'r duedd yn Nhaf Elái a Bro Morgannwg i bob golwg yn cadarnhau'r twf yn nosbarth Caerdydd a oedd yn nodweddu'r degad diwethaf.

Wrth archwilio strwythur oed ar lefel Dosbarth, yna, mae'r ffigyrau'n cadarnhau'r casgliadau a wnaethpwyd eisoes. Mae cyfrannau gweddol uchel ymhlith y grŵp ieuengaf. Mae'n arwyddocaol bod rhanbarthau megis Cwm Cynon a Rhondda'n dangos cyfran uwch ymhlith y grŵp ieuengaf nag yn y the other, older groups where the figures are respectively 8.1 (16–44), 4.4 (45–64) and 6.1 (65 and over). This confirms the increases amongst the young in the suburbs and inner catchment area of Cardiff. If a quarter of the children in Taff-Ely really do speak Welsh it is quite a remarkable achievement. In the same context of increases in urban and Marcher areas the figure of 27.6 per cent for the 3–15 year olds in Radnorshire is equally remarkable. It must be added, however, that the three reservations set out earlier to the county figures apply to these also.

The 1991 Census: ward and anonymized data

The distribution of the percentages speaking Welsh at the 1991 Census by wards is shown in Figure 9, and the numbers in Figure 10. As was indicated at the beginning of this chapter, these maps are not directly comparable with those for earlier dates. Even so, they confirm the general trends which have been outlined. Although the five nodes of concentration are still identifiable, they have been clearly reduced in distinction. Moreover, if a Welsh-speaking northern and western region is to be identified, the defining proportion must be reduced to only 50 per cent. In contrast, as in the earlier censuses, the Marcher and urban areas have continued to show increases. In short, the bi-popular model of a Welsh Wales and an Anglo Wales is still tenable, but is shown to be increasingly inappropriate. This is reinforced by the map of absolute numbers which conforms even less to the standard concept.

The OPCS has also made available what is termed 'anonymized data'. These data are a two per cent sample of individuals in private households on a crude area base, but allow cross-tabulations to be made, with birth place and social class for instance. Just one example is included in Table 7. There are two significant conclusions which can be drawn from this table. The first is that a cultural division of labour, by which those in the higher social classes are predominantly inmigrants, is no

Tabl 7 Poblogaethau sy'n siarad Cymraeg a'r rhai nad ydynt yn siarad Cymraeg yn ôl dosbarth cymdeithasol.

~

Table 7 Welsh-speaking and non-Welsh-speaking populations by social class.

Grwpiau dosbarth cymdeithasol/*Social class groups*

Ardaloedd/*Regions*	C W	CS AW	DC NW	C W	CS AW	DC NW	C W	CS AW	DC NW
Clwyd	35	29	34	43	48	43	21	32	23
Dyfed	34	25	41	41	45	37	25	30	22
Gwent	54	22	41	41	45	37	25	30	22
Gwynedd	29	22	41	42	50	38	29	28	22
C. Morgannwg/ Mid Glam.	40	29	35	41	48	42	19	32	24
De Morgannwg/ S. Glam.	53	27	44	37	50	38	10	24	18
G. Morgannwg/ W. Glam.	26	20	39	42	48	33	23	32	23
Powys	38	33	39	36	41	38	26	26	23

Nodyn: C = Cymry Cymraeg; CS = Cymry di-Gymraeg; DC = mewnfudwyr di-Gymraeg.
Mae'r ffigyrau'n ganrannau ar gyfer pob grŵp wedi'u hystyried ar wahân. Felly cyfanswm y Cymry Cymraeg yng Nghlwyd yw 100, ac mae'r un peth yn wir am y Cymry di-Gymraeg a'r mewnfudwyr di-Gymraeg.
Cyfunwyd y chwe grŵp a roddir yn y Cyfrifiad yn dri. Mae'r grŵp uwch yn cynnwys pobl broffesiynol a rheolwyr; mae'r grŵp canol yn cynnwys gweithwyr llaw a choler gwyn gyda sgiliau; mae'r grŵp isaf yn cynnwys gweithwyr lled-sgilgar a di-sgil.
Mae samplau o gofnodion di-enw ar gael at ddefnydd academaidd. Mae Hawlfraint y Goron arnynt.

Note: W = Welsh-speakers; AW = Anglo-Welsh (i.e. born in Wales but not Welsh-speaking); NW = Non-Welsh-speaking immigrant (i.e. born outside Wales).
The figures are percentages of each group taken seperately. Thus the Welsh-speakers in Clwyd sum to 100, as do the Anglo-Welsh and the non-Welsh.
The six groups given in the Census have been merged into three. Upper includes professional and managerial groups: middle includes skilled and non-manual; lower includes part-skilled and unskilled.
Samples of Anonymized Records (SARs) have been made available for academic use. They are Crown Copyright.

grŵp hynaf. Mae'n werth nodi hefyd bod y gyfran yn y grŵp ieuengaf yn cyrraedd 94.1 y cant yn Nwyfor, pwynt lle gellir awgrymu cyflwr gwirioneddol ddwyieithog.

Yn Nhaf Elái y gyfran ymhlith y grŵp 3–15 yw 23.1 y cant. Mae hyn yn amlwg yn gwrthgyferbynu â'r grwpiau eraill hŷn lle mae'r ffigyrau fel a ganlyn: 8.1 (16–44), 4.4 (45–64) a 6.1 (65 a throsodd). Mae hyn yn cadarnhau'r cynnydd ymhlith yr ifanc yn y maesdrefi ac yn nalgylch fewnol Caerdydd. Os yw chwarter y plant yn Nhaf Elái mewn gwirionedd yn siarad Cymraeg, mae hynny'n llwyddiant anhygoel. Yn yr un cyd-destun o gynnydd yn yr ardaloedd trefol ac ar y Gororau, mae'r ffigwr o 27.6 y cant ar gyfer plant 3–15 oed ym Maesyfed hefyd yr un mor syfrdanol. Rhaid ychwanegu, er hynny, bod y tri amod y cyfeiriwyd atynt uchod wrth drafod ffigyrau'r sir hefyd yn berthnasol yma.

Cyfrifiad 1991: data fesul wardiau a data di-enw

Dangosir dosbarthiad y canrannau oedd yn siarad Cymraeg adeg Cyfrifiad 1991 fesul ward yn Ffigwr 9, a'r niferoedd yn Ffigwr 10. Fel y dangoswyd ar ddechrau'r bennod hon, nid oes modd cymharu'r mapiau hyn yn uniongyrchol â'r rheiny ar gyfer dyddiadau cynharach. Er hynny, maent yn cadarnhau'r tueddiadau cyffredinol a amlinellwyd. Er bod dal modd gweld y pum cnewyllyn, maent yn llawer llai amlwg. Yn ogystal, er mwyn gallu dynodi rhanbarth Cymraeg ei iaith yn y gogledd a'r gorllewin, mae'n hanfodol nad yw'r gyfran ddiffiniol yn cael ei gostwng i lai na 50 y cant. Mewn gwrthgyferbyniad, mae ardaloedd y Gororau a'r ardaloedd trefol yn dal i ddangos cynnydd fel y gwnaethant yn y cyfrifiadau blaenorol. Yn fras, er bod y model dau begwn hwn o Gymru Gymraeg a Chymru ddi-Gymraeg yn dal dŵr o hyd, nid yw mor briodol ag y bu. Ategir hyn gan y map o niferoedd absoliwt sy'n cydymffurfio llai byth â'r darlun safonol.

Mae'r OPCS hefyd wedi darparu'r hyn a elwir yn 'ddata di-enw'. Sampl dau y cant o unigolion sy'n byw mewn cartrefi preifat ar

longer wholly tenable. Thus the highest proportion in the upper social group is recorded by Welsh-speakers in Gwent and South Glamorgan. The second conclusion is that this is not uniformly true of Wales. Whereas Gwent and South Glamorgan show the highest proportions of Welsh-speakers in the upper social groups, that is not so for the rural counties, such as Gwynedd and Dyfed, where the non-Welsh-speakers, that is the inmigrants, have the highest proportions. These data provide confirmation of the conclusions drawn during this chapter that the movements which have created the growth of Welsh-speakers in the major urban areas, have been of well-qualified Welsh-speakers from the old rural areas to high status jobs, just as inmigrants to the rural areas have been significantly from outside Wales leading to decline in the heartland. It is those processes which are at the heart of the changes of language distribution which are taking place within Wales.

There are other issues which are implied by the changes observed. Most significant is that if Welsh-speaking is to become more characteristic of a younger age group then there are implications for cultural change and ultimately for cultural identity. One has only to note the stereotypes associated with Welsh-speaking – rurality, Nonconformity and chapel-going, teetotalism. All these will change with a Welsh-speaking population which is urban, cosmopolitan, part of the consumerist ethos and with mores more derived from an universal western way of life and less from the traditional cultural bases. There might well be a recentring of Welsh cultural identity.

Conclusions

This chapter has outlined the facts of the distribution of Welsh-speakers and it has reviewed the changes taking place. An interpretation of the distribution and reasons for the changes have been offered. From the considerations a number of conclusions emerge.

sail ardal fras yw'r rhain, ond mae modd eu defnyddio i groes-dablu yng nghyswllt mannau geni a dosbarth cymdeithasol er enghraifft. Rhoddir enghraifft yn Nhabl 7. Gellir casglu dau beth pwysig o'r tabl hwn. Y casgliad cyntaf yw nad yw'r syniad o raniad llafur diwylliannol, lle mae'r sawl sydd yn y dosbarthiadau cymdeithasol uwch ar y cyfan yn fewnfudwyr, bellach yn un y gellir llwyr ddibynnu arno. Felly yng Ngwent ac yn Ne Morgannwg y cofnodir y gyfran uchaf o Gymry Cymraeg yn y grŵp cymdeithasol uwch. Yr ail gasgliad yw nad yw hyn yn wir am Gymru drwyddi draw. Mae gan Went a De Morgannwg y cyfrannau uchaf o Gymry Cymraeg yn y grwpiau cymdeithasol uwch, ond nid yw hynny'n wir yn y siroedd gwledig megis Gwynedd a Dyfed lle gwelir mai'r di-Gymraeg, sef y mewnfudwyr yw'r gyfran fwyaf. Mae'r data hyn yn ategu'r casgliadau a wnaethpwyd eisoes, sef bod y symudiadau sydd wedi creu twf yn y Cymry Cymraeg yn y prif ardaloedd trefol wedi digwydd wrth i siaradwyr Cymraeg a chanddynt gymwysterau da fudo o'r cadarnleoedd gwledig i swyddi uchel eu statws. Hefyd mae'r rhai sy'n symud i'r ardaloedd gwledig yn dod yn bennaf o'r tu allan i Gymru. Mae'r ddwy ffactor yn arwain at ddirywiad yng nghadarnleoedd traddodiadol yr iaith a'r prosesau hyn sydd wrth wraidd y newid sydd ar waith yn nosbarthiad ieithyddol Cymru.

Awgrymir cwestiynau eraill gan y newidiadau y sylwyd arnynt. Y mwyaf arwyddocaol yw, os yw siarad Cymraeg i ddod yn fwy nodweddiadol o grŵp oed ieuengach, yna, mae i hyn oblygiadau ar gyfer newid diwylliannol ac yn y pen draw ar gyfer hunaniaeth ddiwylliannol. Nid oes ond raid nodi'r stereofathau a gysylltir â siarad Cymraeg – cymeriad gwledig, Anghydffurfiol sy'n mynychu'r capel ac yn llwyrymwrthod. Bydd y rhain i gyd yn newid wrth i boblogaeth Gymraeg ymffurfio sy'n drefol, yn gosmopolitaidd, yn coleddu ethos y defnyddiwr ac sydd â'i moesau'n fwy seiliedig ar ffordd orllewinol gyffredinol o fyw, ac yn llai ar sylfeini diwylliannol traddodiadol.

1. 'Y Fro Gymraeg' is now less secure than it ever was. Perhaps statements about its collapse and death are, as in Mark Twain's premature obituary, greatly exaggerated. But projection into the future, and most of the available survey evidence, suggest the continuing erosion of its integrity. There are far too many lacunae within it to sustain the concept of a well-defined, discrete and homogeneous region.

2. Increases in Welsh-speakers in the formerly Anglicized areas reflect fundamental changes in the Welsh economy. As the nineteenth century saw the creation of Welsh-speaking communities on the coalfields, so the latter part of the twentieth is witnessing the growth of such communities in the administrative centres and county towns.

3. New attitudes to Welsh and widespread support for child and adult education have increased the numbers, and in some areas the proportions of Welsh-speakers across the country as the 1991 Census shows. There is no specific geographical limitation.

4. In the past, a person's use of Welsh was to a great degree determined by location, by place of birth. If one grew up in 'Y Fro Gymraeg' then Welsh was likely to be one's first language. The changes recorded in this chapter have made that distinction much less of an imperative than it was. Now, with Welsh-medium education available from nursery school to university, there is much more of an element of choice. Education in Welsh in the latter part of this century has done much to retrieve the language. Clearly, the environment, in its broadest sense, will influence that choice, but it is still one now to be made consciously.

5. It follows that significant changes are at least possible. The replacement of 'Y Fro Gymraeg' by a bilingual Wales is no more than an aspiration, but the slow change from a condition where Welsh was concentrated and

Gallai hyn hefyd arwain at ailganoli'r hunaniaeth ddiwylliannol Gymreig.

Casgliadau

Yn y bennod hon, cyfeiriwyd yn fras at y ffeithiau sydd ar gael ynglŷn â dosbarthiad Cymry Cymraeg gan gyfeirio at y newid sydd ar y gweill. Cynigiwyd dehongliad o'r dosbarthiad hwn a'r rhesymau dros y newid. Ar sail yr ystyriaethau hyn, gellir casglu sawl peth.

1. Mae'r 'Fro Gymraeg' yn fwy bregus nag erioed. Efallai mai gor-ddweud a braidd yn gynamserol yw sôn, fel y gwnaeth nodyn coffa cynamserol Mark Twain, am ddadfeilio a marwolaeth. Ond wrth geisio rhagweld y dyfodol, ac wrth edrych ar y dystiolaeth sydd ar gael, yr awgrym yw ei bod yn cael ei herydu'n barhaus. Mae ynddi lawer gormod o fylchau sy'n golygu na all gynnal y cysyniad o ardal ddiffiniedig, gyflawn ac unffurf.

2. Mae'r cynnydd yn nifer y Cymry Cymraeg yn yr ardaloedd a Seisnigwyd ers talwm yn adlewyrchu newidiadau sylfaenol yn economi Cymru. Fel y gwelodd y ganrif ddiwethaf greu cymunedau Cymraeg eu hiaith yn y maes glo, felly y tystiodd diwedd yr ugeinfed ganrif i dwf cymunedau tebyg yng nghanolfannau gweinyddol Cymru a'i threfi sirol.

3. Mae agweddau newydd at y Gymraeg a'r gefnogaeth eang i addysg plant ac oedolion wedi cynyddu'r niferoedd, ac mewn rhai ardaloedd, wedi cynyddu'r cyfrannau o Gymry Cymraeg ledled y wlad fel y dengys Cyfrifiad 1991. Nid yw hyn wedi'i gyfyngu i ardaloedd daearyddol penodol.

4. Yn y gorffennol, byddai defnydd person o'r Gymraeg i raddau helaeth yn cael ei bennu gan leoliad, yn dibynnu ar lle y'i ganwyd. Byddai'r sawl a fagwyd yn y 'Fro Gymraeg' yn debyg o dderbyn y Gymraeg yn famiaith. Yn sgil y newidiadau a gofnodwyd yn y bennod hon mae'r gwahaniaeth hwn yn llawer llai dominant in a limited area to one where it is more thinly spread but over a wider area is seemingly in progress. The right to speak a minority language is usually related to two principles. The territorial principle means that it becomes the primary language in a defined area, as Flemish is in Belgium. The personality principle means that it can be used with parity anywhere according to the wishes of the people involved. The present nature of 'Y Fro Gymraeg' means that the territorial principle cannot be effectively applied, even if any group supported it. The personality principle would mean an extensively bilingual Wales and even if that does not exist where only some 19 per cent of the population speak Welsh, the demand for the right to use Welsh will become much more widespread in the literal meaning of the word. The analysis of distribution and change has shown why that should be so.

Acknowledgment

All my work on the 1981 and 1991 Censuses has been carried out in collaboration with Professor J. W. Aitchison. All the maps in this chapter are reproduced from our joint *The Welsh Language 1961–1981. An Interpretative Atlas*. I would like to acknowledge his co-operation in the production of this study.

Cyfeiriadau/References

Aitchison, J. W. & Carter, H. (1985), *The Welsh Language 1961–1981. An Interpretative Atlas*. Cardiff, University of Wales Press.

Aitchison, J. W. & Carter, H. (1988), *The Welsh Language in the Cardiff Region*. Rural Surveys Research Unit, Monograph 1. Dept. of Geography, University College of Wales, Aberystwyth.

Aitchison, J. W. & Carter, H. (1991), 'Rural Wales and the Welsh Language', *Rural History*, 2(1), 61–97.

Aitchison, J. W. & Carter, H. (1994), *A Geography of the Welsh Language 1961–1991*. Cardiff, University of Wales Press.

pwysig nag y bu. Bellach, gydag addysg Gymraeg ei chyfrwng ar gael o'r ysgol feithrin i'r brifysgol (i ryw raddau), mae llawer mwy o ddewis ar gael. Mae addysg Gymraeg tua diwedd y ganrif hon wedi gwneud llawer i adfer yr iaith. Mae'n amlwg bod yr amgylchedd, yn ei ystyr ehangaf a'i wir ystyr, yn dylanwadu ar y dewis hwnnw, ond bellach, gall pobl wneud dewis ymwybodol yn hyn o beth.

5. Mae'n dilyn bod newidiadau arwyddocaol o leiaf yn bosibl. Nid yw disodli'r 'Fro Gymraeg' gan Gymru ddwyieithog fawr fwy na breuddwyd ar hyn o bryd, ond mae proses o newid araf ar y gweill. Mae Cymru'n symud o gyflwr lle'r oedd y Gymraeg wedi'i chrynhoi ac yn brif iaith mewn ardal gyfyngedig i sefyllfa lle bo'r iaith wedi'i thaenu'n deneuach ond dros ardal ehangach. Mae'r hawl i siarad iaith leiafrifol fel arfer yn seiliedig ar ddwy egwyddor. Mae'r egwyddor diriogaethol yn golygu ei bod yn dod yn brif iaith mewn ardal ddiffiniedig, fel y Fflemeg yng Ngwlad Belg. Mae'r egwyddor bersonoliaethol yn golygu bod gan bobl hawl i ddefnyddio'r iaith lle bynnag y mynnant. Mae natur y 'Fro Gymraeg' ar hyn o bryd yn golygu nad oes modd defnyddio'r egwyddor diriogaethol yn effeithiol, hyd yn oed petai grŵp penodol yn ei chefnogi. Byddai'r egwyddor bersonoliaethol yn golygu Cymru ddwyieithog i raddau helaeth ac er nad yw honno'n bod gydag ond 19 y cant o'r boblogaeth yn siarad Cymraeg, bydd y galw am yr hawl i ddefnyddio'r iaith yn ehangu yng ngwir ystyr y gair. Wrth ddadansoddi'r dosbarthiad a'r newid, gwelwyd pam fod hyn yn debygol o ddigwydd.

Cydnabyddiaeth

Cyflawnwyd yr holl waith a wneuthum ar Gyfrifiadau 1981 a 1991 ar y cyd â'r Athro J. W. Aitchison. Atgynhyrchir mapiau'r bennod o *The Welsh Language 1961–1981. An Interpretative Atlas.* Hoffwn gydnabod ei gyd-weithrediad wrth gynhyrchu'r astudiaeth hon.

Dyfed County Planning Department (1989), *Migration in Dyfed*. Technical Paper No.3.

Mandelbaum, D. G. (ed.) (1949), *Selected Writings of Edward Sapir*. Berkeley, California, University of California Press.

Monmonier, M. (1991), *How to Lie with Maps*. Chicago and London, University of Chicago Press.

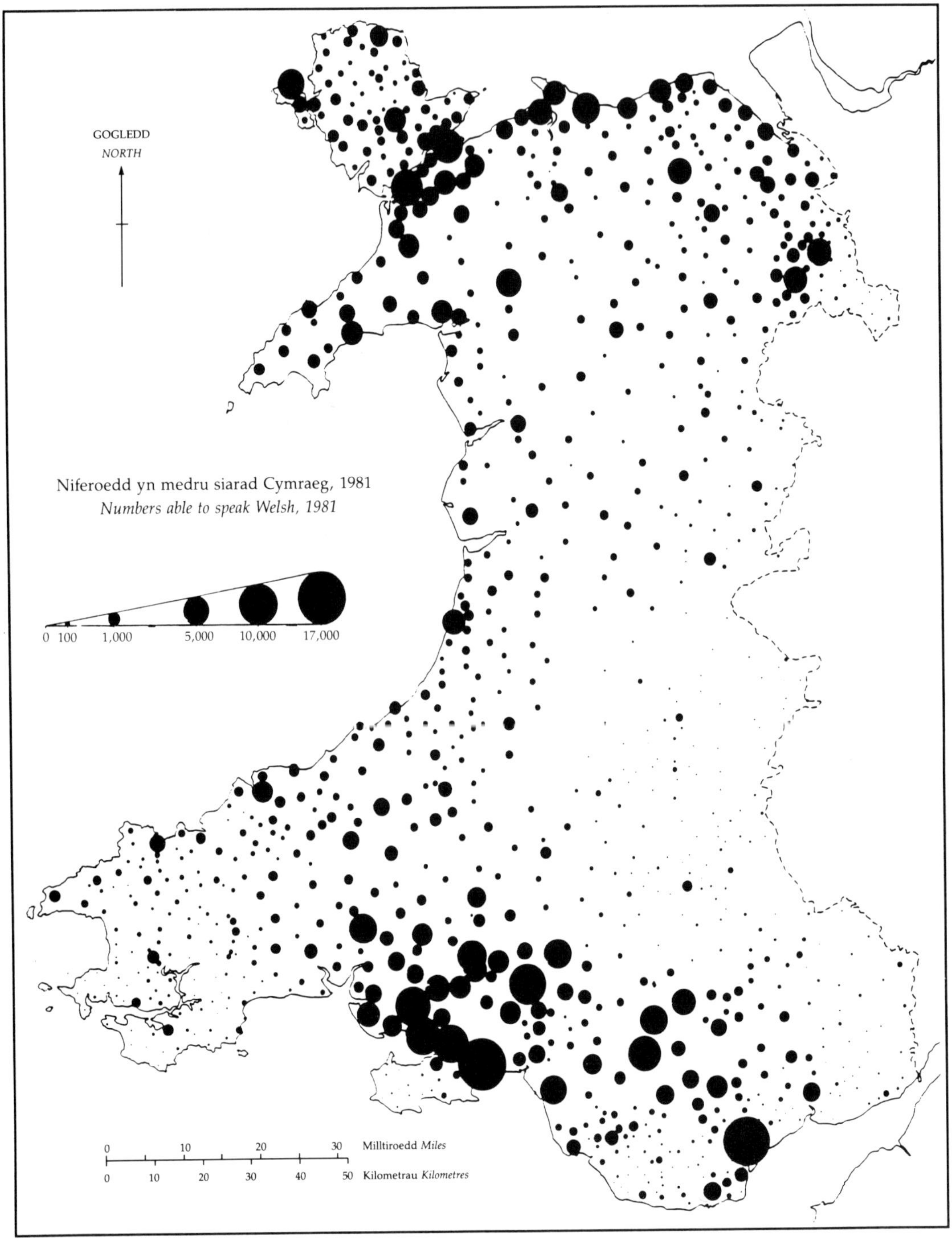

Ffigwr 1 Niferoedd yn medru siarad Cymraeg, 1981.

~

Figure 1 Numbers able to speak Welsh, 1981.

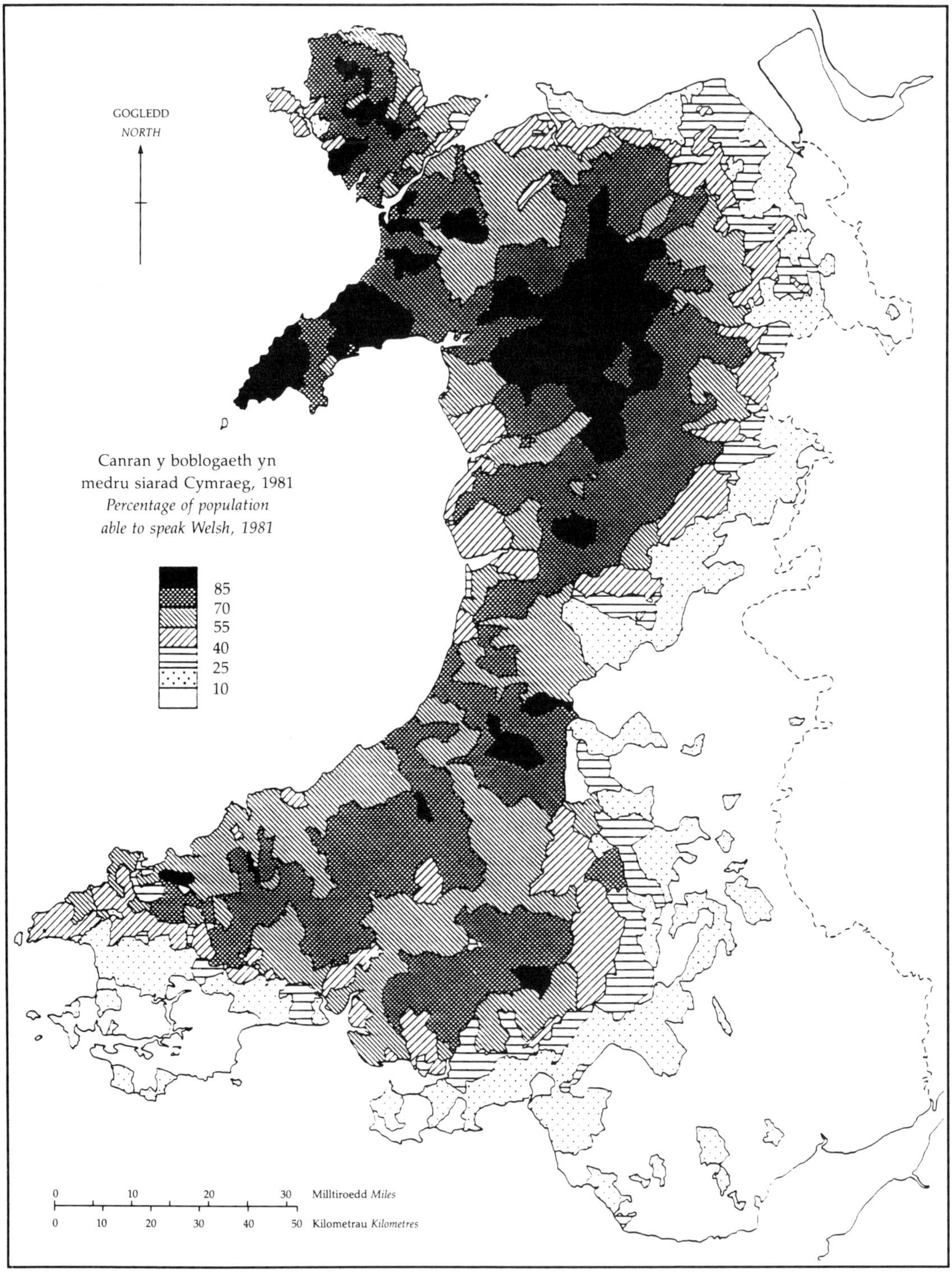

Ffigwr 2 Canran y boblogaeth yn medru siarad Cymraeg, 1981.

~

Figure 2 The percentage of the population able to speak Welsh, 1981.

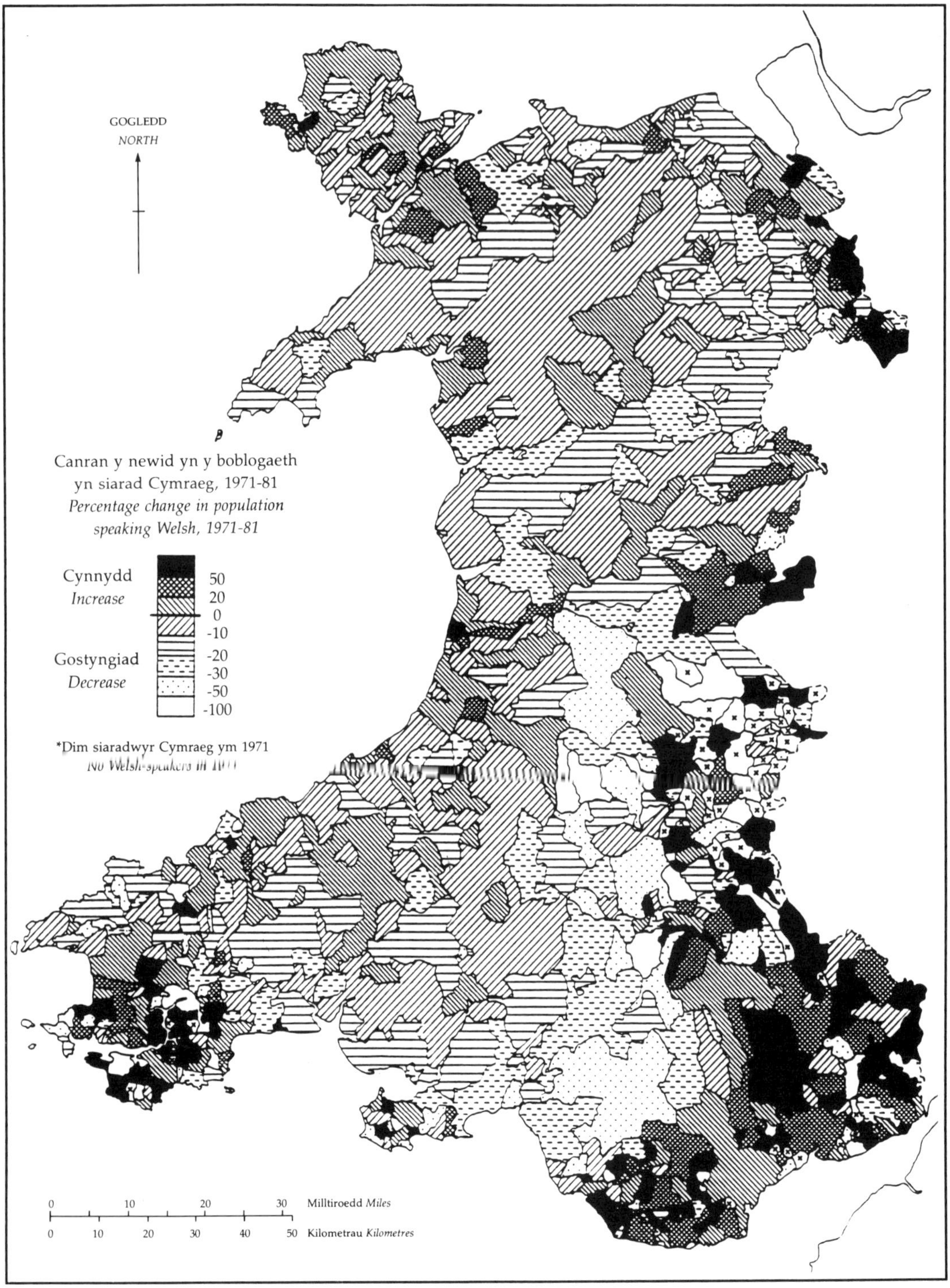

Ffigwr 3 Canran y newid yn y boblogaeth yn siarad Cymraeg, 1971–81.

~

Figure 3 Percentage change in the population speaking Welsh, 1971–81.

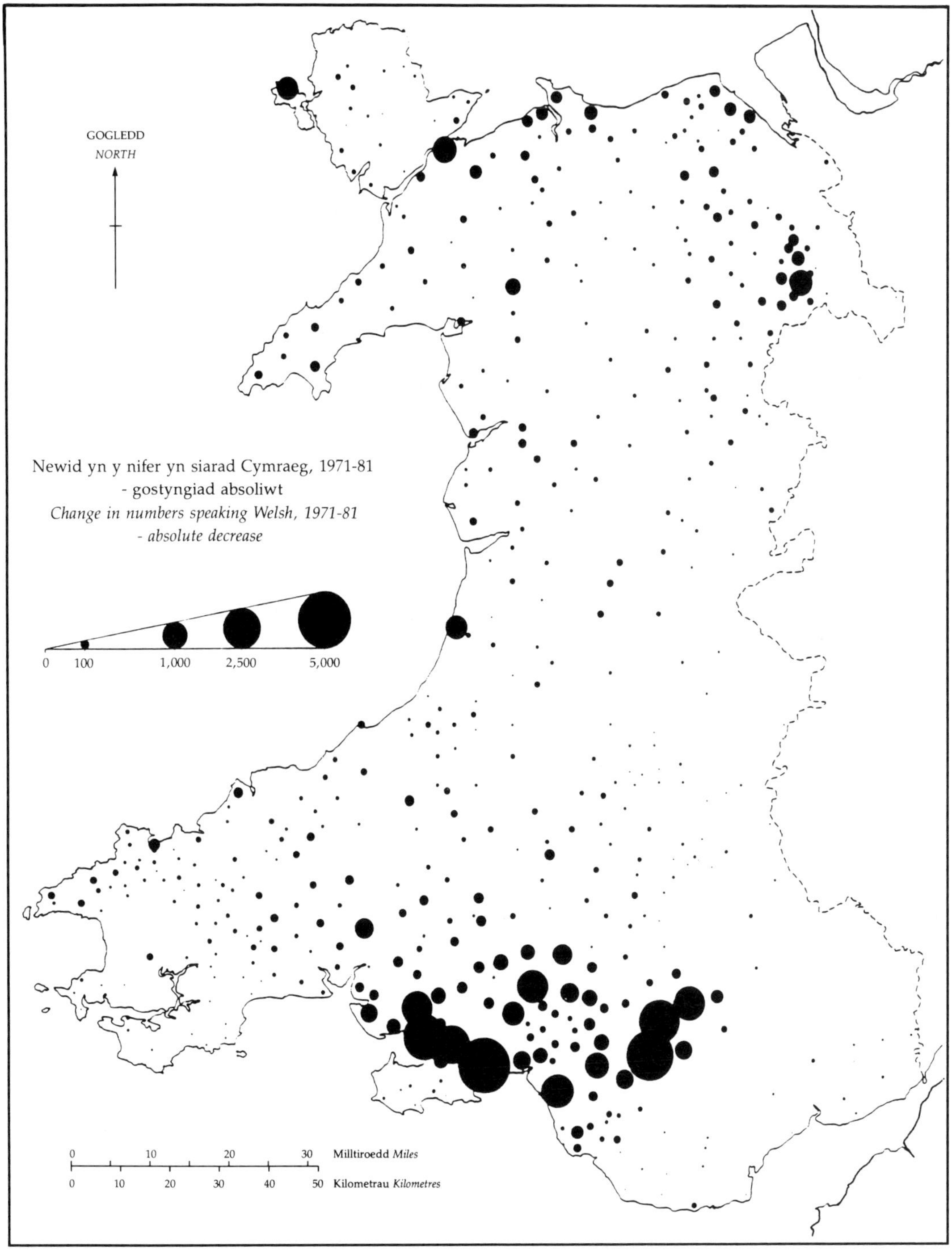

Ffigwr 4 Newid yn y nifer o Gymry Cymraeg, 1971–81. Gostyngiad absoliwt.

~

Figure 4 Change in numbers speaking Welsh, 1971–81. Absolute decrease.

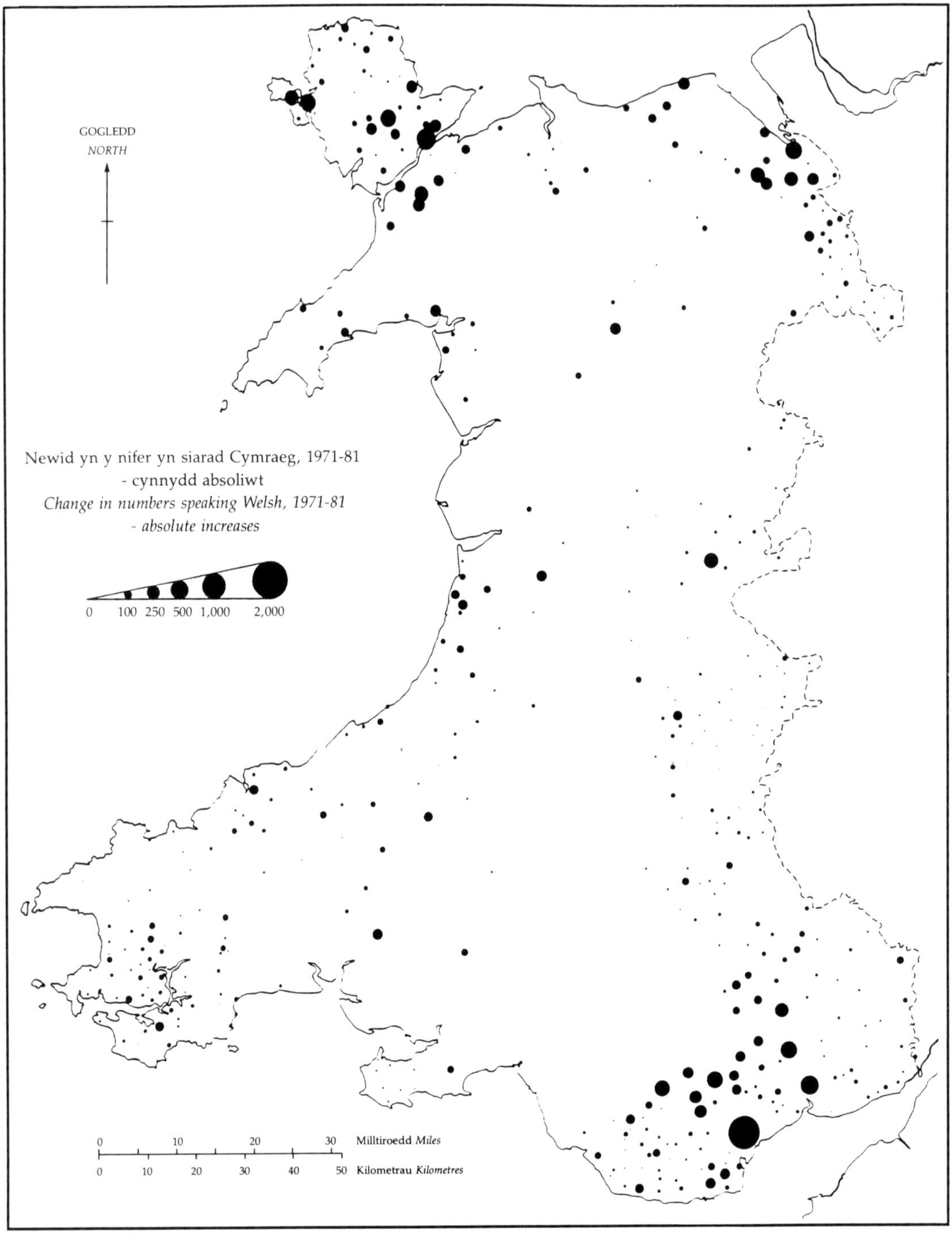

Ffigwr 5 Newid yn y nifer o Gymry Cymraeg, 1971–81. Cynnydd absoliwt.

~

Figure 5 Change in numbers speaking Welsh, 1971–81. Absolute increase.

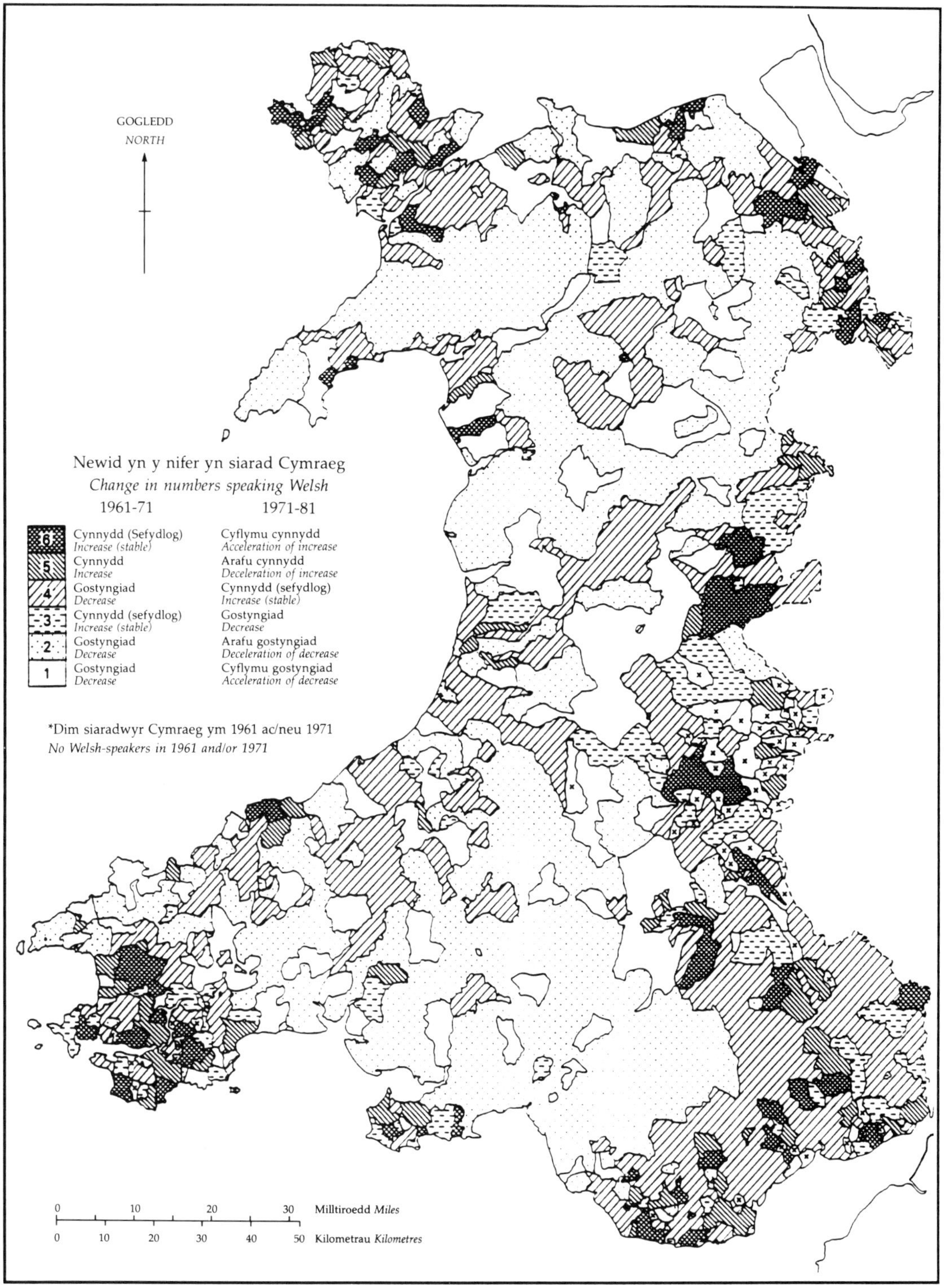

Ffigwr 6 Newid yn y nifer o Gymry Cymraeg. Cynnydd/gostyngiad 1961–71, 1971–81.

~

Figure 6 Change in numbers speaking Welsh. Increase/decrease 1961–71, 1971–81.

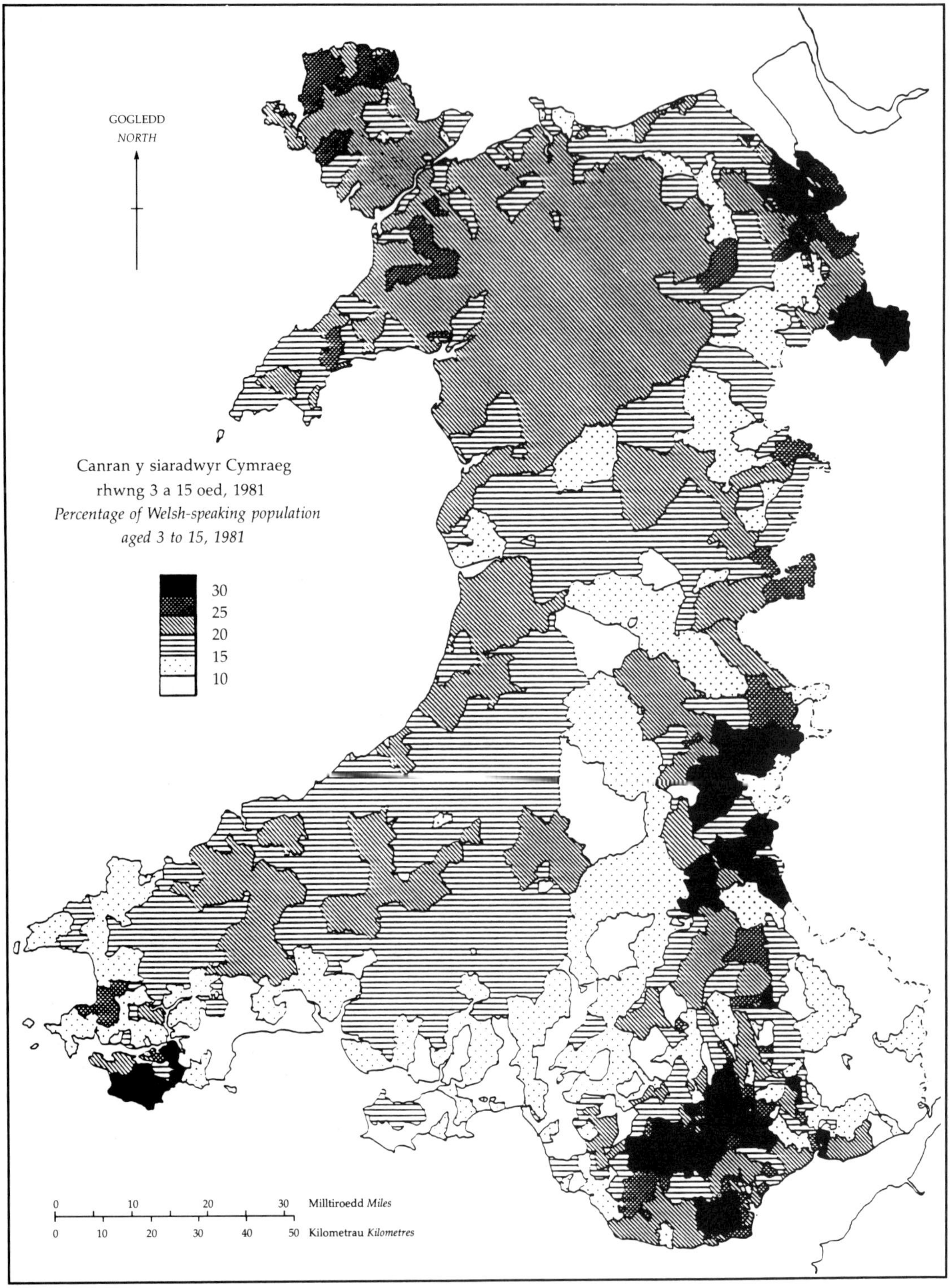

Ffigwr 7 Canran y Cymry Cymraeg rhwng 3 a 15 oed, 1981.

~

Figure 7 Percentage of Welsh-speakers aged 3 to 15, 1981.

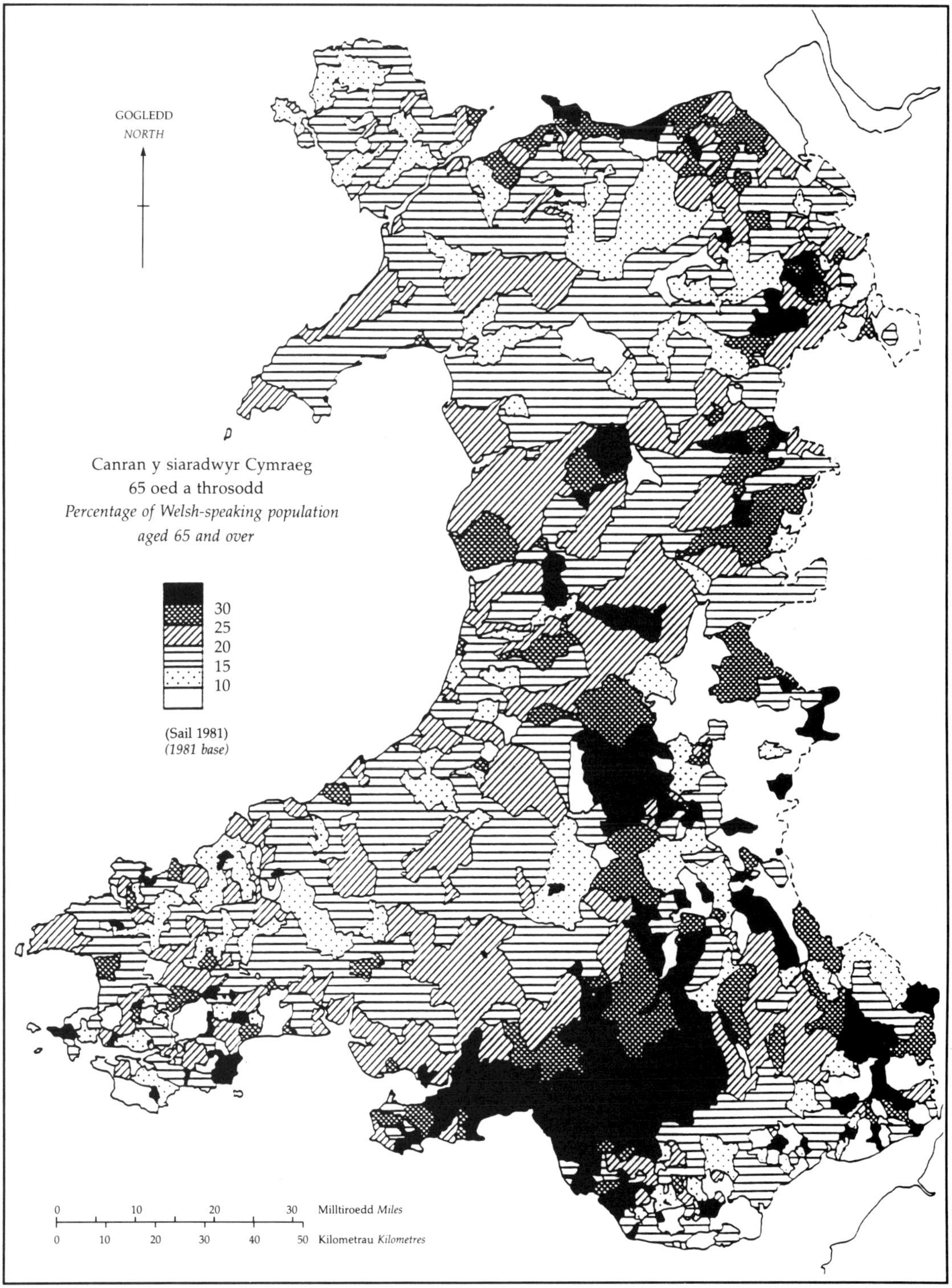

Ffigwr 8 Canran y Cymry Cymraeg 65 oed a throsodd, 1981.

~

Figure 8 Percentage of Welsh-speakers aged 65 and over, 1981.

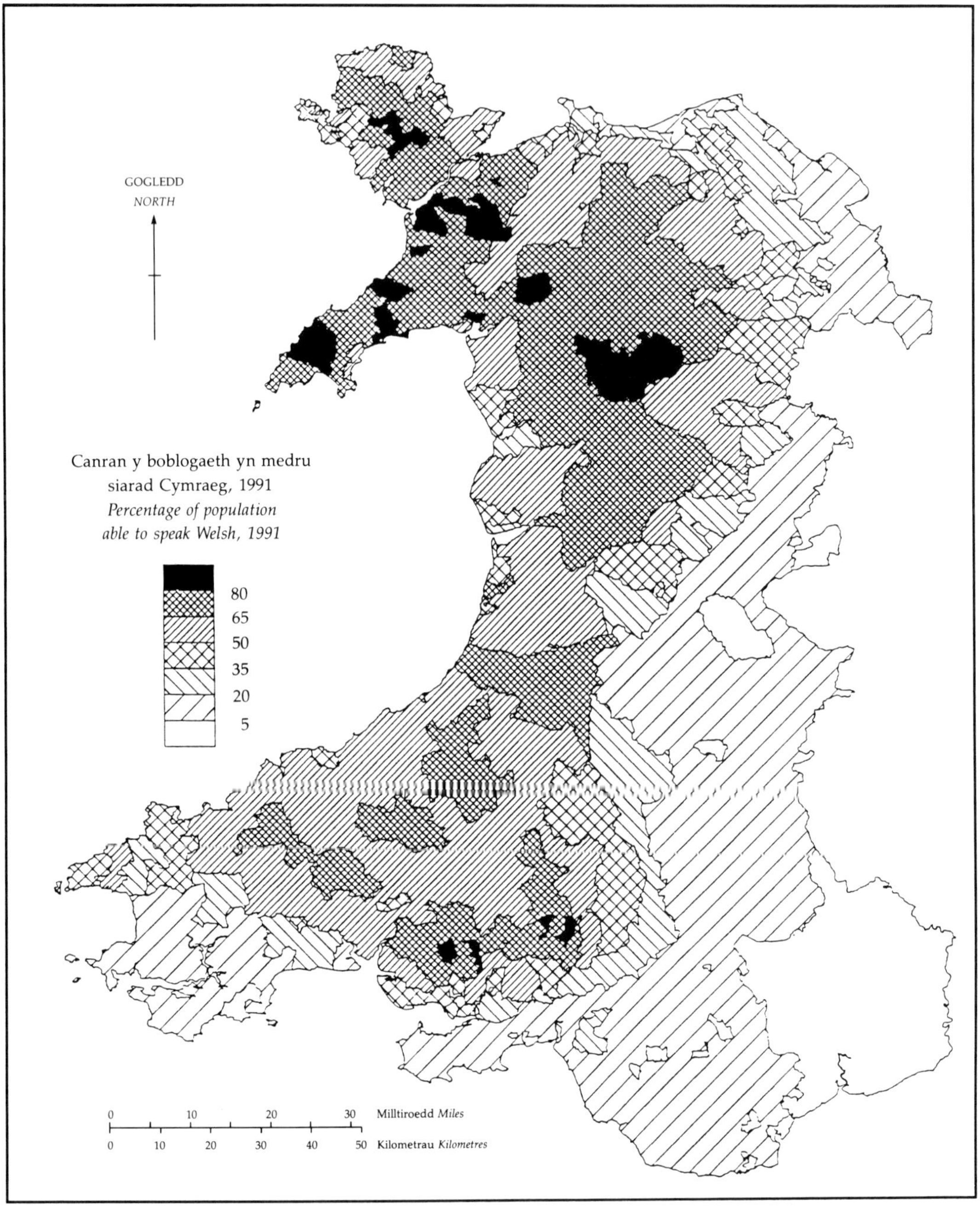

Ffigwr 9 Canran y boblogaeth yn medru siarad Cymraeg, 1991.

~

Figure 9 The proportion of the population able to speak Welsh, 1991.

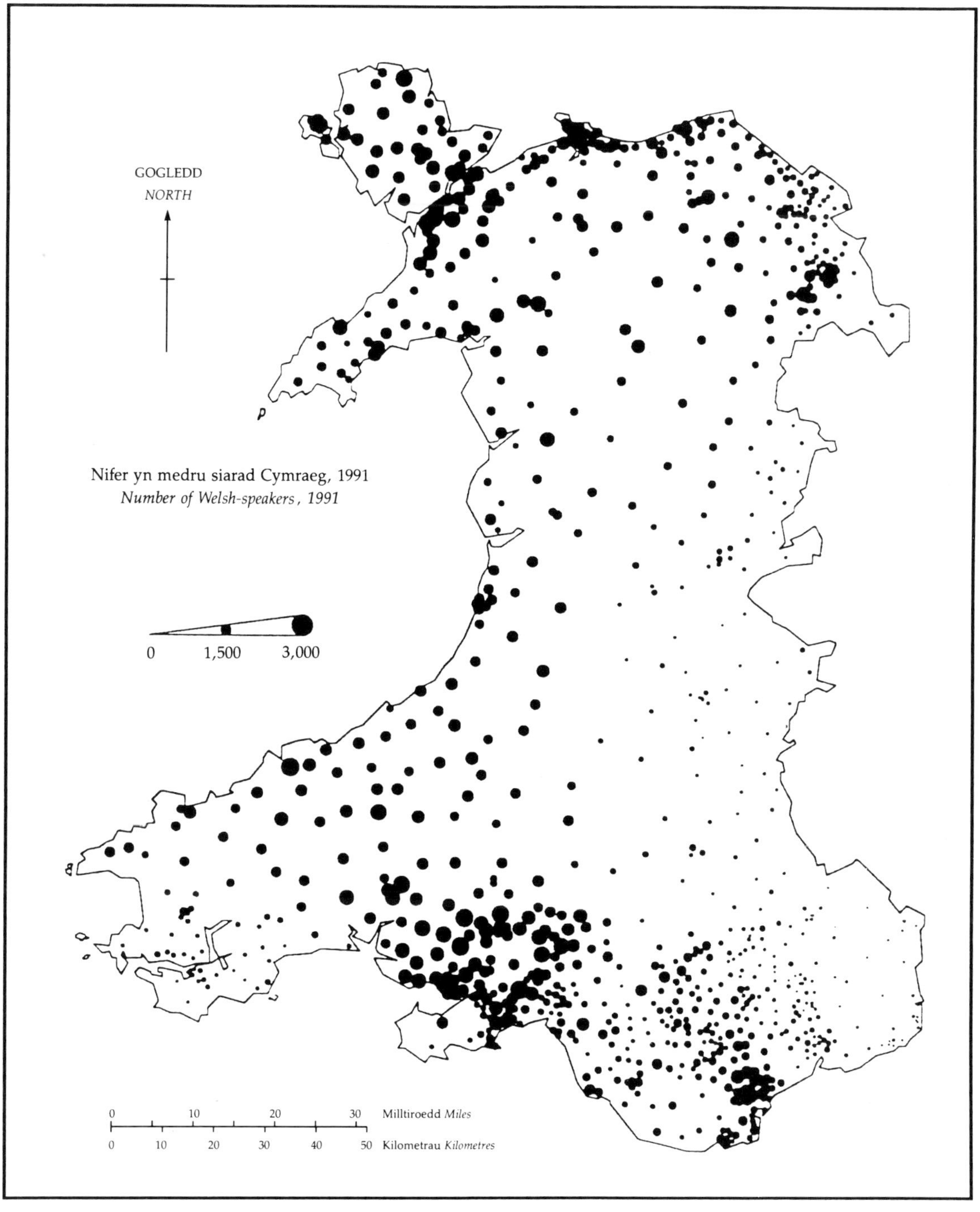

Ffigwr 10 Niferoedd yn medru siarad Cymraeg, 1991.

Figure 10 Numbers able to speak Welsh, 1991.

Gwilym Prys Davies

Yr Iaith Gymraeg a Deddfwriaeth
~
The Welsh Language and Legislation

I

Bwriad *Deddf Uno* 1536 oedd llwyr gorffori Cymru yn Lloegr, yn wleidyddol, yn weinyddol, yn ieithyddol ac o ran gweinyddu'r gyfraith – prosesu a fu ar waith er *Statud Rhuddlan* 1284.[1]

Er bod mwyafrif llethol poblogaeth Cymru yn uniaith Gymraeg, deddfwyd yn Adran 17 Deddf 1536 mai Saesneg fyddai iaith llysoedd Cymru a chyfyngwyd pob swydd gyhoeddus i'r rhai a fedrai'r Saesneg. Byddai'r Adran hon yn cyfyngu'r Gymraeg i'r bywyd preifat, gwirfoddol, crefyddol ac answyddogol. Erbyn 1701, pan gyhoeddodd Ellis Wynne, un o lenorion enwocaf Cymru, *Rheol Buchedd Sanctaidd* (ei drosiad o *The Rule and Exercise of Holy Living* gan Jeremy Taylor) medrai gydnabod gyda thristwch, nad oedd angen cyfieithu'r penodau ar ddyletswyddau brenhinoedd, barnwyr a llywodraethwyr gan eu bod 'yn amherthynol sywaeth i'r Iaith Gymraeg'. Roedd y Deddfau Uno wedi cau'r drysau a fyddai, mewn gwlad normal, yn agored i'r famiaith. A buont ar gau am ganrifoedd lawer. Pan sefydlwyd y Cynghorau Sir cyntaf, dan *Ddeddf Llywodraeth Leol* 1888, cynghorodd Twrnai Cyffredinol y dydd na fedrai Cyngor Sir Feirionnydd gadw cofnodion ei gyfarfodydd yn Gymraeg. Ni heriwyd ei gyngor.

Ac eto, erbyn diwedd y bedwaredd ganrif ar bymtheg dechreuodd Cymru esgor ar ysgolheigion Cymraeg yn ei cholegau prifathrofaol (Aberystwyth a sefydlwyd ym 1872, Caerdydd ym 1881 a Bangor ym 1884, ac a unwyd gan Siarter ffederal Prifysgol Cymru ym 1893) ac ar arweinwyr cyhoeddus a chenedlaethol a fyddai'n arwain y Cymry i roi gwerth ar eu hiaith genedlaethol.

Ym 1872 clywyd llais newydd yn Nhŷ'r Cyffredin pan alwodd George Osborne Morgan, Aelod Seneddol Rhyddfrydol Sir Ddinbych, am apwyntio barnwyr dwyieithog ar gyfer y Llysoedd Sirol yng Nghymru, gan seilio ei ddadl ar safon echrydus y cyfieithu yn y llysoedd ac ar hawl y dinesydd Cymraeg ei iaith i gael cyfiawnder elfennol yn llysoedd

I

The purpose of the *Act of Union* 1536 was fully to incorporate Wales as part of England, politically, administratively, linguistically and in the administration of law – processes which had been at work since the *Statute of Rhuddlan* 1284.[1]

Although the overwhelming majority of the people of Wales were monoglot Welsh, it was enacted in Section 17 of the Act of 1536 that English would be the language of the courts and all public offices would be restricted to English-speakers. As a result the Welsh language was confined to private, voluntary, religious and unofficial use. By 1701 when Ellis Wynne, one of Wales's most famous authors, published *Rheol Buchedd Sanctaidd* (his translation of *The Rule and Exercise of Holy Living* by Jeremy Taylor), he could recognize with sadness, that there was no point in translating into Welsh the chapters on the duties of kings, judges and governors as they 'are unfortunately irrelevant to the Welsh Language'. The Acts of Union had slammed shut the doors that would, in a normal country, be open to the native tongue. And they remained closed for many centuries. When the first County Councils were established under the provisions of the *Local Government Act* 1888, the Attorney General of the day advised that Merionethshire County Council could not keep records of its meetings in Welsh. His advice went unchallenged.

And yet, by the end of the nineteenth century, Wales had started to bring forth Welsh-speaking scholars in its university colleges (Aberystwyth, established 1872, Cardiff in 1881 and Bangor in 1884, the three being united by the federal Charter of the University of Wales in 1893) and public and national leaders who would lead the Welsh people to value their national language.

In 1872, a new voice was heard in the House of Commons when George Osborne Morgan, the Liberal Member of Parliament for Denbighshire, called for the appointment of bilingual judges to the County Courts of Wales,

Cymru. Er na chafwyd ymateb boddhaol i ble Osborne Morgan gan ail Weinyddiaeth Gladstone, ni fu'r ddadl hon yn gwbl ddi-ddylanwad yn nes ymlaen. Byddai *Deddf Rheoleiddio Glofeydd* 1887, *Deddf Chwareli* 1894 a *Deddf Ffatrïoedd* 1901 yn darparu y dylid rhoi'r flaenoriaeth wrth apwyntio arolygwyr diogelwch gwaith yng Nghymru, ymhlith ymgeiswyr cyfartal eu cymwysterau, i ymgeiswyr â gwybodaeth o'r Gymraeg.[2] Dyna gydnabyddiaeth mewn deddfwriaeth o werth y Gymraeg mewn un cylch pwysig o fywyd. Ar y llaw arall, Saesneg oedd iaith yr addysg orfodol a gyflwynwyd i Gymru yn *Neddf Addysg* 1870 ac nid oedd y Gymraeg yn y cwricwlwm.

Deddf Llysoedd Cymru 1942

Ar ddechrau'r ugeinfed ganrif roedd y Gymraeg yn parhau i fod yn ddi-statws mewn cyfraith a gweinyddiaeth gyhoeddus yng Nghymru. Erbyn y tridegau, codai anfodlonrwydd mawr yn y wlad am ei statws, neu ddiffyg statws. Ym 1938 codwyd Mudiad Deiseb yr Iaith Gymraeg yn hawlio i'r Gymraeg gydraddoldeb statws â'r Saesneg yn y llysoedd ac mewn gweinyddiaeth gyhoeddus yng Nghymru. Arwyddwyd y ddeiseb gan 360,000 o bobl ac fe'i cyflwynwyd i'r Senedd yn Hydref 1941. Arweiniodd hyn at *Ddeddf Llysoedd Cymru* 1942.

Cydnabu'r Ddeddf hawl pob parti neu dyst i ddefnyddio'r Gymraeg, mewn llys yng Nghymru pe ystyriai y byddai dan anfantais am mai'r Gymraeg oedd 'ei iaith gyfathrebu naturiol'. Awdurdodwyd yr Arglwydd Ganghellor i bennu ffurf llwon a dwyshaeriadau Cymraeg ac i wneud rheolau ar gyfer darparu, cyflogi a thalu cyfieithwyr Cymraeg yn y llysoedd. Diddymwyd 'y cymal iaith' yn Neddf 1536 a waharddai'r sawl na fedrai'r Saesneg rhag dal swydd gyhoeddus. Nid aeth y Ddeddf newydd ymhellach na'r diwygiadau cyfyngedig hyn. Ni roes statws i'r Gymraeg mewn gweinyddiaeth gyhoeddus. Ni roddwyd hawl i fynnu bod tystiolaeth a roddwyd yn Saesneg i'w chyfieithu i'r Gymraeg er mwyn y neb a roes ei dystiolaeth yn Gymraeg. Byddai'n rhaid cadw cofnodion y

basing his case on the dreadfully poor standard of translation in the courts, and the right of Welsh-speaking people to receive elementary justice in the courts of Wales. Although the Government – Gladstone's second Administration – did not then respond satisfactorily to Osborne Morgan's plea, this debate was not totally without influence at a later stage. Thus the *Coal Mines Regulation Act* 1887, the *Quarries Act* 1894 and the *Factories Act* 1901 were to provide that in appointing works' safety inspectors in Wales, persons having a knowledge of Welsh would be preferred, among candidates otherwise equally qualified.[2] This was an acknowledgement in legislation of the value of Welsh in one key segment of life. On the other hand, it has to be noted that English was the language of compulsory education introduced into Wales by the *Education Act* of 1870 and that Welsh found no place in the curriculum.

The Welsh Courts Act 1942

At the beginning of the twentieth century, the Welsh language was still without status in law and public administration in Wales. By the 1930s, there was growing dissatisfaction in the country about its inferior status, or lack of status. In 1938, the Welsh Language Petition Movement was launched, demanding that the Welsh language be given equality of status with English in the courts and public administration of Wales. The petition was signed by 360,000 people and was presented to Parliament in October 1941. It led to the passing of the *Welsh Courts Act* 1942.

This Act acknowledged the right of any party or witness to give evidence in Welsh in the courts in Wales if that person considered that he or she would be at a disadvantage because their 'natural language of communication' was Welsh. It empowered the Lord Chancellor to draw up rules prescribing a translation into Welsh of any oath or affirmation and to make rules for the provision, employment and remuneration of Welsh-language interpreters in the courts. The 'language clause' in the 1536 Act, which

llysoedd yn Saesneg. Felly, er na chyfarfu Deddf 1942 â galwadau'r ddeiseb o bell ffordd – ac er iddi, yn wir, roi safle israddol i'r Gymraeg yn y llysoedd gan na roes hawl absoliwt i dystio yn Gymraeg – bu'n garreg filltir yn hanes y Gymraeg gan iddi gydnabod am y tro cyntaf er y *Ddeddf Uno* fod gan y Gymraeg gyfreithlondeb statudol yn llysoedd Cymru, er yn gyfyngedig.[3]

O'r pumdegau ymlaen – a nifer y rhai a fedrai siarad Cymraeg yn disgyn yn gyflym – dyfnhaodd yr argyhoeddiad ymhlith mwy a mwy o Gymry am werth y Gymraeg a'u hawl foesol i'w defnyddio yn eu hymwneud â'r cyrff cyhoeddus a'r llysoedd yng Nghymru. Ar 13 Chwefror 1962, yn wyneb 'argyfwng yr iaith yn ail hanner yr ugeinfed ganrif', darlledodd y feteran genedlaetholwr, Saunders Lewis, ddarlith radio ysgytwol, *Tynged yr Iaith*,[4] a oedd i agor llygaid Cymru i'r argyfwng dinistriol a wynebai'r Gymraeg. Baich ei ddarlith oedd y byddai'r Gymraeg yn peidio â bod yn iaith fyw erbyn tua dechrau'r ganrif nesaf, 'ond parhau'r tueddiad presennol'. Dylanwadodd ei ddarlith ar unwaith ar y farn gyhoeddus. Ffurfiwyd y mudiad iaith, Cymdeithas yr Iaith Gymraeg, a chafwyd ganddo grwsâd egnïol i sicrhau parhad y Gymraeg – crwsâd a gynhyrchodd ffrwyth.

Dau adroddiad ar y Gymraeg

Er 1960 buasai Cyngor Cymru a Mynwy – y corff ymgynghorol ar faterion Cymreig a sefydlwyd gan y Llywodraeth ym 1948 – yn astudio 'lle'r iaith yn holl rodfeydd bywyd yng Nghymru'. Ym 1963 cyhoeddodd y Cyngor ffrwyth ei ymchwil, sef *Adroddiad ar yr Iaith Gymraeg Heddiw*.[5] Taflodd yr arolwg manwl a gwrthrychol hwn oleuni llachar ar safle'r Gymraeg ym mywyd Cymru a rhagwelai y byddai ei sefyllfa yn gwaethygu. Rhoes arweiniad, hefyd. Galwodd am roi 'statws swyddogol' i'r Gymraeg ac am 'godi sefydliad parhaol i ofalu am fuddiannau'r iaith'. Rhoes yr adroddiad cynhwysfawr hwn gan Gyngor yn cynnwys aelodau oedd mewn cysylltiad â holl agweddau bywyd Cymru a chanddo berthynas ymgynghorol â llywodraeth y dydd,

debarred a person who could not speak English from holding a public office in Wales, was repealed. The new Act did not go beyond these limited reforms. It did not confer on the Welsh language any status in public administration. A party who had given evidence in Welsh was not entitled to demand a Welsh translation of evidence given in English. The records of court would be kept in the English language. Although the new legislation did not therefore meet the demands of the petition by a long way – in fact, it confirmed the inferior status of Welsh in the courts as it failed to confer an absolute right to testify in Welsh – it was nevertheless a milestone in the history of the Welsh language in that it conferred, for the first time since the Act of Union, statutory legitimacy of the use, albeit restricted, of the Welsh language in the courts of Wales.[3]

From the 1950s onwards – with the rapid decline in the number of Welsh-speakers – the conviction of an increasing number of Welsh people about the value of Welsh, and their moral right to use it in the courts and in public administration in Wales, deepened. On 13 February 1962, faced with 'the crisis of the language in the second half of the twentieth century' the veteran nationalist, Saunders Lewis, broadcast a powerful radio lecture, *Tynged yr Iaith* (*Fate of the Language*)[4] which was to awaken Wales to the destructive crisis facing the language. The theme of his lecture was that the language would cease to be a living tongue by about the beginning of the next century 'if the present trend continues'. His message made an immediate impact on public opinion. The language movement, the Welsh Language Society, was formed and it has been engaged in a vigorous crusade to ensure the survival of the language – a crusade which has yielded results.

Two reports on the Welsh Language

Since 1960, the Council for Wales and Monmouthshire – an advisory body on Welsh affairs set up by the Government in 1948 – had been engaged in studying 'the place of the Welsh language in all walks of life in Wales'. In 1963, the Council produced the results of its

bwysigrwydd newydd i'r Gymraeg ac i'r angen am weithredu ar unwaith ar ran y Llywodraeth i'w diogelu a'i hyrwyddo. Ymateb y Llywodraeth oedd codi pwyllgor dan gadeiryddiaeth Syr David Hughes Parry i egluro statws cyfreithiol y Gymraeg ac i ystyried a ddylid gwneud newidiadau yn y gyfraith. Sefydlwyd y pwyllgor ym 1963 ac yn Hydref 1965 cyhoeddodd ei adroddiad, *Statws Cyfreithiol yr Iaith Gymraeg.*[6] Argymhellodd y dylid cydnabod 'statws dilysrwydd cyfartal' y Gymraeg â'r Saesneg ac y dylai'r statws hwn weithredu'n ddieithriad a heb amrywiaeth ledled Cymru. Diffiniwyd yr ymadrodd 'statws cyfartal' i olygu:

> fod pob gweithred a phob ysgrifen neu beth a wneir yn Gymraeg yng Nghymru â'r un grym cyfreithiol a phe gwnaethid hynny yn Saesneg.[7]

Rhagwelai'r adroddiad y byddai angen rhyw unarddeg ar hugain o gyfnewidiadau eraill mewn deddfwriaeth, gweinyddiaeth a pholisi er mwyn gweithredu'r egwyddor newydd yn gyflawn.

Roedd arwyddocâd nodedig i'r ddau Adroddiad. Roeddynt yn dangos y ffordd ymlaen.

II
Deddf yr Iaith Gymraeg 1967

Derbyniodd y Llywodraeth yr argymhelliad sylfaenol y dylai'r Gymraeg fwynhau dilysrwydd cyfartal â'r Saesneg yng ngweinyddiaeth y gyfraith a gweinyddiaeth gyhoeddus yng Nghymru. Corfforir y bwriad cyffredinol yn rhaglith *Deddf yr Iaith Gymraeg* 1967. Ond ni chafwyd unrhyw ddarpariaeth yn y Ddeddf i gymhwyso egwyddor dilysrwydd cyfartal at weinyddiaeth gyhoeddus ac ni roddwyd cyfrifoldeb ar y cyrff cyhoeddus i'w mabwysiadu. Roedd hyn yn wendid.

Deddf fer iawn o bump o adrannau yw Deddf 1967. Mae'n darparu: (a) hawl absoliwt i unrhyw barti neu dyst neu berson arall i siarad Cymraeg mewn unrhyw achos cyfreithiol yng

studies in the document, *Report on the Welsh Language Today.*[5] This detailed and objective survey shed clear light on the position of the Welsh language in Welsh life, and it foresaw that its position would worsen. Moreover, it arrived at a number of guiding principles. It recommended that the Welsh language be given 'official status' and that 'a permanent body be set up to care for the interests of the Welsh language'. This comprehensive Report by a Council, whose members were in contact with all aspects of Welsh life and which stood in an advisory relationship to the government of the day, gave a new importance to the language and to the need for immediate action for its protection and advancement. The Government responded by establishing a committee under the chairmanship of Sir David Hughes Parry to clarify the legal status of the language and to consider whether any changes in the law ought to be made. The committee was set up in 1963 and its report, *Legal Status of the Welsh Language,* was published in October 1965.[6] It recommended that the language should be accorded 'status of equal validity' with English for legal purposes and in public administration in Wales and that this status should be applied without exception or variation throughout the whole of Wales. The term 'equal validity' was defined to mean:

> . . . that any act, writing or thing done in Welsh in Wales should have the like legal force as if it had been done in English.[7]

The committee's report envisaged that some thirty-one further changes were needed in legislation, administration and policy in order to fully implement the new principle.

Both reports were of noted significance. They pointed the way ahead.

II
Welsh Language Act 1967

The Government accepted the basic recommendation that Welsh should enjoy equal

Nghymru; (b) pŵer i'r Gweinidog priodol drwy offeryn statudol i bennu fersiwn Cymraeg, neu'n rhannol yn Gymraeg ac yn rhannol yn Saesneg, o ddogfen neu ffurflen statudol; ac (c) y bydd i unrhyw beth a wneir yn Gymraeg mewn fersiwn a awdurdodir o dan y Ddeddf yr un effaith â phe bai wedi ei wneud yn Saesneg, ond os bydd anghysondeb rhwng y ddwy fersiwn yr un Saesneg a saif. (Erbyn Medi 1993 defnyddiwyd y pŵer hwn rhyw ddeg a thrigain o weithiau, yn fwyaf arbennig mewn perthynas ag addysg, tai, etholiadau, llysoedd a chofrestru priodasau, genedigaethau a marwolaethau.)[8]

(Yn unol â gofynion statudol rhaid i rai ffurflenni fod yn Saesneg. Dyma esiamplau perthnasol: *Rheoliadau Iechyd Meddwl (Ysbyty, Gwarcheidwadaeth a Chydsyniad Triniaeth)* 1983; *Rheoliadau Meddygol (Data)* 1972 a *Rheoliadau Pŵer Atwrnai (Parhaol)* 1987 a 1990. Rhagwelir y bydd y Bwrdd Iaith statudol yn galw ar adrannau'r llywodraeth i ddarparu'n ddi-oed fersiynau Cymraeg o'r ffurflenni hyn, ac eraill lawer.)

Cryfhaodd Deddf 1967 sefyllfa'r Gymraeg pan siaredir hi mewn achosion yn y llysoedd ac yn y tribiwnlysoedd. Rhoddwyd hawl absoliwt i dystio yn Gymraeg, ond byddai'n rhaid i'r sawl oedd am wneud hynny yn y llysoedd, heblaw mewn Llys Ynadon, roi unrhyw rybudd ymlaen llaw y gofynner amdano gan reolau llys ac yn gyffelyb i roi gwybod ymlaen llaw i Gadeirydd Tribiwnlys.[9] Fodd bynnag, ni fedrai diffynnydd a ddymunai dystio yn Gymraeg mewn llys yng Nghymru fynnu bod aelodau'r rheithgor yn meddu ar wybodaeth ddigonol o'r Gymraeg.[10]

Defnyddir rhai cannoedd o wahanol ffurflenni gan y llysoedd. Ni chafwyd yn Neddf 1967 unrhyw ddarpariaeth ar gyfer defnyddio dogfennau Cymraeg mewn achos yng Nghymru, neu'n ymwneud â Chymru.[11] Ond daeth yn arferiad i ddarparu fersiwn Gymraeg o unrhyw ffurflen swyddogol a ddefnyddir yn y Llys Sirol a Llys y Goron os gwneir cais amdani, ac o dan *Reolau Llysoedd Ynadon (Ffurflenni Cymraeg)* 1969, gellir hawlio gwŷs yn Gymraeg.

validity with English in the administration of law and in public administration in Wales. The general intention was enshrined in the preamble to the *Welsh Language Act* 1967. However, the Act contained no provision for the application of the principle of equal validity in public administration and placed no duty on public bodies to implement it. This was a flaw.

The 1967 Act is a short, five-section Act. It provides: (a) an absolute right for any party or witness or other person to use Welsh in any legal proceedings in Wales; (b) a power for the appropriate Minister, by statutory instrument, to prescribe a Welsh-language version, or partly-Welsh, partly-English version of a statutory document; and (c) a statement that anything done in Welsh in a version authorized by the Act should have the same effect as if done in English, but in case of any discrepancy between the two texts, the English text should prevail. (By September 1993 this power had been exercised about seventy times, most particularly in relation to education, housing, elections, courts and registration of marriages, births and deaths.)[8]

(In accordance with statutory requirements it is mandatory for some forms to be in English. These are relevant illustrations: *Mental Health (Hospital, Guardianship and Consent to Treatment) Regulations* 1983; *Medical Regulations (Data)* 1972 and *Power of Attorney Regulations (Enduring)* 1987 and 1990. It is envisaged that the statutory Welsh Language Board will be pressing the Departments to produce Welsh-language versions of these forms, and others with the minimum of delay.)

The 1967 Act strengthened the status of the Welsh language when spoken in the courts and in tribunals. It conferred an absolute right to testify in Welsh, but in cases heard in courts other than Magistrates' Courts, the person who desired to use the Welsh language, had to give such prior notice to the court, as may be required by Rules of Court,[9] and similarly to give advance notice to the Tribunal Chairman. However, a defendant who wished to testify in Welsh in a court in Wales could not insist that the jury had an adequate knowledge of Welsh.[10]

Ar y dechrau bu cryn ansicrwydd am arwyddocâd cyfreithiol datganiad 'dilysrwydd cyfartal' a osodwyd yn rhaglith Deddf 1967. Ond daethpwyd i weld mai goddefol yn hytrach na gorchmynnol oedd darpariaethau'r Ddeddf mewn perthynas â'r cyrff cyhoeddus. Yr hyn a wnaeth oedd galluogi'r cyfryw gyrff i ddefnyddio'r Gymraeg gyda grym cyfreithiol os mynnent, ond heb roi arnynt ddyletswydd i wneud hynny a heb roi hawl i'r dinesydd i fynnu eu bod yn defnyddio'r Gymraeg yn eu hymwneud ag ef. Dengys profiad mai clytiog fi cymhwysiad y Ddeddf. Bu nifer bychan o'r awdurdodau yn ei chymhwyso'n egnïol, tra bu llawer o'r gweddill yn amharod neu'n hwyrfrydig i'w gweithredu i unrhyw radd o bwys. A bu llusgo traed yn y llysoedd hefyd.[12] Diau bod nifer o ffactorau yn gyfrifol am y methiant hwn. Nid ar chwarae bach y trawsnewidir hinsawdd feddyliol, ffasiwn a rhagfarn a ffurfiwyd dros hir ganrifoedd.

Felly, prin y gellir dweud bod derbyn egwyddor dilysrwydd cyfartal gan y Llywodraeth ym 1967, a chyda chefnogaeth yr holl bleidiau gwleidyddol, wedi cyflawni yr hyn y gobeithiwyd amdano.

Dylid nodi bod y Llywodraeth ym 1973 wedi ymateb, er yn anghyflawn, i'r anniddigrwydd a leisiwyd am annigonoldeb Deddf Iaith 1967. Sefydlodd Gyngor yr Iaith Gymraeg, sef corff anstatudol, enwebedig ac ymgynghorol i'r Ysgrifennydd Gwladol. Er i'r Cyngor gynhyrchu rhai adroddiadau gwerthfawr, ni wnaeth fawr o argraff ar y wlad. Ni oroesoedd i'r wyth degau.

Y galw am ddiwygio Deddf yr Iaith Gymraeg 1967

Gan na chafwyd y cynhaeaf y disgwylid amdano daeth mwy a mwy o Gymry yn yr wythdegau cynnar i alw am ddiwygio *Deddf Iaith* 1967 er mwyn sicrhau, o leiaf, bod egwyddor dilysrwydd cyfartal yn gweithredu'n effeithiol mewn gweinyddiaeth gyhoeddus.

Erbyn haf 1986 drafftiwyd a chyflwynwyd dau fesur iaith i'r Swyddfa Gymreig.[13] Oeraidd fu ymateb y Weinyddiaeth, ond yng Ngorffennaf 1988 cyhoeddodd yr Ysgrifennydd Gwladol, Mr Peter Walker, ei fod yn sefydlu

Some hundreds of forms are used by the courts. But the Act made no provision for the use of documents written in Welsh in proceedings in Wales, or having a connection with Wales.[11] However, it became the practice that any official form used by the County Court and the Crown Court would be provided in Welsh, if requested; and under the *Magistrates Courts (Welsh Forms) Rules* 1969, a summons could be required to be issued in Welsh.

Initially there was considerable uncertainty about the legal significance of the equal validity declaration which had been enshrined in the preamble to the 1967 Act. But it came to be seen that the provisions of the Act, in their application to public bodies, were enabling rather than mandatory. The Act enabled such bodies to use the Welsh language with legal effect if they so wished, but did not impose a duty upon them to do so, or confer upon a citizen the right to require that they should use Welsh in their dealings with that citizen. Experience shows that the implementation of the Act was patchy. Whilst a small number of authorities have been energetic in implementing its principle, many of the others were unwilling or reluctant to implement it to any significant degree. There was much dragging of feet in the courts, too.[12] There could be many factors to account for this failure. It is no mean task to transform mental attitudes, fashion and prejudice which have developed over many centuries.

It can hardly be said that the acceptance of the principle of equal validity by the Government in 1967, supported as it was by all the political parties, achieved what had been hoped for.

It should be mentioned that in 1973 the Government responded, but inadequately, to the anxieties which were voiced about the inadequacy of the Act. It established a Welsh Language Council, which was a non-statutory body, nominated by the Secretary of State and advisory to him. Although it produced some worthwhile reports, it made little impact on the scene. It did not survive into the eighties.

Bwrdd yr Iaith Gymraeg, sef pwyllgor anstatudol i gynghori'r Ysgrifennydd Gwladol (*inter alia*) ar faterion a fyddai'n galw am weithredu gweinyddol neu ddeddfwriaethol er mwyn hyrwyddo'r Gymraeg. Ar gais yr Ysgrifennydd Gwladol lluniodd y Bwrdd ganllawiau gwirfoddol ar gyfer defnyddio'r iaith yn y sector cyhoeddus a'r sector preifat. Yna, ar ei liwt ei hun, a chan ymateb i'r farn Gymreig, galwodd y Bwrdd yn Nhachwedd 1989 am ddeddf iaith newydd a chyflwynodd ddrafft-fesur i'r Swyddfa Gymreig, ac wedi ymgynghori â chyrff cyhoeddus cyflwynodd fersiwn diwygiedig ohono yn Rhagfyr 1990.[14] Gellir gweld fod tri phrif nod i'r mesur diwygiedig sef: (a) rhoi statws iaith swyddogol i'r Gymraeg yng Nghymru; (b) diffinio a chymhwyso egwyddor dilysrwydd cyfartal yn y sector cyhoeddus; ac (c) sefydlu bwrdd statudol yr iaith Gymraeg i ddiogelu'r Gymraeg a hybu a hwyluso defnydd ehangach ohoni.

III
Deddf yr Iaith Gymraeg 1993

O'r diwedd, ar 27 Chwefror 1992 cyhoeddodd yr Ysgrifennydd Gwladol yn Nhŷ'r Cyffredin ei bod ym mwriad y Llywodraeth i gyflwyno mesur iaith Gymraeg newydd.

Ar ôl ymgynghori a'r Bwrdd anstatudol, ond heb sicrhau cytundeb rhyngddynt, cyhoeddwyd Mesur yr Iaith Gymraeg gan yr Ysgrifennydd Gwladol ar 18 Rhagfyr 1992. Gwnaed yn glir gan y Gweinidogion mai 'Mesur y Llywodraeth' oedd hwn. Yn ei fframwaith a'i ddarpariaethau craidd (ar wahân i sefydlu bwrdd statudol) roedd Mesur y Llywodraeth yn gwahaniaethu'n sylweddol oddi wrth fesur y Bwrdd. Pasiwyd y Mesur yn ddeddf gwlad yn Hydref 1993.

Mae'r Ddeddf newydd yn darparu y dylid trin y Gymraeg a'r Saesneg ar sail cyd-raddoldeb wrth weinyddu busnes cyhoeddus a gweinyddu cyfiawnder yng Nghymru, yn ddarostyngedig yn unig i'r hyn sy'n briodol o dan yr amgylchiadau ac yn rhesymol ym-arferol. Mae'n sefydlu Bwrdd yr Iaith Gymraeg

Demand for reform of the 1967 Act

As expectations of the Welsh Language Act 1967 failed to materialize, a growing number of Welsh people in the early eighties came to demand that it should be reformed to secure, at the very least, the effective application of the principle of equal validity in public admin-istration.

By the summer of 1986, two Welsh-language bills had been drafted and submitted to the Welsh Office.[13] They were not well received by the Administration, but in July 1988 the Secretary of State, Mr Peter Walker, announced that he was setting up a Welsh Language Board, being a non-statutory committee to advise the Secretary of State (*inter alia*) on matters which might require administrative or legislative action in order to advance the Welsh language. At his request the Board drew up voluntary codes of practice for the use of Welsh in the public and in the private sector. Then, of its own volition and in response to Welsh opinion, the Board called in November 1989 for a new Welsh Language Act and submitted a draft bill to the Welsh Office, and after consultation with a number of public bodies it submitted a revised version in December 1990.[14] It can be seen that the revised bill had three main aims: (a) to confer upon the Welsh language the status of an official language in Wales; (b) to establish a criteria for defining and applying the principle of equal validity in the public sector; and (c) to set up a statutory Welsh language board to protect the Welsh language and promote and facilitate its greater use.

III
Welsh Language Act 1993

At last, on 27 February 1992 the Secretary of State announced in the House of Commons the Government's intention to introduce a new Welsh language bill.

After consultations with the non-statutory Board but without reaching agreement the Welsh Language Bill was published by the Secretary of State on 18 December 1992. It was

statudol i hybu a hwyluso defnyddio'r Gymraeg. Bydd y Bwrdd dan ddyletswydd i baratoi canllawiau i weithredu egwyddor 'sail cydraddoldeb' ac i'w cymeradwyo gan y Llywodraeth a'r Senedd. Gwneir hi'n ofynnol i gyrff cyhoeddus i ddarparu cynlluniau iaith yn nodi'r gwasanaethau a ddarperir ganddynt drwy gyfrwng y Gymraeg. Bydd y cynlluniau yn adlewyrchu'r canllawiau, yn sensitif i anghenion lleol ac wedi eu cymeradwyo gan y Bwrdd. Rhydd y Ddeddf bwerau cyfyngedig i'r Ysgrifennydd Gwladol i ymyrryd ac i roi cyfarwyddiadau, pan fo'n angenrheidiol, mewn anghydfod rhwng y Bwrdd a chorff cyhoeddus. Yn olaf, mae'r Ddeddf yn di-ddymu neu'n diwygio deddfwriaeth gynradd a enwir sy'n tynnu oddi wrth egwyddor cydraddoldeb y ddwy iaith yng Nghymru.

Trown yn awr at ei brif ddarpariaethau.

1. *Sefydlu bwrdd statudol*

Mae Adran 1 o'r Ddeddf yn rhoi'r bwrdd iaith anstatudol ar sail statudol. Swyddogaeth gyffredinol y Bwrdd yw hybu a hwyluso defnyddio'r iaith Gymraeg yn y sector cyhoeddus yng Nghymru. Mae ganddo swyddogaethau cynghori a hyrwyddo a chymer drosodd ran fawr o'r cyfrifoldeb am ddosrannu grantiau'r iaith Gymraeg a benthyciadau a weinyddir ar hyn o bryd gan y Swyddfa Gymreig. Penodir ei holl aelodau gan yr Ysgrifennydd Gwladol. Bydd y Bwrdd yn cydymffurfio â'r cyfarwyddiadau a roir iddo gan yr Ysgrifennydd Gwladol. Rhagwelir y bydd yn cyflawni ei waith trwy bartneriaeth â'r Swyddfa Gymreig, ond mae perygl bob amser y medrai corff o'r fath ddatblygu i fod yn ddirprwy iddi.

2. *Egwyddor 'sail cydraddoldeb'*

Yn Is-adran 5(2)(b) o'r Ddeddf ceir yr egwyddor y dylai'r Gymraeg a'r Saesneg gael eu trin yng Nghymru 'ar sail cydraddoldeb' wrth gynnal busnes cyhoeddus ac wrth weinyddu cyfiawnder, yn ddarostyngedig i'r hyn sy'n 'briodol o dan yr amgylchiadau ac yn rhesymol ymarferol'. Mae'r ymadrodd 'ar sail cydraddoldeb' yn un newydd ac annisgwyl ac

made clear by Ministers that this was the 'Government's Bill'. Its framework and core provisions (apart from the setting up of a statutory board) differed substantially from those of the Bill drawn up by the Board. The Bill was enacted in October 1993.

The new Act provides that the Welsh and English languages should be treated 'on a basis of equality' in the conduct of public business and administration of justice in Wales, subject to what is appropriate in the circumstances and reasonably practicable. It establishes a statutory Welsh Language Board to promote and facilitate the use of Welsh. The Board will be under a duty to prepare guidelines to give effect to the principle of 'a basis of equality' to be approved by the Government and Parliament. Public bodies will be required to prepare language schemes setting out the services which they provide through the medium of Welsh. The schemes will reflect the guidelines, be sensitive to local needs and approved by the Board. The Act gives limited powers to the Secretary of State to intervene and to direct, if necessary, in a dispute between the Board and a public body. Finally, it repeals or amends specified primary legislation which detracts from the principle of equality of the two languages in Wales.

We now turn to its main provisions.

1. *Setting up a statutory board*

Section 1 of the Act places the non-statutory Welsh Language Board on a statutory basis. The general function of the Board is to promote and facilitate the use of the Welsh language in the public sector in Wales. It has advisory and promotional functions and assumes a large part of the responsibility for the distribution of Welsh language grants and loans which are presently administered by the Welsh Office. All its members are appointed by the Secretary of State. The Board will be required to comply with the directions given to it by the Secretary of State. It is envisaged that in practice it will undertake its functions in partnership with the Welsh Office, but there

yn cymryd lle'r ymadrodd 'dilysrwydd cyfartal', ond mae oblygiadau'r newid – os oes iddo arwyddocâd cyfreithiol – yn aneglur ar hyn o bryd. Yr hyn sy'n debygol yw na all yr egwyddor, fel y saif, weithredu heb 'y cynllun iaith' sy'n nodwedd anhepgor o'r Ddeddf.

3. *Diffinio cyrff cyhoeddus*

Yn ôl y Ddeddf y cyrff cyhoeddus yn unig fydd dan ddyletswydd i baratoi cynlluniau iaith. Ymhellach, diffiniwyd y cyrff cyhoeddus i olygu'r cyrff a restrir yn Adran 6, sef: yr awdurdodau lleol, awdurdod heddlu, awdurdodau tân, awdurdod iechyd, ymddiriedolaeth Gwasanaeth Iechyd Gwladol, Awdurdod Gwasanaethau Iechyd y Teulu, Cyngor Iechyd Cymdeithas, Cyngor Cyllido Addysg Bellach Cymru, Cyngor Cyllido Addysg Uwch Cymru, llywodraethwyr ysgol, corfforaeth addysg bellach a chorfforaeth addysg uwch, ynghyd ag unrhyw gorff arall a enwir mewn gorchymyn a wneir yn y dyfodol gan yr Ysgrifennydd Gwladol o dan awdurdod Isadran 6(1)(o).

Cymhwysir yn Adran 21 rai o ofynion y Ddeddf at gorff sy'n gweithredu ar ran y Goron pan fo hwnnw wedi mabwysiadu cynllun iaith cyn i'r Ddeddf ddod i rym, neu'n bwriadu mabwysiadu un ar ôl iddi gychwyn. Fel arall, eithrir y Goron.

Gwelir, felly, nad yw Deddf Iaith 1993 yn gweithredu ledled y sector cyhoeddus yng Nghymru.

4. *Canllawiau statudol*

Rhoddwyd dyletswydd ar y Bwrdd i lunio drafft ganllawiau i'w cymeradwyo gan yr Ysgrifennydd Gwladol ac yna gan y Senedd at y diben o weithredu'r egwyddor y dylid trin y ddwy iaith ar sail cydraddoldeb yn y sector cyhoeddus. Gall yr Ysgrifennydd Gwladol dderbyn neu wrthod y drafft ganllawiau yn eu crynswth, neu eu diwygio. Wedi derbyn y gymeradwyaeth bydd ganddynt gyfreithlondeb statudol a photensial gwerthfawr. Gellir eu cymryd i ystyriaeth gan y llysoedd pan fo hynny'n berthnasol. (Gweler tt. 64–7)

Bydd yn rhaid i'r Bwrdd ymgynghori

is always a danger that such a body could become the Department's proxy.

2. *The principle of 'a basis of equality'*

In Subsection 5(2)(b) there lies the principle that in Wales the Welsh and English languages should be treated on 'a basis of equality' in the conduct of public business and administration of justice, subject to what is 'appropriate in the circumstances and reasonably practicable'. The term 'on a basis of equality' is new and unexpected and replaces the term 'equal validity', but the implication of this change – if it has any legal significance – is at present unclear. What is likely is that the principle, as it stands in the legislation, can only operate in conjunction with a 'language scheme' which is such a dominant feature of the Act.

3. *Definition of public body*

Under the Act the duty to prepare language schemes is confined to public bodies. Moreover, public bodies are defined to mean the bodies listed in Section 6, namely: the local authorities, a police authority, a fire authority, a health authority, an NHS trust, a Family Health Services Authority, a Community Health Council, the Further Education Funding Council for Wales, the Higher Education Funding Council for Wales, the governors of a school, a further education corporation and a higher education corporation, together with any other public body named in an order to be made in the future by the Secretary of State under power contained in Subsection 6(1)(o).

Section 21 applies some of the provisions of the Act to a Crown body which has adopted a language scheme before the commencement of the Act or proposes after its commencement to adopt one. In all other respects Crown bodies are exempt.

It will, therefore, be seen that the 1993 Act does not apply to the public sector in its entirety.

4. *Statutory guidelines*

It will be the duty of the Board to prepare draft guidelines to be approved by the Secretary of

ynghylch ei ganllawiau drafft cyn eu cyflwyno i'r Ysgrifennydd Gwladol am ei gymeradwyaeth. Ni cheir fawr ddim cyfarwyddyd yn y Ddeddf am gynnwys y canllawiau ac mae'n debygol y bydd y rhai cyntaf yn tynnu ar brofiad y Bwrdd anstatudol er 1989 wrth ddatblygu ei ganllawiau gwirfoddol ar gyfer cymhwyso egwyddor 'dilysrwydd cyfartal' yn y sector cyhoeddus.

(Gellir arolygu a diwygio'r canllawiau o bryd i'w gilydd yn y modd a enwir yn y Ddeddf.)

5. *Cynlluniau iaith Gymraeg*
Mae'r syniad o 'gynllun iaith Gymraeg' yn beth newydd. Rhydd y Ddeddf ddyletswydd ar bob corff cyhoeddus, ar ôl i'r Bwrdd gyflwyno iddo hysbysiad o dan Adran 7, i baratoi cynllun iaith yn gosod allan y gwasanaethau y bwriada eu darparu trwy gyfrwng y Gymraeg er mwyn gweithredu'r egwyddor y dylid trin y Gymraeg a'r Saesneg ar sail cydraddoldeb. Rhaid cyflwyno drafft o'r cynllun i'r Bwrdd am ei gymeradwyaeth. Bydd yn ofynnol i'r cynllun adlewyrchu cynnwys y canllawiau statudol 'cyn belled ag y bo'n briodol o dan yr amgylchiadau ac yn rhesymol ymarferol'. Mae'r amodi yn arwyddocaol. Yn sgil yr amodi bydd cynnwys y cynlluniau iaith yn rhwym o amrywio, i raddau, o ardal i ardal yn ôl y patrwm ieithyddol ac anghenion lleol. Felly, mae yma berygl y medrai'r cynlluniau iaith mewn ambell ardal dueddu i adlewyrchu'r *status quo* yn hytrach na chyflawni newid a gwelliant. Ar y llaw arall, mae peirianwaith y cynlluniau iaith yn golygu y bydd cydymdrafod a chytuno safonau rhwng y Bwrdd a phob corff cyhoeddus a rhydd hyn gyfle i'r Bwrdd ddylanwadu ar y polisïau lleol a fydd yn cyfeirio gweithgareddau yn y dyfodol. Os cyfyd anghydfod rhwng y Bwrdd a'r corff cyhoeddus ynglŷn â thelerau'r cynllun iaith drafft caiff yr Ysgrifennydd Gwladol ei hun benderfynu arnynt.

Wrth baratoi ei ddrafft gynllun iaith rhaid i'r corff cyhoeddus ymgynghori fel y bo'n briodol, a bydd yn rhaid iddo hefyd gydymffurfio ag unrhyw gyfarwyddiadau

State and then by Parliament in order to give effect to the principle that the two languages should be treated on the basis of equality in the public sector. He may approve or reject the draft in its entirety or amend it. After they have been approved they will have statutory legitimacy and potentially will be of great value. They can be taken into consideration by the courts if they consider them relevant. (See pp. 64–7 below.)

The Board is required to consult on its draft guidelines before they are submitted to the Secretary of State for approval. The Act contains little guidance about the content of the guidelines and the first set will probably draw on the experience of the non-statutory Board since 1989 in developing its voluntary guidelines for the implementation of 'equal validity' in the public sector.

(The guidelines may be reviewed and revised from time to time in the prescribed manner.)

5. *'Welsh-language schemes'*
The idea of 'a Welsh language scheme' is innovative. The Act places a duty on every public body to which the Board has given notice under Section 7 to draw up a language scheme setting out the services which it proposes to provide through the medium of Welsh to give effect to the principle that the Welsh and English languages should be treated on a basis of equality in the conduct of public business in Wales. The draft scheme has to be submitted to the Board for its approval. The scheme will reflect the statutory guidelines subject to what 'is both appropriate in the circumstances and reasonably practicable'. The qualification is significant. By virtue of this qualification the content of the language schemes will, to some extent, vary from district to district in response to local linguistic pattern and needs. There is therefore a risk that the language schemes could in some districts tend to reflect the *status quo* rather than achieve change and improvement. On the other hand, the language-scheme mechanism

ynglŷn ag ymgynghori a roir iddo gan y Bwrdd.

(Gellir, mewn amgylchiadau a enwir yn y Ddeddf, adolygu a diwygio cynllun a gymeradwywyd.)

6. *Achwyniadau ac ymchwiliad*
Dyletswydd pob corff cyhoeddus fydd gweithredu'r cynllun iaith a gymeradwywyd. Os metha â gwneud hynny, gellir cyflwyno cwyn ysgrifenedig i'r Bwrdd (os yw'r cwyn yn bodloni'r tri gofyniad penodol a geir yn Adran 18) gan berson sy'n honni bod y methiant wedi effeithio'n uniongyrchol arno.[15] Mae'r gair 'person' yn y cyd-destun hwn yn cynnwys corfforaeth neu grŵp, megis cymdeithas sydd â diddordeb arbennig mewn diogelu a hyrwyddo'r Gymraeg. Dyma'r feddyginiaeth – a'r unig un – a roddir i achwynydd.

Pan fo'r Bwrdd yn derbyn cwyn o dan Adran 18, gall gynnal ymchwiliad iddo o dan Adran 17 a gall fod yn un cyhoeddus neu breifat fel y bo'n briodol. Fodd bynnag, os penderfyna beidio â chynnal ymchwiliad, rhaid iddo anfon ei resymau at yr achwynydd. Hefyd, rhoddwyd pŵer i'r Bwrdd gynnal ymchwiliad er na dderbyniodd gŵyn o dan Adran 18. Mae ganddo'r hawl i gyhoeddi'r adroddiad, neu fersiwn ohono, am ganlyniadau'r ymchwiliad. O dan Adran 19 gall y Bwrdd, ar ôl gorffen ymchwiliad, os yw'n fodlon fod y corff cyhoeddus wedi methu â chyflawni'r cynllun iaith, wneud argymhellion ynghylch y camau i'w cymryd gan y corff cyhoeddus er mwyn cywiro'r methiant. Os metha'r corff cyhoeddus â chydymffurfio â'r argymhellion, yna gall y Bwrdd gyfeirio'r mater o dan Adran 20 at yr Ysgrifennydd Gwladol. Bydd gan yr Ysgrifennydd Gwladol hawl i roi cyfarwyddiadau i'r corff cyhoeddus, a chanddo fe yn unig mae'r hawl i ofyn i'r llys am orchymyn yn galw ar yr awdurdod cyhoeddus i gydymffurfio â'i gyfarwyddiadau. Amser a ddengys a fydd y peirianwaith achwyniad/ymchwiliad/cyfarwyddiadau a geir yn Adrannau 17 i 20 yn effeithiol i gyflawni newidiadau sylweddol.

involves negotiating and agreeing standards between the Board and every public authority and this provides the opportunity for the Board to influence local policies that will guide future action. In the event of a dispute between the Board and a public body about the terms of its proposed scheme it may be decided by the Secretary of State himself.

In preparing its draft language scheme there is a clear duty on a public body to consult, as may be appropriate, and it must also comply with any directions given to it in this regard by the Board.

(In prescribed circumstances an approved language scheme may be reviewed and revised.)

6. *Complaints and investigation*
There is a duty on a public body to carry out the terms of its approved scheme. A failure to do so may be the subject-matter of a complaint in writing to the Board (provided the complaint complies with the specific requirements of Section 18) by a person who claims to have been directly affected by the failure.[15] The word 'person' includes a body corporate or group, such as an organization with a special interest in safeguarding and promoting the Welsh language. This is the remedy – and the only remedy – given to a complainant.

On receipt of a complaint made under Section 18 the Board may conduct an inquiry into it under Section 17 and such an inquiry may be conducted in public or in private. If, however, it decides not to conduct one, it is required to send its reasons to the complainant. The Board is also empowered to initiate an inquiry although it has not received a complaint under Section 18. A report, or a version thereof, of the result of the inquiry may be made public. On completing an investigation the Board may under Section 19, if it is satisfied that the public body has failed to carry out the scheme, recommend what action be taken by the public body to remedy the failure. If it fails to comply with the recommendation the matter may be referred to the Secretary of State. Under Section 20 the Secretary of State may give

7. Y Gymraeg mewn achosion cyfreithiol, ffurflenni statudol a dogfennau cwmnïau

Mae'r Ddeddf yn ail-ddeddfu (darpariaeth Deddf 1967) hawl absoliwt unrhyw barti, tyst neu berson arall i siarad Cymraeg mewn unrhyw achos cyfreithiol yng Nghymru. At hynny, mae'n cau'r bwlch yn Neddf 1967 y sylwyd arno uchod (t.46) trwy ddarparu bod y pŵer i lunio rheolau llys yn cynnwys pŵer i lunio darpariaethau ar gyfer defnyddio dogfennau Cymraeg mewn achosion yng Nghymru, neu'n ymwneud â Chymru. Ail-ddeddfir (darpariaeth Deddf 1942) y caiff yr Arglwydd Ganghellor wneud rheolau i bennu cyfieithiad yn Gymraeg o ffurf unrhyw lw neu ddwys-haeriad ac i wneud rheolau ynghylch darparu, cyflogi a thalu cyfieithwyr Cymraeg a Saesneg yn y llysoedd yng Nghymru. Hefyd, ail-ddeddfir (darpariaeth Deddf 1967) y caiff y Gweinidogion bennu ffurf dogfen sydd i'w defnyddio at ddiben swyddogol neu gyhoeddus neu ddiben cyfreithiol arall, yn Gymraeg, neu yn rhannol Gymraeg ac yn rhannol Saesneg a bydd i unrhyw beth a wneir yn Gymraeg yn rhinwedd y pŵer hwn yr un effaith â phe bai wedi'i wneud yn Saesneg. Ond diddymwyd y rheol yn Neddf 1967 mai'r fersiwn Saesneg a saif os bydd anghysondeb rhwng y ddwy fersiwn. Os bydd anghysondeb caiff iaith y ddogfen wreiddiol y flaenoriaeth ar y cyfieithiad.

Bydd y newidiadau a wneir gan y Ddeddf newydd yn diddymu'r ddarpariaeth yn Neddf 1942 a hawliai gadw cofnodion llys yn Saesneg (t.43), ac yn caniatáu eu cadw yn Gymraeg. Pan ddigwyddo hynny gwneir cyfieithiad Saesneg at bwrpasau gweinyddol, ond Cymraeg fydd iaith y cofnod.

Dylid sylwi y gwneir nifer o newidiadau bychan ond gwerthfawr i *Ddeddf Cwmnïau* 1985, *Deddf Elusennau* 1993, *Deddf Undebau Credyd* 1979 a *Deddf Cymdeithasau Diwydiannol a Darbodus* 1965 er mwyn sicrhau defnydd ehangach o'r Gymraeg mewn dogfennau perthnasol a theitlau gan gwmnïau, elusennau a chymdeithasau diwydiannol a darbodus sy'n cynnal eu busnes yn Gymraeg.

Yn olaf, mae'r Ddeddf yn diddymu'n ffurfiol ddarpariaethau sarhaus, ond darfodedig

directions to the offending body, and he alone may apply to the court for an order requiring compliance with the directions. To what extent the complaint/investigation/directions mechanism contained in Sections 17 and 20 will prove effective in achieving substantial change remains to be seen.

7. Welsh in legal proceedings, statutory forms and companies' documentation

The Act re-enacts (1967 provision) the absolute right of any party, witness or other person to speak Welsh in any legal proceedings in Wales. Moreover, it closes the gap in the 1967 Act noted above (p. 47) by providing that any power to make rules of court includes power to make provisions as to the use, in proceedings in or having a connection with Wales, of documents in Welsh. It re-enacts (1942 provision) that the Lord Chancellor may draw up rules prescribing a translation in Welsh of the forms of any oath or affirmation to be used in any court in Wales and to make rules as to the provision and employment of interpreters in the courts of Wales. It also re-enacts (1967 provision) that Ministers may prescribe that a document be used for public purpose in Welsh, or partly in Welsh and partly in English, and anything so done in Welsh shall be of like effect as if done in English. But it repeals the 1967 Act provision that in case of any discrepancy between the two texts the English version should prevail. In the event of a discrepancy the language used in the original document will take precedence over a translation.

The change brought about by the Act permits court records to be kept in Welsh, thus repealing the provision contained in the Act of 1942 noted above (t.44). Where this occurs, a translation in English will be obtained for administrative purposes, but the Welsh document will constitute the record.

It should be noted that the Act makes a number of small but valuable amendments to the *Companies Act* 1985, the *Charities Act* 1993, the *Credit Unions Act* 1979 and the *Industrial and Provident Societies Act* 1965 to facilitate

bellach y Deddfau Uno.

Bylchau yn Neddf 1993

Sylwn ar y prif faterion nas cynhwyswyd yn Neddf 1993.

1. *Statws swyddogol i'r Gymraeg yng Nghymru?*
Anogwyd y Llywodraeth yn y ddau Dŷ i ymgorffori yn y Mesur ddatganiad bod y Gymraeg yn iaith swyddogol yng Nghymru. Roedd o leiaf ddeg a phedwar ugain o gyrff cyhoeddus, crefyddol a diwylliannol yng Nghymru a Lloegr wedi ysgrifennu at y Prif Weinidog neu'r Ysgrifennydd Gwladol yn cefnogi gosod y cyfryw ddatganiad o fewn y Mesur. Yn groes i'r argraff a gafwyd yn ystod yr Ail Ddarlleniad yn Nhŷ'r Arglwyddi am y gwelliannau a fedrai fod yn dderbyniol, gwrthodwyd pob gwelliant i'r perwyl hwn gan y Gweinidogion a honnai am y tro cyntaf erioed fod y Gymraeg eisoes yn iaith swyddogol yng Nghymru ac oherwydd hynny bod datganiad o'r fath yn ddi-anghenraid.[16] Ni chawsom ein cyfeirio at dystiolaeth ategol ac ni wyddom am yr un. Mae'n amlwg na chaiff y statws hwn ei adlewyrchu ym mywyd Cymru. Ym marn llawer o gyfreithwyr, y Senedd yn unig, yn yr amgylchiadau sydd wedi datblygu er y Deddfau Uno, all estyn y statws cyfansoddiadol uchel hwn i'r iaith Gymraeg yng Nghymru.

2. *Y sector cyhoeddus cyfan*
Sylwyd eisoes nad yw *Deddf Iaith* 1993 yn gweithredu ledled y sector cyhoeddus yng Nghymru.

Gwelwyd mai i raddau cyfyngedig y cafodd ei chymhwyso at adrannau'r Llywodraeth. Roedd llawer yn siomedig nad ychwanegwyd hyd at ryw gant o gyrff cyhoeddus at y rhestr yn Adran 6. Dadleuwyd yn gryf y dylid fod wedi cynnwys yn y Ddeddf y corfforaethau gwladol a breifateiddiwyd, megis byrddau trydan a'r bwrdd nwy, ac yn arbennig y gwasanaethau a ddarperir ganddynt sydd o natur anhepgor a monopolistig.

Nid yw'r Ddeddf yn cyfeirio'n benodol at

greater use of the Welsh language in relevant documentation and titles by companies, charities and industrial and provident societies who conduct their business in Welsh.

Finally, it formally repeals the offensive, but spent, provisions of the Acts of Union.

Omissions from the 1993 Act

We now attend to the main issues not addressed by the Act.

1. *Official status of the Welsh language in Wales?*
The Government was urged in both Houses to incorporate in the Bill a declaration that Welsh was an official language in Wales. At least ninety public, religious and cultural bodies in Wales and England had written to the Prime Minister or the Secretary of State in support of embedding such a declaration in the Bill. Contrary to what had seemed likely to be the Government's approach to such an amendment in the course of the Second Reading Debate in the House of Lords, every amendment to this end was opposed by Ministers who claimed for the first time ever, that Welsh was already an official language in Wales, and that such a declaration was therefore unnecessary.[16] We were not referred by the Ministers to any supporting evidence and we know of none. This status is not obviously reflected in the life of Wales. In the opinion of many lawyers, in the circumstances which have evolved since the Acts of Union, Parliament alone can confer this high constitutional status on the Welsh language.

2. *The entirety of the public sector*
It has already been noted that the 1993 Act does not apply across the public sector as a whole.

It has been seen that it only applies to a restricted extent to government departments. Many were disappointed that up to about a hundred other public bodies had not been added to the list in Section 6. It was strongly argued that the Act should have applied to the public corporations which had been privatized,

faes tendro cystadleuol (CCT), ond cadarnhawyd yn nau Dŷ'r Senedd pan fo corff cyhoeddus yn gosod ar gontract wasanaeth y mae cynllun iaith ynghlwm ag ef, mae ganddo'r hawl i sicrhau bod y contractiwr yn cyflawni telerau'r cynllun. Er bod y Llywodraeth wedi gwrthod gwelliant i roi'r sicrhad hwn o fewn y Ddeddf, mae geiriau'r Gweinidog yn beth cysur i'r awdurdodau lleol a'u staff.

3. *Y sector preifat*
Bu CBI Cymru yn gwrthwynebu'n gryf ac yn gyson ddeddfwriaeth a fyddai'n effeithio ar y sector preifat. Eu prif feirniadaeth oedd y byddai'n rhy ddrud a beichus i ddiwydiant. Roedd yn well ganddynt ddibynnu ar 'anogaeth wirfoddol'. Felly, nid yw'n syndod nad yw'r Ddeddf newydd wedi ei chymhwyso at unrhyw fusnes neu wasanaeth o fewn y sector preifat. Serch hynny, mae'r Llywodraeth yn rhagweld, er nad oes pŵer penodol yn y Ddeddf, y gall y Bwrdd gynghori busnesau preifat, cyrff gwirfoddol ac elusennau os ydynt eisiau ei gyngor. Yn ôl y Gweinidogion ni fyddai'r gwasanaeth hwnnw yn *ultra vires* ar ran y Bwrdd.

4. *Diwygio Deddf Cysylltiadau Hiliol 1976*
Mynegodd y Llywodraeth 'gryn gydymdeimlad' ag amcan sylfaenol gwelliant i Adran 4 *Deddf Cysylltiadau Hiliol* 1976 a fyddai'n datrys y gwrth-drawiad posibl rhwng Deddf 1976 a pholisïau cyflogaeth (gw tt. 60–2 isod). Ond gwrthododd dderbyn y gwelliant a luniwyd ar linellau yr un y cytunwyd arno rhwng y Comisiwn ar Gydraddoldeb Hiliol a'r Bwrdd anstatudol. Dywedwyd fod yn well ganddi ymddiried mewn cyfarwyddiadau anstatudol, a disgwylid y byddai'r Comisiwn, yn ei bryd, yn cyflwyno cynllun iaith i'r Bwrdd.[17]

5. *Y llwybr i'r llysoedd*
Nid yw'r Ddeddf yn rhoi hawl i siaradwyr Cymraeg sy'n dymuno defnyddio'r Gymraeg yn eu hymwneud â chorff cyhoeddus i wneud hynny, yn absen cynllun iaith. Dyma fwlch

such as the electricity boards and the gas board, and in particular to such of their services which are of an essential and monopolistic nature.

There is no specific reference in the Act to competitive tendering (CCT), but it was confirmed in both Houses that where a public authority contracts out a service to which an approved language scheme is attached it will be lawful for it to take steps to secure the contractor's compliance with the scheme's obligations. Although the Government rejected an amendment which would have written this assurance into the Act, the Minister's words will be of some assurance to the local authorities and their staff.

3. *The private sector*
CBI Wales had been firmly and consistently opposed to legislation that would affect the private sector. Their principal criticism was that it would be too costly and burdensome to industry. They preferred to rely on 'voluntary encouragement'. It is therefore not surprising that the new Act does not apply to any business or service within the private sector. Nevertheless, the Government anticipates, although this power is not spelt out in the Act, that the Board can offer advice if requested to private businesses, voluntary organizations and charities. According to Ministers the Board would not be acting *ultra vires* in offering such a service.

4. *Amendment to the Race Relations Act 1976*
The Government expressed 'considerable sympathy' with the underlying purpose of an amendment to Section 4 of the *Race Relations Act* 1976 which would have resolved the potential conflict between the 1976 Act and the appointment policies of some public authorities (see pp.61–3 below). But the amendment along the lines of the one which had been agreed between the Commission for Racial Equality and the non-statutory Board was rejected. It was said that the Government preferred to rely upon non-statutory guidance, and that it expected the CRE, in due course, to

sylweddol. Ceisiwyd, yn aflwyddiannus, ei lenwi trwy gyfrwng cymal a fyddai'n rhoi hawl i'r unigolyn i ddefnyddio'r Gymraeg wrth gyfathrebu ag adrannau'r Llywodraeth neu gyrff cyhoeddus, yn amodol yn unig ar yr hyn fyddai'n rhesymol ymarferol. Ond fe'i gwrthodwyd ar y tir y medrai arwain at ymgyfreithio; dywedwyd nad oedd y Llywodraeth am i siaradwyr Cymraeg orfod dibynnu ar ddeongliadau'r llysoedd am eu hawliau ieithyddol. Am yr un rheswm gwrthodwyd rhoi hawl i achwynydd geisio meddyginiaeth yn y Llys, megis achos am iawndal, pan fo corff cyhoeddus wedi methu â chyflawni ei gynllun iaith a'r methiant wedi effeithio'n uniongyrchol arno. Rhaid i achwynydd fodloni ar gwyno wrth y Bwrdd Iaith o dan Adran 18. Ond beth petai'r Bwrdd yn gwrthod cynnal ymchwiliad i'r cwyn, neu pe bai'r achwynydd yn anfodlon ar yr adroddiad am ganlyniadau'r ymchwiliad; neu, eto, beth petai'r Ysgrifennydd Gwladol yn gwrthod rhoi cyfarwyddiadau, neu'n gwrthod gofyn am orchymyn llys i'w gorfodi? Mewn ychydig o achosion cyfyngedig dichon y byddai gan yr achwynydd hawl i alw am arolwg barnwrol ar y penderfyniad a wnaed gan y corff cyhoeddus, neu'r Bwrdd, neu'r Ysgrifennydd Gwladol petai'r penderfyniad yn un gwrthnysig. Credir gan gyfreithwyr Cymreig fod y sefyllfa hon yn anfoddhaol.

6. *Dim rheithgor Cymraeg*

Hefyd bu gwrthwynebiad llwyr gan y Llywodraeth i welliant i ddiwygio *Deddf Rheithgorau* 1974 mewn modd a fyddai'n caniatáu dewis panel rheithwyr a fyddai'n deall Cymraeg. Nid oedd gan y Gweinidogion gydymdeimlad o gwbl ag egwyddor y gwelliant. Defnyddiwyd dwy brif ddadl yn erbyn y gwelliant: (a) byddai'n tramgwyddo yn erbyn egwyddor 'dewis ar siawns' y dywedwyd iddi fod gyda ni am ganrifoedd; a (b) byddai'n gwadu i rai pobl eu hawl dinesig i wasanaethu ar reithgor. Atebwyd y dadleuon. Dangoswyd nad oedd egwyddor 'dewis ar siawns' yn ganrifoedd oed; hyd yn ddiweddar

produce a scheme to the Board for its approval.[17]

5. *The route via the courts*

The Act does not give a person who wishes to communicate in Welsh with a public authority the right to do so in the absence of an approved language scheme. This is a substantial flaw. An unsuccessful attempt was therefore made to remedy this failure by inserting a clause which would give a person the explicit right to use Welsh in communication with government departments or any public authority in Wales, subject only to what is reasonably practicable. However, it was rejected on the ground that it could lead to litigation; it was said by Ministers that the Government did not want the linguistic rights of Welsh-speakers to depend on interpretation by the courts. On the same ground the Government opposed a clause which would empower an individual to apply to the court for a remedy such as an action for damages where an individual claimed that a public body had failed to observe its language scheme and he or she had been directly affected by the failure. A complainant must rely on a complaint to the Board under Section 18. But what would be the position if the Board decided not to institute an inquiry into the complaint, or if the complainant was dissatisfied with the report of the results of the inquiry, or, again, if the Secretary of State decided not to issue directions or to apply to the court for a compliance order? In a limited number of cases it may be open to an aggrieved person to challenge the decision of the public body, or the Board, or the Secretary of State by way of judicial review if the decision had been perverse. Many Welsh lawyers consider this position is unsatisfactory.

6. *No Welsh-speaking jury*

There was also outright opposition by the Government to amendments which would have amended the *Juries Act* 1974 to enable a jury which had an understanding of Welsh to

iawn cyfyngwyd aelodau'r rheithgor i ddeiliaid tŷ ac ni fedrai dynes wasanaethu ar y rheithgor. Ymhellach, dyletswydd y dinesydd, yn hytrach na'i hawl, yw gwasanaethu ar reithgor. Ni wnâi'r gwelliant ddim mwy na chymhwyso yng nghyd-destun y Gymraeg egwyddor Adran 10 o *Ddeddf Rheithgorau* 1974 sy'n sicrhau na ellir mwyach fod yn rheithiwr heb amgyffred digonol o'r Saesneg. Hawlia cyfiawnder elfennol na ddylai cwestiwn o euogrwydd diffynnydd Cymraeg ei iaith yn llysoedd Cymru gael ei benderfynu gan reithwyr na ddeallodd 'run gair o'r dystiolaeth fel y llefarwyd hi ganddo. Ond ni fu'r Llywodraeth yn barod i ailfeddwl.

7. *Pŵer i fonitro gweithrediad y cynlluniau iaith*
Nid yw'r Ddeddf yn rhoi hawl benodol i'r Bwrdd i fonitro gweithrediad y cynlluniau iaith. Pan godwyd y mater mewn gwelliant, ymateb y Llywodraeth oedd chwarae i lawr yr angen am osod yr hawl i fonitro o fewn y Ddeddf, gan y medrai'r Bwrdd gynnal ymchwiliad o dan Adran 17. Hwyrach y dadleua'r Bwrdd fod y pŵer i fonitro yn ymhlyg yn y Ddeddf, ond mae cryn amheuaeth a fu'r Llywodraeth yn deg â'r Bwrdd trwy beidio ag ymgorffori swyddogaeth fonitro yn y ddeddfwriaeth.

Mwyach *Deddf yr Iaith Gymraeg* 1993 ynghyd â'r canllawiau statudol yw'r brif ddeddfwriaeth mewn cysylltiad â lle'r Gymraeg yng ngweinyddidad busnes cyhoeddus a chyfiawnder yng Nghymru. Ond ceir nifer bychan o ddarpariaethau mewn deddfau eraill sy'n cyffwrdd â hawliau ieithyddol a byddwn yn sylwi ar y rhai pwysicaf yn y rhan nesaf o'r bennod hon.

IV
Deddf Plant 1989

Mae amryw o adrannau'r ddeddfwriaeth sylweddol hon, ynghyd ag amrywiol ddarpariaethau a gorfforir yn y Cyfarwyddiadau a'r

be empanelled. The Ministers were out of sympathy with the amendment. Two main arguments were deployed against the amendment: (a) it would offend the principle of 'random selection' which was said to be centuries old; and (b) it was a constraint on the citizen's civic right to serve as a juror. These arguments were effectively countered. 'Random selection' was not centuries old: until fairly recently jurors had to be a householder and women could not serve on juries. Again, one has a civic duty, rather than a civic right, to serve as a juror. Moreover the amendment did no more than relate the principle of Section 10 of the *Juries Act* 1974 that one cannot serve as a juror without sufficient knowledge of the English language to the situation in Wales where the defendant's evidence is to be given in Welsh. It is elementary justice that the question of the guilt of a Welsh-speaking defendant in the courts in Wales should not be decided by a jury which had not understood a word of his defence as spoken by him. But the Government was unwilling to think again on this issue.

7. *The power to monitor the operation of the language schemes*
The Act does not contain explicit authority for the Board to monitor the operation of the language schemes. When the issue was raised in an amendment the Government seemed to downplay the need for such power to be embodied in the Act as the Board could rely on an investigation under Section 17. The Board may claim that the power to monitor is implicit in the Act, but there is considerable doubt whether it was fair for the Government not to incorporate a monitoring role explicitly in the legislation.

Henceforth, the *Welsh Language Act* 1993 will be the principal legislation, supported by statutory guidelines, for promoting the Welsh language and its use in the conduct of public business and administration of justice in Wales. But a small number of provisions in

Rheolau a wnaed gan y Gweinidog at ddibenion y Ddeddf, yn cadarnhau'r pwysigrwydd sydd ynghlwm wrth iaith y plentyn.

Egwyddor lywodraethol *Deddf Plant* 1989 yw lles y plentyn yn ei amgylchiadau unigol. Pan fo'r Llys yn penderfynu unrhyw gwestiwn mewn perthynas â magwraeth neu fuddiannau'r plentyn fe'i cyfeirir gan Adran 1 i roi ystyriaeth arbennig i'r ffactorau a enwir yn Isadran 1(3). Maent yn cynnwys 'cefndir' y plentyn. Mae'r ymadrodd 'cefndir y plentyn' yn un eang ac yn cynnwys y cefndir diwylliannol.

Darperir yn benodol yn Adran 22(5)(c) o'r Ddeddf y dylai pob awdurdod lleol sy'n gofalu, neu'n bwriadu gofalu am blentyn oddi cartref am gyfnod parhaol o bedair awr ar hugain a mwy, roi ystyriaeth briodol i 'gefndir crefyddol, hiliol, diwylliannol ac ieithyddol' y plentyn. Rhydd Adran 64(3) ddyletswydd gyfatebol ar berson sy'n gyfrifol am gynnal cartref cofrestredig i blant. O dan Adran 74 gall yr awdurdod lleol ddiddymu tystysgrif gofalwr plant dan wyth oed os yw'r ddarpariaeth yn ddifrifol o annigonol i gwrdd ag anghenion 'hiliol, diwylliannol, crefyddol ac ieithyddol' y plentyn.

Hefyd dylid sylwi y rhoddir dyletswydd o dan Baragraff 11, Atodlen 2, ar yr awdurdodau lleol pan yn darparu gofal dyddiol ac wrth annog pobl i fod yn rhieni maeth i gymryd i ystyriaeth y gwahanol grwpiau hiliol y mae plant mewn angen yn perthyn iddynt o fewn eu talgylch.

Atgyfnerthir ymhellach werth y cyswllt ieithyddol yn y paragraffau canlynol o'r Cod Ymarfer a wnaed o dan y Ddeddf: Paragraff 2.4 (diffinio anghenion plentyn); Paragraff 2.8 (asesu anghenion arbennig plentyn); Paragraff 6.2 (egwyddorion ac ymarfer gofal dyddiol plant dan wyth oed); a Pharagraff 8.5 (dyletswydd arolygwyr i archwilio adeiladau lle y darperir gofal dyddiol am blant).

Mae'r gydnabyddiaeth statudol hon o bwysigrwydd cefndir ieithyddol y plentyn yn gyson â gofynion *Confensiwn y Cenhedloedd Unedig ar Hawliau'r Plentyn* 1989, ac yn arbennig Erthygl

other legislation touch upon linguistic rights and the most important will be considered in the next part of this chapter.

IV

Children Act 1989

A number of sections of this major Act, together with various provisions contained in the Guidelines and Regulations made by the Minister for the purpose of the Act, confirm the importance which is attached to the language spoken by a child.

The governing principle of the *Children Act* 1989 is the welfare of the child in its individual circumstances. When a court determines any question relating to the upbringing or the interests of a child it is required by Section 1 to have regard in particular to a number of factors which are set out in Subsection 1(3). They include the 'background' of the child. The phrase 'background of the child' is broad and includes the cultural background.

Moreover, Section 22(5)(c) of the Act places a duty on a local authority looking after a child, or which proposes to care for a child away from home for a continuous period of twenty-four hours or more, to give due consideration to the child's 'religious persuasion, racial origin and cultural and linguistic background'. There is an analogous duty under Section 64(3) on a person responsible for a registered children's home. Under Section 74 the local authority is empowered, at any time, to cancel the registration of a child-minder or of a person who provides day care for children under the age of eight if the provision is seriously inadequate, having regard to the child's 'religious persuasion, racial origin and cultural and linguistic background'.

It should also be noted that Paragraph 11 of Schedule 2 of the Act requires a local authority, when making arrangements for the provision of day care within their area, or for encouraging persons to act as foster parents, to take into consideration the different racial groups to which children who are in need within its area belong.

The value of the linguistic link is further

30. Mae'r Erthygl yn gwarafun gwadu i blentyn sy'n perthyn i un o'r lleiafrifoedd cenhedlig, crefyddol neu ieithyddol ei hawl i fwynhau ei ddiwylliant, i ymarfer ei grefydd ac i ddefnyddio'i iaith. Ardystiwyd y Confensiwn gan y Deyrnas Gyfunol, yn amodol.

Dylid cyfeirio at *Ddeddf Diwygio Addysg* 1988 sy'n darparu bod yr iaith Gymraeg i fod yn bwnc craidd yng nghwricwlwm 'yr ysgolion Cymraeg' ac yn bwnc sylfaen yng nghwricwlwm gweddill ysgolion Cymru, onid eithriwyd yr ysgol gan Ysgrifennydd Cymru. (Nid yw'r Adran yn weithredol ar hyn o bryd mewn ysgol uwchradd nad yw'n 'ysgol Gymraeg'.) Sylwyd eisoes fod gan y Bwrdd Iaith hawl i alw ar lywodraethwyr pob ysgol yng Nghymru i baratoi cynllun iaith ac i'w gyflwyno i'r Bwrdd am ei gymeradwyaeth. Pan oedd *Deddf Addysg* 1993 gerbron y Senedd ac wedi dadl aflwyddiannus ar welliant a alwai am sefydlu Tribiwnlys Anghenion Addysgol Arbennig i Gymru, dywedwyd y byddai'r Swyddfa Gymreig yn dymuno'n sicr gynnwys aelodau a fedrai siarad Cymraeg ymhlith yr aelodau a benodwyd gan yr Ysgrifennydd Gwladol i Dribiwnlys Lloegr a Chymru.[18] Rhagwelir y bydd y Tribiwnlys yn cyhoeddi cynllun iaith.

Deddf Iechyd Meddwl 1983

Yn wahanol i *Ddeddf Plant* 1989 ni cheir yn *Neddf Iechyd Meddwl* 1983 ddarpariaeth sy'n cyfeirio'n benodol at iaith, neu gefndir diwylliannol y claf. Eto, mynegir yn Adran 13(2) y dylai'r gweithiwr cymdeithasol cydnabyddedig gyfweld â'r claf mewn 'dull addas' wrth asesu a ddylid ei dderbyn i ysbyty meddwl yn groes i'w ddymuniad. Nid yw'r Ddeddf ei hun yn diffinio'r ymadrodd 'dull addas', ond o'r dechrau roedd yn ymhlyg y byddai'r gweithiwr cymdeithasol a'r claf yn deall yr iaith a siaradent â'i gilydd. Ond erbyn hyn cyhoeddwyd y Cod Ymarfer a luniwyd o dan Adran 118 ac mae'r Cod yn glir ar y pwynt. Darperir ym Mharagraff 2.6 y dylid wrth benderfynu a yw'n briodol derbyn claf i ysbyty meddwl trwy orfodaeth, ystyried – ymhlith ffactorau eraill – ei gefndir diwyll-

reinforced by the following paragraphs of the Code of Practice made under the Act: Paragraph 2.4 (definition of children's needs); Paragraph 2.8 (assessment of children's special needs); Paragraph 6.2 (principles and practice of day care for children under the age of eight years); and Paragraph 8.5 (inspector's duties to inspect buildings where day care is provided for children).

This statutory recognition of the significance of the child's linguistic background is consistent with the *United Nations' Convention on the Rights of a Child* 1989 and in particular Article 30. The Article provides that a child belonging to an ethnic, religious or linguistic minority is not to be denied the right to enjoy his or her own culture, to profess his or her own religion, or to use his or her own language. The Convention has been ratified by the United Kingdom, subject to reservations.

Reference should be made to the *Education Reform Act* 1988 which provides that Welsh is to be taught as a core subject in 'Welsh schools' and as a foundation subject in all other schools in Wales, unless the school is exempted by the Secretary of State. (The Section does not currently apply to a secondary school which is not a 'Welsh school'.) It has been noted that the Welsh Language Board is empowered to require the governors of schools in Wales to prepare and submit their school's language scheme for the Board's approval. When the *Education Act* 1993 was before Parliament and after an unsuccessful debate on an amendment which would have set up a Special Educational Needs Tribunal for Wales the Welsh Office said that it would want to include Welsh-speaking members among those appointed by the Secretary of State to the England and Wales Tribunal.[18] It is envisaged that the Tribunal will be required to prepare a language scheme.

Mental Health Act 1983

Unlike the *Children Act* 1989 there is no provision in the *Mental Health Act* 1983 referring explicitly to the patient's own

iannol. (Ceir ym Mharagraff 2.19 ddarpariaeth gyfatebol ar gyfer meddygon a fo'n gwneud yr asesiad meddygol.) Pan oedd y Mesur Plant ar ei daith seneddol cadarnhaodd yr Arglwydd Ganghellor (yr Arglwydd Mackay o Clashfern), pan fo dyletswydd mewn deddfwriaeth i roi ystyriaeth i gefndir diwylliannol person, fod yn rhaid rhoi ystyriaeth i'r iaith sy'n rhan o'r diwylliant hwnnw.[19]

Â'r Cod ymlaen ym Mharagraff 2.11 i ddarparu bod y term 'dull addas' yn gofyn bod y gweithiwr cymdeithasol cydnabyddedig a'r claf yn deall iaith ei gilydd, ac os nad ydynt dylid ystyried galw ar wasanaeth cyfieithydd pan fo hynny'n ymarferol, neu alw ar wasanaeth gweithiwr cymdeithasol cydnabyddedig arall a fo'n deall iaith y claf i asesu, neu i gynorthwyo gyda'r asesiad.

Amodir ym Mharagraffau 14 a 15 mai rhan o gyfrifoldebau rheolwyr ysbytai yw sicrhau bod y claf yn derbyn yr holl wybodaeth statudol y mae ganddo hawl iddo o dan Ddeddf 1983. Gellir dadlau'n gryf fod ganddo'r hawl i dderbyn y wybodaeth honno yn yr iaith sy'n brif cyfrwng cyfathrebu iddo os dyna'i ddymuniad. Felly, dylai fod y wybodaeth yn cael ei chyflwyno yn Gymraeg i'r claf mewn ysbyty yng Nghymru, os dyna'i ddymuniad, yn yr achosion hyn o leiaf: cydsyniad i driniaeth ac i'w dynnu'n ôl; hawl apêl i'r Tribiwnlys Adolygu Iechyd Meddwl; gwybodaeth am y Comisiwn Deddf Iechyd Meddwl; gwybodaeth am ymweliadau'r Comisiynwyr â'r ysbyty a'i hawl i gwyno wrthynt am driniaeth a gofal; gwybodaeth am faterion eraill a all fod o fudd, megis enw'r aelod o'r staff y dylai ymgysylltu ag ef neu hi er mwyn derbyn cyfarwyddyd, neu i wneud achwyniad. Yn y dyfodol bydd modd cynnwys y materion hyn mewn cynllun iaith.

Deddf Cysylltiadau Hiliol 1976

Mae *Deddf Cysylltiadau Hiliol* 1976 yn un anhepgorol i weithwyr cymdeithasol ac eraill wrth weithredu polisïau gwrth-hiliol a gwrthwahaniaethol.[20] O dan ei darpariaethau cymhleth mae'n anghyfreithlon i wahaniaethu

language or cultural background. However, Section 13(2) requires that an approved social worker should interview the patient in a 'suitable manner' in assessing whether a patient should be admitted to a mental hospital against his or her will. The term 'suitable manner' is not defined in the Act, but it was implicit from the outset that social worker and patient should have an understanding of the language which was being used. By now, the Code of Practice authorized under Section 118 of the Act has been issued, and the Code is clear on the point. It is provided in Paragraph 2.6 that a decision about compulsory admission to a mental hospital must have regard, amongst other factors, to the patient's cultural background. (Paragraph 2.19 contains an analogous provision when doctors undertake the medical assessment.) During the passage of the Children's Bill through Parliament the Lord Chancellor (Lord Mackay of Clashfern) confirmed that where there is a duty in legislation to give consideration to a person's cultural background, one must have regard to the language which is a part of that culture.[19]

Paragraph 2.11 of the Code goes on to provide that the term 'suitable manner' requires that the approved social worker and the patient should understand each other's language, but if they do not, then the services of an interpreter should be called upon whenever this is practically possible, or that the assessment should be made by, or with the help of another recognized social worker who understands the patient's language.

Paragraphs 14 and 15 stipulate that it is part of the duties of hospital managers to ensure that patients receive all the statutory information to which they are entitled under the 1983 Act. It could be convincingly argued that they should receive such information in the language which is their principal medium of communication, if it be their wish, in at least the following cases: consent for treatment and withdrawal of such consent; right of appeal to the Mental Health Review Tribunal; information about the Mental Health Act Commission;

(ar wahân i'r eithriadau a enwir yn y Ddeddf, megis cymhwyster galwedigaethol dilys) yn uniongyrchol neu'n anuniongyrchol yn erbyn 'grwpiau hiliol'. Er bod y termau 'rhesymau hiliol' a 'grŵp hiliol' wedi eu diffinio i gynnwys nodwedd genhedlig, nid yw'r Ddeddf yn cyfeirio'n benodol at iaith fel nodwedd hiliol.

Serch hynny, bu ansicrwydd er canol yr wythdegau am effaith y Ddeddf pan fo cyflogwr yn mynnu bod gallu i siarad Cymraeg yn amod cyflogaeth. Mae'n amlwg na chyfyd unrhyw broblem pan osodir amod ieithyddol ar gyfer dysgu'r Gymraeg neu ddysgu trwy gyfrwng y Gymraeg. Ond i ba raddau y gellir cyfreithloni gofyniad ieithyddol mewn perthynas â swyddi yn y gwasanaethau iechyd a chymdeithasol er mwyn darparu gwasanaeth trwy gyfrwng y Gymraeg? Dyma'r cwestiwn a gododd mewn achos ym 1986 yn ymwneud â Chyngor Sir Gwynedd.

Mrs Jones a Miss Doyle v. Cyngor Sir Gwynedd[21]

Gwrthodwyd swydd mewn cartrefi preswyl i'r henoed yn Ynys Môn i Mrs Jones a Miss Doyle am na fedrent siarad Cymraeg, fel yr oedd yn ofynnol gan y cyflogwr, Cyngor Sir Gwynedd. Roedd y ddwy wedi eu geni y tu allan i Gymru ond yn byw ac yn gweithio yng Ngwynedd ac 'yn meddu ar gysylltiadau â Chymru'. Cwynodd y ddwy wrth y Tribiwnlys Diwydiannol fod yr amod ieithyddol yn gwahaniaethu yn eu herbyn, yn groes i *Ddeddf Cysylltiadau Hiliol* 1976.

Dyfarnodd y Tribiwnlys o'u plaid gan dderbyn bod yr amod yn gwahaniaethu yn erbyn y grŵp hiliol a alwyd ganddo yn 'grŵp Cymreig-Saesneg' ei iaith.

Ar apêl i'r Tribiwnlys Apêl Cyflogaeth gan y Cyngor Sir gwrthodwyd y ddadl fod y Gymraeg yn rhannu'r Cymry yn ddwy endid hiliol, y Cymry-Cymraeg a'r Cymry-Saesneg eu hiaith, ac felly ni chodai'r cwestiwn o wahaniaethu yn groes i Ddeddf 1976. Sylwodd y Tribiwnlys Apêl nad oedd

information about the Commissioners' visits to a hospital and the patient's right to complain to them about treatment and care; information relating to other matters which could be helpful, such as the name of the staff member to be contacted for guidance, or in connection with the making of a complaint. In future these matters could be included in a language scheme.

Race Relations Act 1976

The Race Relations Act 1976 is indispensable for social workers and others whose responsibilities involve the implementation of anti-racist and anti-discrimination policies.[20] Under its complex provisions, direct or indirect discrimination (apart from the exceptions named in the Act, such as a 'genuine vocational qualification') against 'racial groups' is unlawful. Although the terms 'racial grounds' and 'racial group' are defined to embrace 'ethnic origins' the Act does refer to language itself as being a racial element.

Nevertheless, there has been uncertainty since the mid-1980s about the application of the Act where an employer stipulates an ability to speak Welsh as a condition of employment. Obviously there is no problem, when a linguistic qualification is attached to an appointment involving the teaching of Welsh or through the medium of Welsh. But to what extent can a language requirement be justifiably applied to appointments in the health and social services in order to provide a service through Welsh? This was the issue raised in a case in 1986 involving Gwynedd County Council.

Mrs Jones and Miss Doyle v. Gwynedd County Council[21]

Mrs Jones and Miss Doyle were not appointed to posts in residential homes for the elderly in Anglesey because they could not speak Welsh as was required by the employer, Gwynedd County Council. Both were born outside Wales, but had been

unrhyw awgrym yn yr awdurdodau cyfreithiol bod iaith ar ei phen ei hun yn creu grŵp hiliol.

Daethpwyd i gredu mewn rhai rhannau o Gymru bod y *Ddeddf Cysylltiadau Hiliol* yn cael ei cham-ddefnyddio i atal cyrff cyhoeddus rhag mabwysiadu polisïau a fyddai'n eu galluogi i ddarparu gwasanaethau i'w pobl trwy gyfrwng y Gymraeg neu'n ddwyieithog. Yn ymwybodol o'r anesmwythyd cytunodd y Bwrdd Iaith anstatudol a'r Comisiwn y dylid symud unrhyw ansicrwydd o'r maes pwysig hwn. Cytunwyd ar eiriad gwelliant i Adran 4 o Ddeddf 1976 y gellid ei ymgorffori mewn Deddf iaith newydd. O dan y gwelliant y cytunwyd arno byddai gofyniad am gymhwyster yn Gymraeg yn gyfreithlon lle byddai daliwr y swydd yn delio'n rheolaidd yn ei waith â phobl sydd fel rheol yn defnyddio'r Gymraeg, ond ar yr amod na fyddai'r gofyniad yn gofyn am fwy o fedr yn yr iaith nag sy'n ofynnol ar gyfer y swydd, ac ar yr amod pellach y byddai'r rhai a fyddai'n barod i ddysgu'r Gymraeg yn ymgeiswyr cymwys. Ystyriai'r Comisiwn fod yr ail amod yn bwysig.

Ac ystyried goblygiadau *Deddf Iaith* 1993 ar gyfer darparu gwasanaethau trwy gyfrwng y Gymraeg, credwyd ei bod yn arbennig o bwysig bod y Ddeddf newydd yn symud ymaith unrhyw ansicrwydd yn y maes. Ond barn y Llywodraeth oedd hyn:

> . . . os oes angen hynny, byddai'n llawer gwell i egluro'r sefyllfa trwy gyfrwng canllawiau anstatudol.[22]

O ganlyniad, ni fanteisiodd y Llywodraeth ar y cyfle i dderbyn gwelliant i Ddeddf 1976 a fyddai'n corffori meini prawf a fyddai'n cyfreithloni gosod gwybodaeth o'r Gymraeg yn amod cyflogaeth.

Cytuniad Rhufain

Nid mater o gyfraith ddomestig yn unig yw cyfraith cyflogaeth. Hefyd rhaid cymryd i

living and working in Gwynedd and had 'Welsh connections'. They lodged a complaint with the Industrial Tribunal, claiming that the linguistic qualification discriminated against them contrary to the *Race Relations Act* 1976.

It was held by the Tribunal that the condition discriminated against a racial group which it identified as 'English-speaking Welsh ethnic group'.

On appeal by the County Council the Employment Appeal Tribunal rejected the argument that the Welsh language divided Welsh people into two different racial entities, 'the English-speaking Welsh ethnic group' and 'the Welsh-speaking Welsh ethnic group'. In view of this finding the question of discrimination contrary to the terms of the *Race Relations Act* 1976 did not arise. The Appeal Tribunal also observed that there was no suggestion in the legal authorities that a language alone can create a racial group.

It came to be believed in some parts of Wales that the *Race Relations Act* was being wrongly used to deter public bodies from pursuing policies that would enable them to provide services to their people through the medium of Welsh, or bilingually. Aware of the concern, the non-statutory Language Board and the Commission for Racial Equality agreed that any uncertainty in this important area should be removed. They reached agreement on the wording of an amendment to Section 4 of the 1976 Act which could be incorporated in a new Welsh language Act. Under their amendment a requirement of proficiency in Welsh would be justifiable where the post-holder would deal on a regular basis, in the course of employment, with people who habitually use the Welsh language, provided that the level of knowledge of Welsh which is required is not greater than is necessary to undertake the duties, and provided also that the appointments' procedure allows for a successful candidate to have an opportunity to learn the language. The Commission

ystyriaeth gyfraith y Gymuned Ewropeaidd. Mae rhydd symudiad gweithwyr o fewn tiriogaeth y Gymuned yn egwyddor sylfaenol *Cytuniad Rhufain*. Fe'i gorseddwyd yn Erthygl 48 o'r *Cytuniad* ac yn Erthygl 3(1) o *Reoliad* 1612/68. Gwaherddir aelod-wladwriaeth rhag gosod amodau cyflogaeth a fyddai'n ymyrryd â hawl gweithiwr i symud o fewn ffiniau'r Gymuned yn ddirwystr at bwrpas cyflogaeth, neu a fyddai'n gwahaniaethu yn erbyn dinasyddion o aelod-wladwriaethau eraill. Felly, ni chaiff aelod-wladwriaeth amodi bod gwybodaeth ieithyddol yn berthnasol ar gyfer swydd, oni bai bod y wybodaeth honno o'r iaith yn angenrheidiol yn rhinwedd natur y swydd dan sylw. Ystyriwyd rhai o oblygiadau'r Rheoliad hwn gan y Llys Cyfiawnder Ewropeaidd yn achos *Groener v. Gweinidog Addysg (Iwerddon)*.

Achos Groener[23]

> Ym 1984, gwrthodwyd swydd i Mrs Groener, dinesydd o'r Iseldiroedd oedd yn byw yn Nulyn, fel athrawes celf llawn amser a pharhaol yn un o'r colegau yn y sector cyhoeddus yn Nulyn gan na lwyddodd i ddangos, trwy arholiad, bod ganddi wybodaeth ddigonol o'r Wyddeleg fel sy'n ofynnol gan gyfraith Iwerddon. Achwynodd wrth Gomisiwn y Gymuned fod y gofyniad ieithyddol yn groes i Erthygl 48 a Rheoliad 1612/68 (Erthygl 3)
>
> *Daliodd* y Llys Cyfiawnder y gellid caniatáu'r gofyniad ieithyddol o dan yr amgylchiadau.

Seiliwyd dyfarniad y Llys ar y canfyddiadau hyn: (a) bod swydd darlithydd llawn amser a pharhaol mewn sefydliad addysgol yn y sector cyhoeddus yn cyfiawnhau gofyniad ieithyddol pan fo hynny'n rhan o bolisi'r wladwriaeth er mwyn hyrwyddo 'yr iaith genedlaethol sydd, ar yr un pryd, yn iaith swyddogol gyntaf y wlad'; (b) bod y gofyniad wedi ei gymhwyso mewn modd cymesur a heb wahaniaethu.

Mae'r dyfarniad hwn o gymorth, ond rhaid sylweddoli ei fod yn seiliedig ar ganfyddiad

considered the second proviso to be important.

Given the implications of the *Language Act* of 1993 for the provision of services through the medium of Welsh it was thought to be particularly important that the new Act should have removed any uncertainty in this area. However, it was the Government's view:

> that, if required, it would be far preferable for clarification to be achieved by means of non-statutory guidance.[22]

As a result, the Government did not avail itself of the opportunity to accept an amendment which would have set out the criteria justifying making the knowledge of Welsh an employment condition.

Treaty of Rome

Employment law is not entirely a matter for domestic law. It is also necessary to have regard to the law of the European Community. The free movement of workers within the Community is a fundamental principle of the Treaty of Rome. It is enshrined in Article 48 of the Treaty and Article 3(1) of Regulation 1612/68. A member state is precluded from imposing conditions of employment which would encroach upon the right of a worker to move freely within the territory of the Community for the purpose of employment, or would discriminate against nationals of other member states. Accordingly a member state is precluded from imposing a requirement that knowledge of a language is relevant to a post, unless it is necessary by virtue of the nature of the post to be filled. Some of the implications of this Regulation were considered by the European Court of Justice in the case of *Groener v. the Minister for Education (Ireland)*.

The Groener Case[23]

> In 1984, Mrs Groener, a Dutch national residing in Dublin, was refused a post as a

bod y Wyddeleg yn iaith genedlaethol ac yn iaith swyddogol gyntaf yr Iwerddon. Mae statws cyfreithiol y Wyddeleg yn Iwerddon yn llawer cryfach na statws y Gymraeg yng Nghymru.[24]

Deddfwriaeth Ombwdsmon

Rhoddir dyletswydd yn *Neddf Llywodraeth Leol* 1974, Atodlen 4(4) ac yn *Neddf Gwasanaeth Iechyd Gwladol* 1977, Adran 108(1) ar Ombwdsmon Llywodraeth Leol ac Ombwdsmon Gwasanaeth Iechyd i sicrhau staff sydd yn meddu ar wybodaeth o'r Gymraeg. Er nad oes darpariaethau cyfatebol yn *Neddf Comisiynydd Seneddol* 1967, nid yw'n rhaid i'r achwyniad ato fod yn Saesneg.

V

Canllawiau Statudol a Chod Ymarfer

Cyfeiriwyd uchod at ganllawiau a chod ymarfer statudol. Defnyddir y ddau derm yn gyfystyron â'i gilydd. Maent yn dermau a ddefnyddir am ddeddfwriaeth *quasi* a wneir gan Weinidog yn unol ag awdurdod a gorfforwyd mewn Deddf, neu a wneir gan gorff statudol gyda chymeradwyaeth y Gweinidog priodol, neu'r Senedd ac yn unol â'r statud. (Yn y rhan hon o'r bennod, er hwylustod, defnyddir y term canllawiau statudol.)

Dibynna arwyddocâd cyfreithiol canllawiau statudol ar y Ddeddf a'u creodd a gall amrywio'n fawr. Gellir dweud, fel rheol, y disgwylir i lys, os cred fod y canllawiau'n berthnasol, gymryd eu cynnwys i ystyriaeth wrth ddehongli Adran arbennig o Ddeddf, neu, eto, pan fo'n briodol, wrth benderfynu a dorrwyd rhwymedigaeth sifil neu'r gyfraith droseddol. Bydd lleiafrif bychan o ganllawiau statudol yn gosod dyletswydd bendant ar y sawl yr effeithir arno, ond dim ond mewn ychydig iawn o achosion y gellir cosbi am beidio â chydymffurfio â nhw.

Hyd at tua chwarter canrif yn ôl nid oedd ond rhyw hanner dwsin ohonynt, a'r enwocaf oedd *Rheolau'r Ffordd Fawr*. Oddi ar hynny bu

permanent full-time art teacher in a Dublin public sector college as she had failed to show, in an examination, that she had adequate knowledge of the Irish language as was required under Irish law. She lodged a complaint with the European Commission that the linguistic requirement contravened Article 48 and Regulation 1612/68.

It was held by the European Court of Justice that the linguistic condition was permissible in the circumstances of the case.

The court made the following findings: (a) that the post of a permanent full-time lecturer in a public sector educational institution justified a linguistic condition when it formed part of the state's policy for the promotion of the 'national language, which is, at the same time, the country's first official language'; and (b) that the condition was applied in a proportionate and non-discriminatory manner.

This is a helpful decision. But it will be appreciated that it involved a finding that Irish was the national language and the first official language of Ireland. The legal status of the Irish language is far stronger than is the status of the Welsh language.[24]

Ombudsman legislation

A duty is placed by the *Local Government Act* 1974, Schedule 4(4) and the *National Health Service Act* 1977, Section 108(1) upon the Local Government Ombudsman and the Health Service Ombudsman to ensure that they have staff who have knowledge of Welsh. Although there are no analogous provisions in the *Parliamentary Commissioner Act* 1967, complaints to the Commissioner are not required to be in English.

V

Guidelines and Codes of Practice

Reference has been made above to statutory guidelines and Codes of Practice. The terms are synonymous. They are terms used for a form of *quasi* legislation made by Ministers under powers contained in the primary legislation, or

cynnydd enfawr yn y defnydd a wneir ohonynt. Ac fel y gwelsom rhoddir dyletswydd ar y Bwrdd Iaith statudol i lunio drafft ganllawiau i'w cymeradwyo gan yr Ysgrifennydd Gwladol a'r Senedd.

Mae anghytundeb am briodoldeb deddfu ar y raddfa bresennol trwy gyfrwng canllawiau statudol. Beirniedir yr arfer am nifer o resymau: dadleuir nad oes gan y Senedd ddigon o reolaeth ar eu cynnwys; nid oes gwahaniaeth clir rhwng y materion a gaiff eu corffori yn y Ddeddf ei hun a'r rhai a gaiff eu darostwng i'r canllawiau statudol (y nod, o ran theori, yw ymgorffori egwyddorion sylfaenol y ddeddfwriaeth yn y Ddeddf a gosod y darpariaethau manwl yn y canllawiau statudol); dywedir ei bod yn drafferthus yn aml i'r lleygwr ddod o hyd i'r canllawiau. Er gwaetha'r feirniadaeth hon – ac mae'r gyntaf o gryn bwysigrwydd – y mae o leiaf ddau reswm dros gredu eu bod wedi dod i aros. Yn gyntaf, mewn cymdeithas fodern mae'n ofynnol yn aml i gymhwyso egwyddorion cyffredinol deddfwriaeth newydd i gwrdd ag amrywiaeth o sefyllfaoedd, ac ni ellir cyflawni hyn o fewn y Ddeddf ei hun heb ei gorlwytho â chruglwyth o fanylion. Yn ail, dichon y bydd angen diwygio'r ddeddfwriaeth i gwrdd ag amgylchiadau yn hawlio bod gwelliannau yn angenrheidiol ac yn briodol. Gellir diwygio canllawiau statudol yn llawer haws na diwygio deddf. Felly, mae canllawiau statudol megis deddfwriaeth ddirprwyedig yn caniatáu hyblygrwydd a datblygiad.

Er hynny, dylid cydnabod bod rhai canllawiau statudol, yn arbennig ym maes cyflogaeth ddiwydiannol, wedi bod yn rhai dadleuol.

Canllawiau gwirfoddol

Yn ychwanegol at ganllawiau statudol ceir rhai gwirfoddol.

Gall unrhyw gorff lunio canllawiau gwirfoddol yn ymwneud ag agweddau arbennig ar ddeddfwriaeth. Un gwahaniaeth pwysig iawn rhwng canllawiau gwirfoddol a chanllawiau statudol yw bod i'r olaf yr arwyddocâd

made by a statutory body with the approval of the appropriate Minister or of Parliament and in accordance with statute. (In this part of the chapter the term 'statutory guidelines' will be used for convenience.)

The legal significance of statutory guidelines depends on the Act from which they are derived and is tremendously variable. Of the most common category of statutory guidelines, the courts are required to take them into consideration if they consider them relevant in interpreting a particular section of the Act or, again, if appropriate, in deciding whether a civil or criminal obligation has been breached. A small minority of statutory guidelines may place a specific obligation on an individual, but only in a very small number of cases is non-compliance punishable.

Up to about twenty-five years ago there were only about half a dozen statutory guidelines, and the best known was *The Highway Code.* Since then there has been an enormous increase in the use made of them. And, as we have seen, a duty is placed on the statutory Welsh Language Board to issue draft guidelines for approval of the Secretary of State and Parliament.

There is division of opinion about the appropriateness of legislating on the present scale by means of statutory guidelines. The practice is criticized on a number of grounds: it is argued that Parliament has inadequate control over their content; that there is not a clear enough distinction between what is included in primary legislation and what is relegated to statutory guidelines (the aim is to enshrine the basic principles in the Act itself, and to include the detailed provisions in the guidelines); it is said that it is often very difficult for a lay-person to obtain a copy of them. Notwithstanding this criticism – and the first is of great importance –, there are at least two reasons, in particular, for believing they are here to stay. First, in a modern society it is often necessary to apply the general principles of new legislation to meet a variety of situations, and this cannot be achieved within the Act itself without cluttering it up with a

cyfreithiol a roddir iddynt gan y Ddeddf a'u creodd, tra bod ansicrwydd mawr a oes gan ganllawiau gwirfoddol unrhyw arwyddocâd cyfreithiol.

Er 1969 cyhoeddwyd nifer o ganllawiau gwirfoddol yn rhoi cyfarwyddyd sut y dylid cymhwyso egwyddor dilysrwydd cyfartal y Gymraeg a'r Saesneg. Ym 1969 cyhoeddodd y Swyddfa Gymreig Gylchlythyr adrannol ar gyfer yr awdurdodau lleol yn awgrymu sut y medrent weithredu egwyddor dilysrwydd cyfartal o fewn eu gweinyddiaeth;[25] ym 1976, cyhoeddodd Gylchlythyr cyffelyb ar gyfer yr awdurdodau iechyd;[26] ac ym 1991 cyhoeddodd ganllawiau i bob aelod o'i staff ynghylch defnyddio'r Gymraeg yng ngweinyddiaeth fewnol y Swyddfa Gymreig.[27, 28]

Ym 1989 cyhoeddodd Bwrdd anstatudol yr Iaith Gymraeg ganllawiau gwirfoddol yn cynnwys un ar hugain o argymhellion ar gyfer y sector cyhoeddus[29] a thoc wedyn ganllawiau gwirfoddol ar gyfer y sector preifat.[30]

Nid dyma'r lle, mae'n siwr, i adolygu canllawiau gwirfoddol y Bwrdd anstatudol. Ond mae'n werth sylwi bod ei ganllawiau ar gyfer y sector cyhoeddus yn cyfarfod â phum prif fater: (a) lle'r iaith Gymraeg yn narpariaeth gwasanaethau cyhoeddus; (b) sensitifrwydd y ddelwedd gyhoeddus pan yn defnyddio'r Gymraeg, er enghraifft, mewn arwyddion, dogfennau a chyfarfodydd cyhoeddus; (c) yr angen am staff dwyieithog a pholisïau cyflogaeth teg a chydradd; (ch) yr angen i symbylu cyd-drefnu rhwng cyrff o fewn y sector cyhoeddus i sicrhau cyd-ddefnyddio adnoddau a chysondeb geirfa; a (d) yr angen i adolygu'n barhaus y polisi ieithyddol dwyieithog a'i weithrediad.

Ceir cryn broblemau gyda chanllawiau gwirfoddol yn y sector cyhoeddus. Mae eu llwyddiant yn dibynnu ar ewyllys da aelodau a swyddogion y cyrff cyhoeddus. Anogaeth a chymhelliad a geir ynddynt, a dim mwy. Felly nid teg disgwyl iddynt arwain i welliannau sylweddol pan fod aelodau a swyddogion heb gydymdeimlad â'r amcan sylfaenol.

Dylai fod cyhoeddi canllawiau statudol o dan ddarpariaethau *Deddf yr Iaith Gymraeg* mass of detail. Secondly, it may be necessary to make amendments to legislation to meet new circumstances in the future where such circumstances dictate that amendment is necessary and appropriate. Statutory guidelines can be more easily amended than primary legislation. Statutory guidelines like delegated legislation therefore allow for flexibility and development.

It has to be acknowledged that some statutory guidelines have proved controversial, particularly in the field of industrial employment.

Voluntary guidelines

In addition to statutory guidelines, there are voluntary guidelines.

Any organization can draw up and publish voluntary guidelines on particular aspects of legislation. A very important distinction between voluntary guidelines and statutory guidelines is that the latter have the legal significance given to them by the Act of Parliament from which they are derived, whilst there is considerable doubt whether voluntary guidelines have any legal significance.

Since 1969 a number of voluntary guidelines have been issued setting out guidance in relation to the implementation of the principle of equal validity of Welsh and English. In 1969 the Welsh Office issued a departmental circular to local authorities suggesting how the principle of equal validity could be applied within their administration;[25] in 1976, it issued a similar circular to the health authorities;[26] and in 1991, it issued guidelines to its staff members in respect of the use of Welsh in the Department's internal administration.[27, 28]

In 1989, the non-statutory Welsh Language Board produced a voluntary code consisting of twenty-one guidelines for the public sector[29] and shortly afterwards it issued a voluntary code for the private sector.[30]

Clearly, this is not the place to review the non-statutory Board's voluntary guidelines. But it is noteworthy that its guidelines for the public sector addressed five main issues: (a) the place of the Welsh language in the

1993 o fudd sylweddol i'r Gymraeg a'i defnyddwyr yng Nghymru.

VI
Perthnasedd Cyngor Ewrop

Mae'r Deyrnas Gyfunol yn aelod o Gyngor Ewrop. Mae chwech ar hugain o wladwriaethau Ewrop yn aelodau ohono. Sefydlwyd y Cyngor ym 1949. Fe'i seiliwyd ar gydnabod gan bob un o'i aelod-wladwriaethau egwyddorion democratiaeth, rheolaeth cyfraith, parch at hawliau dynol a'r rhyddfreiniau sylfaenol.

Y Confensiwn Ewropeaidd ar Hawliau Dynol
Lluniwyd gan y Cyngor ym 1950 y *Confensiwn Ewropeaidd ar Hawliau Dynol a Rhyddfreiniau Sylfaenol* a ddaeth i rym ym 1953. Fe'i seiliwyd ar *Ddatganiad Cyffredinol Hawliau Dynol y Cenhedloedd Unedig* 1948. Gwarantir gan y Confensiwn gryn bedair ar bymtheg o hawliau sifil a gwleidyddol, gan gynnwys yr hawl i fywyd, rhyddid, rhyddid mynegiant a barn, rhyddid cydwybod a chrefyddol a'r rhyddid i sefydlu undebau llafur. Hefyd gwaherddir cosbi annynol neu ddiraddiol.

Nodwedd fwyaf gwreiddiol y Confensiwn yw ei fod yn sefydlu peirianwaith rhyngwladol er mwyn sicrhau bod yr hawliau dynol a ymgorfforir yn y Confensiwn yn cael eu parchu gan yr aelod-wladwriaethau. Gall unrhyw un o ddeiliaid yr aelod-wladwriaethau gwyno wrth y Comisiwn Hawliau Dynol yn Strasbwrg os gall ddangos iddo ddioddef anghyfiawnder yn groes i Erthygl benodol ac wedi iddo fethu yn ei ymgais i unioni'r anghyfiawnder trwy'r broses gyfreithiol yn ei wlad ei hun. Pan fo'r Comisiwn yn fodlon fod gan yr achwynydd achos *prima facie* yn erbyn y wladwriaeth bydd yn cyflwyno'r achwyniad i'r Llys Ewropeaidd ar Hawliau Dynol. Mae dyfarniad y Llys yn derfynol.

Ceir yn y Confensiwn ddau gyfeiriad penodol at hawliau ieithyddol. Gwelir y naill yn Erthygl 5(2):

Y mae pob un a arestir i'w hysbysu'n ddi-

provision of public services; (b) public image sensitivity involving use of Welsh in signs, documents and public meetings; (c) the need for bilingual staff and fair and equal employment policies; (d) the need for co-operation within the public sector to ensure joint use of resources and uniformity of vocabulary; and (e) the need for regular review of bilingual language policy and its practice.

There are considerable problems with voluntary guidelines in the public sector. They depend for their success on the good will of members and officials of the public bodies. They offer encouragement and exhortation and no more. Therefore it would be unfair to expect them to lead to substantial improvement where members and officials are unsympathetic to the basic objectives.

The issue of statutory guidelines under the provision of the *Welsh Language Act* 1993 should be a significant gain for the Welsh language and its users in Wales.

VI
Relevance of the Council of Europe

The United Kingdom is a member of the Council of Europe which has a total membership of twenty-six European states. The Council was established in 1949. It is founded on the acceptance by member states of the principles of democracy, the rule of law, respect for human rights and fundamental freedoms.

The European Convention on Human Rights
In 1950 the Council drew up the *European Convention on Human Rights and Fundamental Freedoms* which came into force in 1953. The Convention is based on the *United Nations' Universal Declaration of Human Rights* 1948. It guarantees some nineteen civil and political rights: including the right to life, liberty, freedom of expression and opinion, freedom of conscience and religion, and the right to establish trade unions. It also prohibits inhuman or degrading punishment.

oed, mewn iaith y mae'n ei deall, o'r rheswm am ei arestio ac o unrhyw gyhuddiad yn ei erbyn.

a'r llall yn Erthygl 6(3):

> Y mae gan bob un a gyhuddir o dramgwydd troseddol yr isafswm o hawliau canlynol:
> (a) i'w hysbysu'n ddi-oed, mewn iaith mae'n ei deall, ac yn fanwl, am natur ac achos y cyhuddiad yn ei erbyn;
> (b) i gael cymorth cyfieithydd am ddim os nad yw'n deall neu'n siarad yr iaith a ddefnyddir yn y llys.

Gall hawl ieithyddol hefyd godi o dan Erthygl 8 (yr hawl i barchu bywyd preifat a theuluol), Erthygl 14 (mwynhau hawliau a rhyddfreiniau heb wahaniaethu ar unrhyw sail), neu o dan Erthygl 2 o'r Protocol Cyntaf (yr hawl i addysg).[31]

Y Confensiwn Ieithoedd Rhanbarthol neu Leiafrifol Ewrop

Ers o leiaf ddechrau'r wythdegau, bu Cyngor Ewrop yn pryderu am hawliau pobloedd rhanbarthau Ewrop i ddefnyddio'u hieithoedd 'rhanbarthol' neu 'leiafrifol'. Gan nad yw'r Confensiwn ar Hawliau Dynol yn cyfarfod â'r pryderon yn ddigonol sefydlodd y Cyngor weithgor o arbenigwyr i lunio drafft siarter. Cymeradwywyd y drafft yng Ngorffennaf 1992 pan benderfynwyd y dylid rhoi iddi ffurf *Confensiwn ar Ieithoedd Rhanbarthol neu Leiafrifol Ewrop* a fyddai'n rhwymedig ar yr aelod-wladwriaethau a'i mabwysiadai. Roedd y Confensiwn yn barod i'w arwyddo yn Hydref 1992.

Mae'r Confensiwn o ddiddordeb arbennig i ni yng Nghymru, gan fod ei ddiffiniad o'r ymadrodd 'ieithoedd rhanbarthol neu leiafrifol' yn ddigon eang i gynnwys y Gymraeg – ar yr amod nad yw'r Gymraeg yn meddu ar statws iaith swyddogol yng Nghymru. Nid yw'r Confensiwn yn gymwys ar gyfer iaith swyddogol.[32]

Geiriwyd y Confensiwn ar ffurf ddatganiadol, yn hytrach na gorchmynnol. Mae'n

The most original feature of the Convention is that it establishes an international court to guarantee that the human rights enshrined in the Convention are observed by the member states. Citizens of a member state can complain to the Commission of Human Rights in Strasbourg if they can show that they have suffered an injustice in breach of a specific Article of the Convention, provided they have failed to obtain redress through the legal process in the member state. If the Commission is satisfied that the aggrieved party has a *prima facie* case it will lodge the complaint with the European Court of Human Rights. The judgment of the Court is final.

The Convention contains two specific references to linguistic rights. The one is set out in Article 5(2):

> Everyone who is arrested shall be informed promptly, in a language which he understands, of the reasons for his arrest and of any charge against him.

and the other is in Article 6(3):

> Everyone charged with a criminal offence has the following minimum rights:
> (a) to be informed promptly, in a language which he understands and in detail, of the nature and cause of the accusation against him;
> (b) to have the free assistance of an interpreter if he cannot understand or speak the language of the court.

However, a linguistic right might also arise under Article 8 (the right to respect for private and family life), Article 14 (the enjoyment of rights and freedoms without discrimination on any ground), or under Article 2 of the First Protocol (the right to education).[31]

The European Convention on Regional or Minority Languages

At least since the early 1980s, the Council of Europe has been concerned with the rights of the people of the regions of Europe to use their

cynnwys y prif ddarpariaethau canlynol: dileu gwahaniaethu yn erbyn ieithoedd; yr iaith mewn addysg; yr iaith mewn achosion troseddol, sifil a gweinyddol ac mewn gweinyddiaeth gyhoeddus; yr iaith yn y cyfryngau a chyfleusterau diwylliannol; a'r iaith yn y byd economaidd a bywyd cymdeithasol.

Ymddengys y gall fod Llywodraeth y Deyrnas Gyfunol yn amharod i ardystio'r Confensiwn. Ond mae'r ffaith iddo gael ei ardystio erbyn Hydref 1993 gan unarddeg o aelod-wladwriaethau Cyngor Ewrop yn adlewyrchu'r consensws cynyddol yn Ewrop gyfandirol am bwysigrwydd cynnal ei amrywiaeth diwylliannol cyfoethog sy'n rhan hanfodol o'i etifeddiaeth ac mai gwiw yw defnyddio'r gyfraith i amddiffyn a hyrwyddo ei ieithoedd rhanbarthol a lleiafrifol hanesyddol a hunaniaeth eu cynrychiolwyr.

Ymhellach, atgyfnerthwyd y consensws yn sylweddol gan *Ddatganiad Fienna* a wnaed ar 9 Hydref 1993 gan benaethiaid aelod-wladwriaethau Cyngor Ewrop yn galw ar yr aelod-wladwriaethau, *inter alia*, i greu'r amodau angenrheidiol a fydd yn caniatáu i bobl sy'n perthyn i leiafrifoedd cenhedlig ddefnyddio eu hiaith yn eu bywyd preifat a chyhoeddus, ac yn cyfarwyddo Pwyllgor y Gweinidogion i ddechrau'r gwaith o ddrafftio protocol priodol i'r Confensiwn Ewropeaidd ar Hawliau Dynol.[33]

Gwelir felly fod y polisi ieithyddol sarhaus a fynegwyd yng Nghymru yn Neddf Uno 1536 yn dirwyn i ben erbyn heddiw yng Nghymru ac yng ngwledydd Ewrop gyfan.

Nodiadau

[1] (a) Yn *Neddf Adolygu Cyfraith Statud* 1948 adnabuwyd y deddfau a elwir yn Ddeddfau Uno trwy gyfeiriad at y blynyddoedd 1535 a 1542. Derbyniwyd y cyfeiriadau hyn yn Ail Atodlen, *Deddf yr Iaith Gymraeg* 1993. Ond dangosodd haneswyr Cymreig modern y dylid adnabod y gyntaf wrth y flwyddyn 1536 a'r ail wrth y flwyddyn 1543.

'regional' or 'minority' languages. As the Convention on Human Rights does not adequately address these concerns, the Council set up a working party of experts to draw up a draft charter which was approved in July 1992 when it was decided that it should take the legal form of the *Convention on Regional or Minority Languages in Europe* which would be binding on those member states that ratified it. The Convention was opened for signature in October 1992.

This Convention is of particular interest to us in Wales, as its definition of 'regional or minority languages' – on the assumption that Welsh does not possess the status of an official language – is wide enough to include Welsh. However, the Convention does not apply to a language which is recognized as an official language.[32]

The Convention is couched in declaratory rather than mandatory terms. It includes the following main provisions: the elimination of linguistic discrimination; language and education; language in the conduct of criminal, civil and administrative proceedings and in public administration; language in the media and cultural facilities; and language in economic and social life.

It appears that the United Kingdom Government may be reluctant to ratify the Convention. But its ratification by October 1993 by eleven of the member states of the Council of Europe reflects the growing consensus in continental Europe of the importance of maintaining its rich cultural diversity which is an essential part of its inheritance and that the law should be used to protect and promote its historical regional and minority languages and the identity of their representatives.

Moreover, this consensus was significantly reinforced by the *Declaration of Vienna* made on 9 October 1993 by the heads of the member states of the Council of Europe calling on member states *inter alia* to create conditions necessary for persons belonging to national minorities to be able to use their language both in private and in public, and instructed that

(b) Fodd bynnag, dylid nodi i'r Ail Ddeddf Uno, Deddf 1543, gryfhau ryw gymaint ar arwahander y system gyfreithiol yng Nghymru (ar wahân i Sir Fynwy) trwy sefydlu Llys Sesiwn Fawr y Brenin yng Nghymru a barodd mewn bodolaeth hyd at ei ddiddymiad ym 1830.

Ymhellach, mewn Deddf Seneddol ym 1563 ac yn groes i bolisi Deddf 1543, gorchmynnwyd cyfieithu'r Llyfr Gweddi Cyffredin a'r Beibl i'r Gymraeg erbyn 1567. Roedd y cyfieithiadau Cymraeg godidog i sicrhau na fyddai'r iaith yn dirywio'n gasgliad o dafodieithoedd.

[2] Erbyn heddiw ceir darpariaethau cyfatebol yn *Neddf Pyllau Glo a Chwareli* 1954 a *Deddf Ffatrïoedd* 1961.

[3] Gw. beirniadaeth lem ar Ddeddf 1942 gan y Barnwr Dewi Watkin Powell: 'Ni phetrusaf ddefnyddio'r gair "erthyl" wrth gyfeirio at y mesur hwn', *Iaith, Cenedl a Deddfwriaeth: Tuag at Agweddau Newydd,* Llys yr Eisteddfod Genedlaethol (1990), t.18.

[4] Darlith radio flynyddol BBC Cymru (1962) ac a gyhoeddwyd gan y BBC. Ceir adargraffiad yn *Ati, Wy^ r Ifainc,* gol. Marged Dafydd, Caerdydd (1986), tt.87–98.

[5] Gwasg ei Mawrhydi (1963).

[6] Gwasg ei Mawrhydi (1965).

Yn wahanol i Gyngor Cymru a Mynwy, ni alwodd Pwyllgor Hughes Parry am sefydlu corff parhaol i ddiogelu buddiannau'r iaith.

[7] Para. 171 o Adroddiad Hughes Parry.

[8] Ni ellid gorfodi'r Gweinidog i ddarparu o dan Adran 2 fersiwn Gymraeg neu ddwyieithog o'r ffurflenni statudol. A dyna yw'r sefyllfa ar ôl pasio *Deddf yr Iaith Gymraeg* 1993. Dywedir gan y Gweinidogion yr ystyrir pob cais am y cyfryw fersiwn yng ngoleuni: (i) costau cyfieithu, argraffu a dosbarthu; (ii) y galw presennol a'r galw tebygol am fersiwn Gymraeg; a (iii) y dryswch a achosir i'r di-Gymraeg yng Nghymru mewn achosion arbennig, ac yn enwedig i lysoedd a phobl y tu allan i Gymru.

[9] Dyma hefyd yw'r sefyllfa ar ôl pasio Deddf 1993. Ni luniwyd Rheolau ffurfiol hyd yn hyn (1994), ond fel swyddog o'r Goruchel Lys bydd

work should begin on drafting an appropriate protocol to the European Convention on Human Rights.[33]

It will therefore be seen that the offensive linguistic policy which was expressed in the Act of Union 1536 is by today withering in Wales and in the countries of Europe.

Notes

[1] (a) The two so-called *Acts of Union* were identified in the *Statute of Law Revision Act* 1948 by reference to the years 1535 and 1542. These are the dates which appear in the Second Schedule of the Welsh Language Act 1993. But modern Welsh historians have shown that the correct dates are 1536 and 1543.

(b) It should be noted that the Second Act of Union, the Act of 1543, strengthened to some degree the separateness of the legal system in Wales (apart from Monmouthshire) by establishing the Royal Court of Great Sessions for Wales which remained in existence until it was abolished in 1830.

Further, and contrary to the policy of the 1536 Act, by an Act of Parliament 1563 it was commanded that the Book of Common Prayer and the Bible be translated into Welsh by 1567. The magnificent Welsh translations ensured that the language did not generate into a collection of dialects.

[2] By today, there are corresponding provisions in the *Coalmines and Quarries Act* 1954 and the *Factories Act* 1961.

[3] But see trenchant criticism of the 1942 Act by Judge Dewi Watkin Powell: 'This Act was a mockery', *Language, Nation and Legislations: Towards New Attitudes,* Court of the National Eisteddfod of Wales (1990), p.19.

[4] The BBC Wales Annual Radio Lecture (1962), published by the Corporation. The lecture has been reprinted in *Ati, Wy^ r Ifainc,* ed. Marged Dafydd, Cardiff (1986), pp.87–98.

[5] Her Majesty's Stationery Office (1963).

[6] Her Majesty's Stationery Office (1965).

Unlike the Council for Wales, the Hughes Parry Committee did not call for the setting up

cyfreithiwr yn hysbysu'r llys ymlaen llaw o'r bwriad i ddefnyddio'r Gymraeg.

[10] Yn ystod taith seneddol Mesur Iaith 1993 gwrthododd y Llywodraeth dderbyn gwelliannau perthnasol (gweler tt.55–6).

[11] Gwnaed hi'n bosibl llenwi'r bwlch hwn gan Adran 22 Deddf 1993.

[12] Gweler, *Iaith, Cenedl a Deddfwriaeth*, op. cit., t.22.

[13] Cyflwynwyd un Mesur gan Mr Dafydd Wigley yn Nhŷ'r Cyffredin a lluniwyd un arall gan GPD gyda chymorth nifer o arbenigwyr. Am drafodaeth gweler GPD, *Llafur y Blynyddoedd* (Gwasg Gee, 1991), tt.161–71.

[14] *Argymhellion ar Gyfer Deddf Newydd i'r Iaith Gymraeg* (Chwefror 1991).

[15] Rhaid i achwyniad o dan Adran 18 fodloni tri amod: (a) rhaid iddo fod yn ysgrifenedig; (b) rhaid ei wneud o fewn y cyfnod o ddeuddeng mis o'r diwrnod pryd y gwybu'r achwynydd gyntaf am y materion a honnir yn yr achwyniad; (c) bod yr achwynydd wedi dod â'r mater y cwynir amdano i sylw'r corff cyhoeddus a bod y corff hwnnw wedi cael cyfle rhesymol i'w ystyried ac i ymateb.

[16] Hansard (Tŷ'r Arglwyddi), Cyf.542, Col.136–56, 1250–70.

[17] Hansard (Tŷ'r Arglwyddi), Cyf.542, Col.393–4.

[18] Hansard (Tŷ'r Arglwyddi), Cyf.545, Col.567–70. Llythyr dyddiedig 10 Mai 1993 oddi wrth Is-iarll Tyddewi (ar ran y Swyddfa Gymreig) at GPD: 'Byddem yn dymuno'n sicr gynnwys aelodau yn siarad Cymraeg ymhlith y rhai a benodwyd gan Ysgrifennydd Gwladol Cymru.'

[19] Hansard (Tŷ'r Arglwyddi), Cyf.503, Col.1373–4.

[20] Ym 1977 cyhoeddodd y Swyddfa Gartref gyfarwyddyd i'r Ddeddf hon yn Gymraeg, *Gwahaniaethu Hiliol: Cyfarwyddyd i'r Ddeddf Cysylltiadau Hiliol* 1976.

[21] EAT (1986) Industrial Cases Reports (ICR) 833.

[22] Hansard (Tŷ'r Arglwyddi), Cyf.542, Col.393.

[23] 1990 1 Common Market Law Reports (CMLR) 401.

of a permanent body to safeguard the interests of the language.

[7] Para 171 of the Hughes Parry Report.

[8] A Minister could not be required to provide under Section 2 of the 1967 Act a Welsh or bilingual version of a statutory form. This remains the position after the passing of the *Welsh Language Act* 1993. It is said by Ministers that every request for such a version is considered in the light of: (i) the cost of translation, printing and distribution; (ii) the present demand and the probable demand for such a version; and (iii) the confusion which could be caused to non-Welsh-speakers in Wales in particular cases, and more especially to courts and persons outside Wales.

[9] This remains to be the law after the passing of the 1993 Act. Formal Rules have not as yet been made (1994), but as an officer of the Supreme Court a solicitor has a duty to notify the court in advance of the intention to use Welsh.

[10] During the Parliamentary passage of the Welsh Language Bill 1993 the Government rejected relevant amendments (see pp.155–6 below).

[11] This gap is closed by Section 22 of the 1993 Act.

[12] See *Language, Nation and Legislation*, op.cit., p.22.

[13] One Bill was introduced by Mr Dafydd Wigley in the House of Commons and another was drawn up by GPD with the aid of a number of experts. For further discussion see GPD, *Llafur y Blynyddoedd* (Gwasg Gee/Gee Press, 1991), pp. 161-71.

[14] *Recommendations for a New Welsh Language Act* (February 1991).

[15] A complaint under Section 18 must satisfy three conditions: (a) it must be in writing; (b) it must be made within twelve months of the date on which the complainant first knew of the matters alleged in the complaint; (c) that the complainant has brought the matter to the notice of the public body which has had a reasonable opportunity to consider it and to respond.

Amser a ddengys a gymhwysir y dyfarniad at y sector preifat, ac at amodau ieithyddol a fedrai effeithio ar ryddid gweithiwr i symud yn ddirwystr o fewn ei wlad ei hun.

Fodd bynnag, dylid sylwi bod egwyddor cynsail wedi ei diffinio yng nghyfundrefn gyfreithiol y Gymuned Ewropeaidd yn llai cul na'r hyn ydyw yn ein cyfraith ddomestig a bod y Llys Ewropeaidd yn dueddol i ystyried bwriad y ddeddfwriaeth i ryw raddau yn fwy na'r manyldeb.

[24] Ymhellach, er nad yw'r Wyddeleg yn un o ieithoedd swyddogol y Gymuned, ceir fersiwn Gwyddeleg a swyddogol o'r *Cytuniad Esgyniad* 1972, *Deddf Gyfun Ewrop* 1986, a darperir yn *Rheolau'r Llys* 1974 y gellir defnyddio'r Wyddeleg mewn achos gerbron y Llys Cyfiawnder Ewropeaidd. Felly, gellir dweud bod gan y Wyddeleg statws Iaith Cymuned at rai dibenion. Ym 1993, Daneg, Isalmaeneg, Saesneg, Ffrangeg, Almaeneg, Groeg, Eidaleg, Portugaleg a Sbaeneg yw ieithoedd swyddogol y Gymuned Ewropeaidd.

[25] Rhif 82/69.

[26] Rhif WHSC (IS), 117.

[27] *Defnyddio'r Gymraeg yn y Swyddfa Gymreig.*

[28] Yn Rhagfyr 1991 cyhoeddodd yr Asiantaeth Budd-daliadau ddogfen bolisi ddwyieithog gynhwysfawr: *Dwyieithrwydd Ar Waith.* Erbyn 1993 cyhoeddwyd tua deg ar hugain o ffurflenni yn Gymraeg gan yr Adran Nawdd Cymdeithasol a'i hasiantau gweithredol.

[29] *Polisi Dwyieithog: Canllawiau ar gyfer y Sector Cyhoeddus.*

[30] *Dewisiadau Ymarferol ar Gyfer Defnyddio'r Gymraeg Mewn Busnes.*

[31] Hyd y medrais ddarganfod, bu un achos gerbron y Llys Ewropeaidd ar Hawliau Dynol o dan Erthygl 6(3)(a) (Achos *Brozicek* 3/1988/151/205), bu nifer o achosion o dan Erthygl 6(3)(e) ac un achos o dan Erthyglau 8 a 14 (*Achosion Ieithyddol Belg* (Rhif 1 (1967) IEHRR 241 a Rhif 2 (1968) IEHRR 252).

[32] Argraffwyd copi o'r Confensiwn, ynghyd â hanes ei lunio, yn *Contact Bulletin,* cylchgrawn Biwro Ewropeaidd yr Ieithoedd Llai: Hydref 1992, Cyfrol 9, Rhif 2.

[16] Hansard (House of Lords), Vol.542, Col.136–56, 1250–70.

[17] Hansard (House of Lords), Vol.542, Col.393–4.

[18] Hansard (House of Lords), Vol.545, Col.567–70. Letter dated 10 May 1993 from The Viscount St David's (on behalf of the Welsh Office) to GPD: 'We would certainly wish to include Welsh-speaking members among those appointed by the Secretary of State for Wales.'

[19] Hansard (House of Lords), Vol.503, Col.1373.

[20] In 1977 the Home Office published a Guidance to the Act in Welsh, *Gwahaniaethu Hiliol: Cyfarwyddyd i'r Ddeddf Cysylltiadau Hiliol* 1976.

[21] EAT (1986) Industrial Cases Reports (ICR) 833.

[22] Hansard (House of Lords), Vol.542, Col.393.

[23] 1990 1 Common Market Law Reports (CMLR) 401.

Time will tell whether the decision will apply to the private sector, and to linguistic requirements that could restrict a worker's freedom of movement within his own country.

However, it is to be noted that in the EC legal system the principle of precedent is less defined than under domestic law and the European Court tends to consider the intention of the legislation to some extent more than its detail.

[24] Moreover, although Irish is not one of the Community's official languages, there is an Irish and official version of the *Treaty of Ascension* 1972 and of the *Single European Act* 1986; and the *Rules of Court* 1974 contain a provision that Irish may be used in proceedings in the European Court of Justice. Thus it can be said that for certain purposes the Irish language enjoys the status of a 'Community Language'. In 1993, the official languages of the European Community are Danish, Dutch, English, French, German, Greek, Italian, Portuguese and Spanish.

[25] Number 82/69.

[26] Number WHSC (IS), 117.

[27] *Use of Welsh in the Welsh Office.*

Ni ddylid cymysgu'r Confensiwn a'r Cynigiad yn enw Willy Kuijpers a basiwyd gan Senedd y Gymuned Ewropeaidd ar 30 Hydref 1987. Argymhellion a geir yn y Cynigiad hwnnw i aelod-wladwriaethau'r Gymuned Ewropeaidd a'r Comisiwn, a dim mwy.

Mae pob un o'r prif Erthyglau yn ymrannu'n lliaws o ddarpariaethau dewisol. Bydd yn ofynnol i bob aelod-wladwriaeth o Gyngor Ewrop a fo'n ardystio'r Confensiwn fabwysiadu o leiaf pymtheg ar hugain o'r darpariaethau dewisol mewn perthynas ag iaith dan sylw. Os caiff ei ardystio gan y Deyrnas Gyfunol bychan fyddai ei effaith ar hawliau siaradwyr y Gymraeg, ond byddai'n gymorth sylweddol i siaradwyr y Wyddeleg yng Ngogledd Iwerddon a'r Aeleg yn yr Alban.

[33] Cymanfa Cyngor Ewrop, Wien 1933. Arwyddwyd y Datganiad gan yr Arglwydd Ganghellor ar ran Prydain.

Hyd yma edrychwyd ar hawliau dynol fel hawliau unigolion yn hytrach na rhai colectif. Ond mae'r Confensiwn Ieithoedd Rhanbarthol neu Leiafrifol yn corffori amrywiol hawliau unigolion sy'n arwyddo hawliau colectif.

[28] In December 1991 the Benefits Agency produced a comprehensive bilingual policy document: *Bilingualism at Work*. By 1993 about thirty forms and leaflets had been published in Welsh by the DSS and its executive agencies.

[29] *A Bilingual Policy: Guidelines for the Public Sector.*

[30] *Practical Options for the Use of Welsh in Business.*

[31] As far as I have discovered one case has been brought before the European Court of Human Rights under Article 6(3)(a) (*Brozicek* 3/1988/151/205), a number of cases have been brought under Article 6(3)(e) and one has been brought under Articles 8 and 14 (*Belgian Linguistic Cases* (Number 1 (1967) IEHRR 241, and Number 2 (1968) IEHRR 252).

[32] A copy of the Convention and the history of its preparation is printed in *Contact Bulletin* the journal of the Bureau for Lesser Used Languages October 1992, Vol.9 Number 2.

The Convention should not be confused with the *Motion* in the name of Willy Kuijpers which was passed on 30 October 1987 by the European Parliament of the EC. The *Motion* amounts only to a recommendation to member states of the EC and to the Commission.

Each of the principal Articles is divided into series of optional provisions. Member states of the Council of Europe who ratify the Convention are expected to adopt a total of thirty-five of the optional provisions in respect of a language in question. If ratified by the United Kingdom it would only have modest effect on Welsh-language rights, but it could have a significant impact on the use of Irish in Northern Ireland and of Gaelic in Scotland.

[33] Council of Europe Summit, Wien 1993. The Declaration was signed on behalf of the United Kingdom by the Lord Chancellor.

Hitherto human rights have been mainly seen as individual and not collective rights. However, the European Convention on Regional or Minority Languages contains several individual rights which imply collective rights.

Wynford Bellin

Proffesiynau Gofal a Chymry Cymraeg: Persbectif o Safbwynt Iaith a Seicoleg Cymdeithasol

~

Caring Professions and Welsh-speakers: a Perspective from Language and Social Psychology

Gweithreda'r proffesiynau gofal oddi mewn i fframweithiau sefydliadol a statudol a sefydlwyd yn ddieithriad y tu allan i Gymru. Problem gyffredinol gyda threfniant o'r fath yw fod syniadau ystrydebol am Gymru a Chymry Cymraeg y gellir dangos eu bod yn gamarweiniol trwy gyfeirio at wybodaeth ystadegol swyddogol. Dengys canlyniadau ymchwil agwedd fod gweithio gyda Chymry Cymraeg yn gofyn am wybodaeth gymdeithasol y tu hwnt i gysyniadau cyffredin ynglŷn â chyd-destun cymdeithasol Cymry Cymraeg. Nid yw gwybod ieithoedd yn ddigon i osgoi camsyniadau megis methu â deall cyfyngiadau cyfieithu o'i gymharu â chyfathrebu uniongyrchol. Mae Cymry Cymraeg hwythau'n meddu ar gamsyniadau ynglŷn â natur gwybodaeth ieithyddol. Mae'n hanfodol fod gan berson sy'n gweithio yn y maes fath o hunan-ymwybyddiaeth neu 'atblygedd' os ydy i ffurfio perthnasau priodol â chlientau a fydd yn ei alluogi i drin problemau er gwaethaf gwahaniaethau o ran cefndir ieithyddol.

Heb wybod am ymchwil lle mae seicoleg ac ieithyddiaeth yn cyd-gyfarfod, mae perygl o drin person sy'n siarad Cymraeg fel petai'n ddau berson mewn un – yn rhywbeth od. Gellir osgoi camsyniadau sylfaenol trwy ddeall sut mae gwybodaeth o ddwy iaith oddi mewn i berson cyflawn ac integredig yn cael ei rheoli. Mae ystyried un o'r ieithoedd fel ffactor niwsans yn anghydnaws â thrin y client fel person cyflawn ac integredig. Felly mae'n hanfodol i fframweithiau sefydliadol a statudol gydnabod bod y ddwy iaith yn angenrheidiol a bod y defnydd ohonynt yn rhan hollol normal o weithgaredd proffesiynol.

Y ddelwedd o Gymru yng Nghymru a thu allan iddi

Y tu allan i Gymru mae'n bosibl dangos 'delwedd o Gymru'. Mae gan bobl syniadau cyffredinol am Gymru y gellir eu dadlennu mewn math o holiadur sy'n gofyn i atebwyr am yr hyn a wyddant neu y credant y gwyddant am ystadegau cymdeithasol megis

Caring professions operate within institutional and statutory frameworks which have invariably been set up outside Wales. A general problem with such an arrangement is that there are stereotypes of Wales and Welsh-speakers which can be shown to be misleading if reference is made to official statistical information. Results of attitude research show that working with Welsh-speakers requires social knowledge beyond common conceptions of the social context of Welsh-speakers. Knowing languages is not sufficient to avoid pitfalls like failing to understand the limitations of translation compared to direct communication. Welsh-speakers are themselves beset with misconceptions about the nature of language knowledge. It is essential for workers in the area to have a particular kind of self awareness or 'reflexivity' if they are to form appropriate relationships with clients which will enable them to handle problems across differences in language background.

Without knowledge of research where psychology and linguistics converge, there is a danger of treating the Welsh-speaker as somehow two persons in one – a kind of oddity. Fundamental misconceptions can be avoided by understanding how knowledge of two languages can be controlled within a single complete and integrated person. Regarding one of the languages as a nuisance factor is incompatible with treating the client as an integrated and complete whole. Hence it is crucial that institutional and statutory frameworks recognize both languages as necessary and their use as a perfectly normal part of professional activity.

The image of Wales in and out of Wales

Outside Wales it is possible to show an 'image of Wales'. There are collectively held beliefs about Wales which can be revealed in a kind of questionnaire that asks respondents what they know or think they know about key social statistics for Wales. People can be asked about social statistics such as the divorce rate for

cyfradd ysgariad yng Nghymru, ac yna rhoddir dewis gorfodol iddynt rhwng

10 y cant neu lai
10–20 y cant
20–30 y cant
30–40 y cant
40–50 y cant
50–60 y cant
60 y cant neu fwy

Wedyn gellir gosod yr un cwestiwn yn yr un ffordd ar gyfer Prydain gyfan. Defnyddiwyd amrywiaeth o'r un math o gwestiynau i gyferbynnu atebion a gafwyd yn Lloegr â'r atebion a gafwyd yng Nghymru. Dengys y canlyniadau fod delwedd bendant o Gymru ar gael yn ne-ddwyrain Lloegr (gweler Bellin, 1989). Er enghraifft bydd dwy ran o dair o'r rhai a holir yn ne-ddwyrain Lloegr yn dyfalu fod mwy o bobl yn ystyried eu hunain yn rhan o'r dosbarth gweithiol yng Nghymru nag yng ngweddill Prydain. Nid oes cytundeb o'r fath yng Nghymru. Mae atebwyr yng Nghymru yn anghytuno ymysg ei gilydd.

Gyda dewis gorfodol arall, gan ddewis rhwng canrannau is, gofynnwyd i bobl ddyfalu pa ganran o boblogaeth Cymru sy'n siarad Cymraeg. Cafwyd mwyafrif clir yn Lloegr a ddyfalodd ganran is na'r ffigwr a gyhoeddwyd yn y Cyfrifiad. Ymddengys fod cred gyffredinol yn ne-ddwyrain Lloegr mai rhanbarth dirywiedig iawn yw Cymru a'i hiaith ei hun bron â darfod o'r tir. Oddi mewn i'r ardaloedd lle siaredir Cymraeg dewisodd yr atebwyr ganrannau ar gyfer y cwestiwn iaith a oedd yr un mor aml yn uwch ac yn is na ffigwr y Cyfrifiad. Felly nid oedd cytundeb pendant. Ond yn ne-ddwyrain Cymru roedd y dyfalu ynglŷn ag iaith yn dilyn y patrwm Seisnig o danamcangyfrif cyson. Ac eto, roedd y syniadau ynglŷn â dangosyddion cymdeithasol eraill yn ne-ddwyrain Cymru yn wahanol i batrwm de-ddwyrain Lloegr. Awgrymai'r hyn a ddyfalwyd ynglŷn â'r gyfradd ysgariad mai mewn ardaloedd Cymraeg eu hiaith yn unig yr ystyrid Cymru fel gwlad yn dal gafael ar ei gwerthoedd traddodiadol.

Wales and then given a forced choice between

10 per cent or less
10–20 per cent
20–30 per cent
30–40 per cent
40–50 per cent
50–60 per cent
60 per cent or more

The same question can then be put in the same way for Britain as a whole. A range of such questions has been used to contrast answers obtained in England with answers obtained in Wales. Results indicate that there is a definite image of Wales in the south-east of England (see Bellin, 1989). For example, two-thirds of respondents in the south-east of England will guess that more people count themselves as working class in Wales than in the rest of Britain. There is no such agreement within Wales. Respondents within Wales disagree among themselves.

With a different forced choice, choosing between lower percentages, people were asked to guess at the percentage of the population in Wales which speaks Welsh. There was a clear majority in England which guessed at a level lower than the published Census figure. There seems to be a collectively held belief in the south-east of England that Wales is a very run down region with its distinctive language practically extinct. Within Welsh-speaking areas of Wales respondents chose percentages for the language question which were on either side of the Census figure in equal frequencies. So there was no particular agreement. But in south-east Wales guesses about the language followed the English pattern of consistent underestimation. However, the ideas about other social indicators in south-east Wales differed from the south-east English pattern. Guesses about divorce rates suggested that only in Welsh-speaking regions did people regard Wales as retaining traditional values.

A valuable characteristic of the questionnaire is that it shows up where there is disagreement within social groups as well as

Un o nodweddion gwerthfawr yr holiadur yw ei fod yn dangos lle mae anghytuno oddi mewn i grwpiau cymdeithasol yn ogystal â rhwng y grwpiau. Er enghraifft, honnir weithiau fod siarad Cymraeg wedi cyrraedd rhyw fri newydd yn ardal Caerdydd. Dengys canlyniadau'r holiadur fod cryn anghytuno ymysg trigolion Cymru, hyd yn oed yn ardal Caerdydd, ynglŷn ag argraffiadau cymdeithasol o'r fath.

Gellir defnyddio canlyniadau'r holiadur 'Delwedd o Gymru' (gweler Bellin, 1992) i egluro tensiynau sy'n codi pan geir mewnlifiad i ardaloedd Cymraeg eu hiaith, a methiant pobl oddi mewn ac oddi allan i Gymru i ystyried hawliau a theimladau Cymry Cymraeg. Dengys y canlyniadau hefyd pa mor wahanol y gall safbwyntiau pobl o'r tu allan fod i'r hyn a gyhoeddir mewn ystadegau swyddogol. Mae'r cyrff sy'n gwneud penderfyniadau ar gyfer llawer o'r proffesiynau sy'n delio â Chymru wedi'u lleoli yn y rhan honno o Loegr lle mae syniadau ystrydebol am Gymru yn frith. Mae cyrff o'r fath mewn perygl pryd bynnag y mabwysiedir atebion cyflym neu barod. Gall safbwyntiau pobl o'r tu allan nad ydynt yn cytuno â ffigyrau swyddogol cyhoeddedig dra-amlygu eu hunain gan eu bod mor hwylus a phawb yn cytuno arnynt. Ond gall safbwyntiau'r cyfarwydd anghytuno â'i gilydd ynglŷn â'r un pynciau. Felly mae'n rhaid bod yn wyliadwrus pan ymddengys fod y grwpiau dominyddol yn cynnig sicrwydd.

Atblygedd a deall Cymry Cymraeg

Ystyriwch y ddeialog a ganlyn rhwng person ifanc sy'n byw yng Nghaerdydd ac a fagwyd i siarad Daneg gyda'i mam a Chymraeg gyda'i thad yn ystod y 1980au. Mynychai ysgol Gymraeg hefyd. Ni fyddai ymwelwyr â'i hysgol yn sylwi ar ddim ynglŷn â'i Chymreigrwydd a awgrymai ei bod hefyd yn siarad Daneg. Ni allai Saeson uniaith ganfod dim ynglŷn â'i Saesneg a awgrymai ei bod yn deirieithog. Deuai ymwelwyr â'r cartref i arfer yn fuan â phatrwm defnydd y tair iaith.

between them. For instance, it is sometimes alleged in the Cardiff area that speaking Welsh has attained a new prestige. The questionnaire results indicate that even in the Cardiff area inhabitants of Wales will disagree considerably over such social impressions.

Results from this 'Image of Wales Questionnaire' (see Bellin, 1992) can be used to explain tensions which arise when inmigration to Welsh-speaking areas occurs, and the failure of people from inside and outside Wales to have regard for the sensibilities and rights of Welsh-speakers. The results also show how distant outsider viewpoints can be from what is published in official statistics.

Many professions dealing with Wales have their decision-making bodies based in the part of England where stereotypical views about Welsh-speakers abound. Such bodies are therefore in danger whenever adopting swift or ready-made solutions. The outsider viewpoints which do not accord with official published figures might well obtrude because they are so readily available and gain agreement. On the same issues insider viewpoints may be at odds with each other. So there must be wariness where the most dominant groups appear to provide assurance.

Reflexivity and understanding Welsh-speakers

Consider the following dialogue between a young person, living in Cardiff, who was brought up to speak Danish with her mother, and Welsh with her father during the 1980s. She also went to a Welsh-medium school. Visitors to her school would notice nothing about her Welshness to indicate that she also knew Danish. English monolinguals could detect nothing about her English to indicate that she was trilingual. Visitors to the home soon became accustomed to the pattern of usage of the three languages.

> *Visitor from Sweden (bilingual in Swedish and English)*: Why do you speak two little languages like Welsh and Danish?
> *Christina (aged 7)*: When I speak them they sound big.

Ymwelydd o Sweden (yn siarad Swedeg a Saesneg): Why do you speak two little languages like Welsh and Danish?
Christina (7 oed): When I speak them they sound big.

Gofynnodd yr oedolyn gwestiwn a ddangosai ei hagwedd at y pedair iaith (Swedeg a Saesneg fel ieithoedd mawr a Chymraeg a Daneg fel ieithoedd bychain). Hawdd iawn mewn sefyllfaoedd dwyieithog fyddai dilyn rhagdybiaethau a rennid gan y grŵp neu'r diwylliant dominyddol yn hytrach na'r bobl sydd yn y fan a'r lle. Gadewir i'r darllenydd ddyfalu beth fyddai agwedd Sais uniaith mewn cwmni Swedeg at y Swedeg, gan dybio'r un diffyg gweledïad tuag at agweddau ieithyddol.

Mae ateb y plentyn o gryn ddiddordeb i'r ieithydd. Rhagdybiaeth sylfaenol ieithyddiaeth yr ugeinfed ganrif yw 'fod holl amrywiaethau iaith, heb ystyried pa mor annerbyniol ydynt yn gymdeithasol, yr un mor gymhleth ar lefel gramadeg ac yn gaeth i'r un rheolau o ran newid ieithyddol' (Gumperz, 1982: pen. 2). Gwneir y rhagdybiaeth hon am acenion, tafodieithoedd a gwahanol ieithoedd. Ond cwynodd Alan Thomas (1988) fod astudiaethau ieithyddol o Gymry Cymraeg a dwyieithrwydd yn gyffredinol yn aml wedi adlewyrchu rhagdybiaethau di-sail ynglŷn â statws ieithyddol siaradwr Cymraeg.

Bu seicolegwyr yn euog o ofyn cwestiynau heb ymwybyddiaeth ddigonol o ragdybiaethau diwylliannol, yn ddigon tebyg i'r ymwelydd gyda'i gwestiwn a oedd yn ymylu ar ddibrisio'n llwyr ddwy o ieithoedd y plentyn. Gwnaethpwyd ymchwil am ddegau o flynyddoedd ar siaradwyr ieithoedd megis Saesneg i ddarganfod sut mae datblygu geirfa lawn, sut mae person yn rhoi sylw i fwy nag un peth ar y tro, sut mae gweithgareddau megis darllen yn digwydd a sut mae'r cof yn gweithio. Pan ddaethpwyd i ystyried ieithoedd megis y Gymraeg, yn hytrach na chymhwyso'r un math o theori, crewyd dryswch trwy wneud camgymeriad syml. Cyfeiriwyd at y camgymeriad gan Thomas (1988) – amharodrwydd i drin Cymry Cymraeg fel un endid ieithyddol

The visiting adult asked a question which gave away her attitude to the four languages involved (Swedish and English as big and Welsh with Danish as little). It is very easy in bilingual situations to follow assumptions that would be shared by the dominant group or culture rather than the people on the spot. It is left as an exercise for the reader to work out what attitude to Swedish might be given away by an English monolingual in Swedish company, assuming the same lack of insight into language attitudes.

There is considerable interest for the linguist in the child's reply. The groundwork assumption of twentieth-century linguistics is that 'all speech varieties, regardless of the extent to which they are socially stigmatised, are equally complex at the level of grammar and subject to the same laws of linguistic change ' (Gumperz, 1982: ch. 2). This assumption is made about accents, dialects and different languages. Nevertheless Alan Thomas (1988) complained that linguistic studies of Welsh-speakers and bilingualism in general have often reflected unwarranted assumptions about the linguistic status of a Welsh-speaker.

Psychologists have been guilty of asking questions with a lack of awareness of cultural presuppositions, rather like the visitor whose question amounted to implicit depreciation of two of the child's languages. Decades of research were carried out on speakers of languages like English to find out how an adult-sized vocabulary can be built up, how attention can be given to more than one thing at a time, how activities like reading take place and how memory works. When it came to considering speakers of languages like Welsh, instead of applying the same kind of theory, mystification was created by making a simple mistake. The mistake was pointed out by Thomas (1988) – a reluctance to treat the Welsh-speaker as a single integrated linguistic entity. People thought of two psychological mechanisms for language control in the one brain, instead of one integrated but specialized one abie to handle both languages. Grosjean (1982) described the problem, with reference

integredig. Meddyliai pobl fod dau fecanwaith seicolegol yn rheoli iaith yn yr un ymennydd yn hytrach nag un mecanwaith integredig ond arbenigol yn gallu ymdrin â'r ddwy iaith. Disgrifiodd Grosjean (1982) y broblem gan gyfeirio at fecanweithiau personoliaeth yn ogystal â mecanweithiau rheoli lleferydd. Y camgymeriad oedd ystyried y person dwyieithog fel dau berson yn un. Y perygl sy'n deillio o'r camgymeriad yw na fydd pobl broffesiynol mewn meysydd megis gwaith cymdeithasol yn trin Cymry Cymraeg fel pobl gyflawn integredig. Mae perygl yr ystyrir un o'u hieithoedd yn broblem eilaidd – ffactor niwsans – wrth ddelio â hwy.

Er y 1980au cafwyd cydnabyddiaeth eang fod rhagdybiaethau sy'n gwneud synnwyr i'r grwpiau mwyafrifol yn unig wedi bod yn gamarweiniol mewn ymchwil ar seicoleg iaith a seicoleg hunaniaeth. Trafodwyd y gydnabyddiaeth hon gan mwyaf o safbwynt addysg (gweler Baker, 1988; a Bellin, 1989). Ond gwnaethpwyd hefyd lawer o ymchwil yn canolbwyntio ar yr unigolyn dwyieithog a'r ymchwil honno'n arwain at ddiddymu'r camddealltwriaethau. Mae gwybodaeth drylwyr o'r ymchwil yn bwysig ar gyfer unrhyw waith proffesiynol yn y cyd-destun Cymreig. Rhwystra gwybodaeth o'r fath unrhyw demtasiwn i ystyried client sy'n siarad Cymraeg fel problem. Mae'n hanfodol nad yw ystyried siaradwr Cymraeg fel person cyflawn ac integredig yn cael ei gyfyngu i seicolegwyr ac ieithwyr yn unig.

Proffesiynoldeb a pholisïau dwyieithog

Mae trin siaradwr Cymraeg fel person cyflawn ac integredig yn sicrhau bod polisi dwyieithog unrhyw broffesiwn yn rhywbeth llawer mwy na chonsesiwn. Caiff clientau argraff arbennig o broffesiwn os oes ganddo bolisi dwyieithog. Mae'r sgwrs rhwng yr ymwelydd a'r plentyn yn berthnasol yn y cyswllt hwn. Mae gan seicolegwyr sy'n astudio datblygiad hunaniaeth le mawr i ddiolch i'r cymdeithasegwr George Mead (1934). Mae'r ymwybyddiaeth o hunaniaeth bersonol yn deillio o ryngweithio gydag eraill ac yn adlewyrchu'r ffordd y mae

to personality as well as speech control mechanisms. The mistake was to think of the bilingual as two persons in one. The danger which results from the mistake is that Welsh-speakers will not be treated as integrated complete people by professionals in areas like social work. One of their languages is at risk of being regarded as merely a secondary problem – a nuisance factor – in having to deal with them.

Since the 1980s there has been a widespread recognition that assumptions which make sense only to majority groups have been misleading in research on language psychology and the psychology of identity. The recognition has been discussed mainly from the point of view of education (see Baker, 1988, and Bellin, 1989). But much research clearing up misunderstandings has also been conducted with the individual bilingual as the focus. A clear appreciation of the research is important for any professional work in the Welsh context. Such an appreciation overcomes any temptation to think of the Welsh-speaker as some kind of problem category of client. It is essential that considering the Welsh-speaker as an integrated and complete person should not just be confined to linguists and psychologists.

Professionalism and bilingual policies

Treating the Welsh-speaker as an integrated complete person makes a bilingual policy for any profession far more than just a concession. A bilingual policy reveals the profession in a special way to its target clients. The exchange between the visitor and the child is pertinent in this regard. Psychologists who study the development of identity owe a great deal to the sociologist George Mead (1934). The sense of personal identity stems from interaction with others and reflections of the way others appraise the person in question. Psychologists who study identity would be interested to know how the adult's implicit depreciation of two of the child's languages would be incorporated into the child's view of herself. The exchange is a clear example of initiating a child into a symbolic order where some

eraill yn ystyried y person dan sylw. Byddai o ddiddordeb i seicolegwyr sy'n astudio hunaniaeth wybod sut effaith gafodd dibrisiad ymhlyg yr oedolyn o ddwy o ieithoedd y plentyn ar farn y plentyn amdani'i hun. Mae'r sgwrs rhwng y ddau yn enghraifft glir o gyflwyno'r plentyn i drefn symbolaidd lle mae rhai ieithoedd yn uwch eu bri nag eraill. Ar y llaw arall, gallai ymateb y plentyn effeithio ar yr ymwelydd.

Trosglwyddir yr ystyron cymdeithasol a gyfnewidiwyd rhwng yr oedolyn a'r plentyn beth bynnag oedd y bwriad. Cyn i'r gwahanol broffesiynau fabwysiadu polisïau dwyieithog, roedd yn arfer gwadu unrhyw fwriad i ddi-raddio Cymry Cymraeg. Ond, boed hynny'n fwriadol neu beidio, crewyd y fath ystyr oherwydd diffyg polisi. Yn sicr effeithid ar ddull proffesiwn o gyflwyno'i diddordeb yn y client. Mae mabwysiadu polisi dwyieithog yn llawer mwy na chynnig consesiwn. Wrth wneud, mae proffesiwn yn ymgyflwyno o'r newydd i ddarpar glientau gan roi i'w aelodau sylfaen i greu'r berthynas fwyaf priodol â'r clientau hynny ar gyfer y gofal a gynigir.

Dod yn siaradwr Cymraeg

Safbwyntiau statig ar deuluoedd a chymunedau

Y ffordd glasurol o ddod yn siaradwr Cymraeg yn ôl y meddylfryd poblogaidd yw trwy fagwraeth ar aelwyd Gymraeg ei hiaith. Yn draddodiadol arweiniwyd pobl gan y term 'y famiaith' i ystyried lle allweddol y fam wrth drosglwyddo iaith. Dyma enghraifft o sefyllfa lle gall Cymry Cymraeg fethu ffeithiau cymdeithasol hanfodol ynglŷn â'u cyd-destun cyfoes. Oherwydd y pwysigrwydd a roddir i'r teulu o ran cynnal gwerthoedd traddodiadol, mae Cymry Cymraeg wedi dilyn meddylfryd lle mae'r teulu yn gydran statig o gymunedau cydryw. Awgryma'r fath safbwynt statig o berthnasau teulu-cymuned, lle mae'r Gymraeg yn famiaith, nad oes gan y Gymraeg fawr o gyfreithlonedd y tu allan i'r aelwyd, perthnasau a chyfeillion, crefydd ac ambell ddigwyddiad diwylliannol. Enghraifft eithafol yw erthygl Bernard Levin a gyhoeddwyd yn y

languages are seen to have higher prestige than others. On the other hand, the visitor could well be affected by the reaction of the child.

The social meanings exchanged between the adult and the child are transferred irrespective of intention. Before bilingual policies were adopted by professions, there was denial of any intention to put down the Welsh-speaker. Nevertheless, intended or not, such a meaning was created from the absence of policy. The presentation of the profession's interest in the client was bound to be affected. Adopting a bilingual policy is far more than offering a concession. In so doing, the profession presents itself anew to target clients and equips its members with a basis for creating the most appropriate relationship with those clients for the care being offered.

Becoming a Welsh-speaker

Static views of families and communities

The classical way of becoming a Welsh-speaker in popular thinking is through being brought up in a Welsh-speaking household. Traditionally, people have been led by the term 'the mother tongue' to give pride of place to transmission of a language by the mother. This is an example of a situation where Welsh-speakers themselves can miss essential social facts about their contemporary context. Because of the importance placed on the family in maintaining traditional values, Welsh-speakers have followed a way of thinking according to which the family is a static component of homogeneous communities. Such a static view of family-community relations, where Welsh was the mother tongue, implies that the language has not much legitimacy beyond the bounds of family, domains of intimacy, religion and a few cultural events. An extreme example is a piece by Bernard Levin published in *The Times* (1990) in which any move of the language into education or public life is castigated as caving in to 'single issue fanaticism'. A static view of

Times (1990) lle cyhuddir unrhyw symudiad a wna'r iaith i mewn i fyd addysg neu fywyd cyhoeddus o ildio i 'ffanatigiaeth un ddadl'. Safbwynt statig ar deuluoedd sy'n siarad Cymraeg mewn cymunedau cydryw sydd y tu ôl i erthyglau megis erthygl yn y *Sunday Telegraph* gan Brenda Parry o dan y pennawd 'No welcome in the hillside schools'. Honnai'r erthygl fod hyd yn oed plant o deuluoedd mewnfudol a ddaeth i siarad Cymraeg yn cael eu herlid gan athrawon. (Amhosibl oedd adnabod yr ysgolion a'r ardaloedd o'r erthygl.)

Mae'n ddigon cyffredin i bobl sy'n symud i ardaloedd Cymraeg eu hiaith adweithio'n wrthwynebus pan ddônt i gysylltiad â'r iaith. Dengys yr holiadur 'Delwedd o Gymru' fod elfen o sioc ddiwylliannol yn rhwym o ddigwydd pan ddarganfyddant drostynt eu hunain nad yw'r sefyllfa ieithyddol yr un fath â'r disgwyl. Gwnaeth Morris (1989) astudiaeth o rwydweithiau cymdeithasol ar Ynys Môn. Mae'n dyfynnu adweithiau pobl a symudodd yno megis 'the Welsh don't want us, so they speak Welsh all the time', 'they're just being bloody awkward'. Gwna hyn synnwyr yn ôl y safbwynt statig ar deuluoedd a chymunedau lle mae symud i fyw yno yn union fel bod yn ymwelydd sy'n aros llawer hwy nag ymwelwyr eraill. Ond mae teuluoedd a chymunedau yn endidau llawer mwy deinamig, ac y mae ffurfio rhan o boblogaeth newydd yn newid y rhai sy'n symud i mewn yn ogystal â'r bobl sy'n byw yno'n barod.

Mae'n ddigon cyffredin i blentyn gael ei fagu mewn cartref Cymraeg ac eto heb ddysgu'r iaith. Hyd yn oed pan yw plentyn yn siarad Cymraeg gartref, gall y trawsnewid i addysg ffurfiol mewn ysgol arwain at golli'r iaith. Dim ond patrymau arbennig o ddefnydd ieithyddol yn y cartref sy'n arwain at hyfedredd yn y Gymraeg y gellir ei briodoli i ddylanwad teuluol. Nid yw Cymru yn eithriad o bell ffordd yn y cyswllt hwn. Er enghraifft, disgrifia Gardner-Chloros (1991) ddefnydd teuluol o iaith yn Alsace a all arwain at fethiant y plant i ddod i fedru un o'r ieithoedd y dônt ar eu traws mewn cymunedau dwyieithog ar y ffin rhwng Ffrainc a'r Almaen.

Welsh-speaking families in homogeneous communities lies behind pieces such as a *Sunday Telegraph* article by Brenda Parry headlined 'No welcome in the hillside schools'. The article claimed that even children of inmigrating families who had become Welsh-speakers were nevertheless victimized by teachers. (Neither the schools or localities were identifiable from the article.) It is quite common for people moving in to Welsh-speaking areas to react in an adverse way to exposure to the language. The 'Image of Wales Questionnaire' shows that there must be an element of culture shock when they discover for themselves that the language situation is not as might be expected. Morris (1989) conducted a study of social networks on the island of Anglesey. She quotes reactions from people who had moved in like 'the Welsh don't want us, so they speak Welsh all the time', 'they're just being bloody awkward'. All of this makes sense according to the static view of families and communities where moving to live there is just like being a tourist who stays on much longer than other tourists. But in fact families and communities are much more dynamic entities and forming part of a new population changes those moving in as well as people already in residence.

It is quite common to grow up in a Welsh-speaking household and yet not acquire the language. Even where a child speaks Welsh at home, the transition to formal schooling can result in loss of the language. Only particular patterns of language usage in the household result in proficiency in Welsh which can be attributed to family influence. Wales is in no way exceptional in this regard. For instance, Gardner-Chloros (1991) describes household language usage in Alsace which can lead to the children failing to acquire one of the languages they will encounter in bilingual communities on the Franco-German border.

Families on Anglesey

According to the 1981 Census, 62 per cent of the population of Anglesey was Welsh speaking. Jean Lyon (1991) surveyed families

Teuluoedd ar Ynys Môn

Yn ôl Cyfrifiad 1981, roedd 62 y cant o boblogaeth Ynys Môn yn siarad Cymraeg. Gwnaeth Jean Lyon (1991) arolwg o deuluoedd ym Môn trwy yrru holiadur at fam pob plentyn a anwyd yn y flwyddyn yn cychwyn ar ddydd Gŵyl Ddewi, 1988. Dosbarthwyd yr atebwyr ar sail hunan-adroddiadau am faint o Gymraeg a siaredid ganddynt mewn gwahanol sefyllfaoedd a'u hadroddiadau am faint o Gymraeg a siaredid gan eu partner gwrywaidd.

Pan oedd y ddau bartner yn siarad Cymraeg roedd cryn ddefnydd o'r Gymraeg yn y teulu, ond nid o anghenraid wrth siopa neu gyda chymdogion. Pan oedd gwahaniaeth yn statws ieithyddol y partneriaid, dylanwad y tad oedd fwyaf ar iaith yr aelwyd, yn enwedig ar yr iaith a siaredid â'r plant. Pan siaradai'r tad Saesneg a'r fam Gymraeg, roedd y fam yn llawer llai tebygol o siarad Cymraeg â'i phlant nag mewn cartrefi lle roedd y ddau bartner yn siarad Cymraeg. Gallai dylanwad y tad neu'r partner gwrywaidd yn y cartref weithio o blaid yr iaith. Defnyddiai dwy ran o bump o'r mamau a siaradai Saesneg gan mwyaf gryn lawer o Gymraeg gyda'u partneriaid a siaradai Gymraeg, ond dim ond un rhan o bump o ddynion a siaradai Saesneg a gyfathrebai yn yr un modd yn Gymraeg gyda'u partneriaid Cymraeg eu hiaith.

Archwiliwyd agweddau ieithyddol yn yr arolwg hefyd. Beth bynnag oedd y statws ieithyddol, roedd agweddau tuag at yr iaith Gymraeg yn ffafriol tu hwnt. Roedd y mwyafrif llethol o atebwyr am weld eu plant yn dysgu'r Gymraeg, (gweler Lyon ac Ellis, 1991) er bod dylanwad y Saesneg ar yr ynys cymaint.

Mae'n amlwg o arolwg Jean Lyon mai'r unig ffordd i ddysgu'r Gymraeg hyd yn oed yn yr ardaloedd Cymraeg hanesyddol, yw ochr yn ochr â'r Saesneg, gyda pherygl mawr o droi'n uniaith Saesneg er gwaethaf dymuniadau'r teulu. Mae angen ymrwymiad arbennig i drosglwyddo a chynnal yr iaith. Os na ddilynir 'polisi' o ddefnydd parhaol gan unigolion a theuluoedd ni ellir cynnal rhugledd ymysg

in Anglesey by sending a questionnaire to mothers of all babies born in the year beginning on St David's Day (1 March 1988). Respondents were classified on the basis of self reports of how much Welsh they spoke in different situations and their reports of how much their male partner spoke.

Where both partners spoke Welsh, there was considerable use of Welsh within the family, although not necessarily when out shopping or with neighbours.

When the linguistic status of the partners differed, there was a predominant influence of the male partner on the language of the household and especially on the language spoken to children. When the father was English speaking, and the mother Welsh speaking, the mother was much less likely to speak Welsh with the children than in a household where both partners were Welsh speaking. The influence of the father or male partner could work in favour of the Welsh language. Two-fifths of the mothers who were mainly English speaking used a substantial amount of Welsh with their Welsh-speaking partners, whereas only one-fifth of English-speaking men communicated similarly in Welsh with their Welsh-speaking partner.

The survey also investigated language attitudes. Regardless of linguistic status, attitudes to the Welsh language were overwhelmingly favourable. The overwhelming majority of respondents wanted their children to learn Welsh, (see Lyon & Ellis, 1991) even though the strength of the influence of English on the island was so strong.

From Jean Lyon's survey it is clear that even in the historical Welsh heartlands, the only way of acquiring Welsh is side-by-side with English, with a strong risk of becoming an English monolingual in spite of family wishes. A special commitment is needed for language transmission and maintenance. Unless individuals and families follow a 'policy' of sustained usage, fluency cannot be maintained in adults and the language is not acquired by children. Jean Lyon's results on usage with extended family and the results on attitude to

oedolion ac ni ddaw'r plant i ddysgu'r iaith. Dengys canlyniadau Jean Lyon ar y defnydd o iaith gyda'r teulu estynedig a chanlyniadau agwedd at yr iaith (Lyon ac Ellis, 1991) faint o ymrwymiad o'r fath sy'n parhau ym Môn. Roedd 86 y cant o rieni am weld eu plant yn rhugl yn y Gymraeg. Dim ond pump y cant oedd am beidio â'u gweld yn gallu siarad Cymraeg o gwbl.

Mae magwraeth fel siaradwr Cymraeg yn ymdebygu fwyfwy i brofiad pobl sy'n siarad ieithoedd lleiafrifol anfrodorol yn y Deyrnas Unedig. Mae llenyddiaeth sylweddol ar gael gyda chyngor i deuluoedd yn deillio o adroddiad gan Saunders (1982a) ynglŷn â magu'i blant yn ddwyieithog yn Awstralia. Eglura Harding a Riley (1986) pa mor sydyn y cyll plant iaith os nas defnyddir yn barhaol. Ymosodant hefyd ar y syniad fod gwahaniaeth rhwng dwyieithrwydd 'gwerinol' a dwyieithrwydd dosbarth canol neu 'elitaidd'. Y ffactor hanfodol yw cynnal y defnydd parhaol o'r iaith mewn cyd-destunau y gall y plant eu hadnabod. Ar lefelau gwahanol o gymdeithas, llwyddir i gyrraedd y defnydd hanfodol parhaol o iaith trwy ddulliau gwahanol. Mae'n bosibl i deuluoedd dosbarth canol ddibynnu ar eu hadnoddau eu hunain. Bydd llai o annibyniaeth economaidd yn golygu dibyniaeth ar y gymuned neu ar gefnogaeth y teulu estynedig. Bydd gwahaniaethau mewn dosbarthiadau cymdeithasol yn golygu gwahanol ffynonellau o gefnogaeth ar gyfer y defnydd parhaol o iaith, ond y defnydd parhaol sy'n bwysig, (gweler hefyd De Jong, 1984 a Romaine, 1989.)

Dengys agweddau at iaith yn Ynys Môn (gweler Lyon & Ellis, 1991) ymwybyddiaeth o'r angen i ddefnyddio'r iaith yn barhaus. Gwelwyd dealltwriaeth o ddylanwad mewnlifiad a chysylltiad cryf iawn rhwng hunaniaeth a throsglwyddiad iaith. Felly ar draws gwahaniaethau cymdeithasol, gwneir dewisiadau gweithredol. Mae angen i unrhyw waith proffesiynol sy'n ymwneud â theuluoedd barchu'r dewisiadau ieithyddol gweithredol hyn.

Dwyieithrwydd ar sail teulu

Mae llenyddiaeth helaeth am y defnydd o

the language (Lyon & Ellis 1991) show how such a commitment persists on Anglesey. Eighty-six per cent of parents wanted their children to be fluent in Welsh. Only 5 per cent did not want them to be able to speak Welsh at all.

To grow up as a Welsh-speaker is becoming more and more like the experience of people who speak non-indigenous minority languages in the United Kingdom. There is a considerable literature with advice for families stemming from an account by Saunders (1982a) of bringing up his children bilingually in Australia. Harding and Riley (1986) explain how quickly children lose a language if it is not in continuous use. They also attack the notion that there is a difference between 'folk' bilingualism and 'elitist' or middle-class bilingualism. The essential factor is sustaining continuous use of the language in contexts which the child can identify. At different levels of society, the essential sustained usage of the language will be achieved by different means. Middle-class families may be able to rely on their own resources. Less economic independence will mean reliance on community or extended family support. Social class differences will result in different sources of support for sustained use of a language, but sustained use is what counts. (See also De Jong, 1984 and Romaine, 1989.)

Language attitudes on Anglesey (see Lyon & Ellis, 1991) indicate an awareness of the need for a commitment to sustained language use. There was appreciation of the influence of inmigration and a very strong linkage between identity and transmission of the language. So across social differences, active choices are made. Any professional work with families needs to respect these active linguistic choices.

Family-based bilingualism

There is a copious literature on patterns of language usage in families which can lead to bilingualism. It goes back to the period before the First World War. The overall picture can be summarized as six family patterns (Figures 1 to 6). The six patterns are discussed by Saunders

batrymau iaith mewn teuluoedd a all arwain at ddwyieithrwydd. Â yn ôl i'r cyfnod cyn y Rhyfel Byd Cyntaf. Gellir crynhoi'r darlun cyffredinol fel chwe phatrwm teuluol (Ffigyrau 1–6). Trafodir y chwe phatrwm gan Saunders (1982a), Harding a Riley (1986) a Romaine (1989). Mae'r betryal allanol yn cynrychioli'r gymuned. Mae'r hirgrwn yn cynrychioli'r teuluoedd, a'r ieithoedd y tu allan i'r cylch yw'r rhai a ddefnyddir i siarad â'r plentyn neu'r plant. Mae'r cylch yn cynrychioli'r plant, a rhestrir yr ieithoedd y dônt i'w siarad y tu mewn.

Yn achos Ronjat (1913) (Ffigwr 1) siaradai un rhiant â'r plentyn yn Ffrangeg a defnyddiai'r llall Almaeneg. O ganlyniad roedd y mab yn ddwyieithog mewn Ffrangeg ac Almaeneg.

Mae'r patrwm a ddisgrifir gan Fantini (1976) (Ffigwr 2) yn berthnasol iawn i gyd-destun y Gymraeg. Dim ond un o'r ieithoedd y mae'r rhieni (yr hirgrwn) am weld eu plant (yn y cylch) yn eu dysgu yw iaith ddominyddol y gymuned (y petryal allanol).

Yn y patrwm teuluol a ddangosir yn Ffigwr 3, er bod y rhieni yn siarad sawl iaith a nifer o ddewisiadau'n agored iddynt, adlewyrchai'r dewis i siarad Estoneg â'u plentyn y ffaith eu bod yn byw y tu allan i Estonia, a heb eu polisi eu hunain yn y cartref, o bosibl byddai'r plentyn wedi dod i siarad iaith ddominydol y gymuned yn unig.

Mae Elwert (1959) (Ffigwr 4) yn batrwm lle arweiniodd y polisi o un rhiant, un iaith yn y cartref at deirieithrwydd oherwydd trydedd iaith yn y gymuned.

Dengys Saunders (1982a) (Ffigwr 5) batrwm sy'n dangos y gall yr enillion clir yn rhifau siaradwyr iaith fod yn seiliedig ar y teulu. Dysgodd George Saunders yr Almaeneg yn oedolyn, ac yna magodd ei blant i siarad yr iaith tra parhai'i wraig i siarad Saesneg. Ni ellir llwyr gwerthfawrogi'r ddeinameg gymdeithasol hon yn hemisffer y Gogledd gan fod statws uchel i'r Almaeneg yno. Ond statws eithaf isel sydd i'r Almaeneg yn Awstralia. Mae'r gwerthoedd diwylliannol dominyddol yn Awstralia yn gryf yn erbyn siarad mwy nag un iaith (Saesneg), er nad yw'n iaith frodorol, (gweler Saunders, 1982a).

(1982a), Harding and Riley (1986) and Romaine (1989). The outer square represents the community. The oval represents the family with the languages outside the circle being those used to address the child or children. The circle represents the children and the languages they came to speak are listed inside. Thus in the case of Ronjat (1913) (Figure 1) one parent addressed the child in French and the other used German. As a result the son was bilingual in French and German.

The pattern described by Fantini (1976) (Figure 2) is very relevant to the Welsh context. The surrounding community (the outer square) has a dominant language which is only one of the languages which the parents (in the oval) want the children (in the circle) to speak.

In the family pattern shown in Figure 3, although the parents were multilingual and had a number of options open, their choice to speak Estonian to the child reflected the fact that they lived outside Estonia, and so, without their own household policy, the child may have become a speaker of only the dominant language in the community.

Elwert (1959) (Figure 4) is a pattern where a one-parent, one-language policy in the home resulted in trilingualism because of a third language in the community.

Saunders (1982a) (Figure 5) shows a pattern which indicates that net gains in numbers of speakers of a language can be family based. George Saunders learned German as an adult, and then brought up the children to speak the language while his wife continued to speak English. The social dynamics are not fully appreciated in the northern hemisphere, since German has high prestige. But in Australia German has comparatively low prestige. The dominant cultural values in Australia are very much against speaking any more than one language (English), even though it is not an indigenous language (see Saunders, 1982a).

The final pattern as shown in Figure 6 is really an absence of a clear family policy, since both parents mixed the languages.

Where parents want the children to be

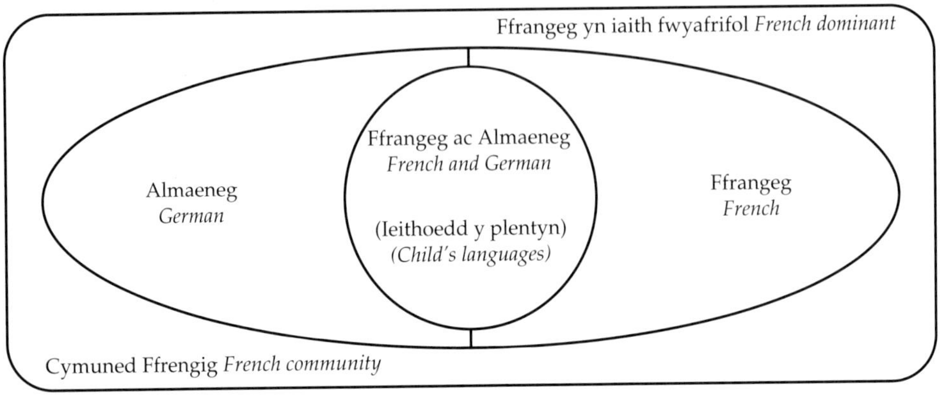

Ffigur 1/Figure 1 J. Ronjat (1913).

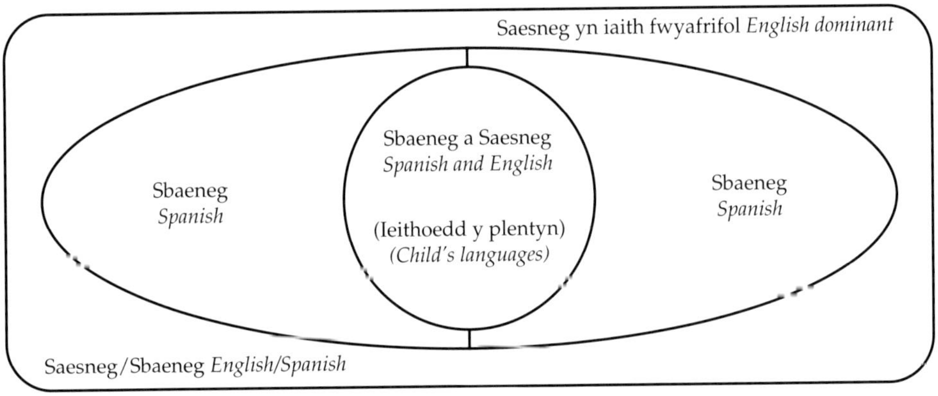

Ffigur 2/Figure 2 A. E. Fantini (1976).

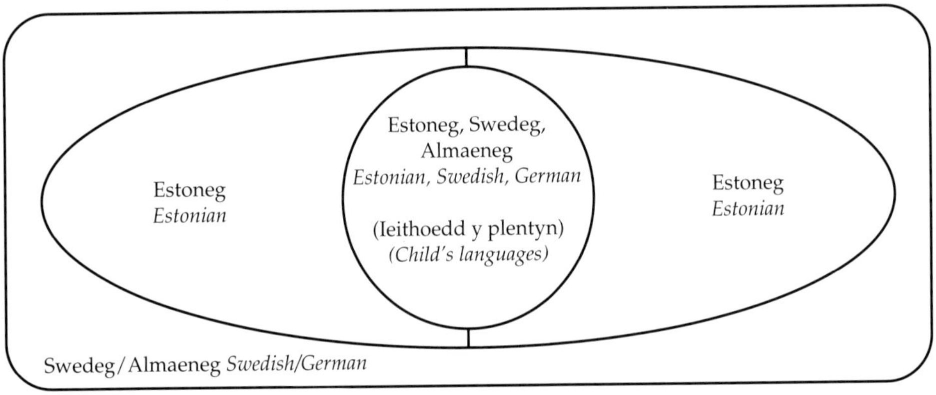

Ffigur 3/Figure 3 E. Oksaar (1977, 1983).

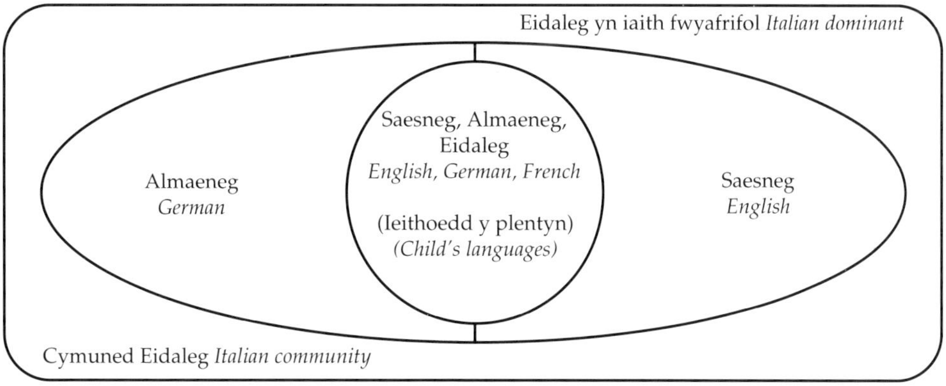

Ffigur 4/Figure 4 W. T. Elwert (1959).

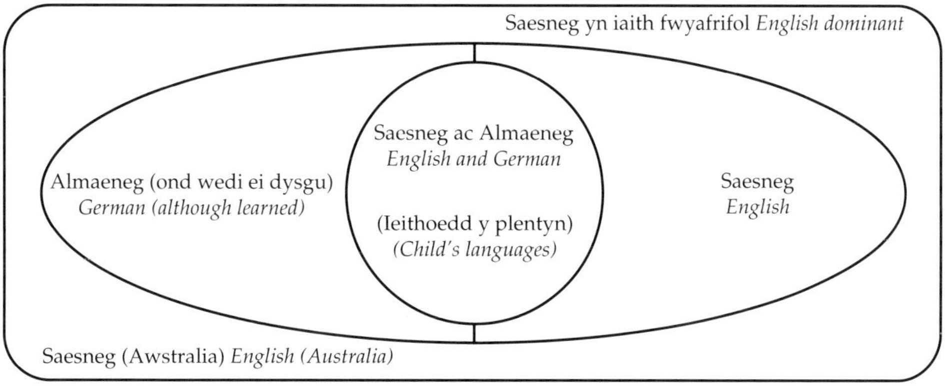

Ffigur 5/Figure 5 G. Saunders (1982a).

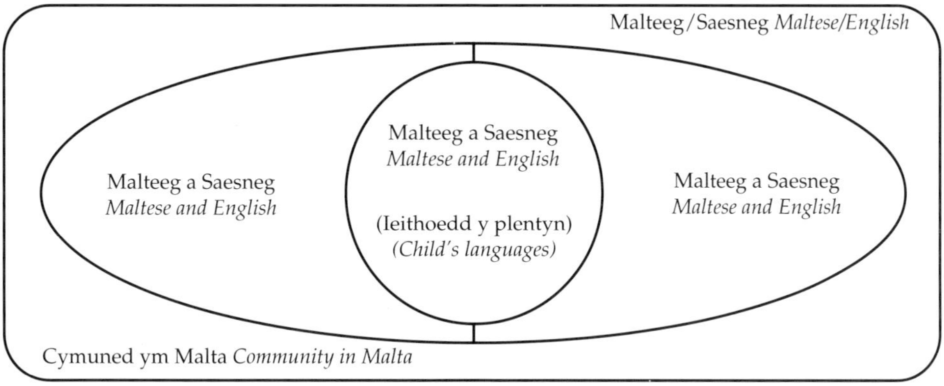

Ffigur 6/Figure 6 S. Ellul (1978).

Dengys y patrwm olaf yn Ffigwr 6 absenoldeb polisi teuluol clir, gan y cymysgai'r ddau riant yr ieithoedd.

Pan yw rhieni am weld eu plant yn ddwyieithog mewn cymuned lle mae'r iaith fwyafrifol yn iaith ryngwladol bwysig, arweinia ymchwil at y math o gyngor a grynhoir yn Ffigwr 7. Mae'r ffigwr hwn yn seiliedig ar erthygl gan Grover (1992). Cynigia Grover y cyngor a ganlyn i rieni sydd am weld eu plant yn ddwyieithog, yn enwedig mewn amgylchedd lle mae iaith megis Saesneg yw'r iaith fwyafrifol:

1. Mae siarad dwy iaith yn y cartref yn arwain o ddydd i ddydd i glywed mwy a mwy o Saesneg. Felly mae angen i bartneriaid ddechrau siarad yr iaith arall cyn geni'r plant. Os yw un partner yn siarad Saesneg yn unig gall dechrau graddol gydag ychydig o eiriau o gwmpas y bwrdd arwain at gynnydd yn y defnydd o'r iaith leiafrifol heb hunan ymwybyddiaeth.

2. Dechreuwch siarad â 'lwmp y fam' a'r rhiant sy'n siarad yr iaith leiafrifol i ddefnyddio'r iaith honno'n unig.

3. Eglurwch i Saeson uniaith pam eich bod yn siarad yr iaith leiafrifol, gan eu sicrhau nad ydych yn siarad amdanynt ac na ddylent deimlo unrhyw annifyrrwch.

4. Defnyddiwch y plant i egluro'r hyn a drafodir fel y tyfant. Dylid osgoi defnyddio'r Saesneg oherwydd presenoldeb pobl eraill neu bydd eich plant yn 'meithrin y syniad fod yr iaith leiafrifol yn iaith gyfrinachol – ac felly'n israddol'.

5. Bydd ffrindiau yn disgyn i grwpiau – y rhai hynny a fydd yn ystyried y plant yn 'rhai galluog iawn' a'r 'grŵp trafferthus' a fydd yn brwydro'n barhaus rhag defnyddio'r iaith leiafrifol. Peidiwch â chael eich cyflyru gan y naill ymateb neu'r llall.

6. Cefnogwch sefydliadau gwirfoddol sy'n defnyddio'r iaith leiafrifol.

bilingual when a major international language is dominant in the community, research leads to the kind of advice summarized in Figure 7.

This figure is based on an article by Grover (1992). Grover offers any parents wanting their children to be bilingual, especially in an environment with a dominant language like English, the following advice:

1. Speaking two languages at home leads day by day to hearing more and more English. So partners need to start speaking the other language before children are born. If the one partner speaks only English a gentle start with a few words around the table can lead to use of the minority language increasing without self consciousness.

2. Start speaking to mum's 'lump' with the minority-language parent speaking only that language.

3. Explain to English monolinguals why you are speaking the minority language, and reassure them that you are not talking about them and that they should not feel uncomfortable.

4. Use the children to explain what you have been talking about as they get older. Avoid using English because of the presence of other people or your children 'will pick up the idea that the minority language is a secret – and therefore inferior – language'.

5. Friends will fall into groups – those who think the children 'must be brilliant' and 'the problem group' who will show persistent pressure against using the minority language. Do not be swayed by either reactions.

6. Support voluntary institutions which make use of the minority language.

7. Purchase audio and video material in the minority language.

8. Travel if necessary to ensure contact

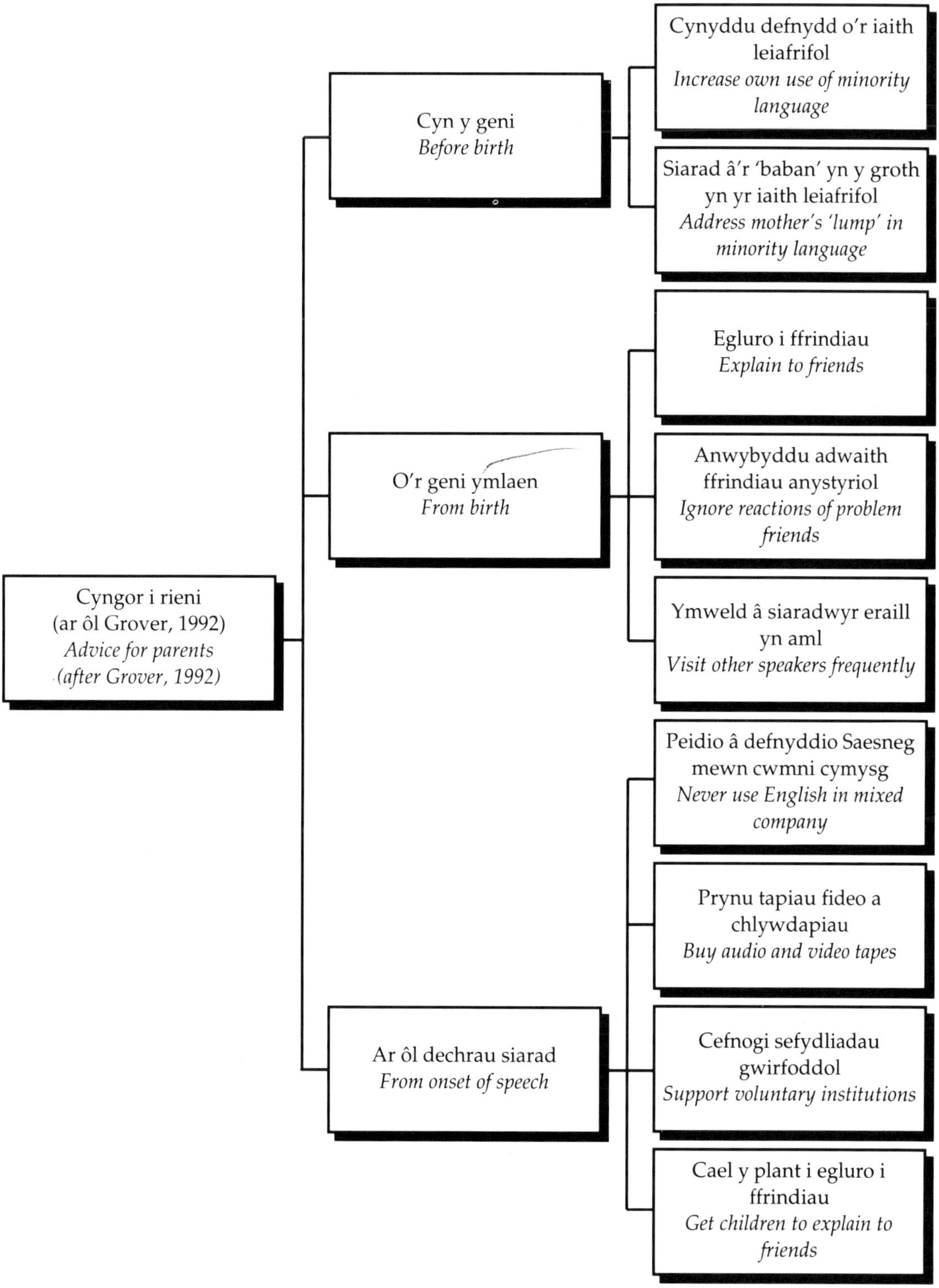

Ffigur 7 Cyngor i rieni (ar ôl Grover).
Figure 7 Advice to parents (after Grover, 1992).

7. Prynwch glywdapiau a thapiau fideo yn yr iaith leiafrifol.

8. Teithiwch os bydd rhaid i sicrhau cysylltiad rhwng y plant a rhai sy'n siarad yr iaith leiafrifol.

Mae'r llenyddiaeth ymchwil yn glir nad yw dilyn cyngor o'r math hwn yn niweidiol o gwbl i'r iaith fwyafrifol y mae'r plentyn yn dod ar ei thraws yn y gymuned ehangach, hyd yn oed os oes llawer o bobl yn siarad yr iaith leiafrifol yno (gweler Saunders, 1982b).

Ymddengys ar sail y cyngor a roddwyd gan Grover y dylid osgoi patrwm 'un rhiant, un iaith' (Ffigwr 1) mewn cartrefi lle mae'r ddau bartner yn ddwyieithog yn Saesneg a Chymraeg, er bod y dewis yno.

Yn arolwg Lyon, ymddangosai fod 90 y cant o'r teuluoedd lle siaredid Cymraeg gan y ddau riant yn cydsynio â hynny. O adroddiadau'r mamau ymddangosai fod y ddau bartner dwyieithog yn siarad 'bron bob amser neu'r rhan fwyaf yn Gymraeg' â'r plant. Roedd yr un peth yn wir am dri chwarter y cartrefi lle mai'r fam yn unig oedd yn siarad Cymraeg. Ond, roedd un rhan o bump o gartrefi gyda'r fam yn siarad Cymraeg yn dilyn patrwm Ffigwr 6, sef, mewn gwirionedd, dim polisi o gwbl.

Cynrychiolid rhai o'r patrymau eraill yn Ffigyrau 1 i 6 yn yr arolwg ym Môn, ond fel canrannau llai. Ymdrin â'r Gymraeg a'r Saesneg oedd yr arolwg, felly ni fyddai patrymau yn ymdrin â theirieithrwydd wedi dod i'r wyneb. Nid yw cyngor Grover ynglŷn â phartneriaid yn newid eu statws ieithyddol yn anymarferol a barnu o arolwg Lyon. Beth bynnag oedd y dosbarth cymdeithasol, roedd partneriaid wedi dechrau siarad rhywfaint o Gymraeg er nad oeddynt yn siarad Cymraeg cyn geni'r plentyn. Awgryma Lyon pan nad oedd y dyn yn siarad Cymraeg, fod patrwm o ddefnyddio'r Saesneg gyda ffrindiau wedi dechrau'n barod ac na fyddai'n newid ar ôl geni'r plentyn.

Mae llawer o'r cyngor ar ddelio â chymdogion a ffrindiau yn rhagweld problemau a chamddealltwriaeth ar eu rhan. Yn

between the children and speakers of the minority language.

The research literature is clear that following this kind of advice has no detrimental effects whatever on the dominant language to which the child is exposed by the wider community, even where there are numerous speakers of the minority language (see Saunders, 1982b).

It would seem from the advice given by Grover that the 'one parent, one language' pattern (Figure 1) should be avoided in households where both partners are bilingual in Welsh and English, even though the option is available.

In the Lyon survey, over 90 per cent of families where both parents spoke Welsh would seem to subscribe to that view. From the mothers' reports it seemed that both bilingual partners spoke 'almost always or mostly in Welsh' to the children. The same was true of three-quarters of the households where only the mother had been Welsh speaking. However, one-fifth of households with a Welsh-speaking mother seemed to follow the pattern in Figure 6, which is really an absence of any policy.

Some of the other patterns in Figures 1 to 6 seem to be represented in the Anglesey survey but as smaller proportions. The survey concerned Welsh and English, so patterns involving trilingualism would not have emerged. Grover's advice about partners changing their linguistic status is not impracticable judging by the Lyon survey. Regardless of social class, partners had gone over to some use of Welsh even though they had not been Welsh speaking before the birth of the infant. Lyon suggests that where the male partner was not Welsh speaking, a pattern of English usage with friends was already under way and remained resistant to change with the arrival of the infant.

Much of the advice on treatment of neighbours and friends anticipates problems and misunderstandings on their part. In the case of Anglesey, as indicated by the Morris study, social tensions do occur. The reported usage of Welsh drops considerably for

achos Môn, fel y dangoswyd yn astudiaeth Morris, mae tensiynau cymdeithasol yn digwydd. Mae defnyddio'r Gymraeg, yn ôl yr adroddiadau, yn disgyn yn arw mewn sefyllfaoedd megis siopa a siarad â chymdogion.

Mae cyngor Grover yn rhagdybio teulu niwclear gydag annibyniaeth economaidd a hunan hyder. Nid yw'n glir pa mor aml y deuir ar draws teuluoedd o'r fath ar Ynys Môn. Ar y llaw arall, mae'n amlwg fod rhwydweithiau cynhaliol yn bodoli. Roedd cysylltiadau cryf rhwng faint o Gymraeg a ddefnyddiwyd gyda rhieni'r fam, faint a ddefnyddiwyd yn yr ysgol flaenorol, a'r defnydd o'r Gymraeg gyda'r plant. Digwyddai'r cysylltiadau hyn ochr yn ochr â lefelau isel o Gymraeg pan yn siopa neu gyda chymdogion. Awgryma hyn fod y teulu estynedig fertigol yn ffynhonnell bwysig o fewnbwn ieithyddol i blant. Awgryma'r cysylltiad ag addysg fod rhwydwaith o gyfoedion ar gael gyda chysylltiadau a ffurfiwyd ym mlynyddoedd ysgol. Ond gan fod y defnydd o'r Gymraeg ar gyfer gweithgareddau megis siopa mor isel, mae'r newidiadau yn y boblogaeth a barhaodd trwy'r 1970au a'r 1980au wedi dileu'r gefnogaeth gymunedol ehangach ar gyfer trosglwyddo iaith.

Cymry Cymraeg yn y gymuned

Ceir casgliadau yn astudiaeth Morris (1989) sy'n gyson â'r adnabyddiaeth o ffynonellau cynnal ar gyfer trosglwyddo iaith yn arolwg Jean Lyon. Darganfu Morris fod rhwydweithiau teuluol a sefydliadau gwirfoddol yn hanfodol i drosglwyddiad iaith. Ymddangosai fod cyfoedion y rhieni a siaradai Gymraeg yn rhoi cefnogaeth trwy sefydliadau gwirfoddol ond nid trwy gyfarfyddiadau bob dydd yn y gymuned, er enghraifft wrth siopa. Mae astudiaeth Morris yn bwysig hefyd oherwydd iddi herio'r safbwynt statig iawn o'r gymuned sydd y tu ôl i'r ysgrifennu dadleuol sy'n ymddangos ym mhapurau newydd Llundain, a hefyd y tu ôl i ddadansoddiadau traddodiadol o sefyllfaoedd cymdeithasol. Wrth ystyried mewnlifiad gwelir fod y teulu'n bwysig iawn. Mae llawer o Saeson oedrannus

situations like shopping and speaking with neighbours.

The Grover advice assumes a nuclear family with economic independence and self assurance. It is not clear how often such families can be encountered on Anglesey. On the other hand, it is clear that support networks exist. There were strong associations between the amount of Welsh used with the mother's parents, the amount used at the last school and the use of Welsh with children. Those associations were found alongside low levels of Welsh usage when shopping or with neighbours. This suggests that the vertical extended family is an important source of linguistic input for children. The association with education suggests that a network of peers is available with connections formed in school years. However, since the usage of Welsh for activities like shopping is so low, the population changes which continued through the 1970s and 1980s have removed wider community support for language transmission.

Welsh-speakers in the community

The study by Morris (1989) has findings consistent with identification of sources of support for language transmission in Jean Lyon's survey. Morris found that kinship networks and voluntary institutions were crucial in language transmission. Welsh-speaking peers of the parents seem to provide support through voluntary institutions but not through everyday encounters in the community as when shopping. The Morris study is also important for challenging the very static view of the community which lies behind polemical writing in London newspapers, and also behind traditionalist analyses of social situations. Kinship is very important for inmigration. Many elderly English-speakers had moved to join younger family members whose work had already brought them to Anglesey. Such social network patterns provide the context where the warnings to parents by Grover are relevant even where Welsh-speakers are numerous.

Families will encounter 'problem' friends. In

wedi symud at aelodau iau o'r teulu y mae eu gwaith wedi dod â hwy'n barod i Fôn. Y mae patrymau rhwydweithiau cymdeithasol o'r fath yn gosod y cyd-destun lle mae rhybuddion Grover i rieni yn berthnasol, hyd yn oed lle mae Cymry Cymraeg yn niferus.

Daw teuluoedd i gysylltiad â ffrindiau 'trafferthus'. Er mwyn ennill a chynnal hyfedredd yn Gymraeg, mae defnydd parhaol o'r iaith yn hanfodol, ond gall ffrindiau a chymdogion uniaith newydd adweithio'n wrthwynebus. Mae paradocs yn y fath adweithiau. Yn ôl Grover, petai pwysau gan bobl uniaith yn gostwng statws y Gymraeg i 'iaith gyfrinachol i'w defnyddio'n unig yn y dirgel ymysg grwpiau a gydsyniai i hynny', yna o anghenraid crëid sefyllfa o annifyrrwch ac arwahanrwydd. Disgrifia Gumperz (1982) sefyllfa yng nghanolbarth Ewrop lle gwaharddwyd defnyddio'r iaith leiafrifol mewn cwmni cymysg ac oherwydd hynny collodd y genhedlaeth iau reolaeth ar gystrawennau gramadegol yr iaith gan raddol golli'r defnydd ohoni. Mae llawer o Gymry Cymraeg yn ymwybodol o'r hyn a allai ddigwydd petaent yn ildio i bwysau am waharddiad.

Yr her i safbwyntiau statig iawn o'r cymunedau Cymraeg eu hiaith yw nad yw'r boblogaeth newydd yn cyrraedd fel ymwelwyr, ac maent yn aros yn hwy. Ffurfir rhwydweithiau teuluol newydd estynedig fel y symuda aelodau hŷn o'r teulu o Loegr i ymuno â'u perthnasau. Mae gan y boblogaeth newydd fwy o rym economaidd yn ogystal â'r sail i sefydlu teuluoedd estynedig fertigol. Nid oes braidd dim dibyniaeth ar y boblogaeth sy'n siarad Cymraeg. Mae sylfaen ar gyfer rhaniadau cymdeithasol nad oes ganddynt fawr ddim i'w wneud â gwahaniaethau ieithyddol. Gall y gwahaniaethau ieithyddol fod yn rhan o'r sefyllfa, ond mae deinameg y sefyllfa yn llawer mwy cymhleth nag y byddai unrhyw safbwynt allanol o Lundain yn ei ganiatáu.

Mae'n amlwg o dystiolaeth Cyfrifiad ac arolwg (Bellin, 1989) fod addysg yn hanfodol er mwyn i'r boblogaeth sydd yn yr oedran i gael plant barhau i siarad Cymraeg. Dyma'r

order to gain and sustain facility in Welsh, continuous usage is essential, but friends and new monolingual neighbours may react in an adverse way. There is a paradox about such reactions. If pressure from monolinguals reduced the status of Welsh to a 'secret language to be used only in private among consenting parties', as Grover would say, then a situation of discomfort and exclusiveness would necessarily be brought about. Gumperz (1982) describes a situation in central Europe where prohibition of the use of the minority language in mixed company led to the younger generation losing control of grammatical structures and gradually giving up its use. Many Welsh-speakers are aware of the likely outcome of yielding to pressures for prohibition.

The challenge to very static views of Welsh-speaking communities is that the new population does not arrive like tourists, and they stay on longer. New extended kinship networks form as older family members move from England to join their relatives. The new population has more economic power as well as the basis for setting up vertically extended families. There is scarcely any dependency on the Welsh-speaking population. There is a basis for social divisions which would have very little to do with language differences. Language differences may be an accompaniment but the dynamics of the social situation are more complex than any outsider view from London would allow.

It is clear from Census and survey evidence (cf Bellin, 1989) that education is crucial for maintaining the speaking of Welsh among the population of an age to have families. It is the only way of making net gains in the number of speakers in the new population. There are pressure groups within Wales which receive much publicity within Wales and in London newspapers for challenges to local education authorities through the courts. The challenges are for using Welsh as the medium of instruction in schools. However, the publicity for such challenges has to be evaluated against a background of overwhelming favourableness

unig ffordd o wneud cynnydd clir yn niferoedd y siaradwyr ymysg y boblogaeth newydd. Ceir carfanau dwyn pwysau yng Nghymru sy'n derbyn llawer o gyhoeddusrwydd yng Nghymru ac ym mhapurau Llundain pan heriant awdurdodau addysg lleol yn y llysoedd. Yr hyn a herir yw defnyddio'r Gymraeg fel cyfrwng dysgu yn yr ysgolion. Serch hynny, mae'n rhaid ystyried y cyhoeddusrwydd hwn yn erbyn cefndir sy'n gryf o blaid addysg trwy gyfrwng y Gymraeg fel ffordd o drosglwyddo'r iaith i'r genhedlaeth nesaf, beth bynnag yw statws ieithyddol y teuluoedd. Roedd lefel y gefnogaeth yn amlwg mewn deg tref yng ngogledd-orllewin a de-orllewin Cymru ddeng mlynedd cyn yr arolwg ym Môn (gweler Harrison, Bellin & Piette, 1981). Dengys arolwg Môn fod bron i 90 y cant o famau am weld eu plant yn rhugl yn Gymraeg. Dim ond 5 y cant o'r atebwyr yn arolwg Lyon oedd am weld eu plant yn siarad Saesneg yn unig. Dim ond lleiafrif o atebwyr a siaradai Saesneg yn unig (14 y cant) oedd am weld eu plant yn uniaith fel hwythau.

Yn hytrach na bod elfennau statig iawn yn y cymunedau Cymraeg eu hiaith – teuluoedd traddodiadol ac ysgolion yn brwydro yn erbyn ei gilydd ac yn erbyn teuluoedd oedd yn symud i mewn – mae'r dystiolaeth o Fôn o leiaf yn awgrymu sefyllfa ddeinamig iawn. Mae posibiliadau newydd yn dod i'r golwg ar gyfer cymunedau, yn enwedig os ceir cyd-weithredu gan y mwyafrif llethol sydd am weld cenedlaethau newydd o Gymry Cymraeg.

Siarad Cymraeg yn seiliedig ar yr ysgol

Mae cryn alw am ysgolion cyfrwng Cymraeg lle mae'r Cyfrifiad yn dangos canran isel o siaradwyr. Dengys ymchwil ansoddol gyda rhieni uniaith Saesneg sy'n dewis addysg trwy gyfrwng y Gymraeg i'w plant gymaint yw eu hymroddiad hyd yn oed yn ne-ddwyrain Cymru (gweler Campbell & Packer, 1992). Dengys canlyniadau cyhoeddedig mai dysgu trwy gyfrwng y Gymraeg yw'r ffordd fwyaf effeithiol o ddod i siarad yr iaith yn hytrach na chael gwersi iaith. Rheswm pwysig am hyn yw

for Welsh-medium education as the way of transmitting the language to the next generation, whatever the linguistic status of their families. The level of support was clear in a survey of ten towns in north-west and south-west Wales ten years before the Anglesey survey (see Harrison, Bellin & Piette, 1981). The Anglesey survey indicates that nearly 90 per cent of mothers there want their children to be fluent in Welsh. Only 5 per cent of the respondents in the Lyon survey wanted their children to be monolingual in English. Only a minority of respondents whose language usage was entirely English (14 per cent) wanted their children to be monolingual like themselves.

Instead of there being very static elements in Welsh-speaking communities – traditional families and schools pitted against each other and against incoming families – the evidence from Anglesey at least suggests a very dynamic situation. New possibilities of community seem available, especially if there can be collective action on the part of the overwhelming majority who wish to see new generations of Welsh-speakers.

School-based speaking of Welsh

There is considerable demand for Welsh-medium schools where the Census shows a low percentage of speakers. Qualitative research with English monolingual parents who choose Welsh-medium education for their children shows the extent of their commitment even in south-east Wales (see Campbell & Packer, 1992). Publicly available results indicate that Welsh-medium instruction is the most effective way of becoming a Welsh-speaker rather than having language lessons. An important reason is that conducting activities in a language allows time for other tasks besides attention to language structure, and yet provides for sustained use.

Use of a language as the medium of instruction affects language mastery while allowing for curriculum delivery at the same time. An important clue as to how this works comes from research which clears up misunderstandings

fod cynnal gweithgareddau mewn iaith yn rhoi amser i dasgau eraill ar wahân i roi sylw i gystrawen iaith, ac eto yn rhoi cyfle i'r iaith gael ei defnyddio'n barhaol.

Effeithia'r defnydd o iaith fel cyfrwng dysgu ar feistrolaeth o'r iaith ac ar yr un pryd cyflwynir y cwricwlwm. Daw cliw pwysig i ddangos sut y gweithia hyn o ymchwil a wnaethpwyd i gael gwared â'r camddeall-twriaethau a oedd yn bodoli yn y 1920au a'r 1930au ynglŷn â Chymry Cymraeg (gweler Baker, 1988; Baddely, 1982). Yn y 1920au a'r 1930au pryderai rhai fod rhychwant digidol plant a siaradai Gymraeg yn llai na phlant o'r un math a siaradai Saesneg. Prawf cof tymor byr yw rhychwant digidol ac fe'i mesurir trwy restru nifer o ddigidau y ceisia'r person eu cofio. Ar ôl pob prawf llwyddiannus, ychwanegir at y rhestr hyd nes y ceir dau brawf gwallus yn olynol. Mae rhychwant y rhan fwyaf rhwng pump a naw digid mewn prawf o'r fath. Mynegwyd pryder yn y 1920au a'r 1930au oherwydd fod rhychwant digidol yn rhan o brofion deallusrwydd, ac ymddan-gosent yn berthnasol i rifyddeg pen. Cafwyd dadl ddwys ynglŷn â deallusrwydd Cymry Cymraeg. Llwyddwyd i ddatrys rhai o'r dadleuon gan W. R. Jones (1959, 1963, 1966), ond roedd rhaid aros am esboniad manylach hyd nes y cafwyd ymchwil gyda gwir-foddolwyr Cymraeg eu hiaith gan Ellis a Hennelly (1980).

Un dull o wella rhychwant cof tymor byr yw trwy ailadrodd y rhestr yn y pen – strategaeth ymarfer. Mae ymarfer yn strategaeth a ddefnyddir gan rai pobl ar y ffordd i'r siop yn hytrach nag ysgrifennu rhestr. Ffactor sy'n hwyluso ymarfer yw hyd y geiriau. Gan fod ymarfer digidau Cymraeg yn cymryd mwy o amser i'r gwirfoddolwyr nag ymarfer digidau Saesneg, llwyddodd Ellis a Hennelly i ddangos mai'r gwahaniaeth yn yr amser ymarfer oedd yn achosi gostyngiad yn y rhychwant cof. Nid oedd gan alluoedd ymenyddol cymharol siaradwyr Cymraeg a siaradwyr Saesneg ddim i'w wneud â'r peth.

Y tu allan i'r labordy, dull defnyddiol o wella'r cof am ddigidau yw digon o ymarfer ar

about Welsh-speaking children which were prevalent in the 1920s and 1930s (see Baker, 1988; Baddeley, 1982). During the 1920s and 1930s there was concern that the digit span of Welsh-speaking children was less than that of comparable English-speaking children. Digit span is a test of short-term memory and is measured by giving a random list of digits, which the person tries to remember. After each successful trial, the list is lengthened until two successive trials with mistakes. Most people have a span of between five and nine digits on such a test. The concern in the 1920s and 1930s came about because the digit span occurred in intelligence tests, and seemed relevant to mental arithmetic. A very involved debate about the intelligence of Welsh-speakers started up. Some issues were resolved by W. R. Jones (1959, 1963, 1966), but further detailed clarification had to wait until research with Welsh-speaking volunteers by Ellis and Hennelly (1980).

One way of improving on short-term memory span is to repeat the list in the head – a rehearsal strategy. Rehearsal is the strategy some people adopt on the way to a shop instead of writing down the list. A factor in the ease of rehearsal is the length of the words. Since rehearsing Welsh digits was taking their volunteers a little longer than rehearsing English digits, Ellis and Henelly were able to show that the difference in rehearsal time was causing the reduced memory span. It was nothing to do with the relative mental capacities of Welsh-speakers and English-speakers.

Outside the laboratory, a useful way of improving memory for digits is plenty of practice at problem solving. This is one reason why conducting activities in a language is important for learning. Differences in scores on mental arithmetic tests can be obtained when people are less practised at solving problems in Welsh than in English. Before the Second World War, when all school work on problems would have been done in English, the gap between the short-term memory span in Welsh and English would give the kind of test result

ddatrys problemau. Dyma un rheswm pam fod cynnal gweithgareddau mewn iaith yn bwysig ar gyfer dysgu. Gellir cael gwahaniaethau mewn sgoriau profion rhifyddeg pen pan nad yw pobl wedi cael cymaint o ymarfer datrys problemau yn Gymraeg ag yn Saesneg. Cyn yr Ail Ryfel Byd, pan wneid y gwaith ysgol ar broblemau i gyd yn Saesneg, byddai'r bwlch rhwng rhychwant cof tymor byr yn Saesneg a Chymraeg wedi rhoi canlyniadau o'r math a ddefnyddid i wneud honiadau negyddol ynglŷn â dwyieithrwydd (gweler Baker, 1988). Ond gellir trefnu dysgu cyfrwng Cymraeg mewn ffyrdd a fydd yn datblygu sgiliau cof a rhifol heb orfod rhoi amser i wersi iaith ffurfiol.

Dangosodd Davies (1986) sut i ddyfeisio profion pen lle roedd gan Gymry Cymraeg fantais dros siaradwyr Saesneg. Gall rhai mathau o gyfarwyddiadau yn aml fod yn llai amwys na'r rhai Saesneg. Ond gall y Gymraeg hefyd fod yn amwys lle nad yw'r Saesneg. Astudiodd Davies grwpiau oedran tebyg gyda phrofion o'r fath a llwyddodd i ddangos y gallai plant mewn ysgolion cyfrwng Cymraeg elwa lle roedd y cyfarwyddiadau yn Gymraeg yn gliriach na'r rhai yn Saesneg, hyd yn oed os Saesneg oedd iaith y cartref (gweler Bellin, 1989, 1992).

Ymdrinia un cwestiwn mewn ymchwil ddiweddar â'r hyn a oedd yn gyffredin rhwng plant o gartrefi lle siaredid Cymraeg a phlant o gartrefi di-Gymraeg wrth ystyried meistrolaeth ieithyddol. Gweithiodd Jones (1988) gyda samplau lleferydd ansafonol o sgyrsiau a gofnodwyd gyda phlant ysgol. Cwblhaodd Siencyn (1985) astudiaeth o blant oed meithrin. Cymharodd Bellin (1988) blant oed ysgol o gefndiroedd ieithyddol gwahanol ar gystrawennau'r Gymraeg, cystrawennau nad oes rhai cyfochrog yn Saesneg. Ni ddarganfuwyd unrhyw wahaniaeth sylfaenol o ran datblygiad ieithyddol pan yw'r Gymraeg yn ail iaith. Roedd y profion a ddefnyddiwyd gan Bellin (1988) yn gofyn am farn ramadegol yn hytrach na chynhyrchiad sain syml.

Cyflwyna Thomas (1991) dystiolaeth o gystrawennau gramadegol ansafonol mewn

used to make negative claims about bilingualism (see Baker, 1988). But Welsh-medium instruction can be organized in ways that build up memory and numerical skills without taking out time for actual language lessons.

Davies (1986) showed how to devise mental tests where Welsh-speakers had an advantage over English-speakers. Certain kinds of instructions in Welsh can often be less ambiguous than those in English. However, it is also the case that Welsh can sometimes be ambiguous where English is not. Davies studied similar age groups with such tests and was able to show that children in Welsh-medium schools could benefit where instructions in Welsh were more clear than English, even if the home language was English (see Bellin, 1989, 1992).

One question in recent research concerns how much children from homes without Welsh have in common with those from Welsh-speaking homes as far as language mastery is concerned. Jones (1988) worked with non-standard speech samples from conversations recorded in school-age children. Siencyn (1985) completed a study of nursery-age children. Bellin (1988) compared school-age children from contrasting linguistic backgrounds on Welsh constructions which do not have parallels in English. No fundamental difference in linguistic development was found when Welsh is a second language. The tests used by Bellin (1988) involved grammatical judgement rather than simple utterance production.

Thomas (1991) presents evidence of non-standard grammatical constructions in children in Welsh-medium secondary schools whose home language was English only. However, he, too, rejects any view which would presuppose a major divide between categories of school-age Welsh-speaker.

The research evidence gives the same impression as the results of examining the role of second-language speakers in Welsh culture. There are notable contributions to culture from people who learned Welsh at different times in their life cycle. For example, the Liverpool

plant o ysgolion uwchradd cyfrwng Cymraeg a siaradai dim ond Saesneg gartref. Ond mae yntau hefyd yn gwrthod unrhyw safbwynt sy'n rhagdybio rhaniad mawr rhwng categorïau o Gymry Cymraeg oedran ysgol.

Mae tystiolaeth yr ymchwil hon yn ymdebygu i'r hyn a geir wrth ystyried pa ran mae dysgwyr yn ei chymryd yn y diwylliant Cymraeg. Ceir cyfraniadau sylweddol i ddiwylliant gan bobl a ddysgodd y Gymraeg ar wahanol adegau yn eu bywydau. Er enghraifft cafwyd erthygl yn y *Liverpool Daily Post*, 4 Mehefin 1988, ar enillydd Eisteddfodol na chafodd addysg gyfrwng Cymraeg nes ei fod yn ddeg oed. Mae dod yn siaradwr Cymraeg yn dibynnu ar ddefnyddio'r iaith yn gyson ac yn barhaol. Gellir cynnal defnydd parhaol o'r iaith mewn sawl ffordd. Mae'r defnydd teuluol yn bwysig, ond nid dyma'r unig ffordd. Mae dibyniaeth hefyd ar rwydweithiau cymdeithasol dwys, defnydd cyson ar ôl mynd trwy'r system addysg, ac ymwneud â sefydliadau gwirfoddol.

Mae pobl sy'n credu fod y gymuned yn statig iawn yn anesmwyth gyda safbwynt sy'n ystyried mai Cymry Cymraeg o'r un fath yw'r rhai a ddysgodd y Gymraeg trwy'r system addysg â'r rhai a'i dysgodd gartref. Mae cwynion ynglŷn â dibynnu ar addysg i gynhyrchu Cymry Cymraeg yr un fath â dadlau am y gwahaniaeth rhwng tomatos a dyfir yn yr awyr iach (naturiol) a'r rhai a dyfir o dan wydr (ymyriad 'artiffisial'). Mae'r tomatos llawn cystal o'u tyfu yn y naill ddull a'r llall. Mae'r gŵyn nad yw plant o ysgolion cyfrwng Cymraeg yn defnyddio'r Gymraeg gymaint ag eraill y tu allan i'r ysgol yn berthnasol dim ond os yw'r safbwynt am y gymuned yn statig iawn. Dibynna ar feddwl am gymunedau a ddisgrifir mewn llyfrau taith fel yr unig gymunedau cyfreithlon. Mae'r sawl sydd wedi cael addysg ddwyieithog wedi bod trwy gamau datblygiadol ffurfiannol megis glaslencyndod, a'r iaith yn rhan anhepgor o'u bywyd bob dydd. Cydsynia eu profiad gyda phrofiad pobl ddwyieithog ac amlieithog yn gyffredinol, fel y gellir gweld o ymchwil a ddisgrifir gan Romaine (1989), Hoffman (1991) ac eraill.

Daily Post of 4 June 1988 carried a feature on an Eisteddfod winner who did not enter Welsh-medium education till the age of ten. Becoming a Welsh-speaker relies on sustained use of the language. There are many ways in which usage can be sustained. Family usage is important but not the only way. There is also reliance on dense social networks, continued usage after the contribution of the education system and involvement with voluntary institutions.

People who take a very static view of the community are uncomfortable with a view that regards the products of the education system as Welsh-speakers in the same way as speakers who have acquired the language at home. Complaints about relying on education for producing Welsh-speakers can be likened to arguing about the difference between tomatoes grown out of doors (naturally) and a tomato grown under glass (with 'artificial' intervention). For everyday purposes both ways of producing tomatoes will do. The complaint that children in Welsh-medium schools do not use the language as much as others out of school is only relevant in a very static view of the community. It relies on regarding the communities portrayed in travel guides as the only legitimate communities. The products of bilingual education have been through formative developmental stages such as adolescence with the language as very much an integral part of their everyday life. Their experience accords with the experience of bilingual and multilingual people in general, as can be gathered from research described by Romaine (1989), Grosjean (1982), Hoffman (1991) and others.

Bilingual language use

To understand Welsh-speakers, psychologists and other professionals must avoid static views of the family and community. A further requirement is a certain kind of appreciation of the integrity of the linguistic mechanisms which underlie bilingual language use. Bilingual language use has led to much misunderstanding, especially when monolinguals

Defnydd dwyieithog o iaith

I ddeall Cymry Cymraeg, mae'n rhaid i seicolegwyr a phobl broffesiynol eraill osgoi coleddu safbwyntiau statig ar y teulu a'r gymuned. Peth arall sydd ei angen yw math o werthfawrogiad o gyfanrwydd mecanweithiau ieithyddol sydd tu ôl i ddefnydd dwyieithog o iaith. Mae'r defnydd dwyieithog ar iaith wedi arwain at lawer o gamddealltwriaeth, yn enwedig pan fydd person uniaith yn sylwi ar elfennau o'r ddwy iaith mewn lleferydd dwyieithog. Gall camddealltwriaethau ddigwydd ynglŷn â sut mae Cymry Cymraeg yn trefnu eu cof am eirfa, eu rheolaeth o'r ddwy iaith a'r sylw a roir i'r hyn a ddywedant.

Syniadau 'rhyfedd' ynglŷn â lleferydd ddwyieithog

Mewn erthygl gan D. Parry-Jones (1974) cwynir am 'syniad rhyfedd iawn'.

> Mae gan bobl syniadau rhyfedd ynglŷn â siarad dwy iaith fel petai'n rhywbeth sy'n ymwneud â pherson mewn trafferthion dybryd, ac weithiau mewn dryswch. Dim byd o'r fath os yw'n rhugl yn y ddwy. Iddynt hwy mae'r broses o symud o'r Gymraeg i'r Saesneg neu i'r gwrthwyneb yn ymdebygu i weithgaredd gŵr mewn warws lle cedwir gwahanol fathau o nwyddau. Pan siarada Saesneg mae yn yr adran honno lle cedwir geiriau ond pan dry i'r Gymraeg, symuda allan o'r adran honno gan groesi'r llawr i lle cedwir y geiriau Cymraeg, ynghyd ag idiomau Cymraeg, a lle gwneir y gwaith meddwl yn Gymraeg. Fe'i hystyrir yn orchest arbennig ond nid yw'n ddim byd o'r fath. Llifir o un cyfrwng i'r llall heb feddwl a heb sylwi ar y cyfnewid.

Pan oedd Parry-Jones yn ysgrifennu roedd hyd yn oed seicolegwyr yn ymddiddori yn y 'syniad rhyfedd' y cwynodd Parry-Jones yn ei gylch. Cafwyd llawer o ymchwil i geisio datblygu profion 'cydbwysedd' (gweler Kelly, 1969; a Baetens-Beardsmore, 1982).

Roeddynt yn chwilio am y person dwyieithog neu amlieithog hollol gytbwys

notice elements of both languages in bilingual speech. Misunderstandings can occur about how Welsh-speakers organize their memory for vocabulary, their control of their two languages and attention to what they are saying.

'Curious' ideas about bilingual speaking

In an article by D. Parry-Jones (1974) a 'very curious idea' is complained about.

> People have a very curious idea about bilingual speaking, as if it were something involving a person in considerable difficulty, and occasionally in confusion. Nothing of the kind if one is equally facile in each. To them the process of moving from Welsh to English or vice versa resembles the activity of a man in a warehouse where goods of different kinds are kept, and that when he speaks in English, he is in that department where the English words are kept, but when he turns to speaking in Welsh, he moves out of that department and crosses the floor to where the Welsh words are stored, along with the Welsh idioms, and where the Welsh thinking is done. It is regarded as a tremendous achievement whereas it is nothing of the kind. One glides from one medium to the other without thinking, and without noticing the changeover.

At the time Parry-Jones was writing even psychologists were taken up with the 'curious idea' about which Parry-Jones complained. There was much research effort aimed at developing tests of 'balance' (see Kelly, 1969, and Baetens-Beardsmore, 1982).

The search was for the 'completely balanced' bilingual, or 'ambilingual' (Halliday, McIntosh & Strevens, 1968). Such an individual would be able to speak, write, understand and read both languages equally well (cf Thomas, 1988: 10–11). In fact, very few such individuals are to be found.

This kind of research rested on thinking of

(Halliday, McIntosh & Stevens, 1968). Gallai unigolion o'r fath siarad, ysgrifennu, deall a darllen y ddwy iaith fel ei gilydd (gw. Thomas, 1988: 10–11). Ond ychydig o unigolion o'r fath sydd ar gael.

Seilid y math yma o ymchwil ar ystyried y person dwyieithog fel math o warws geiriau ac ymadroddion ieithyddol lle nad yw'r adran ar gyfer un iaith mor llawn â'r adran ar gyfer iaith arall – gan beri anghydbwysedd. Gellir mynd gam ymhellach gyda'r trosiad a chael sefyllfa lle nad yw'r un o'r adrannau yn hollol lawn. Rhagwelodd Parry-Jones feirniadaethau o'r syniad o 'rannol-ddwyieithrwydd' a wnaethpwyd gan Martin-Jones a Romaine (1985) a Romaine (1989). Cwyna Martin-Jones a Romaine am feddwl am gynwysyddion yn y pen lle byddai Parry-Jones yn siarad am adrannau mewn warws a lefel y stoc mewn adrannau.

Mae'n bwysig egluro sut mae ymchwil ddiweddar wedi cael gwared ar lawer o'r camsyniadau y cwyna Parry-Jones yn eu cylch. Dangosodd astudiaeth o siarad dwyieithog nad ydyw mewn unrhyw fodd yn ymwneud 'â pherson mewn trafferthion dybryd ac weithiau mewn dryswch'. Mae llawer o ymchwil wedi ei gwneud i gystrawen brawddegau mewn siarad dwyieithog. Ar un adeg defnyddid profion a chanddynt ddefnydd ieithyddol cyfyngedig iawn, megis geiriau unigol, a thasgau wedi eu hamseru i archwilio 'cydbwysedd'. Ond dengys yr un profion yn awr nad yw cof uniaith yn bôs o gwbl. Ceir yr un cynhwysion sylfaenol ag mewn cof unieithog, ond dônt ynghyd mewn dull gwahanol.

Geiriau Cymraeg a geiriau Saesneg

Yn 1931 mewn cynhadledd ryngwladol, disgrifiodd Hywella Saer ymchwiliad i statws ieithyddol merched ysgolion uwchradd Llanelli. Y syniad oedd defnyddio gairgysylltiadau i ddarganfod 'pa mor dda' y defnyddiai'r merched y Gymraeg a'r Saesneg. Gofynnwyd iddynt roi'r gair cyntaf, a hynny yn Gymraeg neu Saesneg, a ddeuai i'r meddwl ar ôl clywed y symbylair. Defnyddiwyd hanner can pâr o eiriau Cymraeg a Saesneg. Yn

the bilingual as a kind of warehouse of words and linguistic expressions where the department for one language is not quite as full as the department for another, in the case of imbalance. It might also be the case that neither department would be fully stocked, to go further with the metaphor. Parry-Jones anticipated criticisms of the notion of 'semilingualism' made by Martin-Jones and Romaine (1985) and Romaine (1989). Martin-Jones and Romaine complain of thinking of containers in the person's head where Parry-Jones would speak of departments in the warehouse and the level of stock in the departments.

It is important to explain how recent research has cleared up many of the misconceptions about which Parry-Jones complains. Studies of bilingual speaking have shown that it in no way involves 'a person in considerable difficulty, and occasionally in confusion'. There has been much research on sentence structure in bilingual speech. Tests with very restricted linguistic material, such as individual words, and timed tasks were once extensively used to investigate 'balance'. But the same tests now show how bilingual memory is in no way a puzzle. There are the same basic ingredients as in monolingual memory, but they come together in a different way.

Welsh words and English words

In 1931 in an international conference, Hywella Saer described an investigation of the linguistic status of secondary school girls in Llanelli. The idea was to use word associations to find out 'how well' the girls used Welsh and English. The instructions were to give the first word in Welsh or English that came to mind on hearing a stimulus word. Fifty pairs of Welsh and English words were used. Besides recording the answers, the time taken to give the answer was recorded.

The emphasis on the word in this early investigation was a foreshadowing of much interest in bilingual memory for words. The use of timing was followed by Lambert (1955) in a measure of bilingual balance in a different

ogystal â chofnodi'r atebion, cofnodwyd yr amser a gymerwyd i roi'r ateb.

Roedd y pwyslais ar y gair yn yr ymchwiliad cynnar hwn yn rhagflaenu llawer o ddiddordeb yn y cof dwyieithog am eiriau. Bu Lambert (1955) yntau'n defnyddio amser i fesur cydbwysedd ieithyddol mewn math gwahanol o brawf. Ond y rhagdybiaeth oedd y dylai'r amser ymateb fod yn hafal os oedd y person dwyieithog yn berson dwyieithog 'cytbwys'.

Credai Hywella Saer y byddai'r amser a gymerid i ateb mewn prawf gair-gysylltiad yn adlewyrchu 'arwyddocâd emosiynol' y gair. Felly petai'r ateb yn cymryd mwy o amser yn Gymraeg neu Saesneg, ni fyddai'r person yn 'wir ddwyieithog gan nad oes yr un arwyddocâd hafal i'r parau o eiriau'.

Ni throdd arbrawf Hywella Saer allan yn ôl y disgwyl. Yn y lle cyntaf, ychydig iawn o barau o eiriau oedd yn ymddwyn fel petai 'cydbwysedd' yno. Roedd parau o eiriau megis cusanu/*kiss* neu gwaed/*blood* yn peri i bawb gynhyrchu gwahanol fathau o ymatebion a'r amser ymateb yn hir iawn yn y ddwy iaith. Ar y llaw arall roedd parau o eiriau megis cwpan/*cup* a drws/*door* yn cael ymateb sydyn yn y ddwy iaith a chafwyd yr un ateb gan sawl person. Er y disgwyliai Hywella Saer ymatebion Cymraeg ar raddfa fawr, roedd 'tuedd amlwg' i ateb yn Saesneg ar wahân i eiriau megis cwpan a drws.

Roedd yn amlwg nad oedd rhai parau o eiriau megis llonydd/*quiet* yn gyfatebol o gwbl – cyfeiriai 'llonydd' at '*quiet*' yn ei ystyr gyffredinol, tra cyfeiriai '*quiet*' at y distawrwydd gorfodol mewn dosbarth.

Ystyriai Hywella Saer y merched o Lanelli yn sicr fel petaent yn symud rhwng adrannau mewn warws i berfformio ei phrofion. Adnabu drafferth mawr wrth 'groesi drosodd' o eiriau yn ymwneud â phrofiadau'n gysylltiedig a'r iaith i eiriau yn ymwneud â phrofiadau tebyg yn yr iaith arall.

Adroddodd Wallace E. Lambert ym 1955 ar arbrofion lle mesurwyd cyflymder pobl ddwyieithog Ffrangeg/Saesneg yng Nghanada wrth ymateb i gyfarwyddiadau megis 'Left,

kind of test. However the assumption was that time to respond should be equal if a bilingual was a 'balanced' bilingual.

Hywella Saer believed that time taken to answer in word association would reflect the 'emotional significance' of a word. So if the answer took longer in Welsh or English, the person would not be 'truly bilingual . . ., since the two members of the word-pairs are not possessed of equal significance'.

The Hywella Saer experiment did not turn out as anticipated. In the first place, very few of the pairs of words seemed to behave as if there was 'balance'. Word pairs like *cusanu*/kiss or *gwaed*/blood had everyone producing different kinds of response and the times to respond were very much apart in the two languages. On the other hand, word pairs like *cwpan*/cup and *drws*/door were responded to swiftly in both languages and several people gave the same answer. Although Hywella Saer expected Welsh responses on a large scale, there was a 'preponderant tendency' to answer in English, except for words like *cwpan* and *drws*.

It was clear that some word pairs like *llonydd*/quiet were not equivalent at all – '*llonydd*' referred to 'quiet' in its general sense, whilst 'quiet' stood for the enforced silence of the classroom.

Hywella Saer was clearly thinking as if the Llanelli girls were moving between departments in a warehouse to perform her tests. She recognized great difficulty in 'crossing over' from words concerning experiences associated with one language to words to do with similar experiences in the other.

Wallace E. Lambert in 1955 reported experiments where French/English bilinguals in Canada were timed responding to instructions like 'Left, red' or '*Droite, vert*'. They had a key-pad and responded by pressing a coloured key either with the left or right hand. The idea was to measure speed of response in each language. The 'balanced' bilingual would be able to do so equally quickly in either language.

This experiment showed up some puzzles.

red' neu *'Droite, vert'*. Roedd ganddynt allweddfwrdd ac ymatebent trwy bwyso allwedd lliw naill ai gyda'r llaw chwith neu'r dde. Y syniad oedd mesur cyflymder ymateb ymhob iaith. Gallai'r person dwyieithog 'cytbwys' ymateb yr un mor sydyn yn y ddwy iaith.

Amlygodd yr arbrawf hwn rai posau. Cafwyd rhai pobl yn anghytbwys, ac yn gynt yn eu hail iaith. Un o'r bobl hyn oedd 'gwrthryfelwr diwylliannol' oedd wedi treulio blwyddyn yn Ffrainc yn ddiweddar, ac a fwriadai ddychwelyd yno cyn gynted â phosibl. Roedd un arall wedi astudio llawer yn Ffrangeg a'i gyrfa yn gorfodi iddi weithio a meddwl yn yr iaith Ffrangeg.

Nid oes dim o'i le ar y canlyniadau o arbrofion a phrofion cynnar gyda phobl ddwyieithog. Yn aml ategwyd canlyniadau astudiaethau cynnar. Darganfu Taylor a Taylor (1991) fod yn well gan bobl ateb yn y naill iaith neu'r llall mewn profion gair-gysylltiad, fel y merched ym mhrofion Hywella Saer. Darganfu Kolers (1968) wahaniaeth mawr rhwng gair-gysylltiad gyda geiriau haniaethol neu emosiynog a geiriau diriaethol megis 'bwrdd'. Disgrifia Grosjean (1982, 1985) sawl math o dystiolaeth am ddiffyg cydbwysedd yn ffafrio'r iaith a ddysgwyd yn ddiweddarach mewn bywyd.

Gellir datrys y posau a achoswyd gan arbrofion gyda'r fath ddefnydd ieithyddol cyfyngedig a chydag amseru ymatebion. Mae'n rhaid derbyn fod y person dwyieithog yn endid cyflawn fel person uniaith, hyd yn oed wrth geisio gwneud pethau gyda geiriau unigol o'r ddwy iaith. Mae'n rhaid meddwl am drin geiriau ac ymadroddion yn y ddwy iaith fel ymddygiad ffurfwedd integredig. Gellir trin yr ieithoedd gyda'i gilydd neu ar wahân, ond gellir gwneud hyn oherwydd system integredig. Mae cydrannau'r system yr un fath ag yn achos y person uniaith, ond fod y ffurfwedd yn unigryw.

Storio yn y cof

Mae'n rhaid derbyn y cedwir geiriau yn y cof gan bobl sy'n siarad un neu fwy o ieithoedd.

There were people who came out unbalanced, and quicker in the language which was not their first language. One of these people was a 'cultural malcontent' who had recently spent a year in France and planned to return as soon as possible. The other had studied a great deal in French and 'her career demanded that she work and think in French'.

There is nothing wrong with the results from early experiments and tests with bilinguals. Results of early studies have often been confirmed. Taylor and Taylor (1991) found that people prefer to answer in one language or the other in word association tests, just like Hywella Saer's subjects. Kolers (1968) found a great difference between word associations for abstract or emotive words and concrete words like 'table'. Grosjean (1982, 1985) describes several kinds of evidence for lack of balance favouring the language learned later in life.

There is a way out of the puzzlement caused by experiments with such restricted linguistic material and with timing of responses. It is necessary to accept that the bilingual is a complete entity just like a monolingual, even when trying to do things with individual words from both languages. It is necessary to think of handling words and expressions in both languages as the behaviour of an integrated configuration. The languages can be handled together or separately, but that is because there is an integrated system. The components of the system are the same as in the monolingual case but the configuration is unique.

Storage in memory

It has to be accepted that words are stored in memory by people who speak one or more than one language. But it must also be accepted that there is no great difficulty or confusion in having a bilingual vocabulary. It is not especially clever or different from the monolingual case. Take for example the following conversation between a three year old with his father (cf. Bellin, 1984):

Ond mae'n rhaid derbyn hefyd nad oes fawr o anhawster a dryswch wrth fod yn berchen ar eirfa ddwyieithog. Nid yw'n golygu rhyw allu arbennig na gwahaniaeth mawr i achos y person uniaith. Ystyriwch, er enghraifft, y sgwrs a ganlyn rhwng tad a'i blentyn tair oed (cf. Bellin, 1984):

Ioan (oed – tair a hanner): Sut mae Sarah yn deud 'jelly'?
Y tad: Jelly.
Ioan: Na, na.

Y cefndir yw mai'r Gymraeg oedd iaith y cartref ond bod yr amgylchedd o gwmpas yn hollol Saesneg. Un o ffrindiau uniaith Saesneg Ioan oedd Sarah. Yn dair a hanner, dangoswyd diddordeb yn y ffordd y dywedai'r plant eraill bethau megis 'Indiaid Cochion' a'r ateb yn yr achos hwnnw fyddai 'Red Indians'. Gwelwyd ymwybyddiaeth o fodolaeth dwy iaith yn ymddangos, er y rhoddid y label 'raeg' i unrhyw iaith heblaw Saesneg neu Gymraeg. Roedd darganfod y byddai llawer o eiriau yr un fath yn Gymraeg a Saesneg yn peri protest. Yn hytrach na dymuno cyfyngu ar gyfanswm yr eirfa ddwyieithog, ymddangosai'r plentyn yn hapusach gyda ffordd wahanol o ddweud pethau yn y ddwy iaith. Deillia'r bodlonrwydd ar ffyrdd gwahanol o ddweud pethau yn y ddwy iaith o sut y cedwir llawer iawn o eitemau yn y cof, boed ddwyieithog neu uniaith. Mae'n cyd-fynd yn union â'r ffordd y mae plant uniaith yn datblygu'u geirfa hefyd. Disgrifia Miller a Gildea (1987) sut mae plant mewn cyd-destun uniaith yn datblygu'u geirfa. Nid yw unrhyw beth tebyg i ddiffiniad geiriadurol o gymorth o gwbl. Y ffordd hanfodol yw trwy ddod ar draws cyd-destunau ystyrlon.

Trafoda Aitchinson (1987: pen. 1) sut mae gan bobl uniaith a dwyieithog storfeydd o gannoedd o filoedd o eiriau. Rhaid bod ganddynt gof sy'n annhebyg iawn i adran mewn warws, neu fe fyddent yn treulio amser maith yn chwilota i ymateb i eiriau sengl hyd yn oed. Y math o gof sydd ei angen yw'r hyn a elwir yn 'gof dosbarthol'.

Ioan (aged three and a half): Sut mae Sarah yn deud 'jelly'? (How does Sarah say 'jelly'?)
Father: Jelly
Ioan: Na, na.

The background is that the home language was Welsh but the surrounding environment was entirely English. Sarah was one of Ioan's English monolingual playmates. At about three and a half, interest was shown in how the other children would say things like 'Indiaid Cochion' and the answer in that case would be 'Red Indians'. An awareness of the existence of the two languages began to emerge, although the label 'raeg' (Welsh) was applied to any language other than English or Welsh. At this point the discovery that many lexical items would be the same in both Welsh and English evoked protest. Rather than wanting to limit the total bilingual vocabulary, the child seemed happier to have a different way of saying things for each language. Such a contentment with different ways of saying things in different languages stems from the way large amounts of items are stored in human memory, whether bilingual or monolingual. It is entirely in accordance with the way monolingual children build up their vocabulary too. Miller and Gildea (1987) describe how children in a monolingual context build up their vocabulary. Anything like a dictionary definition is most unhelpful. Encountering meaningful contexts is the essential way.

Aitchinson (1987: chapter 1) discusses how people seem to have stores of hundreds of thousands of words, whether they know one language or more than one. They need to have a kind of memory that is very unlike a department in a warehouse, or otherwise they would spend a very long time rummaging around to react even to single words. The kind of memory required is known as 'distributed memory'.

Distributed memory
As long ago as the 1950s, people began to realize that neither monolinguals nor

Cof dosbarthol

Cyn belled yn ôl â'r 1950au dechreuwyd sylweddoli nad oedd pobl uniaith a dwyieithog yn cadw yn yr ymennydd gopi o'r hyn a gofient a gyfatebai mewn unrhyw ffordd i nifer y pethau y gellir eu cofio a'u dwyn i gof. Dywedodd Karl Lashley (1950), 'Nid yw'n bosibl arddangos lleoleiddiad ynysol olion cof yn unman yn y system nerfol. Y mae atgofio yn golygu'r gweithrediad synergaidd neu ryw fath o gyseiniant ymysg nifer fawr iawn o niwronau' (tt. 477–80).

Roedd Karl Lashley yn meddwl mewn termau ffisiolegol, ond mae ymchwil ddiweddar wedi archwilio'r syniad o gof dosbarthol gan ddefnyddio peiriannau – rhwydweithiau o unedau o gof cyfrifiadurol. Gelwir maes ymchwil i gael peiriant i ymddwyn fel system ddynol neu ffisiolegol yn 'ddeallusrwydd artiffisial' (gweler Bellin, 1991).

Gellir arddangos 'gweithrediad synergaidd' unedau cof (beth bynnag fo'u natur ffisegol) trwy esiampl o weithrediad cymdeithasol torfol. Yn y gymuned Gymraeg ddelfrydol y gobaith fyddai cael nifer o sefydliadau gwirfoddol gweithredol megis Merched y Wawr, clwb pêl-droed efallai, sawl capel, un neu fwy o glybiau gyda thrwyddedau alcohol ac adloniant, dosbarthiadau nos o bosibl, ac efallai papur bro neu bapur newydd lleol. I rywun o'r tu allan byddai gweithgareddau o'r fath yn awgrymu bod nifer fawr o bobl yn cymryd rhan yn y gweithgarwch. Ond byddai rhywun o'r tu mewn neu arsyllwr profiadol yn gwybod mai brwdfrydedd nifer fechan o bobl sy'n cynnal y pethau.

Gall rhwydwaith bychan o bobl yn cydgyfarfod ar gyfer gwahanol weithgareddau yn ystod y dydd neu'r hwyr fod yn gyfrifol am weithgaredd cyson sylweddol, ac am gychwyn digwyddiadau mawr megis eisteddfod. Nid yw'r gyfrinach yn y niferoedd ond yn y cysylltiadau rhwng cynheiliaid y pethau a'r gwahanol batrymau o weithgaredd a symbylir gan ddigwyddiadau. Yn sylfaenol clymiadau neu grwpiau o'r un cyfanrif o bobl wahanol sy'n cymryd rhan yn y gwahanol weith-

bilinguals keep in their brains a copy of memories which has any kind of correspondence to the number of memories that can be evoked. Karl Lashley (1950) said 'It is not possible to demonstrate the isolated localization of a memory trace anywhere within the nervous system . . . Recall involves the synergic action or some sort of resonance among a very large number of neurons' (pp. 477–80).

Karl Lashley was thinking in physiological terms, but recent research has explored the notion of distributed memory using machines – networks of units of computer memory. To get a machine to behave like a physiological or human system is the field of research known as 'artificial intelligence' (see Bellin, 1991).

The 'synergic action' of memory units (whatever their actual physical nature) can be illustrated by an example with collective social action. In the ideal Welsh community one would hope to have a very active number of voluntary institutions, such as 'Merched y Wawr', maybe a football club, several chapels, one or more clubs with alcohol and entertainments' licences, maybe some active night classes and maybe the production of a 'papur bro' or local newspaper. To the outsider such activity might appear to involve large numbers of people. To the seasoned observer, or the insider, there would be an awareness of the continued enthusiasm of a small number of people known in Welsh as 'hoelion wyth'.

A small network of people who meet each other in different capacities during the day or evenings might well be responsible for considerable continued activity, and for activating major events like an eisteddfod. The secret is not in numbers but the connections between the 'hoelion wyth' and the different patterns of activity which can be excited by events. Different coalitions and groupings of basically the same total number of people form for separate activities. Each activity would appear from outside to be the result of a separate set of people but that need not be the case. It is just another coalition working on a different enterprise in 'synergic action' – a

gareddau. Ymddengys o'r tu allan fod pob gweithgaredd yn ganlyniad grŵp gwahanol o bobl, ond nid yw hyn o anghenraid yn wir. Clymiad arall ydyw yn unig yn gweithio ar fenter gwahanol mewn 'gweithred synergaidd' – gwahanol 'gyseiniant' o gwmpas yr un rhwydwaith sylfaenol.

Yn yr un ffordd mae'n bosibl dangos mewn deallusrwydd artiffisial sut y gellir cynrychioli llawer iawn o wybodaeth gan yr un rhwydwaith o unedau, pob un yn gweithio mewn ffordd gasgliadol wahanol i gynrychioli gwahanol eitemau o wybodaeth.

Arbrofion ar benderfyniad geiriol

Mae tystiolaeth sylweddol fod y cof dynol am eiriau yn ymddwyn fel peiriant a chanddo gof dosbarthol. Yn hytrach na bod copi o bob gair yn y pen, ni chedwir yr un eitem o wybodaeth mewn un man arbennig. Mae gwahanol batrymau o weithgaredd yn cyfateb i wahanol eitemau o wybodaeth. Does dim byd tebyg i gopïau o eiriau'n cael eu cadw mewn adran neu warws.

I gadarnhau gwirionedd y safbwynt hwn ynglŷn â chof geiriol, mae'n bosibl cynnal profion i ddarganfod yn sawl ffordd y mae cof am eiriau yn ymddwyn fel rhwydwaith o unedau sy'n ffurfio dyfais cof dosbarthol.

Un prawf a ddefnyddir yn aml yw'r prawf a elwir yn 'dasg penderfyniad geiriol'. Fflachir rhes o lythrennau ar sgrin yn gyflym iawn, a gofynnir i'r person nodi ai gair neu ddi-air oedd y stimwlws. Os dangosir rhes o lythrennau megis 'tac' iddynt, cymer lai na thri chwarter eiliad i'w wrthod fel gair. Mae'r un llythrennau yn ffurfio'r gair 'cat'. Cymerai tua hanner eiliad i benderfynu mai gair yw 'cat'. Derbynnir rhes o lythrennau fel gair yn gynt.

Mae'r ymatebion mewn profion fel y dasg penderfyniad geiriol yn llawer rhy sydyn i allu rhoi trefn ar wahanol briodoleddau geiriau fesul un neu ychydig ar y tro. Gweithreda'r ymatebion megis rhwydweithiau o brosesyddion sy'n gallu gweithio'n gyfochrog. Mewn system a sefydlwyd gan McClelland a Rumelhart (1986) cynrychiolwyd setiau o briodoleddau gan wahanol haenau mewn

different 'resonance' around basically the same network.

In the same way, it is possible to show in artificial intelligence how a large amount of knowledge can be represented by the same network of units, each working in a different collective way to represent different items of knowledge.

Lexical decision experiments

There is considerable evidence that human memory for words behaves like a machine with distributed memory. Instead of there being a copy of each word inside a person's head, no item of knowledge is kept in an individual place. Different overall patterns of activity correspond to different items of knowledge. There is nothing like copies of words being kept in a department in a warehouse.

To check the truth of this view of word memory, it is possible to run tests to find out in how many ways memory for words behaves like a network of units making up a distributed memory device.

One commonly used test is known as the 'lexical decision task'. A string of letters is flashed on a screen very rapidly, and the person is asked to say whether the stimulus was a word or a non-word. If they have been shown a string of letters like 'tac' it takes just under three quarters of a second to reject it as a non-word. The same letters as in 'tac' can make up the word 'cat'. Deciding that 'cat' is a word takes around half a second. Accepting a string of letters as a word is quicker.

Reactions in tests like the lexical decision task are much too quick to allow for sorting through different attributes of words one at a time, or a few at a time. The reactions work like a network of processors which can operate in parallel. In a system set up by McClelland and Rumelhart (1986) different layers in a parallel network represented sets of attributes. When something was fed into the system that could be a letter like 'C' in a string of letters ending with what could be a 'T', then nodes in one layer of the network became 'activated'.

system gyfochrog. Pan fwydwyd rhywbeth i'r system e.e. llythyren megis 'c' mewn rhes o lythrennau yn gorffen dyweder gyda 't', yna 'ysgogid' cygnau yn un haen o'r rhwydwaith. Darparai ysgogiad mewn un haen fewnbwn i haenau eraill. Roedd yr haenau eraill yn ymdrin â phriodoleddau mwy haniaethol na siapiau llythrennau. Rhoddai ymddygiad y rhwydwaith hwn amseroedd yn cyfateb i amseroedd dynol. Atega'r holl sefyllfa y syniad o gof dosbarthol ar gyfer gwybodaeth eiriol uniaith a dwyieithog, gyda newidiadau ym mhatrymau ysgogiad ar gyfer eitemau gwahanol o wybodaeth, a dim byd tebyg i gopïau o eitemau unigol yn y pen dynol.

Gan nad oes dim byd tebyg i gopi o eitemau o wybodaeth yn y pen, nid yw'n syndod fod geiriau a gyplysir mewn geiriaduron printiedig yn ymddangos yn bell oddi wrth ei gilydd yn y geiriadur meddyliol. Dyma a welwyd ym mhrawf Hywella Saer gyda 'llonydd' a '*quiet*'. Dengys arbrofion penderfyniad geiriol yr un canlyniad ag arbrofion gair-gysylltiad yn y cyswllt hwn. Weithiau mae geiriau cyfwerth wedi'u cyfieithu yn ymddwyn yn yr un modd, weithiau ddim.

Dulliau o ddefnyddio gwybodaeth wedi'i storio

Er bod y ffordd sylfaenol o storio gwybodaeth yr un fath, nid yw pobl ddwyieithog bob amser yn defnyddio'u gwybodaeth yn yr un ffordd ar gyfer y ddwy iaith. Llwyddodd Barry (1991) i ddangos gwahaniaeth amlwg mewn ymddygiad yn y dasg penderfyniad geiriol ar gyfer Saesneg a Chymraeg. Fel arfer yn Saesneg mae pobl yn gwrthod di-eiriau yn sydyn iawn yn y dasg penderfyniad geiriol. Ond os yw'r di-air yn swnio'n debyg i air iawn, megis 'bloo', yna mae'r amser a gymerir i wrthod yn hwy. Defnyddiodd Barry (1991) ddi-eiriau yn Gymraeg a swniai'n debyg i eiriau iawn – er enghraifft 'morfyl'. Gallai swnio'n debyg i'r gair 'morfil'. Mae'n anodd iawn ffurfio di-eiriau o'r fath yn Gymraeg, oherwydd cysondeb cyffredinol cysylltiadau sain-sillafu. Gallai cysondeb o'r fath arwain at ddisgwyl i Gymry Cymraeg arafu wrth wrthod di-eiriau o'r fath fel yn Saesneg. Ond ni

Activation in one layer provided input to further layers. The other layers concerned attributes more abstract than letter shapes. The behaviour of this network gave timings corresponding to human timings. The whole situation supports the notion of a distributed memory for both bilingual and monolingual knowledge of words, with changes in patterns of activation for separate items of knowledge, and nothing like copies of individual items in the human head.

Because there is nothing like a copy of items of knowledge in the head, it should be no surprise that words paired in printed dictionaries sometimes seem to be well apart in the mental lexicon. This was the finding in Hywella Saer's experiment with '*llonydd*' and 'quiet'. Lexical decision experiments show the same as word association experiments in this regard. Sometimes translation equivalents behave in the same way, and sometimes not.

Ways of using stored knowledge

Although the basic way of storing knowledge is the same, bilinguals do not always use their knowledge in the same way for both languages. Barry (1991) was able to show a strong difference in behaviour in the lexical decision task for Welsh and English. Normally in English, people are very quick at rejecting non-words in the lexical decision task. However, if the non-word could sound like a real word, such as 'bloo', then rejection is slowed down. Barry (1991) used non-words in Welsh that could have sounded like actual words – for instance 'morfyl'. This could sound like the actual word '*morfil*' (whale). It is very difficult to make up such non-words in Welsh, because of the overall consistency in sound-spelling relationships. Such a consistency might lead to the expectation that Welsh-speakers would be slowed in rejecting such non-words as in English. The results showed no parallel in behaviour with the two languages. Welsh/English bilinguals were slowed in English where a non-word could have sounded like an actual word, but not in Welsh.

ddangosai'r canlyniadau unrhyw ymddygiad cyfochrog yn y ddwy iaith. Arafwyd pobl ddwyieithog Cymraeg/Saesneg yn Saesneg pan allasai di-air swnio'n debyg iawn i air iawn, ond ddim yn Gymraeg.

I egluro natur cof dwyieithog am eiriau, mae angen math o gof dosbarthol sydd fel rhwydwaith lle ceir ysgogiad, ac ymateb cyfochrog. Ond fel y dadleua Green (1986), mae angen hefyd ryw fath o fecanwaith rheoli. Mae'r syniad o reolaeth yn bwysig i ganlyniadau Barry. Gellir dod i ddeall ystyr wrth ddarllen yn y naill iaith neu'r llall heb roi sylw i gysylltiadau sain-sillafu. Ond pan yw'r cysylltiadau mor gyson, fel yn Gymraeg, mae'n rhaid cael rheolaeth o ryw fath ar gyfer darllen bob dydd, er mwyn osgoi rhoi gormod o sylw i gysylltiadau sain-sillafu. Mae'n rhaid ffurfweddu system ar gyfer y Gymraeg sy'n rhwystro lledaenu ysgogiad sy'n deillio o ddi-eiriau sy'n swnio'n debyg i eiriau iawn cyn gynted ag y dechreuir profi yn Gymraeg.

Mae'n hawdd iawn cael system integredig sydd weithiau'n ymddwyn yn wahanol mewn un iaith i'r ffordd y mae'n ymddwyn mewn un arall. I ffurfweddu system o'r fath rhaid rhoi lle i 'reolaeth' yn ogystal ag ysgogiad.

Mewn system brosesu gwybodaeth mae gweithgaredd blaenorol yn sefydlu a chryfhau mapio rhai patrymau symbyliad arbennig ar setiau o weithgareddau. Golyga rheolaeth y gellir ail-ddyrannu adnoddau'r system pan fydd angen yn ddisymwth rywbeth sydd yn gwrthdaro â phatrymau gweithredu sefydledig. Mae'r syniad yn bwysig iawn ar gyfer y cof dynol (gweler Baddely, 1982). Cyfeirir yn aml ato mewn ymchwil cof fel 'gweithredu rheolaethol' (*executive functioning*) yn y system.

Disgrifia David Green (1986) fodel i egluro'r mecanweithiau seicolegol sy'n sail i siarad dwyieithog. Cyfuna'r model reolaeth, digwyddiadau ysgogiadol a defnyddio adnoddau sylwi. Yn ôl Green, â iaith fel Ffrangeg i gyflwr o 'fudgysgu' ar ôl ei dysgu yn yr ysgol os nas defnyddir yn aml wedi hynny. Ond mae'r iaith a ddefnyddir ar gyfer cyfarwyddiadau prawf, neu a ddefnyddir mewn rhyngweithiad cyfredol gyda phobl eraill mewn cyflwr

To explain the nature of bilingual memory for words, there needs to be a kind of distributed memory like a network where activation takes place, and parallel responding. But there also needs, as David Green (1986) argues, to be some kind of mechanism for control. The notion of control is important for Barry's results. Reading in either language can arrive at meaning without attention to sound-spelling relationships. But where the relationships are so consistent, as in Welsh, there has to be control of some kind for everyday reading, in order to avoid giving too much attention to the sound-spelling relationships. A Welsh system needs to be configured so that spreading activation from non-words that sound like words is inhibited as soon as the language being tested is Welsh.

It is very easy to have an integrated system which sometimes behaves differently for one language from the way it behaves with another. The way to configure such a system is to allow for 'control' as well as activation.

In an information processing system past activity establishes and strengthens a mapping from particular patterns of stimulation on to sets of actions. Control means the system's resources can be reallocated when suddenly something is required which is in conflict with very well-established mappings of pattern to action. The notion is very important for human memory (see Baddeley, 1982). In memory research it is often referred to as 'executive functioning' in the system.

David Green (1986) proposes a model of the psychological mechanisms which underlie bilingual speaking. The model incorporates control, events which trigger activation and use of attentional resources. According to Green, a language like French after being learned at school goes into a 'dormant' state unless much used subsequently. However, a language called for by test instructions, or being used in current interaction with other people, is in a 'selected' state. The other language of the bilingual is not then 'dormant'. It can still be in an 'activated' state. But the activation will not be so high as for the

'dewisol'. Nid yw iaith arall y person dwyieithog yn 'mudgysgu' pryd hynny. Gall fod yn y cyflwr 'ysgogedig' o hyd. Ond ni fydd yr ysgogi gymaint ag y bydd ar gyfer yr iaith 'ddewisol'. Gellir dewis yr iaith arall yn gyflym os bydd y sefyllfa'n newid. Oherwydd bod un iaith yn 'ddewisol' a'r llall yn ysgogedig yn unig, bydd unrhyw siarad dwyieithog mewn 'iaith sail'. Gellir ymgorffori cystrawennau'r iaith arall yn yr iaith sail fel y gwelwyd mewn astudiaethau ieithyddol o siarad dwyieithog.

System integredig ar waith
Yn astudiaeth Hywella Saer roedd yn well gan y merched roi gair-gysylltiadau yn y naill iaith neu'r llall gyda thueddiad cryf i ddefnyddio'r Saesneg. Roedd hyn yn ymwneud llawer â 'rheolaeth' neu 'gweithredu rheolaethol'. Gan y byddai ysgol yn y cyfnod hwnnw yn y 1930au wedi cadw'n ddyfal at y Saesneg ar gyfer y rhan fwyaf o bwrpasau, byddai'r disgyblion yn dilyn y rheol honno hyd yn oed pan oedd y cyfarwyddiadau yn caniatáu defnyddio gair Cymraeg. Mae'n well gan gyfranogwyr mewn sgwrs gyffredin ddwyieithog gadw at yr un 'iaith sail'. Trafodir ymhellach y ffordd y gall hyn effeithio ar ymatebion i brofion gair-gysylltiadau gan Grover Stripp a Bellin (1985).

Roedd y gwahaniaeth yn y ffordd y defnyddiai'r merched y geiriau *'quiet'* a *'llonydd'* yn ymwneud â thwf geirfa trwy brofiad, yn hytrach na chymharu geiriau un iaith ag un arall. Yn bendant gellir cysylltu'r gair Saesneg *'quiet'* â'r profiad yn yr ysgol o sefydlu disgyblaeth. Ond mae'r un elfennau ystyr yn Gymraeg yn ymgysylltu â'r gair *'tawelwch'* yn hytrach na *'llonydd'*. Ar y llaw arall mae eifennau ystyr megis tawelwch, distawrwydd, gorffwys, a gadael llonydd i, yn ymgysylltu â'r gair *'llonydd'* ond nid mor uniongyrchol â *'quiet'*. Trwy gynnal y prawf yn yr ysgol, ysgogodd y symbylair *'quiet'* set hollol wahanol o air-gysylltiadau i gysylltiadau a gafwyd trwy brofiadau y gellid eu disgrifio gyda'r gair *'llonydd'*.

Oherwydd y ffordd y mae geirfa'n tyfu trwy brofiad, ni fydd pobl ddwyieithog o

'selected' language. Attentional control can quickly select the other language if there is a change in the situation. Because one language is 'selected' while the other is only activated, any stretches of bilingual speech will be in a 'base language'. Structures from the other language may be incorprated in the base language as has been found in linguistic studies of bilingual speaking.

An integrated system at work
In the Hywella Saer study, girls at school preferred giving word associations in one language or the other with a strong tendency to use English. This would be much to do with 'control' or 'executive functioning'. Since a school in that period of the 1930s would have scrupulously stayed with English for most purposes, pupils would at that age follow that rule even when the instructions allowed the use of a Welsh word. There is a preference in normal bilingual conversation for participants to keep to the same 'base language'. The way this preference can affect word association responses is discussed further in Grover Stripp and Bellin (1985).

Where the girls treated 'quiet' very differently from 'llonydd', relates to the growth of vocabulary through experience, rather than comparing words of one language with another. The English word 'quiet' can definitely be linked to school experience of establishing order. But the same elements of meaning in Welsh map on to the word 'tawelwch' rather than 'llonydd'. On the other hand, elements of meaning like tranquillity, silence, peacefulness, rest, and being let be, map on to 'llonydd' but not so directly on to 'quiet'. By running the test in school, the stimulus word 'quiet' triggered a different set of associations altogether from associations built up by experiences that could be described with the word 'llonydd'.

Because of the way vocabulary is built up through experience, bilinguals will not necessarily be any good at translation. They can report on the gist of what has just been said, but to translate is a separate skill, which

anghenraid yn gyfieithwyr da. Gallant roi syniad o'r hyn a ddywedir, ond mae cyfieithu yn sgil gwahanol, sgil sy'n gofyn am lawer o ymarfer ar dasgau cyfieithu.

Ym mhrawf dominyddiaeth Lambert lle defnyddiwyd amseroedd ymateb i gyfarwyddyd, cafwyd pobl o gefndir Saesneg eu hiaith, ac eto ymddangosai eu Ffrangeg yn drech na'u Saesneg. Cafwyd ymatebion cyflymach yn yr iaith a ddysgwyd yn ddiweddarach ganddynt. Dibynna hyn ar y defnydd parhaol a wnânt o'r Ffrangeg. Ymhob achos llwyddodd Lambert i ddarganfod rheswm am ddefnydd helaeth o'r Ffrangeg yn hytrach na'r Saesneg. Gall defnydd helaeth effeithio ar gryfder y perthnasau sy'n mapio unrhyw batrwm symbyliad i weithredoedd, er mai'n ddiweddarach mewn bywyd y dysgwyd yr iaith.

Ar lefel rheolaeth, sefydla gweithredoedd a ailadroddir yn aml gysylltiadau sefydlog rhwng patrymau a gweithredoedd. Trwy ailadrodd ac ymarfer ceir sefydlogrwydd gan beri i rai mathau o ymddygiad ddod fwy neu lai yn awtomatig yn hytrach na bod angen rheolaeth ymwybodol. Dyna pam y gallai Parry-Jones (1974) 'lithro o un cyfrwng i'r llall heb feddwl, heb sylwi ar y newid'.

Mae'r ffordd yr ymatebodd rhai o siaradwyr Lambert yn gynt yn eu hail iaith, sef Ffrangeg, yn ymwneud ag ymddygiad yn troi'n 'awtomatig'. Cydsynia â'r ffordd y mae nifer o ymddygiadau mewn pobl uniaith yn dod yn 'awtomatig' o ganlyniad i ymarfer. Mae system integredig y person dwyieithog yn debyg i systemau uniaith lle mae llawer o ymarfer yn arwain at weithredu awtomatig. Mae'n system yr un mor integredig a chyflawn.

Siarad dwyieithog

Mynnai Parry-Jones y gallai 'lithro' o'r Gymraeg i'r Saesneg, neu fel arall, 'heb feddwl, heb sylwi ar y newid'. Yr hyn sy'n tynnu sylw'r person uniaith wrth wrando ar y Gymraeg yw ymyrraeth ymddangosiadol elfennau'r Saesneg. Pan gofnodir a dadansoddir darnau o siarad dwyieithog gan ieithyddion, mae'n amlwg iawn nad oes

relies on considerable practice at translation tasks.

In the Lambert test of dominance, using reaction times to follow an instruction, there were people whose background was English speaking and yet their French seemed dominant. Their later-acquired language gave faster responses. This is to do with the amount of continued use they made of French. In each case Lambert was able to find a reason for extensive use of French rather than English. Extensive use can affect the strength of the relationships mapping any pattern of stimulation to actions, even though a language may be learned later in life.

At the level of control, much repeated actions set up stable relations between patterns and actions. Repetition and practice mean that a stability sets in and renders some kinds of behaviour more or less 'automatic' rather than requiring conscious control. That is why Parry-Jones (1974) could 'glide from one medium to another without thinking, without noticing the changeover'.

The way some of Lambert's second-language French speakers reacted quicker in French is to do with behaviour becoming 'automatic'. It accords with the way in which numerous behaviours in monolinguals become 'automatic' as a result of practice. The integrated system of the bilingual is like monolingual systems where much practice leads to automatic functioning. It is just as much an integrated and complete system.

Bilingual speaking

Parry-Jones insisted that he could 'glide' from Welsh to English, or the other way around 'without thinking, and without noticing the changeover'. One of the things that strikes the monolingual on listening to spoken Welsh is the apparent intrusion of English elements. When stretches of bilingual speech are recorded and analysed by linguists, it is very clear that there is no real confusion involved. In the first place there is usually a 'base language'. Take the following example :

unrhyw wir ddryswch yn bodoli. Yn y lle cyntaf mae 'iaith sail' i'w chael fel arfer. Dyma enghraifft:

Mae'n lovely, mae'n beautiful, ie fe?

Dywedwyd hyn mewn cwmni lle siaradai pawb Gymraeg. Er y gall siaradwyr eraill anghymeradwyo rhyw enghraifft arbennig, ceir enghreifftiau o ddefnyddio ieithoedd 'bob yn ail' gan bob siaradwr dwyieithog a hynny heb ddryswch yn ôl Parry-Jones. Cynigiwyd y term cyffredinol 'amyneilio ieithoedd' gan Auer (1982, 1984).

Mae'n bwysig gwahaniaethu rhwng amyneilio a benthyca. Mae'r iaith Gymraeg yn benthyg yn helaeth o'r Saesneg. Er enghraifft:

Bwcais i diced

Yn yr enghraifft hon benthyciwyd y geiriau 'book' a 'ticket', fel y gwelir o'u hintegreiddiad i gystrawen ramadegol y Gymraeg. Mae rhywbeth mwy na newid bob yn ail yn digwydd.

Gall siaradwr Cymraeg neu Saesneg adnabod yr enghraifft gyntaf yn glir fel brawddeg sail Gymraeg gyda dau air Saesneg ynddi. Mae'r ail enghraifft yn amlwg yn frawddeg hollol Gymraeg i siaradwr Saesneg, a byddai rhaid i siaradwr Cymraeg y byddai'n well ganddo ddweud 'Archebais i docyn' gytuno â hynny.

Hyd yn oed mewn iaith gymysg iawn, ceir set o gyfyngiadau gramadegol (Pfaff, 1979; Poplock, 1980). Er enghraifft, ni fyddai'r un siaradwr Cymraeg yn rhoi'r terfyniad '-ing' ar fôn gair Cymraeg megis syfrdan – a dweud 'syfrdaning'. Gelwir hyn yn 'gyfyngu'r forffem rydd'. Ceir hefyd 'gyfyngu cyfwerth'. Ni chyfunir cystrawennau nad ydynt yn gyfochrog byth. Mae'r frawddeg gyda chyfnewidiad cod yn dechrau gyda 'Mae'n'. Ni ellid cael '*It* + yw' neu ryw ffurf arall ar y ferf 'bod'.

Gwnaethpwyd sawl ymgais i ddosbarthu achosion o ddefnyddio ieithoedd bob yn ail. Mynna Auer (1984) na ddylid ystyried pob

Mae'n lovely, mae'n beautiful, ie fe?

(It's lovely; it's beautiful, isn't it?)

This was said in company where everyone was a Welsh-speaker. Even though other speakers may disapprove of a particular instance, every bilingual speaker provides examples of 'language alternation' without, as Parry-Jones insists, any confusion. The cover term 'language alternation' is proposed by Auer (1982, 1984).

It is important to distinguish between alternation and borrowing. The Welsh language borrows extensively from English, as in the example:

Bwcais i diced

(I booked a ticket)

In this example the word 'book' and the word 'ticket' are borrowed, as is shown by their integration in to Welsh grammatical structure. Something more than alternation is happening.

The first example above is clearly identifiable to a Welsh- or English-speaker as a base Welsh sentence with two English words inserted. The second example is clearly an entirely Welsh sentence to an English-speaker, and even a Welsh-speaker who would prefer to say '*Archebais i docyn*' would have to agree.

Even in very mixed speech there is a set of grammatical restraints (Pfaff, 1979; Poplock, 1980). For instance, no Welsh-speaker would put the ending -ing on a Welsh stem such as *syfrdan-* (stunn-) and say 'syfrdaning'. This is known as the 'free morpheme restraint'. Then there is the 'equivalence constraint'. Constructions which are not parallel are never blended. The sentence with a code switch begins '*Mae'n . . .* '. It could not be made up of 'It + *yw*' or some other form of the Welsh verb for 'be'.

Many attempts to classify cases of language alternation have been made. Auer (1984) insists that not every case of language alternation

achos o ddefnyddio ieithoedd bob yn ail fel 'cyfnewid cod', oherwydd na cheir strategaeth y siaradwr bob amser, na rhyw nodwedd berthnasol yn y grŵp o bobl sy'n bresennol. Ond byddai'n ystyried yr enghraifft gyntaf uchod fel achos dilys o gyfnewid cod gan y dibynnai'r siaradwr ar statws *'lovely'* a *'beautiful'* fel ansoddeiriau Saesneg. Gallasai ddefnyddio 'hyfryd', 'rhyfeddol' neu 'rhagorol' sef ansoddeiriau Cymraeg y byddent wedi bod yr un mor gywir a dealledig i'r holl wrandawyr ac yn addas i'r cyd-destun. Dyma achos o gyfnewid cod i roddi pwyslais ar y disgrifiad. Defnyddiwyd statws yr ansoddeiriau fel rhan o eirfa iaith arall er mwyn pwyslais.

Nid yw'n bosibl cael dosbarthiad taclus, a gellir disgrifio nifer o enghreifftiau mewn mwy nag un ffordd. Grwpiodd Zentella (1985, 1991) ffactorau a all arwain at gyfnewid cod i dri chategori eang. Mae hefyd ffactorau 'yn y fan a'r lle', megis newid testun, pobl eraill yn cyrraedd, neu nodweddion sylwadwy eraill yn y sefyllfa. Mae ffactorau 'yn y pen'. Nid yw'r rhain yn ganfyddadwy, ond yn ymwneud â strategaeth y siaradwr. Wedyn ceir ffactorau 'allan o'r genau' lle mae'r siaradwr yn newid oherwydd rhesymau a erys yn annelwig iawn nes gwneud dadansoddiad ieithyddol manwl. Trafodir seiliau eraill ar gyfer dosbarthu cyfnewidiadau cod yn y Gymraeg gan Thomas (1988).

Er bod problemau gyda dosbarthiad taclus o achosion unigol, mae un peth yn gyffredinol glir. Mae'n amlwg fod siaradwyr Cymraeg yn defnyddio cyfyngiadau gramadegol, ac felly'n ategu safbwynt Parry-Jones eu bod yn llithro'n hawdd heb unrhyw ddryswch rhwng y ddwy iaith beth bynnag fo barn y gwrandawr, y cyfarchwr neu'r gwyliwr.

Cymry Cymraeg gyda'i gilydd

Gwnaethpwyd arbrawf mewn lleoliad naturyddol gan Bourhis a Giles (1976). Clywodd cynulleidfa mewn theatr gais ar dâp i lenwi holiadur byr oedd ar gael yng nghyntedd y neuadd. Yr un siaradwr a recordiodd y cais i wahanol gynulleidfaoedd –

should be regarded as 'code switching' since there is not always a speaker strategy to be detected, or a relevant characteristic of the group of people present. But he would regard the first example above as a genuine case of code-switching, since the speaker was relying on the status of 'lovely' and 'beautiful' as English adjectives. He was quite capable of saying *'hyfryd'*, *'rhyfeddol'* or *'rhagorol'*, which would be Welsh adjectives which would have done just as well in the context and be understood by all the listeners. This was a case of code-switching to place emphasis on the description being given. The status of the adjectives as belonging to the other language was used for emphasis.

It is not possible to have a neat classification, and many instances can be glossed in more than one way. Zentella (1985, 1991) has grouped factors which can lead to code-switching into three broad categories. There are 'on the spot' factors, like a change of topic, arrival of other people, or other observable features of the setting. There are 'in the head' factors. These are not observable, but to do with the speaker's strategy. The gloss on the example quoted assumes it is because of 'in the head' factors. Then there are 'out of the mouth' factors, where the speaker switches because of reasons that are not clear till after detailed linguistic analysis. Further bases for classifying code switches in Welsh are discussed by Thomas (1988).

Although there are problems with neat classification of individual cases, one thing is clear in general. It is clear that Welsh-speakers follow grammatical constraints, and thereby confirm the Parry-Jones view that they glide easily without any confusion between the two languages whatever judgement may be made about them by the addressee, the listener or the bystander.

Welsh-speakers together

An experiment in a naturalistic setting was conducted by Bourhis and Giles (1976). A theatre audience heard a tape-recorded request to fill in a short questionnaire available

unwaith yn Gymraeg a thair gwaith yn Saesneg, yn amrywio o acen gref o dde Cymru i ynganiad mwy safonol. Cymharwyd yn ofalus nifer y ffurflenni a gasglwyd oddi wrth bob cynulleidfa. Pan glywodd cynulleidfaoedd gweithgareddau Saesneg y cais mewn acen ganolig neu safonol, roedd y cais ddwywaith yn fwy llwyddiannus nag ar ôl yr acen Gymraeg gref. Gyda chynulleidfaoedd gweithgareddau yn Gymraeg, roedd y cais yn Gymraeg ddwywaith yn fwy llwyddiannus nag ar ôl yr acen Gymraeg ganolig neu gref. Mewn gweithgareddau Cymraeg anwybyddwyd yr un cais mewn Saesneg gydag acen safonol bron yn llwyr.

Dehonglir yr arbrawf hwn fel arfer yn nhermau agwedd a chydymffurfiaeth. Ond mae hynny'n camddehongli'r sefyllfa. Mae ymchwil ar ryngweithio rhwng pobl uniaith a dwyieithog wedi newid safbwyntiau ynglŷn â phwysigrwydd cyd-destun. Arferid trin cyd-destun fel rhan o gefndir neu fel elfen ddealledig o sefyllfaoedd. Mae ymchwilwyr megis Gumperz wedi dangos sut mae pobl yn creu cyd-destunau fel rhan o'u gweithredu ar y cyd mewn sgwrs. Nid yw'n ddigon gwneud gosodiad neu gais sy'n ddealladwy mewn sgwrs. Mae'n rhaid cael ymdrech ar y cyd i greu cyd-destun priodol. Gelwir yr ymdrech hon ar y cyd yn 'gyd-destunu'. Mewn sgwrsio uniaith (gweler Maynard, 1980) defnyddia'r sgyrswyr ystod eang o arwyddion – goslef, symudiadau, osgo, llygad-gyffyrddiad a hyd yn oed gyfnodau o ddistawrwydd. Defnyddir y rhain i gyd mewn sgwrsio dwyieithog, ond yn ychwanegol gellir defnyddio cyfnewid cod. Yn yr arbrawf yn y theatr, ni fyddai'r cyhoeddiad yn Saesneg yn gydnaws â'r gweithgaredd cyfredol. Er yn hollol ddealladwy, ni allai fod yn rhan o'r cyd-destun fel y byddai cyhoeddiad yn Gymraeg. Felly roedd y gydymffurfiaeth yn llawer llai.

Mae'r newid i'r Saesneg yn yr arbrawf yn cyferbynnu â newid cyd-destunol mewn sgwrs gyffredin. Er enghraifft, ar ôl sgwrs hir mewn siop yn Llundain rhwng tri siaradwr Cymraeg, symudodd un ohonynt mewn ffordd a ddangosai ei fod ar fin gadael. Rhybuddiwyd

in the theatre foyer. The same speaker recorded the request for different audiences – once in Welsh and three times in English, varying from a broad south Welsh accent to a more standard pronunciation. A careful comparison was made of the number of forms collected from each audience. When audiences for English events heard the request in a mild accent or standard accent, the request was twice as successful as after the broad Welsh accent. For audiences for Welsh events, the request in Welsh was twice as successful as after either the broad or mild Welsh accent. The same request in English in a standard accent was practically ignored in Welsh events.

This experiment is usually interpreted in terms of attitude and compliance. But to do so misses the whole point of the setting. Research on stretches of interaction between monolingual or bilingual people has changed views about the importance of context. Context used to be treated as a background or given element of situations. Researchers like Gumperz (1982) have shown how people create contexts as part of their joint activity in conversation. It is not enough to make a statement or request that is understandable in a conversation. There has to be a joint effort to provide an appropriate context. This joint effort is known as 'contextualization'. In monolingual conversations (see Maynard, 1980) participants use a wide range of cues – intonation, movement, gestures, eye contact and even stretches of silence. All of these are used in bilingual conversation, but in addition there may be code-switching. In the experiment in the theatre, an announcement in English would not fit in with the current activity. Although completely comprehensible it could not be part of the context in the way an announcement in Welsh could be. Hence compliance was much lower.

The switch to English in the experiment is in contrast to a contextualized switch in a normal conversation. For example, after a long conversation in a London shop between three Welsh-speakers one of the participants moved in a way that showed he was about to leave.

ef yn Saesneg gan un o'r lleill a oedd yn byw yn Llundain ei fod yn rhoi ei waled mewn poced a fyddai'n darged hawdd i ladron pocedi. Roedd arwyddocâd lleol i'r newid i'r Saesneg, yn union fel y byddai gan ystum neu newid goslef y llais arwyddocâd mewn sgwrs uniaith Saesneg. Y ffactorau 'yn y fan a'r lle' oedd y paratoi i adael, a'r newid sgwrs rhwng tri i sgwrs rhwng dau. Roedd y prif gyfarfyddiad wedi dod i ben, ac nawr roedd yna baratoi i fynd allan i'r stryd. Y ffactorau 'yn y pen' oedd, yn gyntaf, pwrpas cyfathrebol i newid 'perthynas' y cyfranogwyr, ac yn ail i ddarbwyllo neu reoli. Yn dilyn Goffman (1979), disgrifia Zantella (1985) ail-drefnu cyfranogwyr fel newid 'perthynas'. Yn y berthynas newydd – un o'r cyfranogwyr yn breswylydd a'r llall yn ymwelydd – rhoddir rhybudd gan y preswylydd ar sail ei wybodaeth leol. Yn yr enghraifft yn y siop yn Llundain, roedd y newid o'r Gymraeg i'r Saesneg. Ond mewn sawl cyd-destun gallai'r newid fod o'r Saesneg i'r Gymraeg. Metha llawer o siaradwyr uniaith â dehongli beth sy'n digwydd yn y fath achosion. Pan gyrhaedda cyfranogwyr newydd, neu os bydd y pwnc yn newid, gellir dehongli'r newid i iaith leiafrifol fel 'bod yn lletchwith' (cymharer y cwynion o Fôn a ddyfynnwyd gan Morris, 1989). Mae'r un dilyniant o ymddygiad yn digwydd rhwng siaradwyr Saesneg uniaith, fel yr eglurwyd gan Maynard (1980). Yr unig wahaniaeth yn achos y person dwyieithog yw fod cyfnewid cod yn digwydd yn ychwanegol i'r arwyddion a ddefnyddir mewn sgwrs uniaith.

Trosiad 'trac a maes'

Yn y ddau ddegad diwethaf mae seicolegwyr wedi mynnu edrych ar y person dwyieithog fel endid ieithyddol cyflawn yn hytrach na dau berson uniaith mewn un. I werthfawrogi'r newid meddwl hwn mae'n rhaid manylu ar yr ymchwil. Crynhoa Grosjean (1985, 1989) y newid yn y dulliau o feddwl trwy gynnig trosiad 'trac a maes'. Argymhella Grosjean feddwl am neidiwr clwydi uchel. Mae'r neidiwr clwydi yn endid gwahanol i wibiwr neu neidiwr. Mae'n gamgymeriad gofyn pam

One of the others, who lived in London, warned him in English that the pocket in which he was putting his wallet was a prime target for pickpockets. The switch to English had local significance, just as a gesture or change in tone of voice would have in an English monolingual conversation. The 'on the spot' factors were the preparation to leave, and the change from a three-way conversation to a two-way conversation. The main encounter had ended and there was preparation for going out into the street. The 'in the head' factors were, first, a communicative purpose to change the 'footing' of the participants and second to convince or control. Following Goffman (1979), Zentella (1985) describes a re-alignment of participants as a change of 'footing'. On the new footing – one participant as resident and the other as a tourist – the resident gives a warning on the basis of local knowledge.

In the London shop example, the switch was from Welsh to English. But in many contexts, the switch might be from English to Welsh. Many monolinguals fail to interpret what goes on in such cases. When the arrival of new participants takes place, or there is a change of topic, a switch to the minority language can be interpreted as 'being awkward' (cf the Anglesey complaints quoted from Morris, 1989). The same sequences of behaviour take place between monolingual English-speakers, as exemplified by Maynard (1980). It is just that in the bilingual case, code-switching is an addition to the cues used in monolingual conversation.

A 'track and field' metaphor

Psychologists in the last two decades have insisted on viewing the bilingual as a complete linguistic entity rather than two monolinguals in one person. To appreciate the changes in thinking requires going into detail about the research. Grosjean (1985, 1989) summarizes the change in ways of thinking by proposing a track and field metaphor. Grosjean recommends thinking of a high hurdler. A high hurdler is a different entity from either a

nad yw'r neidiwr clwydi yn neidio fel neidiwr neu'n rhedeg fel gwibiwr. Y rheswm am hyn yw fod y neidiwr clwydi yn 'endid cyflawn, yn athletwr arbennig a phenodol', ac oherwydd hyn mae'n anorfod ei fod yn neidio a rhedeg bob yn ail yn yr un ras fel y mae'r person dwyieithog yn symud o un iaith i'r llall bob yn ail.

Mae'r trosiad 'trac a maes' yn ddefnyddiol i'n hatgoffa fod y person dwyieithog yn endid integredig. Mae'r diffyg dealltwriaeth lle mae un iaith yn blaenori yn debyg i redwyr a neidwyr yn methu â deall neidwyr clwydi.

Bod yn siaradwr Cymraeg

I ddeall cyd-destun Cymry Cymraeg mae'n hanfodol arddel barn ddeinamig am deuluoedd a chymunedau. Mae'n hanfodol gwerthfawrogi sgiliau'r person dwyieithog fel rhywbeth hollol integredig – yn ddim mwy dirgelaidd na sgiliau'r person uniaith. Mae'n bwysig hefyd ddeall hunaniaeth ddwyieithog. Nid oes gan berson dwyieithog ddwy hunaniaeth wahanol – dim ond bod rhaid cael y ddwy iaith i ddeall y person cyfan.

Hunaniaeth

Dim ond rhan o hunaniaeth gyfan person yw unrhyw ymdeimlad o hunaniaeth fel siaradwr Cymraeg. Gall person ystyried ei hun yn fab neu ferch ufudd, rhiant ystyriol ynghyd â nifer o ddeongliadau eraill o'r hunan. Byddai rhai fel Rossan (1987) yn sôn am hunaniaeth graidd megis 'merch siriol a disglair' ac is-hunaniaethau megis 'merch serchog' a 'merch yng nghyfraith oeraidd'. Yna gellir adnabod gwahanol is-hunaniaethau yn y gwaith neu'r ysgol, yn nhŷ'r fam yng nghyfraith ac yn y blaen. Mae'r ffordd hon o feddwl yn dilyn traddodiad seicolegwyr megis William James (1890) trwy ddechrau gydag 'ymwybyddiaeth o fodolaeth bersonol gyson' pan yn trafod hunaniaeth. Yn ogystal â 'myfïaeth' ymwybodus, siaradodd James am hunaniaethau cymdeithasol gwahanol (merch serchog ac ati).

Mae traddodiad gwahanol yn trafod yr ymwybyddiaeth o hunaniaeth fel bywgraffiad

sprinter or a jumper. It is a mistake to ask why the hurdler does not jump quite like a jumper or sprint quite like a sprinter. This is because a high hurdler is 'an integrated whole, a unique and specific athlete', and being such inevitably involves alternating between running and jumping in the same event just as a bilingual will alternate between both languages.

The 'track and field' metaphor is a useful reminder that a bilingual can be an integrated whole. Lack of understanding where one language is dominant is like a failure to understand hurdlers on the part of runners or jumpers.

Being a Welsh-speaker

To understand the context of Welsh-speakers it is essential to have a dynamic view of families and communities. It is essential to appreciate that the bilingual speaker's skills are an integrated whole – no more mysterious than those of monolinguals. It is also important to understand bilingual identity. A bilingual person does not have two different identities – it is just that both languages are needed to understand the whole person.

Identity

Any feeling of identity as a Welsh-speaker is only a part of the totality of a person's identity. A person may also perceive themselves to be a dutiful son or daughter, understanding parent and a host of other construals of the self. Some, like Rossan (1987), would speak of a core identity, such as 'bright, cheerful girl' and sub-identities such as 'loving daughter' alongside 'cool daughter-in-law'. Then different sub-identities can be recognized in work or school, in the mother-in-law's house and so on. Such a way of thinking follows the tradition of psychologists like William James (1890) in starting with the 'consciousness of personal sameness' when discussing identity. Besides the 'me' of consciousness, James spoke of different social identities (loving daughter and the like).

A different tradition treats the consciousness

cyfan o ryngweithio gyda phobl eraill lle bo cloriannu'r naill a'r llall yn digwydd. Yn ôl y traddodiad, y rheswm pam fod gan rai bobl is-hunaniaethau gwahanol neu hunaniaethau cymdeithasol yw oherwydd y cyd-destunau y cânt eu hunain ynddynt. Datblygir eu hunaniaeth a'u hunan hyder trwy'r ffordd y gwelant eraill yn ymateb iddynt. Dyma'r traddodiad 'golygfa o'r hunan yn y drych' (Cooley, 1906; Harré, 1979; Shotter & Gergen, 1987). Mewn safbwynt o'r fath, diffinnir hunaniaeth orau fel cyfanrif y categorïau cymdeithasol y mae person yn perthyn iddynt (Harré, 1979). Felly, y rheswm pam y gwêl y fenyw ei hun yn 'oeraidd' pan yn delio â'i mam yng nghyfraith, er ei bod 'mewn gwirionedd' yn bersonoliaeth gynnes, yw oherwydd bod categorïau cymdeithasol gwahanol yn dod i'r amlwg yn y sefyllfaoedd arferol yn ymwneud â'r fam yng nghyfraith. Ni fyddai traddodiad o'r fath yn cael trafferth egluro sut y gall yr un person ymddangos fel 'angel pen ffordd; diafol pen tân'.

Y prif wahaniaeth rhwng y ddau draddodiad yw fod safbwynt y 'drych' yn mynnu na all y 'myfi' ymwybodus ddigwydd ond trwy ryngweithio ag eraill. Dilyna Ovesen (1983) draddodiad y drych trwy fynnu 'nad yw hunaniaethau yn ffeithiau naturiol, ond yn strwythurau diwylliannol y gellir eu newid neu eu hail-strwythuro'.

Un dechneg a ddefnyddir i archwilio hunaniaeth grwpiau ieithyddol yw'r dechneg 'diwyg cymharu-cyfatebol' (*matched-guise technique*). Fe'i datblygwyd gan Lambert ac eraill (1960) a'i defnyddio'n helaeth ers hynny (gweler Giles & Coupland, 1991).

Y ffordd glasurol o ddefnyddio'r dechneg uchod yw cofnodi'r dyfyniad gan nifer o siaradwyr yn Gymraeg a Saesneg ar dâp. Cymysgir trefn y siaradwyr ar y tâp. Yna mae'n rhaid i grŵp o wrandawyr fynegi barn ar bersonoliaethau'r siaradwyr ar sail y llais yn unig; ni ddywedir wrthynt fod yr un siaradwr yn digwydd mewn dau ddiwyg ieithyddol gwahanol. Defnyddiwyd y dechneg yn wreiddiol i archwilio barn y bobl a siaradai Ffrangeg yng Nghanada a'r rhai a siaradai Saesneg yno am ei gilydd.

of identity as the result of a whole biography of interactions with other people where mutual appraisal takes place. The reason, according to that tradition, why people appear to have different sub-identities or social identities is because of the contexts in which they find themselves. Their identity and self esteem is built up by the way they find others reacting to them. This is the tradition of the 'looking-glass' view of the self (Cooley, 1906; Harré, 1979; Shotter & Gergen, 1987). On such a view identity is best defined as the total number of social categories to which a person belongs (Harré, 1979). So the reason the same woman perceives herself as 'cool' when dealing with the mother-in-law, although 'really' a warm personality, is a result of different social categories coming to the fore in the usual situations involving the mother-in-law. This tradition would find no difficulty in explaining how the same person can appear as '*Angel pen ffordd; diafol pen tan*' to use a Welsh expression (an angel on the highway but a devil round the hearth).

The major difference between the two traditions is that the 'looking-glass' view insists that the 'me' of consciousness can only come about from interaction with others. Ovesen (1983) follows the looking-glass tradition in insisting that 'identities are not natural facts, but cultural constructions which are liable to be reconstructed or amended'.

One technique used to explore the identity of linguistic groups is known as the 'matched-guise technique'. It was developed by Lambert and others (1960) and has been used extensively ever since (see Giles & Coupland, 1991).

In the classic way of using the matched-guise technique, a number of Welsh-speakers record a passage in both English and Welsh. The order of the speakers on a tape is mixed up. Then groups of listeners who are not told that the same speaker occurs in two linguistic guises, have to evaluate the personalities of the speakers solely on the basis of voice. The technique was originally used to explore the way in which French-speaking Canadians and

Gwnaeth Price, Fluck a Giles (1983) arbrawf o'r fath gan gyflenwi i grwpiau o wrandawyr y tâp setiau o gategorïau a fyddai'n amlygu ymatebion ffafriol neu anffafriol. Y categorïau a ddefnyddiwyd oedd 'cryf, hunanol, da, siaradus, golygus, deallus, caredig a snobyddlyd'. Roedd rhai categorïau yn ymwneud â statws – 'cryf, deallus' ac ati. Roedd eraill yn ymwneud ag apêl gymdeithasol. Cynhaliwyd yr arbrawf yn Gymraeg a Saesneg. Pan gynhaliwyd yr arbrawf yn Saesneg, cafwyd gwahaniaethau gwerthusol gan y Cymry dwyieithog rhwng y diwyg Cymraeg ei iaith a'r diwyg Saesneg ar y categorïau yn ymwneud â statws. Ond pan oedd yr arbrawf yn Gymraeg, roedd y gwahaniaethau yn ymwneud ag apêl gymdeithasol nid statws. Lleihawyd unrhyw ystyriaethau statws pan gynhaliwyd yr arbrawf yn Gymraeg.

Mae traddodiad y drych yn gymorth i ddehongli beth oedd effaith yr iaith a ddefnyddiwyd ar yr arbrawf. Pan gynhelir yr arbrawf yn Saesneg mae'r siaradwr Cymraeg mewn sefyllfa lle daw categorïau cymdeithasol yn ymwneud â dominyddiaeth ddiwylliannol i'r amlwg. Mae'r ddelwedd sydd gan y rhai nad ydynt yn siarad Cymraeg o'r rhai sy'n siarad Cymraeg yn cael ei chynnal. Ond pan yw'r arbrawf yn Gymraeg, mae'r holl gyd-destun yn newid. Apêl gymdeithasol lleisiau unigol yw'r nodwedd amlwg. Mae'r newid ym mhatrwm y canlyniadau yn ôl pa iaith a ddefnyddir yn ategu'r farn mai strwythurau diwylliannol yw hunaniaethau a newidir yn gyson o ganlyniad i ryngweithio gydag eraill. Yn dibynnu ar y sefyllfa gymdeithasol a'r defnydd o iaith, gellir gwneud i Gymry Cymraeg â chanddynt fywgraffiadau personol gwahanol iawn deimlo'n debyg iawn â chanddynt hunaniaeth gyffredin. Ond gall newid iaith y rhyngweithio a newid y sefyllfa gymdeithasol amlygu pob math o wahaniaethau gwahanol yr un mor hawdd.

Hunaniaethau bregus

Mae damcaniaeth 'y drych' o'r hunan yn egluro sut y daw grwpiau ieithyddol neu

English-speaking Canadians viewed each other.

Price, Fluck and Giles (1983) prepared such an experiment, and supplied groups of listeners to the tape with a set of categories that would bring out any favourable or unfavourable reaction. The categories used were 'strong, selfish, good, chatty, handsome, intelligent, friendly, kind and snobbish'. Some of these categories were to do with status – 'strong, intelligent' and the like. Others were to do with social attractiveness. The experiment was conducted both in Welsh and in English. When the procedure was conducted in English, Welsh bilinguals made evaluative distinctions between the Welsh-language guise and the English guise on the categories to do with status. However, when the procedure was in Welsh, the distinctions between the guises concerned social attractiveness and not status. Any status connotations were diminished when the procedure was conducted in Welsh.

The effect of the language of the procedure can be interpreted easily by following the 'looking-glass' tradition. When the procedure is in English, the Welsh-speaker is in a situation where social categories to do with cultural dominance come to the fore. The image of the Welsh-speaker held by non-members of that social category is put forward. However, when the procedure is in Welsh, the whole context changes. The social attractiveness of individual voices is the salient feature. The change in the pattern of results according to which language is used supports the view that identities are cultural constructions which are constantly amended as a result of interaction with others. Depending on the social situation and the use of language, Welsh-speakers with very different personal biographies can be made to feel very similar with a common identity. But changing the language of interaction, and adjusting the social situation can bring out all kinds of individual differences just as easily.

Vulnerability

The looking-glass theory of the self explains how members of linguistic groups or other

grwpiau eraill i feddwl yn negyddol amdanynt eu hunain. Os parhant i brofi adweithiau negyddol, gallant ddechrau derbyn barn pobl eraill fel rhan o'u hunaniaeth eu hunain.

Gan fod cymaint o gamddealltwriaethau ynglŷn â siarad dwyieithog, nid yw'n syndod fod Cymry Cymraeg yn arddangos 'ansicrwydd ieithyddol'. Weithiau bydd siaradwyr rhugl yn mynnu mai siarad 'Cymraeg cegin' yn unig y maent neu rywbeth arall. Rhestra Thomas a Thomas (1989)

> Cymraeg shiprys
> Cymraeg talcen slip
> Cymraeg carreg calch

a rhai ymadroddion eraill sy'n fynegiant o ansicrwydd ieithyddol.

Yn y cyswllt hwn maent yn debyg iawn i siaradwyr Saesneg uniaith a aned yng Nghymru y ceir sylwadau hunanddibrisiadol ganddynt megis *'I wish I could speak without an accent'* (cymh. Edwards, 1988). Dechreuodd yr astudiaethau ymchwiliol ar ansicrwydd ieithyddol gyda siaradwyr uniaith Saesneg (gweler Labov, 1966; Owens & Baker, 1984). Dengys astudiaethau o'r Saesneg a siaredir yng Nghymru fod ansicrwydd ieithyddol yn effeithio ar bobl uniaith yng Nghymru oherwydd y stigma sy'n gysylltiedig â rhai acenion Cymreig (gweler Coupland, 1988; Coupland & Thomas, 1990)

Hunaniaethau cadarn

Mae Weinreich (1986, 1991) wedi cwblhau ymchwil ar hunaniaeth mewn sefyllfaoedd eithafol fel yn Ne Affrica. Amcana at gyfuno mewnwelediadau o'r ddau draddodiad yn seicoleg hunaniaeth. Gwna hyn oherwydd nad yw traddodiad y drych yn cynnig eglurhad parod ar gyfer hunaniaethau cadarn lle mae pobl yn sylwi ar werthusiadau negyddol ohonynt eu hunain ac yn gwrthod eu derbyn. Rhywbeth arall a all ddigwydd yw 'gwrthadnabyddiaeth' lle mae pobl am fod yn wahanol i rai eraill neu ryw grŵp oherwydd rhyw briodwedd nad ydynt yn ei hoffi neu sy'n annerbyniol ganddynt.

groups come to take a negative view of themselves. If they keep encountering negative reactions, they may begin to accept other peoples' views of them as part of their own identity.

Since there are so many misunderstandings about bilingual speaking, it is not surprising that Welsh-speakers show 'linguistic insecurity'. Fluent speakers will sometimes insist that they speak only 'kitchen Welsh' or something else. Thomas and Thomas (1989) list

> Cymraeg shiprys
> Cymraeg talcen slip
> Cymraeg carreg calch

and other expressions which are symptomatic of linguistic insecurity.

In this respect they are much like Welsh-born monolingual English-speakers, who make self-deprecating remarks like 'I wish I could speak without an accent' (cf. Edwards, 1988). The research studies of linguistic insecurity began with monolingual English speakers (see Labov, 1966; Owens, T. W. & Baker, P. M., 1984). Studies of the English spoken in Wales show that linguistic insecurity affects monolinguals in Wales because of stigma attached to certain Welsh accents (see Coupland, N., 1988; Coupland & Thomas, 1990).

Robust identities

Weinreich (1986, 1991) has completed research on identity in extreme situations such as can be found in South Africa. He aims to combine insights from the two main traditions in the psychology of identity. This is because the 'looking-glass' tradition does not provide ready explanations for robust identities where people notice that negative evaluations are being made of themselves and refuse to accept them. Another thing that can happen is 'counter-identification' where people want to be unlike some others or some group because of some attribute which they dislike or which meets disapproval.

Mae erthygl Parry-Jones a gwynai am gamddealltwriaethau ynglŷn â Chymry Cymraeg yn fynegiant o hunaniaeth gadarn. Er y cwynai fod cymaint o'i ffrindiau yn camddeall ei ddwyieithrwydd, roedd yn gwrth-adnabod â hwy yn amlwg, ac felly yn cynnal hunansyniad bositif.

Mae'r berthynas rhwng iaith a hunaniaeth yn berthnasol iawn i weithwyr cymdeithasol. Os byddant yn ymgyflwyno mewn ffordd sy'n arwain at wrth-adnabyddiaeth, megis trwy fethu â chydnabod yr hawl i wasanaeth dwyieithog, yna byddant yn wynebu rhwystrau y gellid eu hosgoi mewn fframwaith sefydliadol a statudol mwy priodol.

Casgliadau ynglŷn â gwaith cymdeithasol yng Nghymru

Mae'r gwersi cyffredinol ar gyfer y proffesiynau gofal yn arbennig o bwysig ar gyfer gwaith cymdeithasol. Mae angen i asiantaethau gwaith cymdeithasol dderbyn fod y siaradwr Cymraeg dwyieithog yn berson integredig cyflawn fel y person uniaith. Golyga hyn ei bod yn annerbyniol dibynnu ar un iaith yn unig ar gyfer ymyrryd neu roi gwasanaeth. Mae clientau yn fwy tebygol o fod yn Gymry Cymraeg a thuedd at hunaniaethau bregus yn hytrach na rhai cadarn. Datguddir mwy am hunaniaeth pan ddefnyddir y ddwy iaith, fel y dangoswyd yn yr arbrawf gyda'r dechneg diwyg cymharu-cyfathrebu (*matched-guise technique*). Os defnyddir y ddwy iaith gan broffesiwn, bydd y negeseuon dealledig a drosglwyddir i'r client yn dangos manteision uniongyrchol.

Ni ddylid ystyried mai consesiwn yn unig yw cael defnyddio'r Gymraeg. Ceir sawl enghraifft o weithwyr cymdeithasol yn elwa o wneud yn fawr o sefyllfa ddwyieithog. Mae siarad Cymraeg yn adnodd gwerthfawr. Er enghraifft, roedd gweithwraig gymdeithasol yn ymweld â thŷ mewn ardal lle mai ychydig iawn o bobl a oedd yn siarad Cymraeg, ac yn dechrau teimlo'n rhwystredig gyda glaslanc yno. Dibynasai ar y Saesneg heb wybod fod y teulu yn siarad Cymraeg. Wrth godi i fynd

The article by Parry-Jones which complained of misunderstandings about Welsh-speakers is symptomatic of a robust identity. Even though he complained that so many of his friends misunderstood his bilingualism, he clearly 'counter-identified' with them, in Weinreich's terms, and so retained a positive self-concept.

The relationship between language and identity is very relevant to social workers. If they present themselves in a way which results in counter-identification, such as by failing to acknowledge the right to a bilingual service, then they will encounter obstacles readily avoidable in a more appropriate institutional and statutory framework.

Conclusions concerning social work in Wales

The general lessons for caring professions are particularly important for social work. Social work practice needs to recognize that the bilingual Welsh-speaker is just as much an integrated whole person as a monolingual. This means that it is an unacceptable short cut to rely on just one language for intervention or rendering of service. Clients are much more likely to be Welsh-speakers with vulnerable identities rather than robust ones. More about identity is revealed when both languages are in use, as shown in the experiments with the matched-guise technique. If both languages are used by a profession, the implicit messages transmitted to a client will show direct benefits.

Use of Welsh must not be regarded as just a concession. There are many examples of benefits to practitioners from making the most of a bilingual situation. The use of Welsh is a valuable resource. For example, a social worker in an area where very few people spoke Welsh was visiting a house and becoming frustrated in an interview with an adolescent. She had relied on English, not realizing that the family spoke Welsh. On getting up to leave, she heard the father say to the young man '*Gwed wrthi 'nawr, cyn iddi fynd*' (Tell her now before she goes.) She resumed her seat and began again but this time in Welsh. The results were

clywodd y tad yn dweud wrth y bachgen ifanc 'Gwed wrthi 'nawr, cyn iddi fynd'. Eisteddodd yn ôl ac ailddechrau ond yn Gymraeg y tro hwn. Roedd y canlyniadau yn hollol wahanol. Y rheswm am y gwahaniaeth oedd y newid llwyr yn y berthynas rhyngddynt wrth iddynt ddefnyddio'r Gymraeg. Roedd y sail yn wahanol. Bellach roedd hi'n rhan o apêl y tad, ac mewn sefyllfa lawer gwell i drafod problemau.

Mae magu plant yn Gymry Cymraeg yn gofyn am benderfyniadau gweithredol ar ran aelodau'r teulu. Mae'n cyfuno â rhwydwaith cymdeithasol glòs y tu allan i'r cartref ei hun. Os caiff plant eu trin mewn ffordd sy'n creu amgylchedd ieithyddol anghyson, maent yn debygol o golli eu hyfedredd mewn iaith fel y Gymraeg. Mae llawer wedi ei ysgrifennu ar ba mor hawdd y mae plant yn dysgu iaith, ond maent yn ei hanghofio yr un mor sydyn os nas defnyddir yn barhaol. Disgrifia Harding a Riley (1986) astudiaethau o unigolion lle collwyd ieithoedd oherwydd agwedd ffwrdd â hi tuag at ddwyieithrwydd y plant. Ni all gweithwyr cymdeithasol fforddio diystyru'r effeithiau ieithyddol y gall trefniadau a wneir ar gyfer teuluoedd eu cael ar blant.

Mae angen sensitifrwydd, yn enwedig yn achosion teuluoedd sydd wedi'u hailffurfio. O bosibl byddai partner newydd am ddadwneud trefniadau a ffurfiwyd yn yr hen bartneriaeth. Gallai newid iaith y cartref fod yn un o'r newidiadau. Ond gan y caiff yr iaith gynhaliaeth gan rwydweithiau cynnal ehangach – teulu estynedig llorweddol neu fertigol – a'r ysgol, gall newid ieithyddol syml yr olwg fod yn arwydd o lawer mwy. Gall olygu datgysylltiad o'r rhwydweithiau cynnal y tu allan i'r teulu.

Mae'n rhaid i weithwyr gyda'r henoed ystyried syniad David Green o 'reolaeth' wrth 'ddewis' iaith. Mae rheolaeth yn golygu talu sylw. Gyda phobl hŷn, os oes rhaid iddynt ddefnyddio un o'u hieithoedd yn unig wrth ddelio â pherson proffesiynol, bydd rhoi'r sylw angenrheidiol ac atal yr iaith 'ysgogedig' arall yn golygu mwy o ymdrech. Byddai cael defnyddio'u dwy iaith o fudd mawr mewn unrhyw ryngweithiad.

completely different. The reason for the difference was a complete re-alignment arising from the use of Welsh. There was a change of 'footing'. She was now aligned with the father's appeal, and much better placed to discuss problems.

Bringing up children as Welsh speaking involves active decisions on the part of family members. It meshes in with a close-knit social network beyond the particular household. If children are dealt with in a way that results in an inconsistent linguistic environment, then they are most likely to drop use of a language like Welsh. Much has been written on the ease with which children acquire languages, but they forget them as quickly as they acquire them without sustained use. Harding and Riley (1986) describe case studies where languages were lost because of an 'easy come-easy go' attitude to the children's bilingualism. Social workers cannot afford to overlook the linguistic impact which arrangements made for families may have on the children.

There is need for sensitivity, especially in the case of reconstituted families. A new partner might want to undo basic arrangements made in the old partnership. One such change could be the language of the household. But since the language is sustained by the wider support networks – maybe a vertical or horizontal extended family – and the school, what might look like a simple linguistic change may well signal much more. It may mean disconnection from support networks beyond the family.

Workers with the elderly need to take on board David Green's notion of 'control' when a language is 'selected'. Control involves paying attention. In older people, if they have to stay in just one of their languages when dealing with a professional, then giving the attention required and suppressing the other 'activated' language will take more effort. Being allowed to use both of their languages, will be a positive benefit to any kind of interaction.

In dynamic situations, such as are encountered in the Welsh context, social workers

Mewn sefyllfaoedd deinamig, megis y deuir ar eu traws yn y cyd-destun Cymraeg, dylai gweithwyr cymdeithasol bob amser allu dangos atblygedd. Dylent fod yn ofalus na fydd eu hagweddau a'u safbwyntiau eu hunain yn dylanwadu ar sut maent yn canfod sefyllfa. Dylent osgoi camgymeriadau seicolegwyr cynnar ac eraill a fethodd feddwl am y Cymry Cymraeg fel pobl gyflawn ac integredig. Trwy ddefnyddio polisi dwyieithog maent yn cyfrannu at y casgliad cyffredinol a ddaw drwy ymchwil seicolegol ar oedolion a phlant Cymraeg eu hiaith. Gellir crynhoi'r casgliad mewn dwy linell a ysgrifennwyd gan y bardd Caroll Hughes:

I'n hiaith gael byw ar glyw gwlad
Trysorer trwy ei siarad.

should always be able to show reflexivity. They should be vigilant for the influence of their own attitudes and standpoints on their perception of a situation. They should avoid the mistakes of early psychologists and others who failed to think of the Welsh-speaker as an integrated and complete person. By applying a bilingual policy, they contribute to the most general conclusion from psychological research on Welsh-speaking children and adults. That conclusion can be summed up in two lines composed by the poet Caroll Hughes:

I'n hiaith gael byw ar glyw gwlad
Trysorer trwy ei siarad

(For our language to keep alive in the ears of our country, it should be treasured by speaking it.)

Cyfeiriadau/References

Aitchinson, J. (1987), *Words in the Mind: an Introduction to the Mental Lexicon*. Oxford, Blackwell.

Auer, J. C. P. (1982), 'The development of Italian/German alternation among Italian migrant children in Germany'. Paper given at the Sociolinguistics Symposium, Sheffield University.

Auer, J. C. P. (1984), *Bilingual Conversation*. Amsterdam, John Benjamins.

Baddeley, A. (1982), *Your Memory: A User's Guide*. London, Sidgwick & Jackson.

Baetens-Beardsmore, B. (1982), *Bilingualism: Basic Principles*. Clevedon, Multilingual Matters.

Baker, C. (1988), *Key Issues in Bilingualism and Bilingual Education*. Clevedon, Multilingual Matters.

Barry, C. (1991), 'Phonological recoding in the lexical decision task as a function of orthographic depth: the pseudohomophone effect in Italian, Welsh and English'. Paper presented at the Nato Advanced Study Institute on Differential Diagnosis and Treatments of Reading and Writing Disorders, Toulouse, France, 30 September–11 October 1991.

Bellin, W. (1984), 'Welsh phonology in acquisition'. In Ball, M. & Jones G. E. (eds) *Welsh Phonology: Selected Readings*. Cardiff, University of Wales Press.

Bellin, W. (1988), 'The development of Welsh pronunciation: a chronology of normal phonological development'. In Ball, M. (ed.) *The Use of Welsh*. Clevedon, Multilingual Matters.

Bellin, W. (1989), 'Ethnicity and Welsh bilingual education'. In Day, G. & Rees, G. (eds) *Contemporary Wales: an Annual Review of Economic and Social Research*, 3, 77–97.

Bellin, W. (1991), 'Psychological aspects of natural language.' In Warwick, K. (ed.), *The Application of Artificial Intelligence*. Stevenage, Herts. UK, Peter Peregrinus for the Institute of Electrical Engineers, pp. 22–36.

Bellin, W. (1992). 'Delwedd Cymru a phroblemau cymathu newydd-ddyfodiaid/

The image of Wales and problems of assimilating newcomers.' In Dafis, Ll. (gol.) *Yr Ieithoedd Llai – Cymathu Newydd-ddyfodiaid / Lesser Used Languages – Assimilating Newcomers*. Caerfyrddin / Carmarthen, Gweithgor Dwyieithrwydd Dyfed.

Bourhis, R. Y. & Giles, H. (1976), 'The language of cooperation in Wales: a field study', *Language Sciences*, 42, 13–16.

Campbell, C. & Packer, A. (1992), 'Cymhellion rhieni di-Gymraeg dros ddewis addysg Gymraeg i'w plant', *The Welsh Journal of Education/ Cylchgrawn Addysg Cymru*, 3 (1), 27–33.

Cooley, C. H. (1906), *Human Nature and the Social Order*. New York, Charles Scribner.

Coupland, N. (1988), *Dialect in Use*. Cardiff, University of Wales Press.

Coupland, N. & Thomas, A. R. (eds) (1990), *English in Wales*. Clevedon, Multilingual Matters.

Davies, W. K. (1986), 'Monolingual and bilingual children's comprehension of quantifying adjectives'. University of Wales, unpublished PhD thesis.

De Jong, E. (1984), *The Bilingual Experience: a Book for Parents*. Cambridge, Cambridge University Press.

Dodson, C. J. (ed.) (1985), *Bilingual Education: Evaluation, Assessment and Methodology*. Cardiff, University of Wales Press.

Edwards, J. H. K. (1988), 'Culture, language and education in the Rhymney Valley: a study in sociolinguistic attitudes and their effects'. University of Wales, unpublished PhD thesis.

Ellis N. C. & Hennelly R. A. (1980), 'A bilingual word length effect: implications for intelligence testing and the relative ease of mental calculation in Welsh and English', *British Journal of Psychology*, 71, 43–52.

Ellul, S. (1978), *A Case Study in Bilingualism: Code-switching between Parents and their Pre-school Children in Malta*. St Albans, The Campfield Press.

Elwert, W. T. (1959), *Das zweisprachige Individuum: ein Selbstzeugnis*. Wiesbaden, Steiner.

Fantini, A. (1985), *Language Acquisition of a Bilingual Child: A Sociolinguistic Perspective*. San Diego, College Hill Press.

Gardner-Chloros, P. (1991), *Language Selection & Switching in Strasbourg*. Oxford, Oxford University Press.

Giles, H. & Coupland, N. C. (1991), *Language: Contexts and Consequences*. Milton Keynes, Open University Press.

Goffman, E. (1979), 'Footing', *Semiotica*, 25, 1–29.

Green, D. W. (1986), 'Control, activation and resource: a framework and a model for the control of speech in bilinguals', *Brain and Language*, 27, 210–23.

Grosjean, F. (1982), *Life with Two Languages*. Cambridge, Mass., Harvard University Press.

Grosjean, F. (1985), 'The bilingual as a competent but specific speaker-hearer', *Journal of Multilingual and Multicultural Development*, 6, 467–77.

Grosjean, F. (1989), 'Neurolinguists beware! The bilingual is not two monolinguals in one person', *Brain and Language*, 36, 3–15.

Grover, M. (1992), 'First "foreign" words learnt in the mother tongue', *Observer*, 29 March 1992.

Grover Stripp, M. & Bellin, W. (1985), 'Bilingual linguistic systems revisited', *Linguistics*, 23, 123–35.

Gumperz, J. J. (1982), *Discourse Strategies*. Cambridge, Cambridge University Press.

Halliday, M. A. K., Macintosh, A. & Strevens, P. (1968), 'The users and uses of language'. In Fishman, J. (ed.) *Readings in the Sociology of Language*. The Hague, Mouton.

Harding, E. & Riley, P. (1986), *The Bilingual Family: a Handbook for Parents*. Cambridge, Cambridge University Press.

Harré, R. (1979), *Social Being: a Theory for Social Psychology*. Oxford, Blackwell.

Harrison, G., Bellin, W., & Piette, B. (1981), *Bilingual Mothers and the Language of their Children*. Cardiff, University of Wales Press.

Hoffman, C. (1991), *Bilingualism*. London, Longman.

James, W. (1890), *Principles of Psychology, Volume 1*. New York, Henry Holt.

Jones, B. M. (1988), 'Beth yw gwall mewn iaith plant?', Aberystwyth, Uned yr Adran Addysg.

Jones, W. R. (1959), *Bilingualism and Intelligence*. Cardiff, University of Wales Press.

Jones, W. R. (1963), *Addysg Ddwyieithog yng Nghymru*. Caernarfon, Llyfrfa'r Methodistiaid Calfinaidd.

Jones, W. R. (1966), *Bilingualism in Welsh Education*. Cardiff, University of Wales Press.

Kelly, L. G. (ed.) (1969), *Description and Measurement of Bilingualism*. Toronto, University of Toronto Press.

Kolers, P. A. (1968), 'Bilingualism and information processing', *Scientific American*, 218, 78–87.

Labov, W. (1966), *The Social Stratification of English in New York City*. Washington, DC, Center for Applied Linguistics.

Lambert, W. E. (1955), 'Measurement of the linguistic dominance of bilinguals', *Journal of Abnormal and Social Psychology*, 50, 197–200.

Lambert, W. E., Hodgson, R. C., Gardner, R. C. & Fillenbaum, S. (1960), 'Evaluational reactions to spoken languages', *Journal of Abnormal and Social Psychology*, 60, 44–51.

Lashley, K. (1950), 'In search of the engram', *Symposium of the Society for Experimental Biology*, 4, 454–82.

Levin, B. (1990), 'A pantomime dragon, but its venom will surely kill', *The Times*, 30 August 1990.

Lyon, J. (1991), 'Patterns of parental language use in Wales', *Journal of Multilingual and Multicultural Development*, 12 (3), 165–81.

Lyon, J. & Ellis, N. (1991), 'Parental attitudes towards the Welsh language', *Journal of Multilingual and Multicultural Development*, 12 (4), 239–51.

McClelland, J. L. & Rumelhart, D. E. (eds.) (1986) *Parallel Distributed Processing: Explorations in the Microstructure of Cognition. Volume* 2. Cambridge, Massachusetts, MIT Press.

Martin–Jones, M. & Romaine, S. 'Semilingualism: a half baked theory of communicative competence', *Applied Linguistics*, 6, 105–17.

Maynard, D. W. (1980), 'Placement of topic changes in conversation', *Semiotica*, 30, 3/4, 263–90.

Mead, G. H. (1934), *Mind, Self and Society*. Chicago: University of Chicago Press.

Miller, G. A. & Gildea, P. M. (1987), 'How children learn words', *Scientific American*, 257 (3), 86–91.

Morris, D. (1989), 'A study of language contact and social networks in Ynys Môn', *Contemporary Wales: an Annual Review of Economic and Social Research*, 99–117.

Oksaar, E. (1983), *Language Acquisition in the Early Years: an Introduction*. London, Batsford.

Ovesen, J. (1983), 'The construction of ethnic identities: the Nuristani and the Pashai of Eastern Afghanistan. In Jacobson-Widding, A. (ed.) *Identity: Personal and Socio-cultural*. Stockholm, Almqvist & Wiksell International.

Owens, T. W. & Baker, P. M. (1984), 'Linguistic insecurity in Winnipeg: validation of a Canadian index of security', *Language in Society*, 13, 337–50.

Parry, B (1991), 'No welcome in the hillside schools', *Sunday Telegraph*, 3 February 1991

Parry-Jones, D. (1974), 'Some thoughts and notes on the English of South Wales', *Cylchgrawn Llyfrgell Genedlaethol Cymru*, 18 (4), 427–48.

Pfaff, C. (1979), 'Constraints on language mixing: intrasentential code-switching and borrowing in Spanish/English', *Language*, 55, 291–318.

Poplock, S. (1980), 'Sometimes I'll start a sentence in Spanish Y termino in Espanol: towards a typology of code-switching', *Linguistics*, 18, 581–618.

Price, S., Fluck, M. & Giles, H. (1983), 'The effects of language of testing on bilingual pre-adolescents' attitudes towards Welsh and varieties of English', *Journal of Multilingual and Multicultural Development*, 4, 149–61.

Romaine, S. (1989), *Bilingualism.* Oxford, Blackwell.

Ronjat, J. (1913), *Le Développement du Language Observé chez un Enfant Bilingue.* Paris, Champion.

Rossan, S. (1987), 'Identity and its development in adulthood'. In Honess, T. & Yardley, K. (eds) *Self and Identity: Perspectives across the Lifespan.* London, Routledge & Kegan Paul.

Saer, H. (1931), 'An experimental inquiry into the education of bilingual peoples'. In Rawson, W. (ed.) *Education in a Changing Commonwealth.* London, The New Education Fellowship.

Saunders, G. (1982a), *Bilingual Children: Guidance for the Family.* Clevedon, Multilingual Matters.

Saunders, G. (1982b), 'Infant bilingualism: a look at some doubts and objections', *Journal of Multilingual and Multicultural Development,* 3 (4), 277–91.

Shotter, J. & Gergen, K. (1987), *Texts of Identity.* London/New York, Sage.

Siencyn, S. W. (1985), 'Astudiaeth o'r Gymraeg fel ail iaith yng nghylchoedd meithrin Mudiad Ysgolion Meithrin'. Prifysgol Cymru, traethawd PhD anghyhoeddedig.

Taylor, I. & Taylor M. (1991) *An Introduction to Psycholinguistics.* 2nd edn. New York, Holt, Rinehart & Winston.

Thomas, A. R. (1988), *Dwyieithrwydd: Golwg ar Gysyniadau a Dadleuon/Bilingualism: A Survey of Concepts and Issue.* Caerdydd/Cardiff CBAC/WJEC.

Thomas, B. & Thomas P. W. (1989), *Cymraeg Cymrag Cymreg.* Caerdydd, Gwasg Taf.

Thomas, P. W. (1991), 'Children in Welsh-medium education: semilinguals or innovators', *Journal of Multilingual and Multicultural Development,* 12 (1), 45–53.

Weinreich, P. (1986), 'The operationalization of identity theory in racial and ethnic relations'. In Rex, J. & Mason, D. (eds) *Theories of Race and Ethnic Relations.* Cambridge, Cambridge University Press.

Weinreich, P. (1991), 'Variations in ethnic identity: identity structure analysis'. In Liebkind, K. (ed.) *New Identities in Europe.* Aldershot, Gower.

Zentella, A. C. (1985), 'The value of bilingualism: code switching in the Puerto Rican community'. In Wolfson, N. & Manes, J. (eds.) *The Language of Inequality.* Berlin, Mouton.

Zentella, A. C. (1991), 'Integrating qualitative and quantitative methods in the study of code switching' *Annals of the New York Academy of Science,* 583, 75–92.

Delyth Morris & Glyn Williams

Iaith ac Ymarfer Gwaith Cymdeithasol: Achos y Gymraeg

~

Language and Social Work Practice: the Welsh Case

Yn y blynyddoedd yn dilyn yr Ail Ryfel Byd, cychwynnodd y wladwriaeth Brydeinig ar raglen o ymyrraeth ym mywydau ei dinasyddion ar raddfa nas gwelwyd ei bath erioed o'r blaen. Cafodd cyffredinoledd amser rhyfel ei drawsnewid yn rhaglen o ddiwygiadau cymdeithasol, a daeth cyfres o fesurau lles pwysig ar y llyfrau statud: *Deddf Addysg Butler* 1944; *Deddf Lwfans Teulu* 1945; *Deddf Yswiriant Gwladol* 1946; *Deddf Gwasanaeth Iechyd Gwladol* 1946; a *Deddf Cymorth Cenedlaethol* 1948. Gosododd y deddfwriaethau hyn seiliau'r wladwriaeth les bresennol.

Sbardunwyd llawer o'r newidiadau lles pwysig gan waith Syr William Beveridge, a gyhoeddodd ym 1942 ei *Social Insurance and Allied Services: A Report by Sir William Beveridge,* Cmnd 6404. Seiliwyd model lles Beveridge ar fodel consensws o'r gymdeithas – rhagwelasai gymdeithas lle 'all sectional concerns and loyalties would be reconciled within the terms of a comprehensive plan directed towards the national interest' (Pinker, 1979: 21). Ystyriai Beveridge y 'genedl' yn nhermau hunaniaeth ethnig gyffredin a pharhad hil a diwylliant Eingl-Sacsonaidd arbennig.

Yn y blynyddoedd diweddar, mae nifer o gymdeithasegyddion wedi dadlau fod y wladwriaeth les yn ymgorffori yn ei strwythurau nifer o werthoedd a rhagdybiaethau penodol ynghylch hil ac ethnigaeth (Gordon & Newnham, 1985; Cheetham, 1982; Torkington, 1983; Commission for Racial Equality, 1984). Dadleuir hefyd fod y wladwriaeth les yn fodd o gynnal gwahaniaethau cymdeithasol ar sail hil a gender, ac yn wir eu hatgyfnerthu. Mae'n amlwg y gellir drysu rhwng hil ac ethnigaeth (Williams, 1987b). Bioleg yw sail hil, tra bod ethnigaeth yn cyfeirio at hunaniaeth ddiwylliannol. I'r mwyafrif o gymdeithasegyddion, mae'r syniad fod modd diffinio pobl yn ddiamwys ar sail fiolegol yn amherthnasol. Fodd bynnag, mae hiliaeth, neu'r syniad fod modd dynodi gwahaniaethau rhwng grwpiau ar sail cred fod y gwahaniaethau hyn yn bodoli, yn bosibl. Hynny yw, er nad yw hil yn

In the years following the Second World War, the British state began a programme of intervention into the lives of its citizens on an unprecedented scale. The universalism of wartime now gave way to social reform and a series of important welfare measures came on the statute books: Butler's *Education Act* 1944; *Family Allowance Act* 1945; *National Insurance Act* 1946; *National Health Service Act* 1946; and the *National Assistance Act* 1948. This legislation laid the foundation of the welfare state as we know it.

Many of the important welfare changes emanated from the work of Sir William Beveridge, who published his *Social Insurance and Allied Services: A Report by Sir William Beveridge,* Cmnd 6404, in 1942. Beveridge's model of welfare was based on a consensus-model of society – he envisaged a society in which 'all sectional concerns and loyalties would be reconciled within the terms of a comprehensive plan directed towards the national interest' (Pinker, 1979: 21). Furthermore, Beveridge conceptualized the 'nation' in terms of a common ethnic identity and the perpetuation of a distinctive Anglo-Saxon race and culture.

In recent years, a number of sociologists have argued that the welfare state embodies within its structures certain values and assumptions about race and ethnicity (Gordon & Newnham, 1985; Cheetham, 1982; Torkington, 1983; Commission for Racial Equality, 1984). It is further maintained that the welfare state is one of the ways in which the social divisions of race and gender are upheld, and indeed strengthened. Clearly, there is the possibility of a confusion between race and ethnicity (Williams, 1987b). Race is a matter of biology while ethnicity refers to cultural identity. Most sociologists have rejected as irrelevant to sociology the notion that human beings can be unambiguously defined in terms of their biological constitution. However, racism, or the allocation of differences between groups on the basis of a belief that such

bod, mae hiliaeth. Canlyniad hyn yw fod hiliaeth yn dod yn beth cwbl oddrychol, yn cael ei chreu mewn, a thrwy, ddiscwrs.[1] Mae ei bodolaeth yn cael ei thrafod yn nhermau ei heffeithiau.

O ganlyniad i feirniadaeth ffeministaidd a hil, cafodd y materion hyn eu gwyntyllu dros y blynyddoedd ar gyrsiau gwaith cymdeithasol. Fodd bynnag, ymddengys mai ychydig o drafod fu yng Nghymru ar oblygiadau'r polisïau lles a chymdeithasol Eingl-ganolog i'r rhai sy'n siarad Cymraeg. Isod rydym yn bwriadu ehangu'r drafodaeth, trwy amlinellu cymhlethdodau dwyieithrwydd yng Nghymru, a cheisio awgrymu'r goblygiadau i ymarfer gwaith cymdeithasol.

Mae'n hanfodol cydnabod ar y cychwyn fod astudio iaith mewn cymdeithas, fel gweddill y gwyddorau cymdeithasol, yn cynnwys nifer o safbwyntiau damcaniaethol-athronyddol. Y safbwyntiau hyn, yn hytrach nag unrhyw wirionedd gwrthrychol, sy'n pennu'r casgliadau.

Yn yr ystyr hon, ni all astudio iaith mewn cymdeithas osgoi bod yn wleidyddol. Mae gwaith cymdeithasol, trwy fod yn ddisgyblaeth gymhwysol, mewn sefyllfa neilltuol; caiff delweddau cymdeithas eu mynegi'n fwy amlwg ynddi nag mewn llawer o feysydd eraill yn y gwyddorau cymdeithasol. Hynny yw, mae gwaith cymdeithasol yn gweithredu o fewn cyd-destunau cymdeithasol-gwleidyddol penodol, fel bod llyffetheiriau gwleidyddol yn cael eu gosod ar y damcaniaethau o gymdeithas ac unigolion y gall dynnu arnynt. Dadleuwyd fod yr un peth yn wir am gynllunio iaith (Williams, 1986b), a dadleuwn isod y dylai cynllunio iaith ddod yn nodwedd allweddol o waith cymdeithasol. Yn wir, mae'n anodd i ni gredu y gall gweithwyr cymdeithasol weithio o gwbl heb ymwybyddiaeth a dealltwriaeth o iaith mewn cymdeithas.

Mae'n hamcanion yn gymharol syml:

1. Pwysleisio'r ffordd y mae damcaniaethau iaith yn lliwio ein dealltwriaeth o iaith fel proses gymdeithasol.

2. Nodi *peth* o'r gwaith sydd wedi ei wneud

differences do exist is possible. In other words, although race does not exist, racism does. The consequence is that racism becomes an entirely subjective matter, being something that is constituted in and through discourse.[1] Its incidence is discussed in terms of effects.

As a result of feminist and race critiques, these matters have been addressed on social work courses over the past few years. However, there seems to have been a limited discussion within Wales as to the implications of Anglocentric welfare and social policies upon Welsh-speakers. Below we intend to expand upon the discussion by outlining the intricacies of bilingualism in Wales and tentatively suggesting its implication for social work practice.

It is essential to recognize at the onset that, in common with all of the social sciences, the study of language in society carries a variety of theoretical-philosophical positions. It is these positions rather than any semblance of objective truth that colour the conclusions that are reached. In this sense, the study of language in society cannot avoid being political. In this respect, social work occupies a particular position since it is an applied discipline which means that images of society are more explicitly expressed than they are in other branches of social science. That is, social work operates within very specific socio-political contexts in such a way that the various theories of society and individuals that it draws upon are constrained by the political context of its practice. It has been argued that the same is true of language planning (LP) (Williams, 1986b) and one of the things we will be arguing below is that LP should become an integral feature of social work. That is, we find it incomprehensible that social workers can practice without an awareness and understanding of language in society.

Our objectives in this paper are relatively simple:

1. To emphasize the manner in which theories of language in society colour our understanding of language as social process.

gan wyddonwyr cymdeithasol parthed y Gymraeg.

3. Awgrymu'n ofalus ym mha ffyrdd y gall gwaith cymdeithasol fod yn fwy sensitif i faterion iaith.

Yn anorfod mae natur papur fel yr un hwn yn cyfyngu ein hamcanion, ond gobeithiwn y bydd yn hybu trafodaeth ar iaith mewn cymdeithas yn y proffesiwn gwaith cymdeithasol yng Nghymru, a'r tu draw.

Natur gymdeithasol iaith

Nid yw meysydd ieithyddiaeth gymdeithasol a chymdeithaseg iaith yn ddisgyblaethau fel y cyfryw, ond yn hytrach, maent yn is-ddisgyblaethau cymdeithaseg ac ieithyddiaeth. Rhagdybiaeth sylfaenol y meysydd astudiaeth hyn yw nad yw'r cymdeithasol byth yn absennol o iaith, ac yn yr ystyr hon maent yn wahanol i ieithyddiaeth, gwyddor sy'n trafod iaith fel system annibynnol y gellir ei dadansoddi a'i deall heb ystyried ffactorau cymdeithasol allanol. Ymddengys felly y dylai ieithyddiaeth gymdeithasol a chymdeithaseg iaith gael eu hystyried fel is-ddisgyblaethau cymdeithaseg. Os yw hynny'n wir, yna dylem ofyn beth yw natur y gymdeithaseg a ddefnyddir i ymchwilio i natur iaith mewn cymdeithas. Ceir sawl problemateg gymdeithasegol, pob un yn gysylltiedig ag athroniaethau cymdeithasol pur wahanol, ac sydd yn dylanwadu ar y ffordd yr ydym yn deall cymdeithas. Y tu hwnt i hyn, mae'r cwestiwn a yw cymdeithaseg yn berthnasol a dilys, ynteu ai discwrs yw sy'n cael ei chynnal gan strwythur sefydliadol a rydd safle breiniol iddi?

Safbwynt consensws

Mae mwyafrif y rhai sy'n astudio rôl iaith mewn cymdeithas yn mabwysiadu safbwynt consensws (Williams, 1992). Cynrychiola'r safbwynt hwn ddealltwriaeth geidwadol o natur cymdeithas, sy'n deillio o athroniaeth Kantaidd lle y gwelir trefn gymdeithasol yn

2. To indicate *some* of the work undertaken by social scientists with reference to Welsh.

3. To tentatively suggest some of the ways in which social work must be sensitized to language issues.

Within the constraints imposed by the nature of a paper such as this our objectives must be limited, but it is hoped that it will promote a debate on language in society within the social work profession, not only in Wales, but elsewhere.

The social nature of language

The fields of sociolinguistics and the sociology of language are not disciplines in their own right but must be seen either as sub-disciplines of sociology or of linguistics. The fundamental premise of these fields of study is that the social is never absent in language and in this respect they differ from linguistics which treats language as an autonomous system capable of analysis and comprehension without recourse to any external social factors. It would appear therefore that both sociolinguistics and the sociology of language should be seen as sub-disciplines of sociology. If this is the case then we should ask what is the nature of the sociology that is employed to explore the nature of language in society. There are a number of sociological problematics, each one resting upon fundamentally different social philosophies, which have a bearing upon the manner in which society is understood. Beyond this question is that of whether sociology has any valid relevance, or is it merely another discourse supported by an institutional structure that assigns to it its privileged position?

Consensus perspective

The orthodox perspective adopted by most students of language in society involves what might be termed the consensus perspective (Williams, 1992). This involves a highly conservative understanding of the nature of

brif duedd cymdeithas. Deillia'n bennaf o'r gymhariaeth fiolegol sy'n gweld cymdeithas fel y corff dynol, gyda gwahanol rannau o'r gymdeithas yn cydweithredu â'i gilydd yn yr un modd â gwahanol rannau o'r corff, pob un gyda swyddogaeth arbennig i'w chyflawni. Daw trefn gymdeithasol o harmoni'r gwahanol rannau ffwythiannol hyn. Ceir newid cymdeithasol drwy'r broses o addasu, gyda newid yn un o'r rhannau yn arwain at addasu cyfatebol mewn rhannau eraill, er mwyn dod â'r system gyfan yn ôl i gytbwysedd a threfn gymdeithasol. O ganlyniad, gwelir fod cymdeithas bob amser yn tueddu at integreiddio wedi ei seilio ar gonsensws, ac nid oes lle i'r syniad o newid chwyldroadol cyson. Un o'r prif broblemau gyda'r dull hwn yw nad oes modd trafod newid yn nhermau proses, ond yn hytrach fel cyfres o ddatblygiadau a gaiff eu gwahanu gan gyfnodau o addasu.

O'r safbwynt hwn, mae pobl yn cael eu cymdeithasoli i gyfres o rolau cymdeithasol sy'n rhagordeiniedig, ac sy'n cynnwys math o gytundeb cymdeithasol rhwng gwahanol aelodau cymdeithas. Dibynna'r cytundeb cymdeithasol hwn ar gyd-destun normatif, sy'n awgrymu cytundeb ynghylch natur y gymdeithas a rolau pobl y tu mewn iddi. Nid oes trafodaeth ar bwy sy'n elwa o barhad y norm cymdeithasol ac, ar wahân i ystyried cymdeithasoli fel proses, ni fu dim ymdrech ychwaith i ymchwilio i darddiad y drefn sy'n bodoli. Ystyrir bod anghyfartaledd yn rhywbeth naturiol, yn deillio o'r dosbarthiad gwahanol o allu; arweinia hyn yn ei dro at y tueddiad i feio'r unigolyn – er enghraifft trafodir tlodi fel methiant yr unigolyn i oresgyn ei broblemau, yn hytrach na bod tlodi yn deillio o ddosbarthu adnoddau yn anghyfartal mewn cymdeithas anghyfiawn.

Ymhellach, caiff iaith ei thrin fel adlewyrchiad o gymdeithas. Ystyrir y ddynoliaeth yn uchafbwynt y safbwynt ymoleuo, a phobl yn fodau rhesymegol â chanddynt lawn reolaeth ar eu gweithredoedd, ac yn gallu mynegi'r rhesymeg hon drwy gyfrwng iaith. Mae diwylliant yn ganlyniad i wahanol seiliau o resymeg. Ystyrir nad yw iaith yn ddim mwy

society deriving from a Kantian philosophy in which social order is seen as the prevalent trend in society. It derives as much as anything from a biological analogy in which, much like the human body, society consists of a series of interrelated parts each with a specific function to perform. Social order derives from the harmonious integration of these functional parts. Social change is accommodated through the concept of adaptation, with change in one of the parts of society involving an adaptive response by the other parts, thereby bringing the entire system back into harmony or social order. In consequence society always carries a tendency towards integration based upon consensus, and the idea of constant revolutionary change is denied. A major problem associated with this view is that change cannot be discussed in terms of process, merely as a series of stages separated by an adaptive tendency.

Within this perspective, people are socialized into a series of social roles which are pre-given and involve a form of social contract between different members of society. This social contract relies on a normative context which implies agreement about the nature of society and the role of the members within it. There is no discussion of who benefits from the persistence of the social norm and, apart from socialization, no examination of from where it derives. Inequality is viewed as natural since it derives from the differential distribution of ability leading to a tendency to blame the victim – for example, poverty is discussed in terms of the inability of the poor to transcend their inadequacy rather than being related to the unequal distribution of resources within an unfair society.

Furthermore language is treated as a reflection of society. Humankind is seen as the epitome of the enlightenment view in which people are rational beings in full control of their actions, and are capable of expressing that reason through language. Culture is introduced within the context of the existence of different bases of reason. Language is reduced to a medium for the expression of

na chyfrwng i fynegi'r rhesymeg, yr hon sy'n cael ei thrafod fel mentaliaeth seicoleg, neu mewn ieithyddiaeth gymdeithasol fel adlewyrchiad o gymdeithas. Felly, gellir dadlau ein bod trwy astudio iaith yn gallu gweld gweithrediad naill ai'r meddwl, neu'r gymdeithas, neu'r ddau. Mewn termau ymarferol, er enghraifft, os oes dosbarthiadau cymdeithasol yn y gymdeithas dan sylw, yna gellir gweld y gwahaniaethau cymdeithasol ar ffurf amrywiaethau ieithyddol. Gwaith ieithyddion cymdeithasol yw defnyddio eu hadnoddau ieithyddol er mwyn adnabod yr amrywiaethau ieithyddol cyn gwneud ymarferion empiriaidd cyd-berthynol, nid er mwyn dangos y cysylltiad rhwng y newidynnau cymdeithasol ac ieithyddol, ond yn hytrach i brofi'r cysylltiad rhyngddynt yng nghyd-destun y ddamcaniaeth gymdeithasegol a fabwysiadwyd. Mae tawtoleg y fath ymarferiad yn amlwg.

Y prif thema sy'n gysylltiedig a'r perspectif hwn yw cyswllt iaith (*language contact*), neu'r berthynas rhwng gwahanol grwpiau iaith. Thema arall y mae'n rhaid i ni ei hystyried yw esblygiad, thema sy'n ganolog yn y perspectif consensws o iaith yn y gymdeithas. Unwaith eto, mae hon yn thema sy'n deillio o'r ymoleuo ac mae'n cynnwys y syniad o gynnydd anochel, wrth i ddynoliaeth geisio ymgyrraedd at berffeithrwydd. Cyrhaeddir yn nes at y cyflwr hwn yn rhannol gyda threigl amser, sy'n golygu mai'r ffurf ddiweddaraf yw'r un agosaf at berffeithrwydd. Gwelwn, felly, yn yr hysbyseb sigar ar y teledu ddarlun o'r aristocrat sydd wedi goresgyn natur (noder ei got ffwr) yn cwrdd â dau ddyn o'r Oes Garreg, ac yn sylwi ar y rheini yn ceisio tanio eu ffyn gan ddefnyddio techneg debyg i un yr aristocrat yn tanio'r *lighter*; yn amlwg, mae dynion yr Oes Garreg ymhell islaw'r aristocrat 'modern' o ran deallusrwydd. Ond mewn gwirionedd, yr unig sail i'r ddadl hon yw fod gallu yn cael ei ddrysu gyda gwybodaeth, gyda threigl amser yn unig dystiolaeth o alluoedd uwch dynolryw fodern. Unwaith y datgelir pa mor ffug yw'r cysylltiad rhwng gwybodaeth a gallu, mae'r holl ddadl yn chwalu, a thraha'r ddynolryw gyfoes yn cael ei

reason, a reason which, in the case of psycholinguistics is discussed in terms of the mentalism of psychology, or in sociolinguistics, as a manifestation of society. Thus, it is argued, if we study language then it becomes possible to encounter the workings either of the mind, or of society, or of both. In practical terms if, for example, there are social classes in the society in question, then this social variation will be encountered in language varieties. It is the task of sociolinguists to use their linguistic resources in order to encounter the variation before conducting empirical correlation exercises, not in order to demonstrate a relationship between the linguistic and social variable, but rather to prove the relationship between them within the context of the specific sociological theory that is adopted. The tautology of such an exercise should be evident.

Language contact, or the relationships between distinctive language groups, is the main theme which links with this perspective and which is of relevance to us. This in turn obliges us to focus upon another theme that prevails in the orthodox orientation to the study of language in society, that of evolution. This again is a theme which derives from the enlightenment and involves the idea of inevitable progress within which humankind is constantly striving to achieve perfection. This was achievable partly through the passage of time, which means that the most recent form is the closest to perfection. Thus in the television cigar advert where the aristocrat who has conquered nature (as is evident by his wearing a fur coat) encounters two Stone Age men who seek to light sticks using the same technique as he employed to light a lighter, it is inconceivable that the Stone Age person is as intelligent as the 'modern' aristocrat. The only basis for this argument is that ability is confused with knowledge, the passage of time being the guarantor of modern humankind's superior ability. Once the falsity of the relationship between knowledge and ability or intelligence is demonstrated, the entire argument falls apart, and the arrogance of

dangos yn eglur. Os ydym wedyn yn trosglwyddo'r syniad hwn i'r drafodaeth ar y cysylltiad rhwng gwahanol gymdeithasau, cawn drafodaeth ar gymdeithasau 'traddodiadol' a 'modern', gyda mecanweithiau a chytundebau cymdeithasol penodol yn perthyn i'r naill a'r llall – i nifer, y gallu i addasu yw'r mecanwaith hanfodol. Felly mae rhai cymdeithasau wedi cynyddu mwy nag eraill. Pan oedd y syniadau hyn yn cychwyn, pinacl cynnydd oedd y Lloegr Fictoriaidd a oedd yn gymdeithas 'waraidd'; câi'r gwareiddiad hwn ei gymharu â chymdeithasau barbaraidd neu gyntefig, rhai oedd yn 'agos at natur'. Ystyrid fod Cristnogaeth yn fodd gras a allai achub y person cyntefig. Felly, er y gall dwy gymdeithas gyd-fodoli yr un pryd a hyd yn oed yn yr un lle â'i gilydd, gall un gael ei dynodi'n fwy modern na'r llall! Rydym yn credu fod modd olrhain tarddiad y syniadaeth hon yn ôl i'r ddeunawfed ganrif a'r bedwaredd ganrif ar bymtheg, a bod cyfyngiadau amlwg iddi. Serch hynny, mae'r syniadaeth yn sail i lawer o'r hyn a elwir yn 'gymdeithaseg' heddiw. Unwaith eto, cawn ddadl normatif, gyda chymdeithas 'fodern' fel y norm, a chymdeithas 'draddodiadol' yn cael ei hisraddio trwy beidio â bod yn 'fodern'. Neu fel arall, gosodir y cyd-destunau trefol a gwledig o fewn yr un fframwaith, gyda'r trefol yn cael ei drin fel y 'modern'. Mae'r fath syniad yn anwybyddu'n llwyr yr honiad cymdeithasegol mai un cymdeithas sy'n bod, gan wadu trwy hynny y posibilrwydd fod cymdeithasau gwledig a threfol! Yn amlwg, seiliau digon simsan sydd i'n ffydd mewn cymdeithaseg.

Dyma'r thema sy'n treiddio drwy'r trafodaethau ar gyswllt iaith, er ei fod yn aml yn lled-gudd. Tra bod tuedd i drin yr ansoddair 'lleiafrifol' mewn 'ieithoedd lleiafrifol' yn nhermau absenoldeb grym, a thrafod y gwrthgyferbyniad sy'n bodoli rhwng yr ieithoedd lleiafrifol a'r hyn a elwir gan rai yn ieithoedd dominyddol, eto mae'r duedd yn parhau i osod y drafodaeth o fewn y cyd-destun esblygiadol, gyda'r ieithoedd lleiafrifol yn cael eu bychanu a'u dilorni am beidio â bod

contemporary humankind is confirmed. When this is translated into the relationship between societies it is argued in terms of 'modern' and 'traditional' societies, each of which is identified by a claim for different forms of social contracts or mechanisms – for many, adaptive capacity is the crucial mechanism. Thus some societies have progressed more than others. When these ideas were in their infancy, the pinnacle of progress was Victorian England which was blessed with the label of 'civilization', a meaning derived from its contrast with barbarism or savagery, attributes associated with closeness to nature, and the lack of a moral imperative. Christianity was the saving grace which could salvage the savage. Thus even though two societies may exist at the same moment in time and even within the same space, one will be more modern than the other! It is our claim that if we look at the manner in which such ideas are grounded in eighteenth- and nineteenth-century thought their limitations are evident. Yet they have survived as the basis of much that passes as contemporary sociology. Again what we have is a normative argument, 'modern' society is the norm and 'traditional' society thereby becomes denigrated through its not being 'modern'. Alternatively the rural and urban contexts are placed within the same framework with urban being treated as 'modern'. Such a view completely ignores the sociological claim that there is merely one society, thereby denying the possibility of the existence of either rural or urban society! Our faith in sociology rests on very shaky foundations.

It is this theme which pervades the discussion of language contact, albeit it in a veiled form. While there is a tendency to treat the adjective 'minority' in 'minority languages' in terms of the absence of power, and the opposition of minority languages by what some term dominant languages, there persists the tendency to place the discussion within the above evolutionary framework, with minority languages being denigrated for not being normative or 'modern'. Historically of course

yn normatif neu'n 'fodern'. Yn hanesyddol, wrth gwrs, yr oedd a wnelo hyn â'r cysylltiad rhwng rhesymeg ac iaith, i'r graddau fod y model o'r iaith berffaith yn gyfystyr â rhesymeg berffaith; yna cysylltwyd cynnydd â'r iaith berffaith, gan adael rhai ieithoedd y tu allan i resymeg. Gwelir hyn yn glir o edrych ar Ffrainc yn ystod cyfnod y Chwyldro Ffrengig: er bod llai na hanner y boblogaeth a oedd yn byw yn nhiriogaeth y wladwriaeth Ffrengig yn siarad Ffrangeg, hi ddaeth yn iaith rheswm, drwy ei chysylltiad â'r llywodraeth, ysgrifennu, a chofnodi, gyda phob iaith arall y tu allan i reswm. Ni chafwyd ymestyniad o ddemocratiaeth i faes iaith, yn yr ystyr fod egwyddorion llywodraeth a gweinyddu yn cael eu cynnwys yn ieithoedd eraill Ffrainc; yn hytrach, yr hyn a gafwyd oedd yr egwyddor o ddysgu 'iaith rheswm' i bawb yn y diriogaeth (Achard, 1980; Calvet, 1974). Dyma'r syniadaeth sydd wrth wraidd y drafodaeth ar foderneiddio iaith.

O ganlyniad, yr hyn sydd gennym yw ieithoedd 'modern' ac ieithoedd 'traddodiadol'. Weithiau caiff ieithoedd 'traddodiadol' eu galw'n ieithoedd lleiafrifol, ac mae tueddiad iddynt lithro i'r discwrs modernaidd sy'n rhannu ieithoedd yn rhai clasurol, modern, a patois/traddodiadol. O ystyried y rhagfarn hon, nad yw o anghenraid yn gweithredu ar lefel yr ymwybyddiaeth ond yn hytrach y tu mewn i ddiscwrs, fel yr hyn a gymerir yn ganiataol, pa obaith sydd i ieithoedd lleiafrifol? Wrth gwrs, os ydym yn cydnabod fod iaith yn nodwedd gymdeithasol, yna mae'r bychanu hwn yn ymwneud â'r rhai sy'n siarad yr iaith yn ogystal, felly mae'r grŵp iaith lleiafrifol cyfan yn cael ei ddilorni. Ein dadl yw fod rhagfarn ieithyddol wedi ei gwreiddio mewn discwrs yn yr un ffordd ag y mae pob ffurf arall o ragfarn wedi ei sefydliadu. Mewn termau esblygiadol, gallwn ddweud mai'r iaith fwyafrifol yw'r un normatif, a bod ieithoedd lleiafrifol yn cael eu hystyried yn wyriad, er efallai y gwneir hyn mewn modd cydymdeimladol. Gan eu bod yn ffenomena 'traddodiadol' maent yn y broses o ddiflannu, a chyda'u diflaniad, gwelir un iaith fwyafrifol

this involved equating reason with language to the extent that a model of the perfect language was equated with perfect reason and progress became equated with perfect language, some languages being beyond reason. This is manifest in the manner in which, at the time of the French Revolution, even though fewer than half the population living in the territory of the French state spoke French, it was French which became the language of reason through its relationship with government, writing and recording, with all other languages lying beyond reason. Democracy was not equated with extending the principles of state government and administration to the various languages within its territory but rather to the principle of teaching everyone the language of reason (Achard, 1980; Calvet, 1974). It is the legacy of this thinking which is evident in the discussion of language modernization.

As a consequence what we have are 'modern' languages and 'traditional' languages. The latter may be termed minority languages, and there is a tendency for them to slip into the modernist discourse which divides languages into classical, modern and patois/traditional. Given this prejudice, which does not necessarily operate at the level of consciousness but rather within discourse, as the taken for granted, what hope is there for the minority languages? Of course, if we recognize that language is a social feature then this denigration applies not simply to the languages but to their speakers, and the minority language group and its members are similarly denigrated. What we are maintaining is that language prejudice is rooted in discourse much in the same way as all forms of prejudice are institutionalized. In evolutionary terms it treats the dominant language as normative, with minority languages being regarded as an aberration even if this is sometimes done in sympathetic terms. Since they are 'traditional' phenomena they are in the process of demise, a demise whose progress will culminate in the survival of a single dominant language which will result in universal communication and harmony. The

yn bodoli, a cheir cyfathrebu a chytgord cyffredinol. Mae natur geidwadol y ddadl hon yn gwbl amlwg; awgrymir fod gwrthdaro yn digwydd oherwydd diffyg cyfathrebu yn hytrach nag oherwydd anghyfartaledd cymdeithasol, economaidd, a gwleidyddol.

Gellir cynnig gwrth-ddadl, sef fod ieithoedd lleiafrifol yn cael eu strwythuro yn y fath fodd fel eu bod yn cynrychioli gwrthbwynt i'r ieithoedd gwladwriaethol neu ddominyddol, gan roi'r argraff fod y wladwriaeth hollymdreiddiol wedi ei strwythuro mewn discwrs sydd yn ddieithriad yn dilorni'r iaith leiafrifol. Mae apêl yma at natur orthrymedig yr iaith leiafrifol ac at y modd rhagfarnllyd o strwythuro cysylltiadau grŵp iaith. Ar y llaw arall, yn y frwydr iaith, caiff hyn ei gyfosod â honiadau gan aelodau o'r grŵp iaith fwyafrifol fod hyrwyddo'r iaith leiafrifol yn cynnwys math ar 'ragfarnu hiliol'. Cyfeiriwn ymhellach at y cam-ddefnydd hwn o'r cysyniad o 'hiliaeth' yn ein trafodaeth ar gynllunio iaith.

Yn y dull arferol o astudio iaith mabwysiedir safbwynt ffwythiannol, lle rhoddir i ieithoedd swyddogaethau ffwythiannol gwahanol a elwir yn diriogaethau iaith. Mae'r iaith fwyafrifol ym mron pob gweithgaredd cymdeithasol a diwylliannol os yw'n cael ei siarad yn gyffredinol o fewn y boblogaeth, tra bod yr iaith leiafrifol yn cael ei chyfyngu i diriogaethau neilltuol sy'n cael eu cyfyngu yn eu tro i'r sawl sy'n ddwyieithog. Fel rheol, nid yw'r diffyg cydbwysedd hwn rhwng y ddwy iaith yn cael ei ystyried yn broblematig, oherwydd credir ei fod yn arwydd o ddiffygion yr iaith leiafrifol, sydd angen ei 'moderneiddio' os yw hi byth i allu symud y tu hwnt i'w phatrwm tiriogaethau penodol. Gellir cyfeirio yma at addysg, lle mae'r rhaniad rhwng y celfyddydau a gwyddoniaeth yn dweud cyfrolau. Dynion sydd fwyaf amlwg mewn meysydd gwyddonol, tra bod merched yn amlycach mewn pynciau celfyddydol. O fewn addysg Gymraeg, y celfyddydau fel rheol a gaiff eu dysgu trwy gyfrwng y Gymraeg, tra bod gwrthwynebiad mawr, yn aml o'r lleoedd mwyaf annisgwyl, i ddysgu gwyddoniaeth yn Gymraeg. Nid oes raid i ni wneud mwy na

conservative nature of such a view is evident from the implicit claim that conflict derives from the absence of communication rather than from social, economic and political inequality.

A counter-force is to be found in the way in which minority languages are constructed as being in opposition to dominant or state languages, conveying the impression that the all-pervasive state is constructed into a discourse which invariably denigrates the minority language. There is an appeal to the oppressed nature of the minority language and the prejudicial manner in which language group relations are structured. On the other hand this is often accompanied, as part of a language struggle, by claims on the part of members of the dominant language group, that promoting the minority language can involve a form of 'racist discrimination'. This erroneous use of the concept of 'racism' is an issue to which we will return in our discussion of language planning.

The orthodox approach to the study of language adopts a functional position within which languages are given different functional applications which are referred to as language domains. The dominant language occupies most domains of social and cultural activity if it is spoken almost universally by a population, whereas the minority language is restricted to specific domains of activity which are similarly restricted to the bilingual. The associated imbalance of language use tends to be treated as unproblematic, being a symptom of the deficiencies of the minority language which is in need of 'modernization' if it is ever to be conceived of as having any place beyond this particular domain configuration. This is evident with reference to education, where the division of arts and science is highly demonstrative. As in most contexts, numerically it is men who are most evident as students of science while women are predominant in the arts. Furthermore with reference to Welsh-medium education, the arts subjects tend to be taught in Welsh whereas there is considerable resistance, often from the most surprising

chydnabod fod y celfyddydau yn emosiynol, yn delio â cherddoriaeth, barddoniaeth, ac yn y blaen, a bod gwyddoniaeth yn rhesymegol, inni sylweddoli sut y gall safbwynt discwrs neilltuol arwain at osod anghyfartaledd ieithyddol ar ben anghyfartaledd gender. Hynny yw, mae'r Gymraeg yn emosiynol, iaith barddoniaeth a chanu, tra bod y Saesneg yn rhesymegol, yn iaith mathemateg a gwyddoniaeth, yn yr un ffordd ag y mae merched yn emosiynol a dynion yn rhesymegol! Mewn termau ieithyddol, mae hyn yn arbennig o ddiddorol ac yn ein harwain i ystyried y perspectif amgen a gynigir gan Farcsiaeth i drafod cyswllt iaith. Nid yw hynny'n awgrymu nad oes problemau efo'r dull hwn hefyd, ac nid yw, o anghenraid, yn datrys holl broblemau'r dadansoddwr/wraig iaith.

Perspectif gwrthdaro

Bu Marcsiaeth drwy gyfnod o argyfwng damcaniaethol yn ddiweddar, ac o ganlyniad addaswyd llawer o'r hyn fu'n ganolog i'r ddamcaniaeth. Yn benodol, rhaid ail-ystyried y berthynas rhwng y sylfaen economaidd a'r uwch-strwythur ideolegol, a rhaid ystyried hefyd beth yw ról iaith mewn proses gynhyrchu ideolegol ddi-gynllwyn. O'r herwydd, bu tueddiad i edrych ar ideoleg fel cynnyrch actorion rhesymegol ymhlith y bwrgeisiaid yn cynllwynio i orthrymu'r proletariat trwy ddefnyddio ideoleg i greu ymwybyddiaeth ffug, a'r proletariat heb fod yn ymwybodol eu bod mewn sefyllfa ecsploitedig. Yn yr un modd, bu'n rhaid ail-ystyried y gorbwyslais ar ddosbarth fel y dimensiwn amlycaf mewn anghyfartaledd cymdeithasol, ac arweiniodd hyn at ymwybyddiaeth gynyddol o natur gymhleth seiliau a dimensiynau o anghyfartaledd. Unwaith y daeth ffeministiaeth yn rym blaenllaw mewn cymdeithaseg, rhoddwyd mwy o gredinedd i'r hyn y mae sawl un a fu'n astudio grwpiau ieithoedd lleiafrifol wedi bod yn ei ddweud ers tro byd. Oherwydd hyn, bu'n rhaid ail-asesu ról anghyfartaledd mewn syniadaeth Farcsaidd. Nid yw'r mater hwn wedi ei ddatrys hyd yn

quarters, to the teaching of science through the medium of Welsh. We need only recognize that the arts tend to be regarded as emotional, dealing with music, poetry etc. and the sciences as the domain of reason to recognize how language inequality can be superimposed on gender inequality as the effect of a particular discourse position. That is, Welsh is emotional, the language of poetry and singing, and English is rational, the language of mathematics and science, in the same way as women are emotional and men rational! In linguistic terms this is particularly interesting and leads us to consider the alternative, conflict perspective of Marxism as a framework for the discussion of language contact. This by no means implies that such a perspective is devoid of problems, and thus the solution to all of the problems confronted by the analyst of language contact.

Conflict perspectives

Marxism has recently been through a theoretical crisis which has resulted in the modification of much of what had become axiomatic in its theory. In particular, the relationship between the economic base and the ideological superstructure has had to be rethought, as has the role of language in a non-conspiratorial ideological production. Thus there was a tendency to see ideology as the product of rational actors from among the bourgeoisie conspiring to oppress the proletariat by employing ideology to generate a false consciousness, wherein the proletariat were unaware of its exploited position. Similarly the over-emphasis on class as the predominant dimension of social inequality has had to be reconsidered and has led to an increased awareness of the multiple nature of the bases or dimensions of inequality. The advent of feminism as a dominant force in sociology has given increased credibility to what some students of minority language groups have been saying for years. It has resulted in a re-evaluation of the role of inequality in Marxist thinking. This issue has yet to be resolved and the main stumbling

hyn, a'r prif faen tramgwydd yw hir-hoedledd y cysyniad o ethnigaeth sydd yn gysyniad normatif – yn ein cyd-destun ni felly, y Saeson yw'r norm ac o'r herwydd ni chânt byth eu trin fel grŵp ethnig – tra edrychir ar grwpiau ethnig fel gwyriadau oddi wrth y norm gyda'r holl oblygiadau a ddaw yn sgil hynny. Hefyd mae tueddiad, un tebyg i hwnnw yn y trafodaethau ar yr hen Iwgoslafia, i drin ethnigaeth fel cyflwr negatif ac atafistig ac anwybyddu sut mae hyn yn cymylu rôl cenhedloedd i wneud penderfyniadau dros-tynt eu hunain, a'r modd y mae'r cenhedloedd trechaf yn eu rhwystro rhag gwneud hynny.

Fodd bynnag, daeth rhai o'r cysyniadau Marcsaidd yn berthnasol iawn i'r drafodaeth ar gyswllt iaith, hyd yn oed os ydynt yn achosi rhagor o broblemau damcaniaethol (Williams & Roberts, 1982). A'i gyflwyno'n syml iawn, haera Marcsiaeth fod y strwythur cymdeith-asol yn adlewyrchu'r cysylltiadau cynhyrchu sydd ymhlyg yn y dull cynhyrchu cyfalafol. Mae atgynhyrchu'r dull hwnnw yn golygu atgynhyrchu cymdeithasol hefyd. Yn ei dro, mae cyswllt rhwng atgynhyrchu cymdeithasol ac atgynhyrchu'r strwythur sefydliadol a chyfreithloni'r drefn sy'n bod ar y pryd. Wrth osod hyn yn y perspectif consenswS ar iaith, canfyddwn fod iaith yn adlewyrchu cym-deithas ac o'r herwydd canfyddir hefyd fod anghyfartaledd cymdeithasol mewn iaith. Fodd bynnag, os rhwystrir iaith leiafrifol rhag cael mynediad i'r strwythur sefydliadol sydd yn gysylltiedig ag atgynhyrchu cymdeithasol, gwedir yr honiad. Hynny yw, mae ambell sefydliad yn bwysicach na'i gilydd yn y broses o atgynhyrchu cymdeithasol, sef y dull a'r modd o gynhyrchu ac atgynhyrchu'r strwythur cymdeithasol. Felly eglurir pam nad oes amrywiaethau dosbarth yn yr ieithoedd lleiafrifol, sef oherwydd fod yr ieithoedd hyn yn cael eu cau allan o'r sefydliadau allweddol sy'n gyfrifol am atgynhyrchu cymdeithasol. Mae i'r safbwynt hwn oblygiadau i'r hyn a alwn yn frwydr dros iaith ac yn frwydr y tu mewn i iaith (Williams, 1987a; Morris, 1990).

Mae'r frwydr dros iaith yn cynnwys ymdrech ddwys i ailgyfreithloni ac ail-

block appears to be the persistence of the concept of ethnicity which is a normative concept – thus in our context the English are the norm and are consequently never treated as ethnic – with ethnic groups being regarded as deviations from the norm with all of the consequences that this implies. There is also a tendency, as in much of the current discussions of former Yugoslavia, to treat ethnicity as a negative, atavistic, condition while ignoring how this obscures the role of national self-determination and the thwarting of such objectives by the dominant nation.

None the less some of the Marxist concepts become highly relevant for a discussion of language contact, even if they do lead to further theoretical problems (Williams & Roberts, 1982). In very simple terms, Marxism claims that the social structure is a manifestation of the relations of production inherent in the capitalist mode of production. The reproduction of that mode involves social reproduction. Social reproduction in turn is linked to the reproduction of an institutional structure and the legitimization of the existing order. Placing this within the orthodox perspective on language we find that language reflects society and therefore social inequality is to be found in language. However, if a minority language is denied access to the institutional structure associated with social reproduction, this claim is denied. That is, some institutions are more important than others for social reproduction, social repro-duction here referring to the manner in which social structure is produced and reproduced. Thus the explanation for the apparent absence of class varieties of minority languages is to be found in the exclusion of these languages from the key institutions of social reproduction. This standpoint has implications for what we call the struggle over language and the struggle in language (Williams, 1987a; Morris, 1990).

The struggle over language involves a concerted attempt to relegitimize and reinstitutionalize the domain context of the minority language. These are both processes

sefydliadu'r iaith leiafrifol. Golyga hyn ymestyn yr iaith i diriogaethau newydd o weithgareddau, nes bod y sefyllfa newydd yn cael ei derbyn gan y boblogaeth fel yr un normal, a'i chymryd yn ganiataol, fel nas cwestiynir ymarfer cymdeithasol. Yn amlwg, mae ailsefydliadu'r iaith mewn tiriogaethau newydd yn golygu fod y boblogaeth y tu allan i'r tiriogaethau hyn hefyd yn derbyn y sefyllfa, nid yn unig y rhai sydd y tu mewn iddynt. Mae ailgyfreithloni ar y llaw arall yn cyfeirio at y cysylltiad rhwng iaith a'r strwythur deddfu. Gellir cyfreithloni iaith drwy ddeddf, ymhlith prosesau eraill, ond nid yw'n dilyn o anghenraid y caiff hynny fawr o effaith ar y defnydd a wneir ohoni.

Enghraifft dda yw tai anghenion arbennig. O ddarllen y *Ddeddf Tai* a'r *Ddeddf Cysylltiadau Hiliol* yn ofalus, gwelwn fod darpariaeth yn y deddfau, yn achos tai anghenion arbennig, sy'n gosod cyfrifoldeb ar asiantaethau tai mewn ardaloedd y mae ynddynt ragor na 2 y cant o'r boblogaeth mewn ardal benodol yn siarad iaith heblaw'r Saesneg, i ddarparu llenyddiaeth yr asiantaeth yn yr iaith arall. Mae'n annhebygol iawn mai'r Gymraeg oedd yn cael ei hystyried wrth ddeddfu fel hyn; serch hynny, mae'n amlwg fod hyn yn fwy perthnasol i'r Gymraeg nag i'r un iaith leiafrifol arall ym Mhrydain. Ac eto, ychydig o'r asiantaethau hynny yng Nghymru sydd yn paratoi defnyddiau dwy-ieithog (Shaw, Bull & Williamson, 1992), ac mae'r nifer sy'n gwneud hynny o ganlyniad i'r deddfau a nodwyd yn llai fyth. Yr hyn sy'n ddiddorol yw mai ychydig o'r asiantaethau sydd yn paratoi llenyddiaeth ddwyieithog sy'n ymwybodol o'r effaith gyfreithloni, a gwnant hyn yn hytrach oherwydd yr effaith sefydliadu.

Mae i'r broses hon hefyd oblygiadau i safoni iaith, ac mae'n cynnwys dadleuon ymhlith y rhai sy'n siarad Cymraeg ynghylch beth yw ffurf briodol Cymraeg safonol. Ystyrir hyn yn frwydr y tu mewn i iaith. Unwaith y deallwn fod cysylltiad rhwng atgynhyrchu'r strwythur cymdeithasol ac iaith, gwelwn pam fod hyn yn digwydd. Mae'n beth digon cyffredin i ieithoedd lleiafrifol beidio ag arddangos am-

associated with the attempt to extend the use of the minority language into areas of activity from which it has hitherto been excluded. The latter refers to the process wherein a new situation is accepted by the populace as the normal, or taken for granted situation, so that it is no longer questioned as social practice. Clearly reinstitutionalizing a language within a new domain context involves its acceptance not merely by those involved in those domains, but also by the population outside of such domains. Legitimization on the other hand involves the relationship between a language and the legislative framework. A language can be legitimized by legislation, among other processes, although this does not necessarily mean that it will have much effect at the level of social practice.

A good example is that of special needs housing. Scrutiny of the *Housing Act* and the *Race Relations Act* reveals that with reference to special needs housing, if any housing authority has within a limited radius more than 2 per cent of its population speaking a language other than English, then that agency's literature must also be produced in this other language. It is highly unlikely that this legislation was passed with Welsh in mind, yet it will be evident that it has more relevance for Welsh than for any other minority language in Britain. Yet the number of agencies which produce bilingual literature in Wales are very few (Shaw, Bull & Williamson 1992) and those who do so as a result of this piece of legislation are even fewer. What is interesting is that among those agencies that do provide bilingual literature there are those who are unaware of the legitimation effect and do so because of the institutionalization effect.

This process also has implications for the issue of language standardization and involves debates among Welsh-speakers about what is an appropriate form of standard Welsh. This is treated as a struggle within language. Once we recognize that there is a relationship between the reproduction of social structure and language forms we begin to understand why this occurs. It is common for minority

rywiaethau dosbarth, hynny yw, nid yw'n bosibl dweud beth yw dosbarth person pan mae'n siarad yr iaith leiafrifol, tra bod hynny'n amlwg pan mae'n siarad yr iaith fwyafrifol. Deillia hyn o'r ffaith fod yr iaith leiafrifol yn cael ei chau allan o'r asiantaethau sy'n gyfrifol am atgynhyrchu dosbarth. Pan mae shifft tiriogaethol yn digwydd, a'r iaith leiafrifol yn symud i mewn i'r asiantaethau hyn, yna gwelir amrywiaethau dosbarth yn dechrau ymddangos yn yr iaith leiafrifol, ac ar y pwynt hwn, gwelir dadleuon yn codi ynghylch purdeb iaith a safoni iaith, gyda'r fath drafodaethau yn gysylltiedig â dosbarth cymdeithasol o fewn cyfalafiaeth.

Enghraifft arall yw *Deddf Plant* 1989, sy'n dweud fod rhaid i awdurdodau lleol sy'n 'edrych ar ôl' plant ystyried iaith, hil, a chefndir diwylliannol y plentyn. Mae'n rhy fuan i ddweud a ddaw'r ffactorau hyn yn rhan o ymarfer da mewn gwaith cymdeithasol ai peidio, ond nid yw'r profiad a gafwyd hyd yn hyn yn rhy addawol. Er enghraifft, nododd *Deddf Iechyd Meddwl* 1983 y dylid cyfweld â chlientau 'mewn dull addas' (Rhan 13(2)). Mewn sefyllfa ddwyieithog, buasai'n rhesymol disgwyl i glient dwyieithog gael ei asesu gan berson gyda'r un dwyieithrwydd, gyda'r client yn cael cyfathrebu yn ei ddewis iaith. Fodd bynnag, nid fel hyn y bu o fewn cymunedau dwyieithog yng Nghymru, nac ychwaith o fewn cymunedau dwyieithog eraill ym Mhrydain.

Hyd yma, nid ydym wedi rhoi sylw i natur y newid sydd wedi digwydd yng nghyd-destun tiriogaethau'r Gymraeg. Bu tueddiad i bwysleisio dosbarthiad gofodol y bobl hynny a nododd yn y Cyfrifiad eu gallu i siarad Cymraeg, ac i gysylltu hyn â'r dicotomi craidd/perifferi. Mae perygl yn hyn o beth, yn yr ystyr ei fod yn cysylltu â'r rhaniad traddodiadol/modern a drafodwyd uchod, gyda'r craidd yn 'draddodiadol' a'r 'perifferi' mawr bygythiol y tu allan iddo, neu i ramanteiddio'r craidd gan weld y perifferi fel bygythiad 'amhur'.

Ffordd arall o ystyried hyn fyddai cychwyn o'r safbwynt materol neu gymdeithasol. Y man

languages not to display class varieties, that is, it is not possible to determine a person's class when s/he speaks the minority language whereas it is evident when the same person speaks the dominant language. This is a consequence of the minority language being omitted from the agencies which are responsible for class reproduction. When a domain shift occurs which facilitates the extension of the minority language into these agencies, then class varieties begin to appear and it is at this point that debates about language purity and language standardization appear, such issues always relating to social class within capitalism.

Another example is the *Children Act* 1989 which stipulates that local authorities who are 'looking after' children must take into account the language, race and cultural background of the child. It is too soon to say whether these factors will indeed become part of good social work practice, but past experience does not inspire too much confidence. For example, the *Mental Health Act* 1983 noted that clients should be interviewed 'in a suitable manner' (Section 13(2)). Within a bilingual setting, it is reasonable to expect that a client should receive assessment from a similarly bilingual person, with the client being able to choose the language of communication. However, this has not been the case within bilingual communities in Wales, nor within many other bilingual settings in Britain.

What has been ignored thus far is a discussion of the nature of the change in domain context with reference to Welsh. There has been a tendency to emphasize the spatial distribution of those reporting a Welsh-language ability in the Census and to relate this to a spatial core/periphery dichotomy. The danger here lies in relating this to the traditional/modern distinction referred to above, with the core being viewed as 'traditional' and the external periphery as the threatening modern world, or to romanticize the core while treating the periphery as an 'impure' threat.

The alternative is to begin from either the

amlycaf i gychwyn y drafodaeth yw'r newidiadau yn y cyd-destun economaidd. Mae'r ailstrwythuro economaidd sydd wedi digwydd yng Nghymru er yr Ail Ryfel Byd wedi cael effaith ddofn ar y shifft yn yr iaith Gymraeg (Williams, 1986a). Un o'r nodweddion mwyaf trawiadol, efallai, yw'r cylchrediad poblogaeth sydd wedi codi yn sgil cylchrediad cyfalaf, gyda mewnfudo i Gymru wedi cynyddu'n sylweddol dros y tri degad diwethaf. Bu'r symudiad o bobl i mewn, i leoedd penodol yn y strwythur dosbarth yn ogystal ag i leoliadau arbennig, ar y fath raddfa fel y gellir cadarnhau i raniad diwylliannol penodol o lafur ddigwydd, gydag ecsploitio dosbarth yn ymwneud ag ieithoedd dethol (Williams, 1987a). Cafodd y mewnfudo hefyd effaith gref ar ddwysedd iaith mewn sawl lleoliad.

Gallwn ystyried y frwydr dros iaith yng Nghymru fel amlygiad o'r rhaniad diwylliannol o lafur, gyda'r Gymraeg yn cael ei defnyddio i gulhau y farchnad lafur a gwrthweithio'r rhaniad llafur dominyddol o fewn y gymdeithas. Nid yw'r math hwn o *social closure* yn beth anghyffredin mewn economïau cyfalafol, er gwaethaf y pwyslais ar symudoledd llafur a chystadleuaeth. Gwelir yr un math o beth yn digwydd gyda phroffesiynoleiddio, er enghraifft, a hefyd mewn speiralyddiaeth, lle mae symudoledd cymdeithasol a daearyddol yn dod at ei gilydd, gan gyfyngu ar bosibiliadau dyrchafiad i bobl leol, ac yn fwy amlwg efallai, i ferched. Mae'r marchnadoedd llafur haenedig hyn yn ganolbwynt i wrthdaro cymdeithasol, sy'n cynnwys gwrthsefyll economaidd, a'r ddadl yw na ellir cael marchnad lafur agored hyd nes bod y Gymraeg yn sefyll yn gydradd â'r Saesneg, gan gynnig mynediad hafal i swyddi waeth beth fo'r iaith. Wrth gwrs, efallai fod y darlun yn edrych yn bur wahanol i siaradwyr uniaith yr iaith fwyafrifol!

Peth amlwg arall yw nad yw'r sefyllfa uchod yn berthnasol i'r strwythur economaidd cyfan, ond yn hytrach caiff ei neilltuo'n bennaf i'r sector cyhoeddus mewn mannau neilltuol yng Nghymru. Pan yw'r Gymraeg wedi llwyddo i ennill tir yn y farchnad lafur, rydym wedi

material or the social standpoint. The most evident starting-point involves changes in the economic context. The economic restructuring which has taken place in Wales since the Second World War has had profound implications for shift in the Welsh language (Williams, 1986a). Most obvious perhaps is the impact which the new circulation of capital has had upon the circulation of population, with inmigration to Wales having accelerated distinctly during the past three decades. This inmigration has been specific to certain class places and certain localities to the extent that a specific cultural division of labour can be confirmed, with class exploitation being associated with language selectivity (Williams, 1987a). It has had profound effects upon language density in many locations.

The struggle over language in Wales can be seen as a manifestation of that cultural division of labour, with Welsh being used to narrow the labour market and thus counteract the prevailing division of labour. Such forms of social closure are not unusual within capitalist economies, despite the emphasis upon labour mobility and competition. It is found with reference to professionalization, for example, and also in relation to spiralism, where social and geographical mobility are combined, thereby restricting promotion possibilities for local people and, more evidently perhaps, for women. Such segmented labour markets are the focus of conflict which involves economic resistance, the argument being that an open labour market is not possible until Welsh is given equal standing with English thereby facilitating equal access to jobs regardless of language. Of course the picture can appear to be quite different for a monoglot dominant language speaker!

What is also evident is that such action is not relevant to the entire economic structure, but focuses primarily upon the public sector in specific locations in Wales. Where Welsh has succeeded in having an impact upon the labour market in the public sector one witnesses a process of language resurgence often involving a third generation return. This resurgence is

gweld adfywiad iaith yn digwydd, yn aml yn cynnwys yr iaith yn dychwelyd er ei cholli ers tair cenhedlaeth. Cysylltir yr adfywiad ieithyddol hwn â symudoledd cymdeithasol rhyng-genhedlaeth at i fyny, neu o leiaf â'r gred fod posibilrwydd cael symudoledd o'r math trwy ddysgu'r iaith (Williams, Roberts, & Isaac, 1978; Morris, 1990). Yn y cymoedd i'r gogledd o Gaerdydd, lle mae diwydiannau'r sector primaidd wedi eu dinistrio, gwelwn fod y lleoliadau hyn wedi'u hintegreiddio yn yr ailstrwythuro economaidd sy'n digwydd yn y brifddinas, ailstrwythuro sydd wedi cael effaith ddwys ar y sector cyhoeddus a hefyd ar adfywiad y Gymraeg. Mewn cymhariaeth, nid yw dirywiad y diwydiant primaidd a gafwyd yng Nghwm Gwendraeth wedi cynnwys yr un broses o adfywiad iaith. Mae statws yr iaith yn y lleoliadau hyn yn dra gwahanol, a byddai astudiaeth gymharol ar gymdeithaseg yr iaith Gymraeg yn y ddwy ardal yn gyffrous.

Mae'r datblygiadau hyn yn arwain at newid yn statws a bri'r iaith leiafrifol. Mae statws yn cyfeirio at safle cyffredinol yr iaith fel nodwedd o statws cymdeithasol, tra bod bri iaith yn fwy penodol, sef gwerth yr iaith fel offeryn hybu symudoledd cymdeithasol. Gwelwyd yr iaith Gymraeg yn symud i diriogaethau newydd dros y blynyddoedd diwethaf o ganlyniad i'r frwydr dros iaith, ond dim ond o fewn cyd-destun cyfyng fel y nodwyd eisoes, yn y sector cyhoeddus ac mewn lleoliadau daearyddol neilltuol. Y cynnydd hwn ym mri'r iaith sydd wedi arwain at yr adfywiad a welwyd mewn rhai lleoliadau ac mewn rhai cyd-destunau economaidd. Mae'r cam nesaf i'w gymryd yn y frwydr dros iaith yn cynnwys, ymhlith pethau eraill, ymgais i sefydlu'r iaith Gymraeg mewn tiriogaethau sector preifat. Mae'r safle bri sydd ar iaith yn gwbl ganolog i'w goroesiad.

Idealaeth

Ystyriwn yma fodd gwahanol o drafod iaith mewn cymdeithas (Achard, 1986; Williams, 1984, 1987b). Mae'r dull hwn yn tanseilio'r dulliau blaenorol a drafodwyd uchod. Yn y rhan fwyaf o ddamcaniaethau cymdeithasegol,

linked to inter-generational upward social mobility, or at least to a perception of the possibility of such mobility when linked to language (Williams, Roberts & Isaac, 1978; Morris, 1990). Thus in the valleys to the north of Cardiff where the primary sector which was the mainstay of the local economy has been decimated one finds that these locations have been integrated into the economic restructuring of the capital, a restructuring which has had a profound impact upon the public sector and also on the resurgence of Welsh. In comparison, the primary industry decline in the Gwendraeth Valley has not carried the same process with the consequence that language resurgence has been far less evident. The status of the language in these locations is quite different and a comparative study of the sociology of Welsh in these two areas would be fascinating.

The consequence of such developments is that there is a shift in both the status and prestige of the minority language. Status refers to the general standing of the language as a feature of social status, whereas language prestige is much more specific, being the value of the language for social mobility. The recent consequence of the struggle over the Welsh language has involved the shift of Welsh into new domains, but only within a limited context, and as previously noted, usually involving the public sector and specific geographic locations. It is this increase in the prestige of the language which has been largely resposible for the resurgence of the language in some areas and some economic contexts. The latest phase of the struggle over language involves, among other things, an attempt to incorporate the language in private sector domains. The prestige standing of a language is an essential ingredient of its survival.

Idealism

Here we intend to consider an alternative conception of language in society (Achard, 1986; Williams, 1984, 1987b). It is a conception which undermines the approaches which have

yr unigolyn neu'r grŵp cymdeithasol yw'r asiant achosol. Mae'r syniad ymoleuol o'r actor dynol fel bod rhesymegol, ymwybodol, sy'n gyfrifol am gymryd y penderfyniadau a arweinia at weithredu yn ganolog i'r mwyafrif o ddamcaniaethau cymdeithasegol. Ymdrinnir â'r bod dynol fel tarddiad gweithred. Ceir ymdriniaeth arall gan yr ieithydd Ferdinand de Saussure sy'n cynnwys diganoli'r goddrych. Golyga hyn wyrdroi'r cysylltiad arferol rhwng iaith a realiti, sef yr honiad fod iaith yn cynrychioli realiti, ac yn lle gwelir ystyr gair, er enghraifft, fel yr endid y mae'r gair yn cyfeirio ato y tu allan i iaith. Os cysylltir hyn wedyn â damcaniaethau gwybodaeth sy'n awgrymu fod syniadau ymwybodol yn cydgysylltu rhwng bodau dynol a'r byd allanol, gwelwn fod syniadau yn arwydd o bethau, a geiriau yn arwydd o syniadau. Mae ystyr yn deillio o weithrediad y goddrych ymwybodol sy'n meddwl, ac yn rhoi ystyr i eiriau ac yn sicrhau eu bod yn cael eu defnyddio'n gywir. Ar y llaw arall, os nad oes realiti allanol i gysylltu'r gair ag ef, gyda'r gair yn cynrychioli cysyniad yn unig, yna mae'r goddrych canolog sy'n meddwl yn peidio â bod. Dim ond o fewn discwrs y mae'r goddrych dynol yn ymddangos, ac nid yw gwybodaeth yn cael ei thrin bellach fel 'syniadau', yn yr ystyr fod y rheini'n gynrychioliadau meddyliol sydd ynghlwm wrth gynnyrch meddwl y goddrych dynol. Mae'r awdur unigol yn cael ei nacáu. Clymir ystyr ac iaith gyda'i gilydd, ac yn ei hamrywiol ffyrdd mae ystyr yn cynrychioli'r cysylltiadau syntactig sy'n gwneud iaith. Nid yw ystyr yn gaeedig a phendant, ond yn hytrach yn agored ac amrywiol. O fewn cyd-destun dwyieithog neu amlieithog, rhaid cysylltu ystyr ag iaith benodol, ac mae cyfieithu, yn ei wir ystyr, yn mynd yn amhosibl.

Mae'n amlwg fod i'r hyn a drafodwyd uchod oblygiadau dwys i ymarfer gwaith cymdeithasol mewn sefyllfa amlieithog. Mae'n amhosibl ymdrin â sefyllfa gan ragdybio bod ystyr yn ddi-broblem wrth ryngweithio, oherwydd nad oes ystyr bendant y gall pawb gytuno arni. Yn wir, gellir mynd mor bell â haeru fod gwaith cymdeithasol, fel disgybl-

been alluded to above. Most sociological theories have either the individual or the social group as a causal agency. Central to most sociological theories is the enlightenment view of the human subject as essentially rational, conscious and capable of making decisions which lead to action. The human subject is treated as the source of action. Another approach deriving from the work of the linguist Ferdinand de Saussure involves the decentering of the subject. This involves overthrowing the orthodox relationship between language and reality within which language is claimed to represent reality, the meaning of a word, for example, being the entity outside of language to which it refers. Linking this to theories of knowledge which suggest that conscious ideas mediate between human beings and the external world, we find that ideas are the signs of things and words the signs of ideas. Meaning derives from the action of the conscious, thinking subject who gives meaning to words and ensures that they are correctly employed. If, on the other hand, there is no external reality to which the word can link, the word being merely a concept, then the central, thinking subject becomes redundant. The human subject only appears within discourse, and knowledge is no longer treated as 'ideas' in the sense of being mental representations tied to the production of thought by a human subject. The individual author is denied. Meaning is now tied to language, and in its various forms it depends upon the syntactic relationships which constitute language. Meaning is not fixed and closed but is open and variable. Within a bilingual or multilingual context, meaning must be linked to a specific language, and translation, in its true sense, becomes impossible.

This must have profound implications for undertaking an activity such as social work practice in a multilingual context. It becomes impossible to enter a situation with the assumption that meaning is an unproblematic feature of interaction, because there is a fixed meaning which, in some way or another, can be reached and agreed upon. Indeed it is

aeth, wedi ei danseilio, ac y dylid mynd ati i'w ailffurfio. Mae hyn llawn mor wir am gymdeithaseg ag am unrhyw ddisgyblaeth arall – nid oes gan honno bellach statws discwrs freiniol sy'n 'addysgu', ond rhaid iddi hithau hefyd gael ei diadeileddu (*deconstructed*). Dylai hynny fod yn amlwg o'r hyn a drafodwyd eisoes yng nghyswllt y ffordd y mae cysyniadau hanesyddol wedi cael eu ffurfio'n hanesyddol.

Cynllunio iaith

Edrychwn yn awr ar faes cynllunio iaith. Cychwynnodd y maes astudiaeth neilltuol hwn o'r moderneiddio a gafwyd ar ôl yr Ail Ryfel Byd, a'r syniad y gallai'r wladwriaeth gynllunio iaith a'r broses o'i moderneiddio, fel y gellid ei dwyn i mewn i'r byd modern (Williams, 1992). Prin fod rhaid ychwanegu fod a wnelo hyn lawer â'r cysylltiad canfodedig rhwng y Byd Cyntaf a'r Trydydd Byd. Fodd bynnag, mae'n faes sydd wedi tyfu'n aruthrol ac sydd wedi cwmpasu'r holl ieithoedd lleiafrifol. Mae'r dull hwn, fodd bynnag, yn creu problem yn yr ystyr ei fod yn cyflwyno'r cynllunio yr ymgymerir ag ef fel gweithred altrwistig ar ran y wladwriaeth y mae'r iaith leiafrifol yn rhan ohoni. Ni wnaeth *Deddf yr Iaith Gymraeg* 1967 fawr mwy na chyfreithloni'r Gymraeg fel iaith leiafrifol (Williams, 1987c). Mae lle i gredu fod y sefyllfa flaenorol yn fwy derbyniol, pan nad oedd gan yr iaith statws o gwbl.

Wrth gwrs, byddai lobi rymus iawn yn dadlau nad oes angen deddfu fel rhan o'r broses o gyfreithloni, gan honni y dylai cyfreithloni ddigwydd drwy gydweithrediad ac ewyllys da y bobl, ac nid trwy broses ddemocrataidd y llywodraeth. Pan ystyrir beth yw dosbarthiad yr iaith Gymraeg, mae hyn yn ddiystyr. Deillia syniadau o'r math hwn o'r cysyniad o gymdeithas fel uned gytûn, heb grwpiau mwyafrifol a lleiafrifol sy'n gallu gwrthwynebu ei gilydd. Prin y gallai'r fath sefyllfa adlewyrchu buddiannau'r grŵp lleiafrifol, oherwydd mae'r ewyllys normatif yn sicr o adlewyrchu buddiannau'r grŵp mwyaf. Yn

possible to go so far as to claim that everything upon which the discipline of social work is built has been undermined and will have to be reformulated. This is as true of sociology as of any other discipline – it no longer has the status of a privileged discourse which 'teaches' but must itself be deconstructed. This much should already be evident from what has been said above about the manner in which specific concepts have been historically constructed.

Language planning

Let us now consider the issue of Language Planning (LP). This field of study again derived from the concern with modernization which followed the Second World War and focused on the claim that the state was capable of planning a language and its modernization such that it, and the thought processes associated with it, could be brought into the modern world (Williams, 1992). There is little need to emphasize that this perspective had a great deal do with the perceived relationship between the First World and the Third World. However, it is a field which has proliferated and which has encompassed the involvement of all minority languages. The problem with this perspective is that the planning is presented as an altruistic act on the part of the state of which the minority language is a part. It is inherent in the passing of legislation as in the *Welsh Language Act* of 1967 which did no more than legitimize Welsh as a minority language (Williams, 1987c). There is ground for considering the previous situation in which Welsh had no legal status as preferable to its legitimization as a minority language.

Of course, there is a very powerful lobby which would deny the need for legislation as a feature of legitimization, claiming that such legitimization must derive from the normative expression of good will of the people, and not through the democratic process of government. Given the constituency of the Welsh language, this would be meaningless. Such a view derives from a conception of society as essentially harmonious with dominant and

ddieithriad, ceir tueddiad i droi at geisio sefydliadu drwy gynllunio iaith ar ffurf polisi cymdeithasol, ac mae hyn yn ein harwain i gwestiynu'r rhagdybiaethau sydd ynghlwm wrth unrhyw gysyniad penodol o bolisi cymdeithasol.

Yn y wladwriaeth gyfoes, ceir cydymffurfio drwy gyfreithloni'r wladwriaeth a'i grym. Gwneir hyn drwy'r broses o wahanu'r unigolyn oddi wrth y gyfraith yn y fath fodd fel bod pobl, o fewn cysylltiadau gwleidyddol, yn fwy parod i ufuddhau i'r gyfraith nag i'w gilydd. Er mai cynnyrch y wladwriaeth yw'r gyfraith, mae cyswllt rhyngddynt drwy'r hyn a elwir yn 'broses ddemocrataidd gyhoeddus' sydd, ynghyd ag unigolyddiaeth ryddfrydol, yn elfen ganolog yn y broses o gyfreithloni'r wladwriaeth. Caiff hynny ei gadarnhau gan y cysylltiad rhwng y cysyniad o'r dinesydd fel y sawl sy'n ufuddhau i'r gyfraith ar y naill law, a'r syniad o 'wlad ddemocrataidd' ar y llaw arall, gydag unigolion yn cael eu portreadu fel rhan o'r wladwriaeth oherwydd eu hawliau i gymryd rhan yn y broses wleidyddol fel unigolion 'rhydd'. Rhoddir ystyr, yn y gyfraith, i'r cysyniad o unigolyn trwy awgrymu fod hawliau, cyfrifoldebau, a swyddogaethau'r unigolyn wrth galon y cysylltiad rhwng yr unigolyn a'r wladwriaeth. Ni sonnir am hawliau grwpiau. Hefyd, cyflwynir yr hawliau, cyfrifoldebau, a'r swyddogaethau yn nhermau awdurdod y wladwriaeth dros yr unigolyn. Ar y llaw arall, mae gan yr unigolyn hawliau mewn bywyd cyhoeddus na all sefydliadau'r wladwriaeth ymyrryd â hwy. Ymddengys felly fod yr unigolyn yn annibynnol ar y wladwriaeth, tra'r un pryd yn cyfrannu tuag at ei threfn. Yn y cyd-destun hwn, mae polisi yn ymddangos fel daioni'r wladwriaeth yn gweithredu yn y gymdeithas sifil ar ran ei dinasyddion. O'r herwydd, buasai'n anghredadwy y gellid rhoi ar waith bolisi cymdeithasol a fyddai'n groes i fuddiannau'r rhai sy'n ei dderbyn.

Mae'r wladwriaeth, ar y llaw arall, yn cael ei chyfystyru â chenedl unedig ac unffurf, a chanddi 'iaith genedlaethol' sy'n gwasanaethu'r boblogaeth gyfan. Cyfosodir cenedl

minority incapable of polarization. It can rarely do justice to a minority, since the normative will inevitably reflect the interests of the dominant group in society. Invariably the tendency is to resort to attempts at institutionalization through LP in the guise of social policy, and this obliges us to question the assumptions which are locked into any specific conception of social policy.

Within the contemporary state, conformity is achieved through legitimizing the state and its power. This is achieved through the process of separating the individual from the law in such a way that, within political relations, individuals obey the law rather than one another. Although law is the product of the state the two tend to be related through what is referred to as 'the public democratic process' which, together with individual liberalism, is a central element in the process of the legitimization of the state. This is consolidated by the relationship that exists between the concept of the citizen as one who obeys the law on the one hand, and the idea of 'democratic country' on the other, with individuals portrayed as part of the state by virtue of their rights to participate in the political process as 'free' individuals. The concept of individual is given meaning within law by implying that individual rights, obligations and functions constitute the very nature of the relationship between the individual and the state. No reference is made to group rights. Furthermore these rights, obligations and functions are presented in terms of the state's authority over the individual. On the other hand, the citizen holds rights within public life that cannot be trespassed upon by the state's institutions. Thus it would appear that the individual is independent of the state whilst contributing to its order. Within this context, policy becomes a manifestation of the benevolence of the state operating in civil society on the part of its citizens. As such it is inconceivable that social policy can be put into operation against the interests of the recipients.

The state, in turn, is equated with the nation which is presented as undifferentiated and

a rhanbarth o fewn discwrs sy'n gwrthod cenedlaetholdeb leiafrifol. Ar ben hynny, gosodir y cysyniad o ddemocratiaeth sy'n golygu na ellir caniatáu i'r lleiafrif ymddangos fel petaent yn ennill ar draul y cyfanbeth a gynrychiolir gan y wladwriaeth, problem a gaiff ei goresgyn fel arfer drwy apelio at ryddfrydiaeth yr unigolyn. Ac eto, mae undod y wladwriaeth yn cael ei fygwth gan fodolaeth cyfrwng cyfathrebu nad yw'n gyffredin i bawb, a phriodolir y potensial ar gyfer gwrthdaro sy'n codi o hyn i wahaniaethau ieithyddol yn hytrach na gwahaniaethau economaidd, y math o ddadl sy'n gonglfaen i'r discyrsiau ceidwadol. Y tu mewn i'r wladwriaeth, caiff y dinesydd ei bortreadu fel actor rhydd sy'n gweithredu fel bod rhesymegol, sy'n golygu fod unrhyw wrthwynebiad i'r broses o uno'r wladwriaeth trwy unffurfiaeth ieithyddol yn ddiymwad afresymegol. Ymddengys fod amlieithrwydd ac amlddiwylliannrwydd yn gysylltiedig â gwrthwynebiad o'r math hwn, ond mae gwahaniaeth aruthrol rhwng honni fod cefnogaeth i ieithoedd a diwylliannau lleiafrifol a rhoi lle amlwg iddynt o fewn strwythurau'r wladwriaeth. Bob tro y ceir amlieithrwydd ac amlddiwyllianrwydd, yn ddieithriad mynnir hefyd wybodaeth o'r iaith genedlaethol neu wladwriaethol. Nid yw'r naill yn rhwystro'r llall. Cyfiawnheir y drefn hon trwy haeru mai'r iaith gyffredinol yw iaith cynnydd sy'n rhoi i'r unigolyn gyfle o symudoledd cymdeithasol i fyny'r strwythur, ac o integreiddio economaidd a chymdeithasol â'r gymdeithas ehangach. Mae hyn yn lleihau'r rhagfarn a seilir ar iaith, tra'r un pryd yn sicrhau ymateb altrwistig ar ran y wladwriaeth i ofynion y lleiafrif. Mae unieithrwydd wedi ei seilio ar yr iaith leiafrifol yn gwbl annirnadwy oherwydd ei fod yn afresymegol. Deuwn i'r canlyniad fod y ffin yn cael ei chreu gan dueddiad i hunan-gategoreiddio ymhlith grŵp yr iaith leiafrifol, yn hytrach na bod y ffin yn deillio o ragfarn y gymdeithas ddominyddol yn ei herbyn. O ystyried potensial yr 'iaith genedlaethol (sic)' fel cyfrwng cyfathrebu, awgrymir mai'r unig ffiniau cymdeithasol a grëir yw'r rhai y mae'r actorion eu hunain yn

united, having a 'national language' which serves the entire population of the state. Nation is counterpoised with region within a discourse which refutes minority nationalism. The superimposition of the concept of democracy means that the minority cannot be seen to be gaining at the expense of the totality which the state represents, a problem which is usually overcome by an appeal to individual liberalism. Yet the unity of the state and its citizens is threatened by the existence of a medium of communication which is not universal and the resultant conflict potential is seen to derive from linguistic rather than economic differentiation, the kind of argument which is the cornerstone of conservative discourses. Within the state the citizen is presented as a free actor operating as a rational being which means that any resistance to the process of unification of the state through linguistic uniformity is undeniably irrational. It would appear that multilingualism and multiculturalism pertain to such a resistance, but there is a profound difference between claiming to support minority languages and cultures, and affording them a place of prominence within the state apparatus. Multilingualism and multiculturalism are always accompanied by the insistence on a knowledge of the state or national language. One does not preclude the other. This is often justified by the claim that the universal language is the language of progress and that it affords the individual the opportunity of upward social mobility and of economic and social integration with the wider society. This thereby reduces discrimination based upon language, while simultaneously guaranteeing altruistic responses on the part of the state to the demands of the minority. Minority-language monolingualism is simply inconceivable because of its irrationality. The net result is that, rather than being discriminated against by the dominant society, the boundary is created by the members of the minority language group's tendency towards self-categorization. Implicitly, given the communication potential of the 'national (sic) language' the only social

eu creu, yn hytrach na'r rhai a osodir arnynt gan y drefn.

Gan yr haera'r athroniaeth fwyaf blaenllaw fod y wladwriaeth yn gyfystyr â damcaniaeth wrthrychol, nid yw'n syndod mewn gwirionedd fod amheuaeth ynghylch rôl cynllunio iaith fel ymarfer sy'n gwasanaethu buddiannau'r wladwriaeth. Perthnasol iawn yma yw'r cysyniad o iaith mewn cymdeithas sy'n canolbwyntio ar ystyr. Daw hyn yn amlwg iawn wrth ystyried y cysylltiad rhwng cynllunio iaith a'r cyfryngau torfol. Yng Nghymru, mae darlledu yn yr iaith Gymraeg yn enghraifft dda (Williams, 1986c). Ymddengys, ar yr olwg gyntaf, y buasai rôl darlledu, yn enwedig rôl S4C, yn gallu gweithredu fel cyfrwng i ymestyn y defnydd o'r Gymraeg ac i ddefnyddio darlledu fel modd o ymestyn ei thiriogaethau. Mewn un ffordd, gallwn weld hyn fel datblygiad positif, ac un sy'n deillio o flynyddoedd lawer o frwydro gan leiafrif ieithyddol. Fodd bynnag, os ydym yn ystyried diwylliant fel ystyr a gynhyrchir y tu mewn a thrwy iaith, yna cawn olwg wahanol ar y pwnc. Mae cynhyrchu'r hyn sydd i bob pwrpas yn rhaglenni Seisnig drwy gyfrwng yr iaith Gymraeg yn golygu fod S4C yn gallu gweithredu'n weddol effeithiol fel modd o gynhyrchu'r iaith, ond gall, yr un pryd, arwain at ladd y diwylliant, gan adael yr iaith ar ôl fel yr unig rym gwahaniaethol. Hynny yw, trwy beidio â rhoi digon o sylw i ystyron cynnil a ffurfiau diwylliannol, yn bennaf mewn cyddestunau thematig a semiotig, yr unig wahaniaeth rhwng rhaglenni Cymraeg a Saesneg fydd yr iaith ei hun. Yn sicr, mae o bwys mawr fod pawb sy'n ymwneud â chynhyrchu rhaglenni yn sylwi'n fanwl ar eu rôl yn y broses honno, a sut y gall hyn effeithio ar gynhyrchu ystyr. Gweithreda ystyr ar lefelau semantig a semiotig, hynny yw, mae sut mae'r gwylwyr yn strwythuro ystyr yn cynnwys darlleniad testunol o'r gair a'r ddelwedd fel ei gilydd.

Wrth gwrs, mae cynllunio yn rhan annatod o bolisi yn yr ystyr mai ceisio ffurfio ac/neu weithredu polisi yw ei swyddogaeth. Mae'n bwysig cofio hefyd mai cynnyrch ffactorau

boundaries which exist in 'modern' society are those created by the actors rather than those that are superimposed.

Since the prevailing philosophy of the state is equated with objective theory, it is hardly surprising that there is a suspicion of the role of LP as a practice which serves the interests of the state. A conception of language in society as focusing upon meaning is particularly relevant here. It becomes highly visible when one considers the relationship between LP and the mass media. In Wales we have a good example in the form of Welsh-language broadcasting (Williams, 1986c). Ostensibly the role of such broadcasting, and especially of S4C, was to serve as a basis for extending the use of Welsh and to implement broadcasting in domain extension. In a sense this can be seen as a positive development, one that derives from many years of struggle by the language minority. However, if we conceive of culture as involving how meanings are produced within and through language, we are confronted by a different viewpoint. The production of what are effectively English programmes in Welsh will mean that while S4C may well serve quite effectively as a medium for the production of the language it may well, simultaneously, result in the death of the culture, leaving language as the only differentiating force. That is, a lack of attention to subtleties of meanings and cultural forms, primarily within thematic and semiotic contexts, makes language the only distinguishing feature between Welsh-language and English-language programmes. Certainly it is essential that everyone, at every level of programme production, should give careful thought to their role in the programme production process and how this has an effect on the production of meaning. Meaning operates both at a semantic and a semiotic level, that is, how the viewer constructs a meaning of the televised programme involves both a textual reading of the word and the image.

Of course, planning is an integral feature of policy in that its function is to seek to formulate and/or administer policy. It is also

cymdeithasol a gwleidyddol yw polisi, er bod yr athroniaeth arferol yn ystyried polisi fel rhywbeth sy'n gweithredu ar ran, yn hytrach nag er budd, y corff cyhoeddus neu'r gymdeithas. Mae'n amlwg fod polisi felly yn gweithredu fel plismona ar y naill law, a gwleidyddiaeth ar y llaw arall. Mae'n amlwg hefyd fod cynllunio a pholisi yn gysylltiedig â'r wladwriaeth, tra eu bod, yr un pryd, yn effeithio'n uniongyrchol ar gymdeithas sifil. Yn ei dro, arweinia hyn at ymwybyddiaeth o rym, swyddogaeth a buddiannau gwleidyddol a newid cymdeithasol, a byddai anwybyddu'r ffactorau hyn yn gyfystyr â thrin diffyg polisi fel polisi.

Ceir teimlad yn y Trydydd Byd fod y Gorllewin yn defnyddio'r cysyniad o hil er mwyn cadw ei sefyllfa ddominyddol drwy gynnal y status quo. Haerir bod y syniad o uwchddiwylliant gorllewinol yn cael ei ddefnyddio i bregethu 'cydraddoldeb hiliol' tra'r un pryd yn amddifadu'r duon o'u harferion 'llwythol' oherwydd nad yw'r rhain yn cydfynd â 'gwareiddiad'. Mae 'cydraddoldeb hiliol' felly'n dod yn rhan o'r sail sy'n cynnal pen-arglwyddiaeth y gorllewin. Ceir amheuaeth ym Mhrydain y gallasai'r un peth fod yn wir parthed grwpiau mwyafrifol/lleiafrifol, ond mae'r ofn o gael eu labelu'n 'hiliol' yn rhwystro pobl rhag herio'r sefyllfa sydd ohoni.

Yn ddiweddar, cafwyd trafodaeth sylweddol ar hiliaeth ac iaith. Bu llawer o'r drafodaeth yn ymwneud â gweithredu'r *Ddeddf Cysylltiadau Hiliol*, ond hefyd ar ddealltwriaeth synnwyr cyffredin o faterion hil. Un o'r problemau yma yw fod y cyhuddiad o 'hiliaeth' yn arwain at y math o ymatebion a drafodir gan ddadansoddwyr/wragedd discwrs, sydd eu hunain wedi eu cyflyru gan y cyhuddiad! Yn amlwg, trwy wneud cyhuddiad sy'n ymwneud â hiliaeth, ceir awgrym fod cymdeithas ei hun yn hiliol ac, mewn rhyw ystyr, fod y cyhuddiad ei hun yn dod i nodweddu hiliaeth. Os nad oes y fath beth â hil dim ond hiliaeth, mae hiliaeth yn gwbl ideolegol, a dylid ei hystyried o fewn cyddestun iaith a discwrs, fel a drafodwyd uchod

important to realize that policy is the product of social and political factors, even though the orthodox philosophy views policy as action on behalf of, rather than in the interest of, the public body or society. Thus it is evident that policy involves policing on the one hand and politics on the other. It is also clear that planning and policy relate to the state while also having a direct influence on civil society. This, in turn leads to an awareness of political power, function, interests and social change, and to ignore these factors is tantamount to treating a lack of policy as policy.

There is a feeling in the Third World that the concept of race is employed by the West in order to retain its position of dominance through the preservation of the status quo. It is claimed that the idea of a superior western 'civilization' is employed simultaneously to preach 'racial equality', and to deprive Blacks of their 'tribal' customs because they are not compatible with 'civilization'. 'Racial equality' thereby becomes part of the basis for upholding western supremacy. There is a suspicion that, within Britain, the same may well be true *vis à vis* dominant/minority groups, but the fear of being labelled 'racist' restricts attempts to challenge the established position.

Of late there has been considerable discussion about racism and language. Much of this discussion relates to the implementation of the *Race Relations Act*, but also to a commonsense understanding of race issues. One of the problems here is that the accusation of 'racism' results in the kind of responses discussed by some discourse analysts which are themselves conditioned by the accusation! Clearly to make an accusation concerning racism is to imply that society is racist and, in a sense, the accusation itself becomes a feature of racism. If there is no such thing as race only racism, racism is entirely ideological, and should be discussed within the context of language and discourse which we discussed above under the heading of idealism. If this is indeed the case, and if we are to avoid the tendency to treat ideology as conspiratorial,

dan bennawd idealaeth. Os yw hyn yn wir, a'n bod am osgoi'r tueddiad i drin ideoleg fel peth cynllwyniol, yna rhaid i ni osgoi'r dadleuon hynny sy'n rhoi'r bai am ragfarn ar yr unigolyn rhesymegol. Yn dilyn o hyn, mae'n amlwg fod ymddygiad rhagfarnllyd wedi ei sefydliadu ac y dylem ei drin fel discwrs (Achard, 1985).

Mae'n amlwg hefyd fod tueddiad cyffredin i ddefnyddio'r cysyniad o hil, lle dylid defnyddio cysyniadau eraill: 'Race relations start from the imposition of "race" categories upon events which should be correctly understood in other terms . . . Consequently "race relations policies" which do not identify this arbitrary and invalid use of "race" only serve to reproduce racism' (Husband, 1991: 49). Mae hyn yn rhywbeth sydd wedi creu dryswch i lawer o bobl ynghylch defnyddio'r *Ddeddf Cysylltiadau Hiliol* yng nghyd-destun recriwtio staff. Beth bynnag fo'r amod ynghylch gallu i siarad Cymraeg i bwrpas gwaith, neu'r gwaharddiad ar siarad Cymraeg yn y gweithle, nid hiliaeth mohonynt. Rhaid i unrhyw drafodaeth ar iaith a rhagfarn gyfeirio at gysyniadau penodol yn hytrach na defnyddio 'hil' fel ateb i bopeth. Mae hyn yn deillio o dueddiad rhyddfrydol amlddiwylliannrwydd i ddiffinio 'cysylltiadau hil' yn nhermau ethnigaeth, gyda diwylliant yn pennu ffiniau'r 'hil', a chyda ffenomena diwylliannol cymhleth yn cael eu symleiddio i ddiwylliant. Ar ben hyn, mae'n amlwg os yw parhad iaith leiafrifol yn dibynnu ar ei statws a'i bri ac os yw'r ffactorau hyn yn dibynnu ar berthnasedd yr iaith i bwrpas gwaith yna mae ymyleiddio'r iaith yn economaidd yn fygythiad i'w pharhad. Pan fo cyhuddiad o ragfarn yn seiliedig ar arferion hiliol, mae'n ymhlyg fod arferion anhiliol yn debyg i unffurfiaeth ieithyddol a diwylliannol – hynny yw, mae iaith a diwylliant wedi datblygu i fod yn gyfystyr â hil. Rhaid dileu hyn cyn y gellir diogelu amrywiaeth ieithyddol a diwylliannol ac osgoi'r un pryd y bygythiad o dderbyn label 'hiliol'. Unwaith yn rhagor, canfyddir bod amlieithrwydd ac amlddiwyllianrwydd yn tynnu'n groes i ddarpariaethau'r *Ddeddf Cysylltiadau Hiliol*. Rhaid bod yn fanwl iawn

then the arguments concerning prejudice which place blame on the rational individual, must be avoided. This must mean that such prejudicial behaviour is institutionalized and should be treated as discourse (Achard, 1985).

It is also evident that there is a very common tendency to employ the concept of race where other concepts should be employed: 'Race relations start from the imposition of "race" categories upon events which should be correctly understood in other terms . . . Consequently "race relations policies" which do not identify this arbitrary and invalid use of "race" only serve to reproduce racism' (Husband, 1991: 49). This is something that has confused many people about the use of the *Race Relations Act* with reference to language-related hiring practices. Whatever the stipulation of Welsh-language ability for employment, or the prohibition of speaking Welsh in the workplace, may be, they are certainly not racism. Any discussion of language and discrimination must refer to specific concepts rather than employing 'race' as a catch-all. This often derives from the liberal tendency of multiculturalism to define 'race relations' in terms of ethnicity, with culture as the boundaries of 'race', and with complex social phenomena being reduced to culture. Furthermore, it is evident that if the survival of a minority language depends upon its status and prestige, and if these factors depend upon the relevance of the language for employment, then its economic marginalization puts the survival of the language at peril. Where the accusation of discrimination is based upon the claim of 'racist' practice, it implicitly means that non-racist practice is akin to linguistic and cultural uniformity – that is, language and culture have become synonymous with race. This equation must be negated if linguistic and cultural diversity is to be preserved without the threat of being labelled 'racist'. Again one discovers that multilingualism and multiculturalism are at odds with the terms of the *Race Relations Act*. It is necessary to be very precise about the 'meaning' of concepts such as race, language

ynghylch 'ystyron' cysyniadau megis hil, iaith, a diwylliant, hyd yn oed os cymerwn yn ganiataol mai mewn discwrs yn unig y gall ystyr fodoli yn hytrach nag fel gwirionedd absoliwt a therfynol. Efallai bod arwyddocâd i'r ffaith nad aelodau o leiafrif arall sydd fel arfer yn cyhuddo lleiafrif ieithyddol o fod yn hiliol, ond yn hytrach aelodau o'r grŵp dominyddol sy'n dymuno gorfodi eu golwg-hwy-ar-y-byd ar y lleiafrif. Yr hyn a wna Husband (1991: 61) wrth gyfeirio at 'hiliaeth newydd' yw diffinio 'hiliau' trwy gyfeirio at ddiwylliant fel traddodiad a gwerthoedd cyffredin, nodweddion sy'n perthyn i'r genedl a hefyd i'r 'hil'. Mae hyn yn hiliol oherwydd yr haeriad fod diwylliant yn un o briodoleddau'r natur ddynol, ond mae'r olwg hon ar ddiwylliant yn un gul a chyfyngedig iawn ac yn un sydd, o bosibl, yn fwy amlwg ymhlith y rheini a ddywed fod gallu barddonol neu allu artistig yn rhan annatod o'r natur ddynol, neu'n ei nodweddu. Haerir bod 'hiliaeth newydd' yn defnyddio damcaniaethau rhyddfrydol consensws o ethnigaeth, a drawsffurfir yn ddamcaniaethau penderfyniadol o hil, ac sydd wedyn yn datblygu i fod yn seiliau esgymuno. Os yw pawb yn cael cyfle cyfartal a rhydd i ddysgu iaith, yna ni fydd modd defnyddio iaith i esgymuno neb. Yn hytrach, yn ei hanfod dibynna hyn ar bwy sy'n penderfynu telerau'r drafodaeth ar 'gynnwys', yn hytrach nag 'esgymuno'.

Pwnc cwbl wahanol yw rhagfarnu. Y tueddiad yw ystyried rhagfarn fel rhywbeth sy'n rhwystro cyfle cyfartal (mae'n amlwg nad yw hyn yn gyfystyr â 'chyfartaledd'). Yn y gymdeithas Brydeinig, addysg yw'r cyfrwng pennaf i hyrwyddo cyfle cyfartal; felly yn hytrach na haeru fod gwneud y Gymraeg yn ddymunol i swyddi yng Nghymru yn ffurf ar ragfarn, llawer gwell fyddai ystyried sut i feithrin cyfle cyfartal trwy sicrhau fod addysg gyfrwng Cymraeg ar gael i bawb yng Nghymru. Wedyn yn ddiau rhoddid y gorau i gyfeirio at yr iaith Gymraeg yn nhermau rhagfarn.

Yn y drafodaeth ar ragfarn, mae'n llawer pwysicach i'r Cymry Cymraeg eu bod yn cael

and culture, even if we assume that meaning only exists within discourse rather than as some absolute, fixed truth. Perhaps it is significant that when a linguistic minority is accused of being racist, usually it is not thus accused by members of another minority but rather by members of the dominant group who wish to impose their understanding from the place of the dominant group. What Husband (1991: 61) refers to as the 'new racism' resorts to defining 'races' by reference to culture seen as tradition and shared values, features which are common to both nation and 'race'. What makes this racist is the claim that culture is a feature of human nature, but this is a very narrow and limiting conception of culture, one which is perhaps most evident among those who might claim that poetic or artistic ability is innate or is a feature of human nature. It is claimed that the 'new racism' employs consensus liberal theories of ethnicity, which are transformed into deterministic theories of 'race', which, in turn, become the basis for exclusion. If the opportunity to learn a language is readily available to all, then language cannot be employed for purposes of exclusion. Rather it is a matter of on whose terms the issue of 'inclusion' is to be debated in.

The question of discrimination is a different issue. Discrimination tends to be considered as the denial of the equality of opportunity (it will be evident to most that this is far from being the same thing as achieving 'equality'). In British society, education is seen as the prime avenue for promoting equality of opportunity; therefore, rather than claiming that the desirability of Welsh for employment purposes in Wales is akin to discrimination, it might be better to consider how equality of opportunity may be fostered in this direction by making Welsh-medium education freely available to all in Wales. Surely then the Welsh language would cease to be referred to in terms of discrimination.

For the Welsh-speaker a far more relevant reference for the concept of discrimination involves the opportunity to use Welsh. The

cyfle rhydd i siarad Cymraeg. Mae atal y cyfle hwn, cyfle sydd, fe ymddengys, ar gael i'r person dwyieithog, wedi ei sefydliadu trwy wneud y Saesneg yn norm – proses y mae iddi hanes hir sydd o leiaf cyn hyned â'r ymgais i ymgorffori Cymru yn Lloegr. O'r safbwynt hwn, mae polisi uniaith yn rhagfarnllyd ac yn nodwedd o'r sefydliadu.

Perygl arall sy'n gysylltiedig â'r mater hwn, ac un y cyhuddir y Chwith ohono'n aml, yw gwadu integriti diwylliannol lleiafrifoedd trwy roi'r pwyslais ar ddosbarth cymdeithasol fel prif fynegai anghyfartaledd cymdeithasol. Hynny yw, trwy fynnu fod rhaid ystyried y boblogaeth leiafrifol yn bennaf yn nhermau dosbarth, caiff y lleiafrif eu hintegreiddio i mewn i gyd-destun gwladwriaeth-eang gyda'i ddiwylliant dominyddol, ac anwybyddir yn systemataidd ddymuniadau a dyheadau'r lleiafrif. Yn wir, mewn cyfalafiaeth gyfoes, ymddengys fod y cysylltiad ecsploitio rhwng y gwahanol ddosbarthiadau yn cael ei dderbyn a'i gymeradwyo; yr hyn sy'n ofid i lawer yw'r sefyllfa sy'n codi pan fo'r rhaniad dosbarth yn cyd-fynd â rhaniad ieithyddol, fel y gwelwyd mewn sawl rhan o Gymru yn dilyn ail-strwythuro economaidd y 60au a'r 70au (Williams, 1986d: 186–7; Morris, 1992: 139–41).

Agwedd arall ar gynllunio iaith y dylem ei hystyried yw'r *Ddeddf Cysylltiadau Hiliol* a'i goblygiadau i ieithoedd lleiafrifol. Gan fod y discwrs cyfreithiol yn canolbwyntio ar unig-olyddiaeth ryddfrydol, mae hawliau grŵp yn rhywbeth annirnadwy; hawliau yw hawliau'r unigolyn. Mae'r cysyniad confensiynol o hil fel yr amrywiaethau biolegol a geir mewn cymdeithas yn cael ei roi o'r neilltu, a cheir yn hytrach y cysyniad o ethnigaeth sydd, fel yr ydym eisoes wedi awgrymu, yn tueddu i gael ei drin yn y cyd-destun normatif sy'n cau'r grŵp dominyddol allan ohono. Yn y cyd-destun presennol, gwelwn fod hyn yn rhannol wir. Mae ethnigaeth yn cael ei thrafod fel endid diwylliannol, gydag ymddygiad yn cael ei lywio gan yr amrywiaeth diwylliannol. Mae'r Ddeddf yn sicrhau hawliau pob unigolyn, waeth beth fo'i aelodaeth ethnig – fodd bynnag, mae diffinio grŵp ethnig yn gallu bod

denial of this opportunity of choice that would appear to be open to the bilingual has been institutionalized by making English the norm, something which has a long history, going back at least as far as the attempt to incorporate Wales into England. This view would treat monolingual policy as discriminatory and as a feature of institutionalization.

Another danger associated with this issue, one of which the Left is often accused, is that by emphasizing the primacy of social class as the main indicator of social inequality, the cultural integrity of minorities is denied. That is, by insisting that the minority population must be thought of primarily in terms of class, this integrates them into the state-wide context with its dominant culture, and the reality and desires of the minority are systematically ignored. Furthermore, within present-day capitalism, the exploitative relationship that exists between the social classes is seemingly accepted and condoned; what is disturbing to many is that situation which derives when class divisions also coincide with language or culture divisions, as has been witnessed in parts of Wales following the economic re-structuring of the 1960s and 1970s (Williams, 1986d: 186–7; Morris, 1992: 139–41).

Another aspect of LP which we should consider is the *Race Relations Act* and its implications for minority languages. The legal discourse invariably focuses upon individual liberalism with the consequence that group rights are inconceivable, rights refer to the rights of the individual. The conventional conception of race as involving the biological differentiation of society is abandoned in favour of the concept of ethnicity which, as we have already indicated, tends to be treated as a normative context which excludes the dominant group. In this context this is only partly the case. Ethnicity tends to be regarded as a cultural entity, behaviour being regarded as a manifestation of cultural variation. The Act guarantees the rights of all individuals, irrespective of their ethnic membership – however, defining the ethnic group can prove difficult, in that it is a matter of perception,

yn broblem, oherwydd mai mater o ymdeimlo yw yn hytrach nag arwyddion neu emblemau penodol. Felly, efallai fod rhai pobl Cymraeg eu hiaith nad ydynt yn ystyried eu hunain yn aelodau o'r grŵp ethnig Cymreig, neu fel arall, mewn termau anieithyddol, gall pobl nad ydynt yn siarad Cymraeg ystyried eu hunain yn 'Gymry'. Yn fwy problematig, gall unigolyn deimlo'n wahanol o'r naill funud i'r llall, gan deimlo'n rhan o un grŵp ethnig weithiau, a grŵp arall ar adegau eraill. Mae'r cymhlethdod hunaniaeth hwn yn gwneud y broses gyfan yn dra anodd.

Cysylltir y cysyniad o ethnigaeth hefyd â'r syniad o gymuned. Yr hyn sy'n amlwg am gymuned yw ei bod wedi ymddangos o fewn cyd-destun hanesyddol ac athronyddol penodol, ac mae'r cyd-destun hwn yn gweithredu fel math o ddihangfa i'r wladwriaeth sy'n gweithredu cod amlieithog, tra'n ymarferol yn aros yn uniaith (Williams, 1991).

Ymddengys mai prif thema'r trafodaethau cymdeithasol ar 'gymuned' yn ystod y bedwaredd ganrif ar bymtheg a'r ugeinfed ganrif fu un o gytgord rhwng y wladwriaeth ar y naill law a'r gymuned ar y llall. (Cyn diwydiannu, y gymuned oedd sail trefn gymdeithasol; ar ôl diwydiannu, gyda'i gysylltiadau wedi eu seilio ar gytundebau cymdeithasol amhersonol, haerwyd fod angen ymyrraeth gan y wladwriaeth i sicrhau trefn gymdeithasol newydd.) Mae'r *Ddeddf Cysylltiadau Hiliol* yn trin iaith fel nodwedd annatod o gymuned. Mae'r agwedd hon yn rhan o'r syniad confensiynol am gymuned fel peth gofodol, rhyngweithiol, gyda'i sefydliadau a'i hunaniaeth ei hun (Williams, 1987b). Felly mae pob iaith yn cynnal ei chymuned gysylltiedig. Fodd bynnag, ystyrir y wladwriaeth fel cyfanswm yr holl gymunedau yn ei thiriogaeth. Nid yw'n syndod nad yw'r iaith wladwriaethol wedi ei marcio'n ieithyddol, ond ei bod yn bresennol yn niscwrs y *Ddeddf Cysylltiadau Hiliol*. Saesneg yw'r unig iaith sy'n cyflawni'r ról ddwbl o fod yn iaith cymuned (sydd wedi ei marcio'n ieithyddol) ac yn iaith wladwriaethol (heb ei marcio'n ieithyddol). Yn yr ystyr yma, y mae'n iaith gysefin, yn iaith •

rather than of specific emblems. Thus Welsh-speakers may not regard themselves as a member of the Welsh ethnic group and conversely, in non-linguistic terms, non-Welsh-speakers may well regard themselves as 'Welsh'. More problematic is that the individual may feel differently from one moment to the next, feeling part of one ethnic group or the other at different times. This multiplicity of identity makes the entire process difficult to say the least.

The concept of ethnicity is furthermore linked to the idea of community. What is evident about the concept of community is that it has emerged within a specific historical and philosophical context, and it is this context which operates as the escape gate for a state which operates a multilingual code, while its practice remains unilineal (Williams, 1991).

The predominant theme of social discussions of 'community' during the nineteenth and twentieth centuries seems to have been one of mutual harmony between the state on the one hand and the community on the other. (Prior to industrialization, the community was the basis of social order; after industrialization with its new relationships based on impersonal social contracts, the new social order that was deemed necessary involved intervention by the state.) Within the *Race Relations Act*, language is treated as an inherent feature of community. This tends to fall into the conventional view of community as a feature of space, interaction, institutions and identity (Williams, 1987b). Thus each language supports an associated community. However the state is seen as the sum of all the communities within its territory. It is little wonder that the state language is unmarked but present in the discourse of the *Race Relations Act*. English is the only language which carries a double role as a community language (marked) and a state language (unmarked). In this respect it is an autochthonous language, a community language and the basis of choice for the enterprising individual. As a consequence, English can be implicated in the *Race Relations Act* on grounds which carry an impression of

cymuned ac yn iaith sy'n rhoi dewis i'r unigolyn mentrus. O ganlyniad, gall y Saesneg gael ei thrafod o fewn y *Ddeddf Cysylltiadau Hiliol* fel pob iaith arall, ond mae ei bodolaeth fel iaith wladwriaethol yn golygu nad yw hi byth dan fygythiad. Golyga hefyd y gellir cefnogi unigolyn sy'n siarad iaith benodol, tra'n anwybyddu ei grŵp iaith.

Mae'n amlwg fod y drafodaeth hon ar gymuned, sy'n rhan o gyd-destun epistomolegol penodol, yn gysyniad sy'n gonsensws o ran ei natur; mae hefyd yn ein harwain at gysylltiadau deuol sy'n orsyml. Swp o unigolion yw cymuned, sy'n rhyngweithio â'i gilydd mewn tiriogaeth arbennig ac mewn sefydliadau arbennig, boed y rheini'n gapel, ysgol neu bwmp y pentref! Cyflwynir darlun rhamantus o gymuned fel cyfanbeth unedig a hynaws, heb unrhyw wrthdaro na drwg-deimlad. Y darlun gor-ramantus hwn sydd wrth wraidd methiant cynlluniau gofal yn y gymuned, oherwydd nad yw cymuned, beth bynnag y bo, yn syml.

Bu Thatcheriaeth yn gyfrifol am gynhyrchu golwg ddiddorol ar gymdeithas, lle mae unigolyddiaeth a gwirfoddoliaeth yn cael blaenoriaeth. Y teulu yw'r cysylltiad rhwng yr unigolyn a'r 'genedl' sydd, ymhob gwlad, yn gyfystyr â'r wladwriaeth, a'r teulu sy'n dod yn warcheidwad y gwerthoedd sylfaenol, 'the only politically safe unit of "community" within the nation' (Husband, 1991: 70). Unwaith eto, mae rhamantu'r berthynas rhwng y teulu a'r gymuned fel gwarcheidwad y system werthoedd annwyl yn amlwg, fel ag y mae'r diffyg gwrthdaro rhwng y gymuned a'r wladwriaeth.

Mae gwaith Morris (1989) wedi dangos yn glir fod dwy gymuned, mewn sawl rhan o Gymru, nad ydynt, mewn termau rhyngweithiol, yn gorgyffwrdd â'i gilydd. Astudiwyd tri grŵp mewn un gymuned ddaearyddol – y grŵp dwyieithog Cymraeg/ Saesneg brodorol, y grŵp dwyieithog Cymraeg/Saesneg mewnfudol, a'r grŵp uniaith Saesneg mewnfudol. Trwy ddefnyddio dull dadansoddi rhwydweithiau cymdeithasol, astudiwyd maint a dwysedd rhwydweithiau pob grŵp er mwyn rhoi prawf ar y ddam-

being similar to all other languages, whereas the existence of English as a state language means that it is never under threat. It also means that language groups can be ignored in favour of the individual speaker of any language.

It should be evident that not only is community, when used in this epistemological context, a concept which is consensus in nature, but it also leads to dichotomous relationships which are over-simplified. Community consists of individuals who interact together within a specific territory focusing upon specific institutions be they chapel, school or the village pump! This presents a romanticized view of community as a harmonious integrated whole, devoid of conflict and antagonism. It is this misplaced romanticism which is responsible for the failure of community care programmes, for community, whatever it may be, is not simple.

Thatcherism has been responsible for generating an interesting view of society wherein individualism and voluntarism are granted priority. The link between the individual and the 'nation', which, as in any country, is synonymous with state, is through the family which becomes the sacred guardian of imperative values thereby becoming the '. . . only politically safe unit of 'community' within the nation' (Husband, 1991: 70). Once again the romanticism of the relationship between the family and community as guardians of a treasured value system is evident as is the absence of any tension between the community and the state.

The work of Morris (1989) has made it clear that in many parts of Wales there are two language communities which, in interactional terms, consist of networks that do not overlap. Three groups were studied in one geographical community – the local bilingual Welsh/ English-speakers, the inmigrant bilingual Welsh/English-speakers, and the inmigrant monoglot English-speakers. By using social network analysis, the sizes and densities of each group's networks were studied in order to test the hypothesis that networks are

caniaeth fod rhwydweithiau yn cael eu strwythuro yn ôl iaith, carennydd, a hyd amser byw yn y gymuned.

Dangosodd yr astudiaeth mai gan y grŵp mewnfudol uniaith Saesneg yr oedd y rhwydweithiau lleiaf eu maint a lleiaf dwys, tra bod y grŵp dwyieithog brodorol gyda'r rhwydweithiau mwyaf a mwyaf dwys. Roedd rhwydweithiau'r grŵp dwyieithog mewnfudol o faint a dwysedd a orweddai rhwng y ddau eithaf. Un o nodweddion mwyaf trawiadol yr astudiaeth, fodd bynnag, yw prinder y cysylltiadau ar draws y grwpiau iaith – yr oedd grŵp dwyieithog brodorol yn gwneud 94 y cant o'u cysylltiadau cymdeithasol o fewn eu grŵp iaith eu hunain; y grŵp dwyieithog mewnfudol yn gwneud 90 y cant o'u cysylltiadau cymdeithasol gyda Chymry Cymraeg eraill; ac yr oedd y grŵp mewnfudol uniaith Saesneg yn gwneud 69 y cant o'u cysylltiadau â siaradwyr uniaith Saesneg eraill (er gwaethaf y ffaith mai dim ond 19 y cant o'r boblogaeth leol oedd yn uniaith Saesneg).

Gwelwyd patrymau tebyg mewn astudiaeth o rwydweithiau cymdeithasol y grŵp o reolwyr yng Ngwynedd – yr oedd 89 y cant o reolwyr Cymraeg eu hiaith yn gwneud eu cysylltiadau cymdeithasol bron yn gyfan gwbl o fewn eu grŵp iaith eu hunain, ac yr oedd yr un peth yn wir am 85 y cant o'r rheolwyr uniaith Saesneg (Morris, 1990: 479).

Roedd y rhai uniaith Saesneg yn y ddwy astudiaeth yn feirniadol iawn o'r ffaith eu bod yn methu ag ymuno â sefydliadau lleol oherwydd fod 'wall of Welsh' yn eu cadw draw; ystyriwyd hyn yn ddiffyg cwrteisi. Nid yw'r discwrs hwn yn ystyried fod methu â dysgu'r iaith Gymraeg yn ddiffyg cwrteisi. Ar y llaw arall, mae'n amlwg nad yw'r iaith Gymraeg yn profi'n rhwystr i'r mewnfudwyr dwyieithog, sy'n gallu integreiddio â'r sefydliadau cymdeithasol lleol yn ddirwystr. Mae llenyddiaeth polisi cymdeithasol, fodd bynnag, yn mynnu trafod cymuned mewn dull consenswS a chytgord; er enghraifft, yn ôl adroddiad Seebohm a oedd yn argymell y dylai'r gwasanaethau cymdeithasol gael eu seilio yn y gymuned:

structured according to language, kin and length of residence.

The study showed that the monoglot English-speakers had the smallest and least dense networks, whilst the local bilingual Welsh/English-speakers had the largest and densest networks. The inmigrant bilingual Welsh/English-speakers had networks of size and density which fell in between the other two. One of the most striking features of the study, however, was the sparsity of contact across the language-groups – the local Welsh-speakers made 94 per cent of their social contacts within their own language group; the inmigrant Welsh-speakers made 90 per cent of their social contacts with other Welsh-speakers; and the inmigrant monoglot English group made 69 per cent of their contacts with other monoglot English-speakers (despite the fact that only 19 per cent of the local population were monoglot English).

Similar patterns were observed in a social network study of members of the managerial class in Gwynedd – 89 per cent of Welsh-speaking managers made their social contacts almost entirely within their own language group, and the same was true for 85 per cent of the monoglot English managers (Morris, 1990: 479)

The monoglot English-speakers in both studies were generally very critical of the fact that they were unable to join in local institutional setting because of what they perceived as a 'wall of Welsh' keeping them out, this being interpreted as 'rudeness'. The idea that an unwillingness to learn Welsh is 'rude' simply does not occur in this discourse. On the other hand, the Welsh language presents no problems for bilingual inmigrants, who are able to integrate smoothly into local social institutions. These studies suggest that 'community' as a harmonious entity does not actually exist – certainly not within bilingual communities in Wales. Social policy literature, however, persists in discussing community in the consensual, harmonious sense; for example, the Seebohm Report, which recommended that social

> The notion of community implies the existence of a network of reciprocal relationships which, among other things, ensure mutual aid and give those who experience it a sense of well-being. (para. 476)

Yn ddiweddarach, mabwysiadodd Griffiths (1988) y cysyniad hwn o gymuned yn ei adolygiad ar ofal yn y gymuned.

Dangosodd gwaith diweddar gan Wenger (1990) ar yr henoed yng ngogledd Cymru fod math gwahanol o rwydweithiau yn weithredol yn y gymuned. Daw i'r casgliad nad oes gan y mewnfudwyr diweddar y patrwm o rwydweithiau cymdeithasol y mae arnynt eu hangen i'w cynnal yn y gymuned heb droi at y gwasanaethau statudol:

> Communities with stable populations have higher proportions of those networks associated with local kin, while communities or neighbourhoods with high population turnover have more of those types of networks which make early and heavy demands on the statutory services. (Wenger, 1990: 27)

Mae Wenger, am ryw reswm aneglur, yn anwybyddu iaith yn hyn o beth! Ni ellir ond tybio ei bod yn teimlo nad oes modd i'r perspectif rhwydweithiau cymdeithasol drin dadansoddiad cymdeithasegol.

Mae'r diffyg gorgyffwrdd rhwng rhwydweithiau'r grwpiau iaith yn sicr o gael effaith sylweddol ar weithredu polisi Gofal yn y Gymuned yn sawl rhan o Gymru, lle nad oes gan y grŵp uniaith mewnfudol gysylltiadau carennydd, a lle na allent dynnu ar adnoddau'r gymuned oherwydd na allant dreiddio i mewn i'r sefydliadau cymdeithasol Cymraeg eu hiaith. Mae hyn yn berthnasol hefyd i weithwyr cymdeithasol sy'n gweithio gyda chlientau 'yn y gymuned'. Os nad oes gan y gweithwyr y sgiliau ieithyddol angenrheidiol i integreiddio gyda holl rwydweithiau'r gymuned, yna mae'n bosibl iddynt ei chael yn amhosibl sbarduno'r gefnogaeth gymunedol angenrheidiol i gadw clientau yn eu cartrefi eu hunain.

services should be community-based, noted:

> The notion of community implies the existence of a network of reciprocal relationships which, among other things, ensure mutual aid and give those who experience it a sense of well-being. (para 476)

This concept of community was later taken up by Griffiths (1988) in his review of community care.

Recent work by Wenger (1990) on the elderly in north Wales suggests that different types of networks operate in the community. She concludes that recent inmigrants do not have the social network pattern that is necessary to maintain them in the community without resorting to statutory services:

> Communities with stable populations have higher proportions of those networks associated with local kin, while communities or neighbourhoods with high population turnover have more of those types of networks which make early and heavy demands on the statutory services. (Wenger, 1990: 27)

Wenger inexplicably ignores the language in this respect! One can only assume that she feels that the social network perspective is unable to accommodate any form of sociological analysis.

This lack of overlap between language-group networks will surely have a significant effect upon implementing the policy of Care in the Community in several parts of Wales, where the monoglot inmigrant group not only lack kin contacts, but are also unable to mobilize existing community resources because of the inability to penetrate the Welsh-medium social institutions. It is also relevant for those social workers who work with clients 'in the community'. If the workers do not have the necessary linguistic skills to integrate with all the community networks, then it may prove impossible for them to mobilize the necessary collective support to keep clients in their own communities.

Casgliad

Dylai fod yn amlwg erbyn hyn nad yw'r astudiaeth o iaith mewn cymuned yn syml. Yn bwysicach, efallai, dylai fod yn amlwg fod yn rhaid i bawb sy'n ymwneud â chyswllt iaith edrych yn fanwl ar eu rhagfarnau a'u rhagdybiaethau eu hunain, y pethau a gymerwn yn ganiatäol fel synnwyr cyffredin.

Mae ymhlyg fod polisi cymdeithasol yn wleidyddol, fel ag yn wir y mae ei weithredu gan asiantau'r wladwriaeth. Mae'r dihidrwydd sy'n ymwneud â'r sylw yma yn deillio'n rhannol trwy wneud y cysylltiadau rhwng yr unigolyn, y teulu, y gymuned, a'r wladwriaeth yn gefnogol a dibroblematig. Os yw un o ddolennau'r gadwyn yn cael ei thorri, yna gwelir fod y tueddiad consensws ar gymdeithas a drafodwyd ar ddechrau'r bennod yn cael ei amlygu. Rydym wedi awgrymu mai un gwendid yn y gadwyn yw hwnnw rhwng y gymuned a'r wladwriaeth; ceisia'r wladwriaeth ei gorau glas i wrthsefyll y gwendid trwy gymryd oddi ar y gymuned ei dyletswyddau gofal. Felly, os yw gweithwyr cymdeithasol am sicrhau buddiannau'r client, rhaid iddynt osgoi ymyrraeth broffesiynol sy'n gysylltiedig â'r cod proffesiynol normatif a all fod yn niweidiol i fuddiannau'r gymuned.

Mae amlddiwyllianrwydd ac ethnigaeth yn pleidio bod yn gynefin ag amrywiaeth o ddiwylliannau. Fodd bynnag, nid yw mor rhwydd delio ag iaith, trwy ei thrin fel rhan o 'ddiwylliant'. Rhaid ei dysgu. Ac yn fwy na hynny, rhaid ei dysgu o fewn y cyd-destun priodol, trwy ddod i ddeall fod sawl hanes gwahanol, a beth yw rôl iaith yn yr hanes hwnnw. Y ddealltwriaeth hon sy'n rhoi ystyr i iaith pobl. Rhaid tynnu hanes o'i gyd-destun historiograffig a'i ddeall fel discwrs sy'n lliwio'r presennol – hanes yw safle'r frwydr dros y presennol. Dyma sail yr hyn a elwir yn 'hanes newydd'. Dim ond yn y ffordd yma y gellir deall a pharchu dyhead cymunedau diwylliannol i reoli eu gwybodaeth ddiwylliannol.

Conclusion

It should now be evident that the study of language in society is no simple matter. More importantly perhaps it should be clear that whoever is involved in a language contact must, above else, examine their own prejudices and assumptions, the things which we take for granted as common sense.

It is axiomatic that social policy is political as also is its implementation by agents of the state. Complacency concerning this observation is achieved partly through making the links between the individual, the family, community and the state supportive and unproblematic. If any link in that chain is broken, the consensus orientation on society discussed at the beginning of this chapter becomes evident. We have suggested that one such weak link, one that government is constantly at pains to buttress through expropriation, is that between community and the state. Thus, if the interests of the client are to be entertained, the social worker must be at pains to avoid being involved in a professional intervention that relates to a normative professional code which can be detrimental to the interests of the community.

Multiculturalism and ethnicity advocate a familiarity with a diversity of cultures. However, language cannot be so easily dismissed by treating it as part of 'culture'. It must be learned. Furthermore, it must be learned in context, by developing an understanding of different histories and the role of language in those histories, for it is this understanding that informs the meaning of language for its speakers. History in this respect must be divorced from its historiographic context and has to be understood as a discourse that colours the present – history as the site of struggle over the present. This is the basis of what is referred to as the 'new history'. Only in this way can the desire of cultural communities to control their cultural knowledge be understood and respected.

Nodyn

[1] Gwna discwrs inni ddeall pethau mewn ffyrdd neilltuol. Mae'n caniatáu inni ofyn cwestiynau neilltuol mewn ffyrdd penodol, ac yn ein rhwystro rhag gofyn rhai cwestiynau penodol eraill. Mae'n gyfrifol am greu'r gwrthrychau y cyfeiriwn atynt, ac mae'n ein creu ninnau ac eraill yn oddrychau. Felly, nid goddrychau rhydd ac unigolyddol ydym, yn gyfrifol am drin gwrthrychau a chreu ein discwrs ein hunain, oherwydd rydym ein hunain yn cael ein creu y tu mewn a thrwy ddiscwrs.

Note

[1] Discourse is what makes us understand things in certain ways. It allows us to ask certain questions in certain ways, and it prevents us from asking certain questions. It is responsible for creating the objects to which we refer, and it creates us and others as subjects. Therefore we are not free individual subjects, capable of manipulating objects and creating our own discourse, since we ourselves are created in and through discourse.

Cyfeiriadau/References

Achard, P. (1993), *Sociologie du Langage*. PUF, Paris.

Achard, P. (1980), 'History and the politics of language in France', *History Workshop*, (1980).

Achard, P. (1985), 'Racisme et demographie', *Langage et Société*, 34, 17–31.

Achard, P. (1986), 'Discours et sociologie du langage', *Langage et Société*, 37, 5–61.

Aitchison, J. W. & Carter, H. (1985), *The Welsh Language, 1961–1981*. Cardiff, University of Wales Press.

Beveridge, W. (1942), *Social Insurance and Allied Services*, Cmnd. 6404; HMSO.

Calvet, L. J. (1974), *Langage et Colonialisme*. Payot, Paris.

Cheetham, J. (1982), *Social Work and Ethnicity*. London, Allen & Unwin.

Commission for Racial Equality (1984), *Race and Housing in Liverpool: a research report*. London, CRE.

Gordon, P. & Newnham, A. (1985), *A Passport to Benefits*, London. CPAG & Runnymede Trust.

Griffiths, R. (1988), *Community Care: Agenda for Action*, HMSO.

Husband, C. (1991), 'Race, conflictual politics and anti-racist social work: lessons from the past for action in the 90s', in C. D. Project Steering Group (eds.), *Setting the Context for Change*, 46–74. Northern Curriculum Development Project, CETSW, Leeds.

Morris, D. (1989), 'Language and social networks in Ynys Môn', *Contemporary Wales*, 3, 99–117.

Morris, D. (1990) 'Ailstrwythuro economaidd a ffracsiynu dosbarth yng Ngwynedd', traethawd PhD, Prifysgol Cymru.

Morris, D. (1992), 'The effect of economic changes on Gwynedd society', in Dafis, Ll. (ed.), *Lesser used Languages – Assimilating Newcomers*, 134–57. Proceedings Joint Working Party on Bilingualism in Dyfed.

Pinker, R. (1979), *The Idea of Welfare*. London, Heinemann.

Seebohm Report (1968), *Report of the Committee on Local Authority and Allied Personal Social Services*, Cmnd. 3703, HMSO.

Shaw, I., Bull, R. & Williamson, H. (1992), 'Managing care – special needs housing in

Wales', *Contemporary Wales*, 5, 165–86.
Torkington, P. (1983), *The Racial Politics of Health*. Liverpool, University of Liverpool Press.
Wenger, G. C. (1990), *Support Networks of Elderly People: a guide for practitioners*. Bangor, CSPRD.
Williams, G. (1984), 'What is Wales? the discourse of devolution', *Journal of Ethnic and Racial Studies*, 7(1), 138–59.
Williams, G. (1986a), 'Economic restructuring in Gwynedd', in Cooke, P. (ed.), *Global Restructuring & Local Response*, 247–56. London, ESRC.
Williams, G. (1986b), 'Language planning or language expropriation?', *Journal of Multilingual and Multicultural Development*, 7(6), 509–18.
Williams, G. (1986c), 'S4C: the Wenglish channel', *Y Faner*, 29 Ionawr.
Williams, G. (1986d), 'Recent trends in the sociology of Wales', in Hume, I. & Pryce, W. T. R. (eds.), *The Welsh and their Country*, 176–92. Llandysul, Gomer.
Williams, G. (1987a), 'Bilingualism, class dialect and social reproduction', *International Journal of the Sociology of Language*, 66, 85–98.
Williams, G. (1987b), 'Discourse on language and ethnicity', in Coupland, N. (ed.), *Styles of Discourse*, 254–93. London, Croom Helm.
Williams, G. (1987c), 'Policy as containment within democracy: the Welsh Language Act', *International Journal of the Sociology of Language*, 66, 49–59.
Williams, G. (1991), *The Welsh in Patagonia: The State and the Ethnic Community*. Cardiff, University of Wales Press.
Williams, G. (1992), *Sociolinguistics: A Sociological Critique*. London, Routledge.
Williams, G. (1994), 'Language planning as discourse', in Toleffosn, J. (ed.), *Language, Power and Inequality*. Cambridge, CUP (yn y wasg/in press).
Williams, G. & Roberts, C. (1982), 'Institutionalisation and linguistic discrimination', in Braga, G. & Monti Civeli, E. (eds.), *Linguistic Problems and European Unity*, 75–104. Milano, F. Angeli.
Williams, G., Roberts, E. & Isaac, R. (1978), 'Language and aspirations for upward social mobility', in Williams, G. (ed.), *Social and Cultural Change in Contemporary Wales*, 193–206. London, Routledge and Kegan Paul.
Williams, G. (yn y wasg/in press), *French Discourse Analysis: The Method of Post-structuralism*. Routledge, London.

Ned Thomas

Cymry Cymraeg fel Lleiafrif Ieithyddol Tiriogaethol yn yr Undeb Ewropeaidd
~
Welsh-speakers as a Territorial Linguistic Minority in the European Union

Nod y bennod hon yw gosod yr iaith Gymraeg – ei sefyllfa gyfoes a'i hanes diweddar – yng nghyd-destun ieithoedd lleiafrifol eraill, ac yn enwedig ieithoedd lleiafrifol yr Undeb Ewropeaidd, sydd wedi dechrau rhoi cyd-nabyddiaeth swyddogol i'w bodolaeth.

Mae Biwrô Ieithoedd Llai yr Undeb Ewropeaidd – corff sy'n cynghori'r Comisiwn Ewropeaidd, gyda phwyllgor ym mhob un o genedl-wladwriaethau'r Undeb – yn rhestru tri deg a phump o grwpiau ieithyddol lleiafrifol o fewn yr Undeb, sy'n siarad tri deg un o ieithoedd (mae i rai ieithoedd statws lleiafrifol mewn mwy nag un genedl-wladwriaeth). Rydym yn sôn yn y fan yma am leiafrifoedd ieithyddol tiriogaethol yn unig, ac mae'n werth nodi mai dim ond Portiwgal o holl wlad-wriaethau'r UE sydd heb ddim lleiafrifoedd ieithyddol tiriogaethol. Bydd hyn yn dal yn wir pan fydd Awstria, a gwledydd Llychlyn wedi ymuno â'r Undeb. Fe ymdriniaf eto â'r gymhariaeth â lleiafrifoedd ieithyddol *mewnfudol*.

Mae lleiafrifoedd tiriogaethol gorllewin Ewrop yn amrywio'n fawr o ran maint, sefyllfa wleidyddol a hanes diwylliannol. Nid wyf yn bwriadu haeru fod yna 'sefyllfa iaith leiafrifol' gwbl nodweddiadol y gellir gosod profiad Cymru'n daclus o'i mewn. Ond wrth inni edrych ar y ffactorau amrywiol cawn weld ein sefyllfa ein hunain mewn goleuni newydd, ac weithiau o fewn rhyw leiafrif arbennig ac yn rhyw ran neilltuol o fywyd efallai y tarwn ar atebion perthnasol a defnyddiol i'n problemau'n hunain.

Mae'r union weithred o osod y Gymraeg yng nghyd-destun lleiafrifoedd gorllewin Ewrop yn ein rhyddhau: gwelwn nad ydym mwyach ar ein pennau ein hunain, yn ddamwain hanesyddol a adawyd ar ôl gan y brif ffrwd. O fewn Prydain roedd hi'n bosibl ar un adeg ddisgrifio'r ieithoedd Celtaidd fel creiriau hynafol a oedd wedi dal yn fyw yng ngheyrydd y mynyddoedd tra âi busnes y byd cyfoes yn ei flaen yn Saesneg. Bu fersiynau llymach o'r un syniadaeth yn fodd i

This chapter aims to place the Welsh language – its contemporary situation and its recent history – in the context of other minority languages, and particularly the minority languages of the European Union which has begun to give official recognition to their existence.

The Bureau of Lesser-Used Languages of the European Union – an advisory body to the European Commission, with committees in each of the Union's nation-states, – lists thirty-five minority linguistic groups in the EU area, speaking thirty-one languages (some languages have minority status in more than one nation-state). We are dealing here with territorial linguistic minorities only, and it is worth noting that of the EU states, only Portugal has no territorial linguistic minorities. This will still be the case after the accession of Austria and the Scandinavian countries. I shall turn later to the comparison with *immigrant* linguistic minorities.

The western European territorial minorities vary immensely in terms of their size, political situation and cultural history. It is no part of my purpose to claim that there is an absolutely typical 'minority language situation' into which the Welsh experience can be slotted. But as we look at the varying factors we shall see our own situation in a new light, and sometimes within a particular minority and in a particular sphere of life we may come across relevant and useful solutions to our own problems.

The very fact of placing the Welsh language in the context of western European minorities is liberating: for we perceive that we are no longer alone, a quirk of history left behind by the mainstream. Within Britain it was once possible to depict the Celtic languages as ancient relics surviving in mountain fastnesses while the business of the modern world went on in English. Harsher versions of the same perception relegated Breton in France and Basque in France and Spain, not to mention the other non-state languages. But if we add all the

ddarostwng y Llydaweg yn Ffrainc a Basgeg yn Ffrainc a Sbaen, heb sôn am yr ieithoedd anwladwriaethol eraill. Ond os cyfrifwn holl siaradwyr yr ieithoedd lleiafrifol tiriogaethol gyda'i gilydd, rydym yn sôn heddiw am rhwng deugain a hanner can miliwn o bobl yn yr UE, yn dibynnu ar y diffiniad o iaith. Mae bod yn lleiafrif ieithyddol yn y cyd-destun hwn yn golygu rhannu profiad Ewropeaidd cyffredin iawn, bod yn normal yn ein hannormalrwydd, a rhannu nod cyffredin ar lefel Ewrop – sef normaleiddio'n statws fel y deuwn ninnau'n un darn ymhlith eraill mewn brithwaith ieithyddol a diwylliannol helaeth.

Nid maint sy'n diffinio bod grŵp iaith yn lleiafrif ond grym a statws. Mae mwy o siaradwyr Catalan, y grŵp iaith lleiafrifol mwyaf yn yr UE, na Daneg, sy'n iaith cenedl-wladwriaeth ac felly'n iaith swyddogol gan yr UE. Mae mwy na dwy waith cymaint o bobl yn siarad Cymraeg nag sy'n siarad iaith Gwlad yr Iâ, ond Cymraeg yw'r iaith leiafrifol. Hwyrach yr ymddengys felly mai'r genedl-wladwriaeth yw gwarantwr iaith ac na wnaiff dim llai ddiogelu iaith rhag gormes. Yn hanesyddol mae'n ymddangos mai felly y bu fel arfer yng ngorllewin Ewrop, er i gymunedau ieithyddol a siaradai iaith anwladwriaethol mewn amgylchiadau ffafriol iawn, fel trigolion Swedeg eu hiaith Ynysoedd Åland yn y Ffindir, efallai lwyddo i sicrhau chwarae teg. Ar y llaw arall, gyda globaleiddio'r byd cyfathrebu trwy deledu lloeren a rhwyd-weithiau cyfrifiadur (Saesneg yw iaith 80 y cant o'r databasau sydd ar gael yn gyhoeddus ledled y byd), a chydag integreiddio economaidd cynyddol Ewrop, mae'n ymddangos bod rhai o'r ieithoedd cenedl-wladwriaethol llai'n cael eu gwthio tuag at statws lleiafrifol. Eisoes codwyd cwestiwn ynghylch dyfodol yr Iseldireg mewn dadl gyhoeddus yn yr Iseldiroedd, er nad, yn ddiddorol, yng Ngwlad Belg lle mae'r Fflemiaid (sy'n siarad yr un iaith, Iseldireg) yn dangos yr ymlyniad cryf at iaith sy'n nodweddu grŵp a fu'n ddiweddar dan ormes ieithyddol.

A siarad yn gyffredinol, bydd lleiafrifoedd

speakers of territorial minority languages together, we are speaking today of between forty and fifty million people in the EU, depending on one's definitions. To be a linguistic minority in this context is to share a very widespread European experience, to be normal in one's abnormality, and to have a common aim at the European level – the normalization of one's status so that we become just one more part of an extensive linguistic and cultural mosaic.

It is not size that defines a language-group as a minority but power and status. Catalan, the largest minority language-group in the EU, has more speakers than Danish, which is a nation-state language and therefore an official language of the EU. More than twice as many people speak Welsh as speak Icelandic, but it is Welsh that is the minority language. It may therefore seem as if the nation-state is the guarantor of a language and that nothing less will secure a language against discrimination. Historically this seems usually to have been the case in western Europe, though in very favourable circumstances linguistic communities speaking a non-state language, such as the Swedish-speaking Åland islanders in Finland may seem to have achieved stability. On the other hand, with the globalization of communications through satellite TV and computer networks (80 per cent of the world's publicly available databases are in English), and with the progressive economic integration of Europe, it seems that some of the smaller nation-state languages are being pushed towards minority status. The future of Dutch has already been put in question in public debate in the Netherlands, though interestingly not in Belgium where the Flemings (speaking the same language, Dutch) show the strong language loyalty of a group that has recently known linguistic oppression.

Generally speaking, linguistic minorities with political institutions of their own do better than those without them. The Basques within Spain are very close to the Welsh statistically, both in terms of overall numbers and in the proportion which speaks the

ieithyddol sydd â chanddynt eu sefydliadau gwleidyddol eu hunain yn ffynnu'n well na'r rheiny sydd heb ddim. Mae'r Basgiaid o fewn Sbaen yn agos iawn at y Cymry'n ystadegol, a hynny yn nhermau niferoedd cyfanswm ac o ran y canran sy'n siarad yr iaith genedlaethol. Yn y cyfnod wedi Franco, serch hynny, gweithredwyd polisïau pleidiol i'r Fasgeg yn llawer mwy egnïol yn nhalaith ymreolaethol Euskadi (o fewn Sbaen) nag yng Nghymru, ac mae'n rhaid fod hyn i'w briodoli'n rhannol i fodolaeth sefydliadau democrataidd sy'n gyfrwng i'r Basgiaid fynegi'u dyheadau a dangos eu lliwiau.

Ond nid pob lleiafrif ieithyddol tiriogaethol sydd mewn sefyllfa i goleddu dyheadau gwladwriaethol. Yng ngorllewin yr Alban, mae 65,000 o Gaeliaid a, beth bynnag yw eu dyheadau gwleidyddol, ni allant yn y tymor byr a chanolig ddisgwyl byw mewn gwladwriaeth, Brydeinig neu Albanaidd, â'r Aeleg yn brif iaith ynddi. Mae'r Sorbiaid, grŵp tebyg o ran maint i'r Gaeliaid yn yr hyn a arferai fod yn Ddwyrain yr Almaen, yn byw mewn dwy ardal ar wahân, cymysg eu poblogaeth o ran siaradwyr Sorb ac Almaeneg, heb fawr o obaith ffurfio gwladwriaeth. A rhaid i'r lleiafrifoedd traws-ffiniol – Slofeniaid yr Eidal, neu siaradwyr Almaeneg Denmarc, Gwlad Belg neu'r Eidal, edrych am sicrhau eu hawliau yn y wladwriaeth lle maent yn byw ar hyn o bryd neu ar lefel Ewropeaidd, os nad yw ffiniau'r cenedl-wladwriaethau presennol i'w newid.

Egwyddor tiriogaetholdeb

Mae'r cysyniad o *ryw* diriogaeth, os nad tiriogaeth wladwriaethol, yn hanfodol i'r holl leiafrifoedd ieithyddol hyn, gan fod hawliau ieithyddol yn hawliau grŵp neu gymunol y mae'n rhaid eu diffinio mewn perthynas ag ardal benodol, rhywle lle gall siaradwyr yr iaith honno deimlo'n gartrefol – *chez soi* fel y dywedant yn Québec.

Mae angen gwneud y pwynt hwn yn arbennig yn y byd Eingl-Sacsonaidd sydd â thraddodiad datblygedig iawn o amddiffyn hawliau dynol unigolion ond ychydig

national language. In the post-Franco period, however, public policies in favour of Basque have been pursued much more energetically in the autonomous region of Euskadi (within Spain) than in Wales, and this must at least in part be due to the existence of democratic institutions through which the Basque people can express their loyalties and aspirations.

But not all territorial minority language-groups have, or are in a position to have, aspirations to statehood. The 65,000 Gaels of western Scotland may or may not be Scottish nationalists, but in the short and medium term they can only expect to live within a state, Scottish or British, whose main language is *not* Scottish Gaelic. The Sorbs, a group of similar size to the Gaels in what used to be East Germany, live in two separated areas of mixed Sorb and German-speaking population with little prospect of statehood. And the trans-frontier minorities – the Slovenes of Italy, or the German-speakers of Denmark, Belgium or Italy – must look for the securing of their rights within the state where they presently live or at European level, if the present nation-state boundaries are not to be put in question.

The principle of territoriality

The concept of *some* territory, if not of a state territory, is crucial to all these linguistic minorities, because linguistic rights are group or communal rights and have to be defined in relation to a given area, somewhere where the speakers of that language can feel at home – *chez soi* as they say in Québec.

This point particularly needs making in the Anglo-Saxon world which has a well-developed tradition of defending individual human rights but little understanding of group or collective rights. In the melting-pot conditions in which the US grew, other languages were seen as background features in the lives of individuals who were in the process of becoming Americans and acquiring American-English. Their ethnic background, especially if it was a prestigious one, might deserve support and attention but always at the individual

ddealltwriaeth o hawliau grŵp neu gymunedol. Yn y pair a oedd yn llestr i dwf yr Unol Daleithiau, gwelid ieithoedd eraill fel nodweddion cefndir ym mywydau unigolion a oedd yn y broses o ddod yn Americanwyr ac o goleddu Saesneg America. Fe ellid rhoi cefnogaeth a sylw i'w cefndir ethnig, yn enwedig os oedd yn un â statws ganddo, ond dim ond ar lefel yr unigolyn bob amser. Dim ond yn ddiweddar y cafwyd her i'r syniadaeth hon gan siaradwyr Sbaeneg, sydd rai ohonynt i'w gweld yn benderfynol o greu byd Sbaeneg gwahanol o fewn yr Unol Daleithiau. Yng Nghanada, gwlad arall o fewnfudwyr, y Québecois yw'r unig rai o blith y grwpiau ethnig Ewropeaidd i beidio â'u gweld eu hunain fel mewnfudwyr i wlad Saesneg ei hiaith, ond yn hytrach fel cyd-sefydlwyr Canada fodern. Maent wedi mynnu hawliau *tiriogaethol*, sef y dylent fedru byw bywyd yn llawn yn eu hiaith eu hunain ar eu tiriogaeth eu hunain, ac y dylai mewnfudwyr sy'n ymsefydlu yng Nghanada Ffrengig fynd i ysgolion Ffrangeg ac nid rhai Saesneg.

Ym Mhrydain, mae'r cwestiwn ynglŷn â'r Gymraeg yng Nghymru wedi cael ei ddrysu weithiau gyda chwestiynau ynghylch cysylltiadau hiliol, a hynny am yr union reswm na chafwyd nemor ddim dealltwriaeth o'r egwyddor diriogaethol. Mae mewnfudwyr i Brydain ar y cyfan yn disgwyl ac yn wir yn dymuno ennill *rhyw* radd o gymathiad ieithyddol, waeth faint o bwysigrwydd a osodant ar eu diwylliant a'u crefydd eu hunain. I ryw raddau mae mewnfudwyr yn disgwyl ymaddasu i'r wlad y deuant iddi, ac mae gan eu hieithoedd, fel ieithoedd, gartref diogel mewn rhan arall o'r byd.

Yr hyn y mae'r Cymry Cymraeg wedi'i brofi yng Nghymru yw colli tiriogaeth ieithyddol, yr hyn a ddisgrifiwyd gan yr athronydd J.R. Jones fel alltudiaeth o chwith – nid gadael eich gwlad, ond bod eich gwlad yn eich gadael chi, wrth i'r iaith o'ch cwmpas droi i Saesneg trwy fewnfudiad, cymathiad y Cymry Cymraeg, y defnydd o Saesneg gan sefydliadau dylanwadol ac yn y blaen. Os diflanna'r iaith o'r diriogaeth hon, fe ddiflanna'n llwyr.

level. Only recently has this view been challenged by Hispanics, some of whom seem bent on creating an alternative Spanish-language world within the United States. In Canada, another immigrant country, the Québecois alone of the European ethnic groups have not perceived themselves as immigrants to an English-speaking country, but as co-founders of modern Canada. They have made *territorial* claims, namely that they should be able to live life fully in their own language on their own territory, and that immigrants who arrive in French Canada should go to French schools not English ones.

In Britain the question of Welsh in Wales has sometimes got mixed up with issues of race relations precisely because there has been little understanding of the territorial principle. Immigrants to Britain generally expect and indeed aspire to *some* degree of linguistic assimilation, however much importance they may attach to their own cultures and religions. To some degree immigrants expect to adapt to the country in which they arrive, and their languages, as languages, have a secure homeland somewhere else in the world.

What Welsh-speakers have experienced in Wales is loss of linguistic territory, what the philosopher J. R. Jones described as a kind of reverse exile – 'not leaving your country, but your country leaving you' as the language around you changes to English through immigration, assimilation of Welsh-speakers, the use of English by influential institutions and so on. If the language disappears from this territory, it disappears altogether.

The reaction has been a demand for rights which are more than individual rights, though the benefit is to the individual in the end: public signs and forms in Welsh, radio and television, education, including education which assimilates the children of in-movers to the Welsh-language community.

In practice these claims have to be achieved (in a country where less than 20 per cent of the population can speak Welsh) by persuasion of the majority, by extracting concessions from the central authorities, or by enforcing the

Ymatebwyd drwy alw am hawliau sy'n fwy na hawliau unigolion, er mai'r unigolyn fydd yn manteisio yn y pen draw: arwyddion a ffurflenni cyhoeddus yn y Gymraeg, radio a theledu, addysg gan gynnwys addysg sy'n cymathu plant y mewnfudwyr i'r gymuned Gymraeg.

Yn ymarferol rhaid cyrraedd y nod (mewn gwlad lle mai llai nag 20 y cant o'r boblogaeth sy'n medru'r Gymraeg) trwy berswadio'r mwyafrif, trwy sicrhau consesiynau gan yr awdurdodau canolog, neu drwy orfodi ewyllys democrataidd y Cymry Cymraeg yn yr ardaloedd hynny lle maent mewn mwyafrif ac yn rheoli'r offerynnau democrataidd. Mae'n rhywfaint o broblem nad oes ardaloedd Cymraeg swyddogol wedi'u pennu yng Nghymru lle gellir cyfiawnhau lefel uwch o hawliau ieithyddol nag a fyddai'n briodol hwyrach mewn rhannau eraill o Gymru. Ond i ryw raddau mae'r dwysedd uchaf o Gymry Cymraeg yn cyd-fynd â ffiniau rhanbarthau llywodraeth leol (cynghorau sir Gwynedd a Dyfed) ac felly bu'n bosibl datblygu polisïau ieithyddol arbennig mewn meysydd fel addysg a gwasanaethau cymdeithasol. Mewn ardaloedd trefol fel Caerdydd, mae dwysedd cyffredinol y boblogaeth wedi caniatáu datblygu systemau addysg Cymraeg a Saesneg ochr yn ochr, ond y tu allan i sefydliadau Cymraeg penodol, mae'n aml yn anos adnabod y Cymry Cymraeg a rhoi gwasanaeth iddynt yn eu hiaith eu hunain. Er y gall niferoedd *cymharol* y Cymry Cymraeg yn yr ardaloedd hyn fod yn fach, mae'r niferoedd *absoliwt* yn sylweddol ac yn tyfu, gan godi cwestiynau pwysig am hawliau sifil unigolion.

Mae'r cydbwysedd rhwng hawliau unigol a chymunedol bob amser yn anodd ei sicrhau, o ba bynnag ochr yr edrychir ar y mater. Oes gan unigolion sy'n symud i mewn i Gymru yr hawl i *beidio* â chael dysgu Cymraeg i'w plant? Rhaid pwyso unrhyw fantais ymddangosiadol y gallai'r rhyddid hwnnw ei chynnig i'r unigolyn yn erbyn y ffaith y byddai mewnfudo ar y telerau hyn yn golygu (fel y golygai yn y gorffennol yn sawl rhan o Gymru) erydu ac yn y pen draw golli'r Gymraeg fel iaith y

democratic will of Welsh-speakers in those areas where they are in a majority and control the democratic instruments. It is something of a problem that there are no officially-designated 'strongly Welsh-speaking' areas in Wales where a higher level of linguistic rights can be legitimately conceded than might be appropriate in other parts of Wales. But to some extent the highest density of Welsh-speakers coincides with the boundaries of local government areas (the county councils of Gwynedd and Dyfed) and it has therefore been possible to develop distinctive linguistic policies in fields such as education and the social services. In urban areas such as Cardiff, the general density of population has allowed the parallel development of Welsh and English school systems, but outside designated Welsh institutions, it often proves harder to identify the Welsh-speaker and deliver a service in his or her language. Though the *relative* number of Welsh-speakers in these areas may be small, the *absolute* numbers are substantial and growing, and pose important questions of individual civil rights.

The balance between individual and collective rights is always difficult to achieve, from whichever end one approaches the matter. Do individuals moving into Wales, have the right *not* to have their children learn Welsh? Any advantage which that freedom might appear to have for the individual has to be balanced against the fact that inmigration on these terms would mean (and in the past has meant in many areas of Wales) the erosion and eventual loss of Welsh as a community language, with the discrimination and loss of individual freedom which that entails for Welsh-speaking individuals.

It is important that the territorial claims should be made in the name of *language*, not of race or ethnic origin. Gwynedd has been able to show that it employs Welsh-speaking staff of all kinds of origin, including black people, and that is how it should be. It is ironic that those who perceive strong language policies as creating employment ring-fences for those of Welsh ethnic origin will also often oppose

gymuned, gyda'r gwahaniaethu a'r colli rhyddid unigol a olyga hynny i unigolion Cymraeg eu hiaith.

Mae'n bwysig mynnu hawliau tiriogaethol yn enw *iaith*, nid hil na gwreiddiau ethnig. Mae Gwynedd wedi dangos ei bod yn cyflogi staff Cymraeg o bob math o wreiddiau, gan gynnwys pobl dduon, ac felly y dylai fod. Mae'n eironig fod y rhai hynny sy'n credu bod polisïau iaith cryf yn creu cyflogaeth gaeedig i rai o dras ethnig Gymreig hefyd yn aml yn gwrthwynebu polisïau mewn addysg sy'n ei gwneud hi'n bosibl i fewnfudwyr a'u plant ymdoddi i'r gymuned Gymraeg. Mwyaf llwyddiannus y bydd y polisïau hyn, mwyaf amrywiol fydd y gymuned Gymraeg o ran cefndir ethnig. Drwy'r canrifoedd mae Cymru wedi cymathu mewnfudwyr. Mae hefyd wedi methu â'u cymathu mewn amgylchiadau penodol. Y peth pwysig yn y cyd-destun hwn yw trwch y gymuned Gymraeg yr ymsefydla'r newydd-ddyfodiad ynddi a'r gefnogaeth sefydliadol sy'n bodoli i'r iaith yn y gymuned honno.

Yn yr adran hon rwyf wedi mynnu gwahaniaethu rhwng profiad lleiafrifoedd mewnfudol a thiriogaethol am ei fod yn wahaniaeth pwysig a ddiystyrir yn aml yn y Deyrnas Unedig. Ar gyfandir Ewrop, yn enwedig yn y gwledydd bychain, daw hyd yn oed siwrnai gymharol fer â ni i diriogaeth arall lle siaredir iaith arall, ond ym Mhrydain mae'n dal i fod yn bosibl, er i raddau llai nag a fu, fyw mewn amgylchedd cwbl Saesneg.

Agweddau'r mwyafrif at leiafrifoedd ieithyddol – rhywfaint o hanes

Nid yw'n anodd, os awn yn ôl ymhellach na'r bedwaredd ganrif ar bymtheg, ganfod mewn ffynonellau Saesneg fynegiant o ragfarn gryf a dall yn erbyn y Cymry a'u hiaith. Ond o'r bedwaredd ganrif ar bymtheg ymlaen mae'r patrwm yn fwy cymhleth. Gormeswyd yr iaith Gymraeg ond gallai Cymro ddod yn Brif Weinidog. Felly, a ellir dweud fod y Cymry dan ormes? Mae'n haws edrych ar y cwestiwn hwn yn gymharol. Er bod pob cenedl-

policies in education that make it possible for incomers and their children to be absorbed into the Welsh-speaking community. The more successful these policies are, the more varied will be the Welsh-speaking community in terms of ethnic background. Through the centuries Welsh has absorbed incomers. It has also in given circumstances failed to absorb them. What is important in this context is the density of the Welsh-speaking community in which the incomer arrives and the institutional support that exists for the language in that community.

I have insisted in this section on the difference between the experience of immigrant and territorial minorities because it is an important distinction, often overlooked in the UK. In continental Europe, particularly in the smaller countries, even a quite short journey brings one to a different territory in which a different language is spoken, but in Britain it is still possible, though decreasingly so, to live in a wholly English-language environment.

Majority attitudes to linguistic minorities – some history

It is not difficult, if we go back beyond the nineteenth century, to find in English sources the expression of severe and blind prejudice against the Welsh and their language. But from the nineteenth century on the pattern is more complex. The Welsh language was discriminated against, but a Welshman could rise to be Prime Minister of Britain. So can one say that the Welsh were discriminated against? It is helpful to look at this question comparatively. While each western European nation-state and each minority has its own special inheritance of attitudes, there are common features and common influential currents of thought.

The first I shall touch on is Romanticism. Few of the smaller peripheral languages of Europe have escaped the Romantic perception from outside, whether this was based on the antiquity of their literature, the wild ruggedness of their scenery, the relative

wladwriaeth a phob lleiafrif yng ngorllewin Ewrop wedi etifeddu agweddau arbennig, y mae nodweddion cyffredin a thraddodiadau dylanwadol cyffredin o ymagweddu tuag at ei gilydd.

Rhamantiaeth yw'r cyntaf a grybwyllaf. Ychydig o ieithoedd bychain ymylol Ewrop a lwyddodd i osgoi'r ddelwedd Ramantaidd a osodid o'r tu allan, boed honno'n seiliedig ar hynafedd eu llenyddiaeth, gerwinder llym eu tirlun, annirnadedd cymharol yr ieithoedd eu hunain, neu ar y ffaith syml eu bod yn *wahanol* a hynny'n caniatáu i feirdd ac ysgolheigion y mwyafrifoedd briodoli iddynt briodweddau y gwelent eu bod ar goll yn eu gwareiddiad hwy. Mewn ffurf lygredig, y canfyddiadau Rhamantaidd hyn sy'n bwydo delweddau twristaidd y diwylliannau lleiafrifol hyd heddiw. Y teithiwr Rhamantaidd, yn wir, oedd prototeip y twrist cyfoes. Tanlinellu'r pwynt a wna rhestr o ddelweddau o Gymru – telynau, dreigiau, merched Cymreig mewn hetiau uchel.

Yn ddiweddarach yn y ganrif ddiwethaf, daeth y canfyddiad Rhamantaidd i asio'n daclus â syniadaeth benderfyniadol ynglŷn â chynnydd. Yn ôl y syniadaeth yma, yr oedd dyddiau rhai ieithoedd a diwylliannau wedi eu cyfrif, er bod iddynt efallai werth barddonol a diddordeb academaidd. Breintiwyd eraill fel petai gan ddeddf natur i gario baner gwareiddiad modern. I bob iaith fawr, wrth gwrs, hi ei hun oedd y diwylliant modern hwnnw; gellid sentimentaleiddio'r ieithoedd enciliol o fewn ffiniau'r wladwriaeth ond nid oeddynt i'w cymryd o ddifri i ddibenion modern. Felly, yn nodweddiadol, roedd y Gymraeg i'w chadw ar gyfer meysydd barddoniaeth a chrefydd. Saesneg oedd iaith masnach.

Cynnyrch yr holl gymhlethdod agweddau hyn oedd y Cyfnos Celtaidd, y ceir enghraifft ohono ym marn Unamuno y dylai'r Fasgeg beidio â bodoli fel iaith fyw ond y dylid ei chadw fel gwrthrych hardd i'w astudio ('hermoso objeto de estudio') a oedd yn debyg iawn i'r ffordd yr edrychai Matthew Arnold ar y Gymraeg a Renan ar y Llydaweg. Yng

impenetrability of the languages themselves, or on the simple fact of their *otherness* which allowed poets and scholars from the majorities to project upon them qualities they found missing in their own civilization. In adulterated form these Romantic perceptions feed into the touristic images of minority cultures today. The Romantic traveller, indeed, was the prototype for the modern tourist. A list of images of Wales – harps, dragons, Welsh ladies in tall hats – merely underlines the point.

As the last century wore on and turned into our own, the Romantic perception came to dovetail very neatly with a determinist view of progress. Certain languages and cultures, though possibly of poetic value and scholarly interest, were perceived as doomed. Others were destined and privileged by seemingly inexorable laws to carry the torch of universal civilization and progress. Each major language, of course, perceived itself as *the* universal culture; the retreating languages within its borders could be sentimentalized but were not to be taken seriously for modern purposes. Thus, typically, Welsh was reserved for the sphere of poetry and religion. English was the language of commerce.

The whole complex of attitudes produced the Celtic Twilight. It produced Unamuno's view that Basque should cease as a living language but be preserved as a beautiful object of study ('hermoso objeto de estudio') which was very much how Matthew Arnold regarded Welsh and Renan Breton. Given these ways of perceiving the minorities, majorities could only react with bafflement and a sense of being threatened when a transplanted Romantic nationalism demanded, in the name of these supposedly dying cultures, the full apparatus of the modern nation-state.

I do not think it is too much to say that these interwoven strands of Romantic appreciation, determinist contempt, and political bafflement before the phenomenon of minority nationalism – complicated of course by all kinds of local historical factors – still shape the ways of looking at European minorities, not least in the media. If a culture is content to be treated as

ngoleuni'r ffyrdd hyn o edrych ar y lleiafrifoedd, ni allai mwyafrifoedd ond ymateb gyda syndod a rhyw deimlad o fygythiad pan fyddai cenedlaetholdeb Rhamantaidd trawsblanedig yn hawlio, yn enw'r diwylliannau hyn a oedd i fod ar eu gwely angau, aparatws llawn y genedl-wladwriaeth fodern.

Nid wyf yn meddwl mai gormodiaith yw dweud bod yr edafedd cydblethedig hyn o werthfawrogiad Rhamantaidd, dirmyg penderfyniadol a syndod gwleidyddol gerbron ffenomen cenedlaetholdeb y lleiafrifoedd – wedi'u cymhlethu wrth gwrs gan bob math o ffactorau hanesyddol lleol – yn dal i fowldio agweddau tuag at leiafrifoedd Ewrop, yn enwedig yn y cyfryngau. Os yw diwylliant yn fodlon cael ei drin fel llên gwerin tlws fe edrychir arno â dirmyg; os hawlia fodernrwydd, gan fynnu lle iddo'i hun fel cyfrwng i fywyd cyfoes, fe'i gwelir fel rhywbeth ymosodol, cenedlaetholgar, terfysgol hyd yn oed. Yr hyn na roddir prin ddim sylw iddo gan gyfryngau'r ieithoedd mwyafrifol yw'r ymdrechion adeiladol enfawr a wneir dros ieithoedd bychain y byd gan niferoedd mawr o weithwyr diwylliannol.

Wrth gwrs, nid oedd y syniadau Rhamantaidd a phenderfyniadol am y Cymry yn gyfangwbl ddi-sail. Yr *oedd* y diwylliannau'n hynafol, y golygfeydd yn hardd, yr ieithoedd ar drai. Ond argraffiadau rhannol oedd y rhain a gafodd eu troi wedyn yn ddiffiniadau a hepgorai lawer o'r sefyllfa wirioneddol. Yn nechrau'r ganrif hon pan welai Unamuno'r Fasgeg fel iaith a oedd yn marw yn y mynyddoedd, mewn gwirionedd roedd hi'n iaith miloedd o weithwyr diwydiannol, fel yr oedd Cymraeg yn iaith glowyr tan ddaear. 'Sut all neb fod yn *avant-garde* mewn Catalan?' holodd Unanumo. Yn sgil Gaudi, Dali a Picasso does dim angen ateb y cwestiwn. Mae ei gwestiwn o ddiddordeb yn bennaf am ei fod yn dangos beth sy'n digwydd pan fo canfyddiad *a priori* o iaith fel un 'draddodiadol' yn disodli'r gwir.

Mae'n werth edrych yn fanwl ar y dyfyniad canlynol sy'n agor darlithoedd Matthew

picturesque folklore it is implicitly held in contempt; if it makes claims to modernity, asserting itself as a vehicle of modern life, it is perceived as aggressive, nationalistic, terrorist even. What the majority-language media rarely pay attention to are the immense constructive efforts that are put into the small languages of the world by a whole range of cultural workers.

Of course the Romantic and determinist views of the Welsh were not entirely without basis. The cultures *were* ancient, the landscapes picturesque, the languages in retreat. But these were partial perceptions which were then turned into definitions that excluded a great deal of reality. In the early part of this century when Unamuno saw Basque as dying away in the mountains, it was in fact the language of thousands of industrial workers, as Welsh was of miners underground. 'How can you be avant-garde in Catalan?' asked Unamuno. After Gaudi, Dali and Picasso the question needs no reply. His question is chiefly interesting as showing what happens when an *a priori* perception of a language as 'traditional' is substituted for the reality.

It is worth looking in detail at the opening passage of Matthew Arnold's lectures *On the Study of Celtic Literature* (1867) which parallells (and in parts almost plagiarizes) Renan's *Sur la poésie des races celtiques* (1854):

> The summer before last I spent some weeks at Llandudno, on the Welsh coast. The best lodging-houses at Llandudno look eastward, towards Liverpool; and from that Saxon hive swarms are incessantly issuing, crossing the bay, and taking possession of the beach and the lodging-houses. Guarded by the Great and Little Orme's Head, and alive with the Saxon invaders from Liverpool, the eastern bay is an attractive point of interest, and many visitors to Llandudno never contemplate anything else. But, putting aside the charms of the Liverpool steamboats, perhaps the view, on this side, a little dissatisfies one after a while; the horizon wants mystery, the sea

Arnold *On the Study of Celtic Literature* (1867) sy'n adleisio (a bron yn dynwared mewn rhannau) gwaith Renan *Sur la poésie des races celtiques* (1854):

> The summer before last I spent some weeks at Llandudno, on the Welsh coast. The best lodging-houses at Llandudno look eastward, towards Liverpool; and from that Saxon hive swarms are incessantly issuing, crossing the bay, and taking possession of the beach and the lodging-houses. Guarded by the Great and Little Orme's Head, and alive with the Saxon invaders from Liverpool, the eastern bay is an attractive point of interest, and many visitors to Llandudno never contemplate anything else. But, putting aside the charms of the Liverpool steamboats, perhaps the view, on this side, a little dissatisfies one after a while; the horizon wants mystery, the sea wants beauty, the coast wants verdure, and has a too bare austereness and aridity. At last one turns round and looks westward. Everything is changed. Over the mouth of the Conway and its sands is the eternal softness and mild light of the West; the low line of the mystic Anglesey, and the precipitous Penmaenmawr, and the great group of Carnedd Llewelyn and Carnedd David and their brethren fading away, hill beyond hill in an aerial haze, make the horizon; between the foot of Penmaenmawr and the bending coast of Anglesey, the sea, a silver stream, disappears one knows not whither. On this side Wales – Wales, where the past still lives, where every place has its tradition, every name its poetry, and where the people, the genuine people, still knows this past, this tradition, this poetry, and lives with it, and clings to it; while, alas, the prosperous Saxon on the other side, the invader from Liverpool and Birkenhead, has long ago forgotten his.

Er bod y darn hwn fel petai'n canmol y Celtiaid am nodweddion nad ydynt yn perthyn i'r Sacson (sylwer ar y termau hynafol – nid 'English' a 'Welsh'), cysylltir tirwedd y

> wants beauty, the coast wants verdure, and has a too bare austereness and aridity. At last one turns round and looks westward. Everything is changed. Over the mouth of the Conway and its sands is the eternal softness and mild light of the West; the low line of the mystic Anglesey, and the precipitous Penmaenmawr, and the great group of Carnedd Llewelyn and Carnedd David and their brethren fading away, hill beyond hill in an aerial haze, make the horizon; between the foot of Penmaenmawr and the bending coast of Anglesey, the sea, a silver stream, disappears one knows not whither. On this side Wales – Wales, where the past still lives, where every place has its tradition, every name its poetry, and where the people, the genuine people, still knows this past, this tradition, this poetry, and lives with it, and clings to it; while, alas, the prosperous Saxon on the other side, the invader from Liverpool and Birkenhead, has long ago forgotten his.

While this passage appears to compliment the Celts for qualities which the Saxon lacks (note the archaic terms – not 'English' and 'Welsh'), the Western landscape is connected with fading away, with disappearing, with the past and with poetry – anything but the modern world. Note the use of the word 'eternal'. The modern world is in rapid and bewildering change and one feels that it is a relief for Arnold to be on holiday from it, yet what hope is there for a people who have not changed in a changing world? Note the hopelessness of that word 'cling'.

Renan paints a similarly poetic picture of the misty coast of Britanny which he sees as projecting the essence of the nation just as Arnold perceives Snowdonia as Wales. Had a contemporary objected that Brest was a thriving harbour, or that Merthyr Tudful and Aberdare were not only among the first centres of the industrial revolution but were the largest conglomerations of Welsh-speakers that had ever existed and centres of publishing in Welsh, Renan and Arnold would no doubt

gorllewin ag edwino, â diflannu, â'r gorffennol ac â barddoniaeth – unrhyw beth ond y byd modern. Sylwer ar y defnydd o'r gair 'eternal'. Mae'r byd modern yng nghanol newidiadau brawychus o gyflym ac mae rhywun yn teimlo ei bod yn rhyddhad i Arnold fod ar wyliau oddi wrtho, ond eto pa obaith sydd yna i bobl nad ydynt wedi newid mewn byd sydd yn newid? Noder mor anobeithiol yw'r gair hwnnw 'cling'.

Mae Renan yn peintio darlun barddonol tebyg o arfordir niwlog Llydaw sydd yn ei olwg ef yn cynrychioli hanfod y genedl yn yr union fodd ag y mae Arnold yn uniaethu Eryri â Chymru. Petai cyfoeswr wedi protestio bod Brest yn harbwr ffyniannus, neu fod Merthyr Tudful ac Aberdâr nid yn unig ymhlith canolfannau cyntaf y chwyldro diwydiannol ond bod ynddynt y cymunedau mwyaf o Gymry Cymraeg a fu'n bodoli erioed a'u bod yn ganolfannau cyhoeddi yn y Gymraeg, mae'n siwr y buasai Renan ac Arnold wedi ateb nad oedd y lleoedd hyn yn wir Geltaidd, gan fod y gair hwn eisoes wedi'i ddiffinio nid mewn perthynas ag unrhyw gymdeithas ddatblygol ond yn nhermau'r nodweddion hanfodol hynny a welent wedi'u crisialu mewn tirwedd hardd ac yn y llenyddiaeth gynnar yr ymddiddorent gymaint ynddi.

Roedd yn gwbl gydnaws â'r meddylfryd hwn i Arnold fedru mynd yn ei flaen i ddweud:

> I must say I quite share the opinion of my brother Saxons as to the practical inconvenience of perpetuating the speaking of Welsh . . . The fusion of all the inhabitants of these islands into one homogeneous, English-speaking whole, the breaking down of barriers between us, the swallowing up of separate provincial nationalities, is a consummation to which the natural course of things irresistably tends; it is a necessity of what is called modern civilisation, and modern civilisation is a real, legitimate force; the change must come, and its accomplishment is a mere affair of time. The sooner the Welsh language disappears as an instrument

have replied that these places were not truly Celtic, since this word had already been defined not in relation to any society in course of development but in terms of those essential qualities which they found encapsulated in a picturesque landscape and in the early literature which so interested them.

It was quite compatible with this view that Arnold could go on to say:

> I must say I quite share the opinion of my brother Saxons as to the practical inconvenience of perpetuating the speaking of Welsh . . . The fusion of all the inhabitants of these islands into one homogeneous, English-speaking whole, the breaking down of barriers between us, the swallowing up of separate provincial nationalities, is a consummation to which the natural course of things irresistibly tends; it is a necessity of what is called modern civilisation, and modern civilisation is a real, legitimate force; the change must come, and its accomplishment is a mere affair of time. The sooner the Welsh language disappears as an instrument of the practical, political, social life of Wales, the better; the better for England, the better for Wales herself. Traders and tourists do excellent service by pushing the English wedge further and further into the heart of the principality; Ministers of Education, by hammering it harder and harder into the elementary schools. Nor, perhaps, can one have much sympathy with the literary cultivation of Welsh as an instrument of living literature . . . For all modern purposes, I repeat, let us all as soon as possible be one people; let the Welshman speak English, and if he is an author, let him write English.
>
> So far I go along with the stream of my brother Saxons; but here, I imagine I part company with them. They will have nothing to do with the Welsh language and literature on any terms; they would gladly make a clean sweep of it from the face of the earth. I, on certain terms, wish to make a great deal more of it than is made now; and

of the practical, political, social life of Wales, the better; the better for England, the better for Wales herself. Traders and tourists do excellent service by pushing the English wedge further and further into the heart of the principality; Ministers of Education, by hammering it harder and harder into the elementary schools. Nor, perhaps, can one have much sympathy with the literary cultivation of Welsh as an instrument of living literature . . . For all modern purposes, I repeat, let us all as soon as possible be one people; let the Welshman speak English, and if he is an author, let him write English.

So far I go along with the stream of my brother Saxons; but here, I imagine I part company with them. They will have nothing to do with the Welsh language and literature on any terms; they would gladly make a clean sweep of it from the face of the earth. I, on certain terms, wish to make a great deal more of it than is made now; and I regard the Welsh literature – or rather, dropping the distinction between Welsh and Irish, Gaels and Cymris, let me say Celtic literature – as an object of very great interest. My brother Saxons have, as is well known, a terrible way with them of wanting to improve everything but themselves off the face of the earth; I have no such passion for finding nothing but myself everywhere; I like variety to exist and to show itself to me, and I would not for the world have the lineaments of the Celtic genius lost . . . It is not in the outward and visible world of material life that the Celtic genius of Wales or Ireland can at this day hope to count for much; it is in the inward world of thought and science. What it *has* been, what it *has* done, let it ask us to attend to that, as a matter of science and history; not to what it will be or will do, as a matter of modern politics. It cannot count appreciably now as a material power; but perhaps, if it can get itself known thoroughly as an object of science, it may count for a good deal – far more than we Saxons, most of us, imagine – as a spiritual power.

I regard the Welsh literature – or rather, dropping the distinction between Welsh and Irish, Gaels and Cymris, let me say Celtic literature – as an object of very great interest. My brother Saxons have, as is well known, a terrible way with them of wanting to improve everything but themselves off the face of the earth; I have no such passion for finding nothing but myself everywhere; I like variety to exist and to show itself to me, and I would not for the world have the lineaments of the Celtic genius lost . . . It is not in the outward and visible world of material life that the Celtic genius of Wales or Ireland can at this day hope to count for much; it is in the inward world of thought and science. What it *has* been, what it *has* done, let it ask us to attend to that, as a matter of science and history; not to what it will be or will do, as a matter of modern politics. It cannot count appreciably now as a material power; but perhaps, if it can get itself known throroughly as an object of science, it may count for a good deal – far more than we Saxons, most of us, imagine – as a spiritual power.

It is difficult for a Welshman today to read these passages without some twinges of that futile emotion, retrospective anger. One notes the violence of the images – the wedge pushed into the heart, the hammering of English into the elementary schools, (where Arnold, as an Inspector of Schools, would have known what was involved). On the other side of the scales he legitimized the growth of Celtic studies at British universities, indeed his lectures led to the founding of the Chair of Celtic at Oxford. Following Arnold's views, the departments of Welsh in the university colleges of Wales taught their subject in English until after the First World War. The Welsh language was seen as an object of study, not a medium for the transmission of experience among speakers of that language.

What Arnold is doing is setting the scene for the assimilation of the Welsh, praising their ancient cultural heritage *as heritage*, but

Mae'n anodd i Gymro neu Gymraes heddiw ddarllen y darnau hyn heb deimlo brath yr emosiwn diwerth hwnnw, dicter am a fu. Gellir sylwi ar y delweddau treisgar – gwthio'r lletem i'r galon, morthwylio'r Saesneg i mewn i'r ysgolion elfennol (lle byddai Arnold, fel Arolygwr Ysgolion, wedi gwybod beth oedd y goblygiadau). Ar ochr arall y glorian fe gyfreithlonodd dwf astudiaethau Celtaidd ym mhrifysgolion Prydain, yn wir, arweiniodd ei ddarlithoedd at sefydlu'r Gadair Geltaidd yn Rhydychen. Yn dilyn sylwadau Arnold, dysgodd adrannau'r Gymraeg yng ngholegau prifysgol Cymru eu pwnc drwy gyfrwng y Saesneg tan wedi'r Rhyfel Byd Cyntaf. Gwelid yr iaith Gymraeg fel gwrthrych i'w astudio, nid fel cyfrwng i drosglwyddo profiad ymysg siaradwyr yr iaith honno.

Yr hyn y mae Arnold yn ei wneud yw paratoi'r tir ar gyfer cymathu'r Cymry, gan ganmol eu treftadaeth ddiwylliannol hynafol *fel treftadaeth*, ond gan eu gwahodd i gyfrannu at y byd modern yn Saesneg. Dyma safbwynt a gyflyrwyd yn ei hanfod gan syniadau diwedd y bedwaredd ganrif ar bymtheg ynglŷn â hil a diwylliant fel rhywbeth a gludid yn y genynnau. Ni fyddai'r Cymry'n llai o Gymry wrth ddefnyddio'r Saesneg. Ond mae syniadau ynghylch diwylliant ac ynghylch iaith wedi symud ymlaen: caiff y pethau hyn eu gwneud a'u hailwneud trwy ymdrech gydweithredol gyson y gymuned a gellir eu dadwneud drwy bolisïau penodol. Meddylfryd Arnold oedd wrth wraidd y polisi a fynnai fod plant ar droad y ganrif yn cael eu cosbi yn yr ysgol am siarad Cymraeg, a derbynnid ei resymeg yn ei bryd gan lawer o'r Cymry dosbarth-canol ymddyrchafol yn ogystal â chan y Saeson. Yn y tymor hir edrychai am ddiflaniad y Gymraeg; yn y tymor byr fe gyfreithlonodd *diglossia* – darostwng y Gymraeg i'w defnyddio mewn cylchoedd bywyd 'anfodern' arbennig. Dylem bob amser fod yn amheus o deyrngedau i'r bersonoliaeth 'Geltaidd' farddonol. Ymhlyg yn yr hyn sy'n ymddangos fel canmoliaeth y mae'r awgrym nad ydym ni'n ffit i berthyn i'r byd modern ac eithrio fel rhan gyfrannol o ddiwylliant arall.

inviting them to contribute to the modern world in English. This is a position conditioned essentially by late-nineteenth-century racial notions of culture as something carried in the genes. The Welsh would not be less Welsh for using English. But notions of culture and of language have moved on: these things are made and remade in the constant collaborative effort of the community and can be unmade by given policies. Arnold's thinking underlay the policy by which children at the turn of the century were punished at school for speaking Welsh and his reasoning was accepted in its time by many of the rising middle-class Welsh as well as by the English. In the long term he looked for the disappearance of Welsh; in the short term he legitimized *diglossia* – the relegation of Welsh to be used in particular 'unmodern' spheres of life. We should always be wary of tributes to the poetic 'Celtic' personality. Implied by what seems a compliment is the suggestion that we are not fit to belong to the modern world except as a contributory part of another culture.

Towards normalization

Historically, almost all territorial minority peoples within the great western European nation-states have suffered and to a degree continue to suffer from the attitudes I have mentioned, and not simply because individuals hold these attitudes, but because such attitudes have been used to support assimilation and to justify the unequal apportionment of resources in wide areas of education, culture, the media and public services. In the process of integrating their territories, most European nation-states have at one time or another, and with greater, or lesser success, adopted policies which either declared or implied a desire to establish a single language and culture within their borders. Both majorities and minorities bear the marks of these centuries.

But European integration in our own time is based on very different assumptions from those that legitimized the nation-state. It can-

Tuag at normaleiddio

Yn hanesyddol, mae bron bob pobl leiafrifol diriogaethol o fewn cenedl-wladwriaethau mawr gorllewin Ewrop wedi dioddef ac yn dal i ddioddef i raddau o'r agweddau yr wyf wedi'u disgrifio, ac nid dim ond am fod unigolion yn coleddu'r agweddau hyn, ond am y defnyddiwyd agweddau o'r fath i gefnogi cymathiad ac i gyfiawnhau dosbarthiad anghyfartal o adnoddau mewn meysydd addysg, diwylliant, y cyfryngau a gwasanaethau cyhoeddus. Yn y broses o integreiddio'u tiriogaethau, mae'r rhan fwyaf o genedl-wladwriaethau Ewrop, ar ryw adeg neu'i gilydd, a chyda graddau mwy, neu lai, o lwyddiant, wedi mabwysiadu polisïau a oedd naill ai'n datgan neu'n golygu dyhead i sefydlu un iaith a diwylliant i bawb o fewn eu ffiniau. Mae mwyafrifoedd a lleiafrifoedd ill dau'n dwyn olion y canrifoedd hyn.

Ond mae integreiddiad Ewropeaidd yn ein dyddiau ni'n seiliedig ar dybiaethau tra gwahanol i'r rheiny a gyfreithlonodd y genedl-wladwriaeth. Ni all beidio ag arddel lluosogrwydd ieithyddol a diwylliannol. Does neb yng ngorllewin Ewrop heddiw'n pleidio mono-ddiwylliant na chymathiad gorfodol lleiafrifoedd tiriogaethol. Mae hwn yn symudiad ideolegol pwysig ac yn un sydd mewn egwyddor yn agor y drws i ni siaradwyr ieithoedd lleiafrifol gymryd rhan yn Ewrop heb fygu'n hunaniaeth ein hunain.

Mae normaleiddio ieithyddol yn derm sydd wedi'i gynnwys yn y drafodaeth yn dilyn y camau breision a wnaed i wella statws eu hieithoedd gan lywodraethau Catalunya a Gwlad y Basg yn Sbaen. Gofynnir inni dderbyn bod rhywbeth *annormal* wedi bod yng nghyflwr ein hiaith ac y gellir unioni hyn drwy ddarparu'r graddau hynny o gefnogaeth sefydliadol a chyfreithiol yr ystyrir eu bod yn normal i'r ieithoedd swyddogol a gwladwriaethol. Yn union fel y mae datblygiad economaidd anwastad wedi creu rhanbarthau sydd angen cymorth strwythurol i normaleiddio'u bywyd economaidd, felly y mae datblygiad diwylliannol ac ieithyddol not fail to be predicated on linguistic and cultural pluralism. No one in western Europe today advocates a mono-culture or the forced assimilation of territorial minorities. This is an important ideological shift and one that in theory opens the door for speakers of minority languages to participate in Europe without suppression of our own identities.

Linguistic normalization is a term that has entered the discussion following the strides made to improve the status of their languages by the governments of Catalunya and the Spanish Basque Country. It asks us to accept that there has been something *abnormal* in the condition of our language and that this can be put right by providing that degree of institutional and legal support which is regarded as normal for the official and state languages. Just as uneven economic development has produced regions which require structural aid to normalize their economic life, so unequal cultural and linguistic development has created situations where increased support is necessary to achieve linguistic normalization.

The history of Welsh in the twentieth century has been one of reaction to linguistic crisis, first by campaigning and voluntary effort, which often then led to more official institutional support. The inter-war years saw the establishment of the Welsh Nationalist Party (later Plaid Cymru) which had mainly cultural and linguistic aims in its early years; the first steps in Welsh radio; and on the eve of the Second World War, the establishment of a private Welsh-medium school at Aberystwyth. In the years following the Second World War, Welsh-medium education began to spread in the public sector and today is a growth industry, fed by the nursery schools of the voluntary movement Mudiad Ysgolion Meithrin. The 1970s brought road-signs and some official forms in Welsh, radio was expanded into a full service, and the 1980s saw the establishment of S4C, the Welsh-language TV channel which now exports programmes to more than seventy countries. Voluntary effort sustains a whole network of *papurau bro*, local community newspapers in Welsh.

anghyfartal wedi creu sefyllfaoedd lle mae angen mwy o gefnogaeth er mwyn sicrhau normaleiddio ieithyddol.

Bu hanes y Gymraeg yn yr ugeinfed ganrif yn un o ymateb i argyfwng ieithyddol, yn gyntaf drwy ymgyrchu ac ymdrechion gwirfoddol, a arweiniodd wedyn yn aml at gefnogaeth sefydliadol fwy swyddogol. Yn y blynyddoedd rhwng y ddau ryfel gwelwyd sefydlu Plaid Genedlaethol Cymru (Plaid Cymru erbyn hyn) gydag amcanion a oedd yn bennaf ddiwylliannol ac ieithyddol yn ei blynyddoedd cynnar; y camau cyntaf o ran radio Cymraeg; ac ychydig cyn yr Ail Ryfel Byd, sefydlu ysgol Gymraeg breifat yn Aberystwyth. Yn y blynyddoedd wedi'r Ail Ryfel Byd, dechreuodd addysg Gymraeg ymledaenu yn y sector cyhoeddus ac erbyn heddiw mae'n ddiwydiant twf, wedi'i fwydo gan waith gwirfoddol y Mudiad Ysgolion Meithrin. Yn yr 1970au gwelwyd arwyddion ffyrdd a rhai ffurflenni swyddogol yn Gymraeg, ehangwyd y gwasanaeth radio i fod yn wasanaeth llawn, ac yn yr 1980au sefydlwyd S4C, y sianel deledu Gymraeg sydd bellach yn allforio rhaglenni i fwy na saith deg o wledydd. Mae ymdrechion gwirfoddol yn cynnal rhwydwaith gyfan o bapurau bro lleol yn y Gymraeg.

Mae llawer o'r enillion a wnaeth yr iaith Gymraeg yn ddyledus iawn i ymgyrchoedd gweithredu uniongyrchol Cymdeithas yr Iaith Gymraeg. Os oes corff statudol heddiw, Bwrdd yr Iaith, yn hybu defnydd swyddogol a masnachol o'r iaith, dylem gofio nad oes mwy nag ugain mlynedd ers pan farnwyd yn swyddogol fod defnyddio arwyddion Cymraeg yn beryglus i ddefnyddwyr y ffyrdd.

Roedd *Deddf Iaith* 1993 yn fethiant amlwg i adeiladu ar yr enillion a wnaed yn y blynyddoedd diweddar. Ni chafwyd y gwarantau cyfreithiol y bu mawr ddisgwyl amdanynt. Mae'r cyfle i ddringo i adran gyntaf lleiafrifoedd Ewrop, ochr yn ochr ag ieithoedd y penrhyn Iberaidd, wedi'i golli am y tro, a'r gorau y gallwn ei ddisgwyl yw i'r patrwm o ymgyrchu ac ennill consesiynau anfoddog barhau.

Many of the gains made by the Welsh language owe a great deal to the direct action campaigns of *Cymdeithas yr Iaith Gymraeg* (the Welsh Language Society). If today a statutory body *Bwrdd yr Iaith* (The Welsh Language Board) encourages the official and commercial use of the language, we should remember that only twenty years ago officialdom deemed the use of Welsh signs a danger to road-users.

The *Welsh Language Act* of 1993 signally failed to consolidate the gains made in recent years. The legal guarantees which had been widely expected did not materialize. The opportunity to climb into the first division of European minorities, alongside those of the Iberian peninsula, has for the moment been missed and the best we can expect is for the pattern of pressure group agitation and reluctant concession to continue.

Quite as important in its way as the results achieved so far, has been the youth culture of protest in Welsh. It produced modern Welsh pop, and offered young people a way of looking at themselves that was both distinctively Welsh and contemporary. In the end no one can save a minority except the members of that minority itself, and in this context the level of activity in Welsh is a healthy sign. It is a dynamic language, daily expanding the areas in which it operates. Part of this new dynamism is a growing awareness of the European dimension. But it is important that this too should be seen as an opportunity for joint action. There is no salvation to be had from waiting on decisions from the European institutions. What they can and are doing is to help create a climate that is more favourable to the smaller languages.

The Arfé report, adopted by the European Parliament in 1981, identified education, the mass-media and the public services of regional and local government as the priority areas in which European support to improve the condition of minority languages should be concentrated. The European Parliament subsequently established a small budget-line for this purpose. The Kuijpers-Resolution (1987) and the Killelea Report (1993) reinforced and

Yr un mor bwysig yn ei ffordd â'r canlyniadau a gafwyd hyd yma yw diwylliant protest yr ieuenctid yn Gymraeg. Dyma a gynhyrchodd y canu pop Cymraeg cyfoes, gan gynnig i bobl ifainc ffordd o edrych arnynt eu hunain a oedd yn hanfodol Gymraeg ac yn gyfoes ar yr un pryd. Yn y pen draw, ni all neb achub lleiafrif ond aelodau'r lleiafrif ei hun, ac yn y cyd-destun hwn mae maint y gweithgaredd yn Gymraeg yn arwydd iach. Mae hi'n iaith ddeinamig, yn cynyddu'n ddyddiol y meysydd y mae'n gweithredu ynddynt. Mae rhan o'r bywiogrwydd newydd hwn i'w briodoli i ymwybyddiaeth gynyddol o'r dimensiwn Ewropeaidd. Ond mae'n bwysig y dylid gweld hyn hefyd fel cyfle ar gyfer gweithredu ar y cyd. Does dim achubiaeth i'w gael o ddisgwyl am benderfyniadau gan y sefydliadau Ewropeaidd. Yr hyn y gallant hwy ei wneud, a'r hyn y maent yn ei wneud, yw helpu i greu hinsawdd sy'n fwy ffafriol i'r ieithoedd llai.

Yn adroddiad Arfé, a fabwysiadwyd gan Senedd Ewrop ym 1981, nodwyd addysg, y cyfryngau torfol a gwasanaethau cyhoeddus llywodraeth leol a rhanbarthol fel y meysydd blaenoriaeth lle dylid canolbwyntio cymorth Ewrop i wella cyflwr ieithoedd lleiafrifol. Sefydlodd Senedd Ewrop wedyn gyllideb fach ar gyfer y pwrpas hwn; atgyfnerthwyd amcanion y Senedd a'u hamlinellu'n fanylach gan Benderfyniad Kuijpers (1987) ac Adroddiad Killelea (1993).

Mae'r gyllideb a'r prosiectau mae'n eu cefnogi'n fach o gymharu â maint y problemau, ac yn aml caiff penderfyniadau Senedd Ewrop eu hanwybyddu gan lywodraethau'r cenedl-wladwriaethau. Ond mae ganddynt rym moesol y gall lleiafrifoedd apelio ato yn eu brwydrau ac maent yn newid y cyd-destun. O hyn ymlaen, bydd rhaid i leiafrifoedd a mwyafrifoedd feddwl amdanynt eu hunain mewn ffordd wahanol.

spelt out the Parliament's aims in greater detail.

The budget-line and the projects supported are small compared to the scale of the problems, and the European Parliament's resolutions are often ignored by the nation-state governments. But they have a moral force to which minorities can appeal in their struggles and they change the context within which minorities and majorities think of themselves and of each other.

Ceir newyddion am gynlluniau Ewropeaidd sy'n berthnasol i'r lleiafrifoedd ieithyddol, a hefyd am erthyglau cefndir defnyddiol ar leiafrifoedd penodol yn *Contact-Bulletin,* taflen newyddion sydd ar gael yn rhad ac am ddim oddi wrth y Biwrô Ieithoedd Llai, 10 Sraid Haiste Iocht, Dulyn 2, Iwerddon.

Mae'r *Mercator Guide to Organisations* ym maes lleiafrifoedd ieithyddol ar gael am bris o £10 o'r Fryske Akademy, Doelestrijitte 8, 8911 DX Ljouwert/Leeuwarden, yr Iseldiroedd/ Netherlands. Y Fryske Akademy hefyd a drefnodd y prosiect EMU a gyhoeddodd adroddiadau ar gyflwr addysg gynradd mewn 34 grŵp iaith lleiafrifol.

Cyhoeddir y *Mercator Media Guide,* sef arolwg o'r wasg, radio, teledu a chyhoeddi mewn ieithoedd lleiafrifol, gan Wasg Prifysgol Cymru, 6 Stryd Gwennyth, Caerdydd CF2 4YD – pris £9.95. Cyhoeddodd canolfan Mercator yn Aberystwyth *News and Information Networks for the Lesser Used Language Communities,* sef adroddiad i Gomisiwn y Gymuned Ewropeaidd. Mae hwn bellach allan o brint ond mae ar gael mewn llyfrgelloedd.

CIEMEN, Pau Claris 106, 1er, 1a, Barcelona, Catalunya, Sbaen. Mae'r sefydliad preifat hwn, sydd hefyd y drydedd ganolfan yn rhwydwaith Mercator, yn cyhoeddi mapiau, dyddiaduron, llyfrynnau a chylchgrawn sy'n ymwneud â lleiafrifoedd ieithyddol. Mae hefyd yn cyhoeddi taflen newyddion ynghylch deddfwriaeth iaith. Yng Nghatalan y mae ei gyhoeddiadau gan mwyaf.

News of European initiative in the field of linguistic minorities and useful background articles on particular minorities may be found in *Contact-Bulletin,* a newsletter available free of charge from the Bureau of Lesser-Used Languages, 10 Sraid Haiste Iocht, Dublin 2, Ireland.

The *Mercator Guide to Organizations* in the field of linguistic minorities is available at a price of £10 from the Fryske Akademy, Doelestrijitte 8, 8911 DX Ljouwert/Leeuwarden, Netherlands. The Fryske Akademy also organized the EMU project which produced reports on the state of primary education in thirty-four minority language groups.

The *Mercator Media Guide,* a survey of press, radio, TV, and publishing in minority languages is published by University of Wales Press, 6 Gwennyth Street, Cardiff CF2 4YD at £9.95. The Mercator centre at Aberystwyth also published *News and Information Networks for the Lesser Used Language Communities,* a report for the Commission of the European Community. This is now out of print but available in libraries.

CIEMEN, Pau Claris 106, 1er, 1a Barcelona, Catalunya, Spain. This private foundation which is also the third centre in the Mercator network, publishes maps, diaries, booklets and a magazine dealing with linguistic minorities. It also publishes a newsletter concerned with language legislation. Its publications are mainly in Catalan.

Hywel Williams

Gwaith Cymdeithasol a'r Iaith Gymraeg
~
Social Work and the Welsh Language

Cyflwyniad

Mae cryn dystiolaeth yn awgrymu bod y cyfundrefnau gwasanaethau cymdeithasol personol yng Nghymru yn gyffredinol yn gweithredu'n orthrymus tuag at Gymry Cymraeg; tuag atynt fel grŵp, a hefyd tuag atynt fel clientau a gweithwyr unigol. Mae hyn ar lefel polisi a gweithredu, a hefyd yn cynnwys system addysg a hyfforddiant gwaith a gofal cymdeithasol.

Mae'r sawl sy'n ceisio gwasanaeth cymdeithasol trwy gyfrwng y Saesneg o leiaf â'r sicrwydd bod 'na bosibilrwydd o'i dderbyn, tra nad yw gwasanaeth Cymraeg hyd yn oed ar gael yn rhannau helaeth o Gymru. Dyma amlygiad o'r methiant i ddefnyddio'r Gymraeg mewn gwaith proffesiynol neu yn gywirach dyma ganlyniad diffyg polisi iaith ymwybodol y trwch o asiantaethau. Mae hyn yn gorthrymu Cymry Cymraeg fel grŵp.

Pan fo gweithiwr cymdeithasol yn defnyddio Saesneg efo client sy'n siarad Cymraeg, a hynny heb gynnig dewis iaith, mae'n diystyru hawliau'r client ac yn anwybyddu elfen o'r ffordd y mae'r client yn ymwneud â'r byd. Mae gweithredu fel hyn yn orthrymus tuag at yr unigolyn ac yn ymarfer llai effeithiol na fyddai'n bosibl o roi ystyriaeth briodol i'r cwestiwn iaith. Mewn cyd-destun ehangach mae'n cyfrannu'n uniongyrchol at leihau'r defnydd a wneir o'r Gymraeg. Yn fwy na hynny, mae'n hwyluso'r broses o erydu statws yr iaith, ac yn cyfrannu at ei diystyru, yn enwedig ar yr aelwyd – yr union fan a gyfrifir fel arfer yn anad yr un arall yn gadarnle'r iaith. Mae hyn yn gorthrymu Cymry Cymraeg fel unigolion ac fel grŵp.

I'r sawl sy'n awyddus i dderbyn hyfforddiant gwaith neu ofal cymdeithasol ar unrhyw lefel, neu sydd am ennill cymwysterau yn y maes, neu yn wir sydd am hyfforddi ar gyfer unrhyw un o'r proffesiynau gofal, mae dewis helaeth ac eang o gyrsiau cyfrwng Saesneg. Ond, ychydig o hyfforddiant cyffredinol ar gyfer gwaith cymdeithasol sydd ar gael drwy gyfrwng y Gymraeg, ac ychydig iawn o hwnnw sy'n hyfforddiant gwirioneddol

Introduction

There is considerable evidence to suggest that the personal social services systems in Wales generally operate in an oppressive manner where Welsh-speakers, both as a group and as individual clients and workers, are concerned. This is at both the policy and operational levels and the same is true of the education and training system in social work and care.

Anyone seeking a social service through the medium of English may be sure that there is at least a possibility if not a guarantee of getting it, whereas a similar Welsh-medium service does not exist. This is a manifestation of the failure to use Welsh in professional work or, more accurately, it is the consequence of the lack of any conscious language policy on the part of the majority of agencies. This oppresses Welsh-speakers as a group.

When a social worker uses English with a client who speaks Welsh, without having offered a choice of language, he or she disregards that client's rights and ignores an element of the client's involvement with the world. Such action is oppressive towards the individual and leads to less efficient practice than if proper consideration were given to the language question. In a broader context, it contributes directly to a reduction in the use made of the Welsh language. Moreover, it facilitates the process of eroding the language's status and leads to its disregard, particularly in the home, which is the very place normally considered to be the stronghold of the language. This oppresses Welsh-speakers as individuals and as a group.

Anyone keen to receive social work or social care training at any level, or wishing to gain qualifications in this field, or indeed wanting to train for any of the caring professions, has a wide choice of English-medium courses. But little general social work training is available through the medium of Welsh and very little of this is actual core training. There is no full social work training course through the medium of Welsh. No continuum is therefore provided following on from the full Welsh-

greiddiol. Nid oes yr un cwrs gwaith cymdeithasol cyflawn Cymraeg. Nid yw'n bosibl felly barhau â'r addysg gyfrwng Cymraeg gyflawn a ddarperir yn yr ysgol feithrin, yr ysgol gynradd, a'r ysgol uwchradd a hefyd mewn rhai pynciau megis cymdeithaseg ar lefel uwch. Mae hyn eto'n gorthrymu Cymry Cymraeg fel unigolion ac fel grŵp.

Mae rhan gynta'r bennod hon yn disgrifio rhai syniadau a arddelir yn gyffredinol ynghylch yr iaith Gymraeg ac yna'n eu dadansoddi'n feirniadol. Y syniadau hyn sy'n rheoli trafodaethau fel arfer, yn aml ar lefel anymwybodol, gan gynnal y *status quo* ieithyddol a dirymu'r rhai sy'n dadlau o blaid newid. Dilynir hyn gan arolwg o bolisïau iaith rhai sefydliadau Cymreig. Yma disgrifir newidiadau diweddar a gosodir cyd-destun ar gyfer rhan ola'r bennod sy'n amlinellu'n fyr agenda'r drafodaeth sydd ei hangen er mwyn datblygu gwaith a gofal cymdeithasol sy'n wrth-orthrymus yng nghyd-destun iaith.

Dadleuon ynghylch iaith o fewn maes gwaith cymdeithasol

Bu trafodaethau manwl a phellgyrhaeddol o fewn gwaith cymdeithasol ynghylch rhai agweddau ieithyddol penodol ond yn arwyddocaol nid ynghylch rhai eraill. Cydnabuwyd grym, dylanwad ac arwyddocâd geiriau. Er enghraifft, daethpwyd i gonsensws bod rhai geiriau ac ymadroddion yn hiliol neu'n rhywiaethol, yn rhan o strwythur gorthrwm, a cheisiwyd eu gwahardd. Rhoddwyd rhwyfaint o sylw i ddefnyddio cyfieithwyr gyda chlientau uniaith. Dadleuwyd bod angen diffinio geiriau er mwyn sicrhau newid.[1] Ond, nid yw'r drafodaeth ynghylch dewis un iaith yn hytrach nag iaith arall mewn cymdeithas amlieithog, yn yr achos yma y Saesneg yn hytrach na'r Gymraeg, wedi'i datblygu i'r un graddau.

Yn ddefodol bron, yn gyhoeddus o leiaf, mynegir ewyllys da tuag at y Gymraeg gan weithwyr cymdeithasol unigol, hyfforddwyr ac addysgwyr, a llunwyr polisi. Serch hynny, yn ymarferol, bron fel petai'n anymwybodol,

medium education provided at nursery school, primary school, secondary school and, in certain subjects such as sociology, at a higher level. This again oppresses Welsh-speakers as individuals and as a group.

The first part of this chapter describes some 'commonsense' ideas about the Welsh language and then analyses these critically. These ideas normally set the context for discussions, often at an unconscious level, maintaining the linguistic *status quo* and disempowering those who argue for change. This is followed by a review of the language policies of some institutions in Wales. Here recent changes are described, and the context is set for the last part of the chapter which briefly outlines the agenda for the discussion which is needed if we are to develop anti-oppressive social work and social care in the context of language.

Arguments concerning language within the social work field

There have been detailed and significantly far-reaching discussions within social work concerning some specific linguistic issues but not about others. The power, influence and significance of words have been acknowledged. For example, a consensus has been reached that some words and phrases are racist or sexist, part of the structure of oppression, and efforts have been made to ban them. Some attention has been paid to the use of interpreters with monoglot clients. It has been argued that words need to be defined so that change can take place.[1] However, the debate about choosing to use one language rather than another, in this case English rather than Welsh, has not been developed to the same degree.

Almost ritually, good will towards the Welsh language is expressed at least in public by individual social workers, trainers and educators as well as by formulators of policy. Even so, in practice and, almost as if unconsciously, these apparent supporters marginalize those arguments which they find difficult, that is those arguments which draw

ânt ati i gyflwyno dadleuon sy'n sôn am y goblygiadau anodd i waith cymdeithasol o roi ystyriaeth briodol i gwestiynau iaith. Fel y dywed Adamson am agwedd gyffredinol y wladwriaeth Brydeinig tuag at ddatblygiadau yng Nghymru:

> In many ways it is the British State which has created a contemporary Wales by its establishment of a complex network of institutions dealing specifically with the administration of Wales. This represents a transformation in state ideology in terms of its partial recognition and acceptance of the nationalist definition of Wales as a separate cultural and social unit, distinct in many ways from England . . . That nationalism has been able to elicit these, usually positive, responses from the central state machinery does not necessarily signify anything other than the accommodation and incorporation of limited reform into the mainstream political process.[2]

O bwyso, gwelir yn brigo i'r wyneb ymateb cymhleth strwythurol, nas cwestiynir fel arfer gan y sawl sy'n ei arddel:

1. Nifer fechan o siaradwyr Cymraeg sydd i'w cael yn yr ardaloedd poblog deheuol a dwyreiniol ac felly nid oes angen gwasanaeth trwy gyfrwng y Gymraeg yno. Nid yw'r iaith Gymraeg yn gymdeithasol amlwg yno ychwaith, na'r cwestiynau yn ei chylch felly'n bwysig. Y dosbarth canol sy'n siarad Cymraeg, nid clientau'r gwasanaethau cymdeithasol.

2. Ffenomenon ymylol felly yw'r iaith Gymraeg gyda'i chadarnle'n rhywle annelwig yn y gogledd a'r gorllewin gwledig. Yn yr ardaloedd hynny, h.y. Gwynedd yn bennaf, mae pob gwasanaeth ar gael yn Gymraeg beth bynnag ac felly nid oes problem.

3. Proses naturiol anorfod yw trai 'iaith leiaf-rifol' ac nid yw'n fusnes i weithwyr cymdeithasol.

4. Mae pawb yn siarad Saesneg beth bynnag.

out the consequences to social work of giving proper consideration to language questions. As Adamson says of the general attitude of the British state towards developments in Wales:

> In many ways it is the British State which has created a contemporary Wales by its establishment of a complex network of institutions dealing specifically with the administration of Wales. This represents a transformation in state ideology in terms of its partial recognition and acceptance of the nationalist definition of Wales as a separate cultural and social unit, distinct in many ways from England . . . That nationalism has been able to elicit these, usually positive, responses from the central state machinery does not necessarily signify anything other than the accommodation and incorporation of limited reform into the mainstream political process.[2]

If pressed, a complex structural response emerges, a response which is not normally questioned by its proponents:

1. There are only a small number of Welsh-speakers in the densely populated southern and eastern areas and so there is no need for a Welsh-medium service there. Neither is the Welsh language socially salient there, and so the questions concerning it are not important. It is the middle class which speaks Welsh, not the clients of the social services.

2. The Welsh language is therefore a peripheral issue and its stronghold is some vague place in the rural north and west. In those areas, i.e. Gwynedd mainly, all services are available in Welsh anyway and so there is no problem.

3. The decline of a 'minority language' is an inevitable natural process and it does not concern social workers.

4. Everybody speaks English anyway.

Nid yw clientau'n galw am wasanaeth Cymraeg.

5. 'Rwy'n trin pawb yn gyfartal, yn siarad Saesneg efo pawb.'

6. Y gofal sy'n cyfrif, nid yr iaith a ddefnyddir wrth ddarparu'r gofal hwnnw. Yr hyn sydd ei angen yw gweithwyr *da*, nid gweithwyr sy'n siarad Cymraeg.[3]

7. Mae gweithredu cymhwyster iaith Gymraeg ar gyfer cyflogaeth yn hiliol neu'n groes i bolisi cyfle cyfartal. [Nid yw'r defnydd o gymhwyster iaith Saesneg yn agored i'w gwestiynu.]

8. Nid yw'n ymarferol nac yn ddymunol darparu addysg ar gyfer cymwysterau gwaith cymdeithasol yn gyfan gwbl trwy gyfrwng y Gymraeg. Byddai perygl o gulni a beth bynnag nid yw'r adnoddau addysgol ar gael.

Nid gormodiaith mo'r gosodiadau uchod ond yn hytrach enghreifftiau o'r feddylfryd gyffredin gyhoeddus sydd fel arfer yn gosod y cyd-destun i drafodaethau ynghylch yr iaith Gymraeg a gwaith cymdeithasol. Rhain yw'r gosodiadau sy'n rheoli trafodaethau, yn dylanwadu ar bolisi, yn tanseilio ac yn ymylu dadleuon o blaid gwasanaeth sy'n addas o ran iaith.

Ond wrth gwrs mae yna wrth-ddadleuon.

Hawl i wasanaeth

Mae hawl sylfaenol unigolyn i wasanaeth personol gan weithwyr cymdeithasol trwy gyfrwng y Gymraeg (os cydnabyddir hynny) yr un fath mewn ardal drefol ddeheuol neu ddwyreiniol ag y mae mewn ardal ogleddol neu orllewinol wledig. Ar hyn o bryd mae'n haws cael gwasanaeth o'r fath mewn ardaloedd lle mae canran uchel o siaradwyr Cymraeg, megis Dwyfor yn y gogledd-orllewin. Fel y mae'n digwydd, yn ôl Cyfrifiad 1991 mae bron cynifer o siaradwyr Cymraeg yng Nghaerdydd (17,073) ag sydd yn Nwyfor,[4]

Clients do not demand a Welsh service.

5. 'I treat everybody equally, speaking English to everyone.'

6. It is the care that counts, not the language used in providing that care. What are needed are *good* workers, not workers who speak Welsh.[3]

7. Making the Welsh language a qualification for employment is racist or against equal opportunities policies. [The use of the English language as a qualification is not open to question.]

8. It is neither practical nor desirable to provide education for social work qualifications entirely through the medium of Welsh. There would be a risk of narrowness and in any case the educational resources are not available.

The above statements are not an exaggeration but are examples of the common view which normally sets the context for discussions about the Welsh language and social work. These are the statements which dominate discussions, influence policy, marginalize and undermine arguments for a service which is linguistically appropriate.

But of course there are counter-arguments.

Entitlement to service

The individual's fundamental right to a personal service from a social worker through the medium of Welsh (if this is recognized) is the same in an urban area in south Wales or in the eastern part of Wales as in an area in the rural north or west. At present, it is easier to obtain such a service in areas where there is a high percentage of Welsh-speakers, such as Dwyfor in the north-west. It so happens that there are almost as many Welsh-speakers in Cardiff (17,073) as there are in Dwyfor according to the 1991 Census.[4] But the

ond mae'r ddarpariaeth yn y ddwy ardal yn dra gwahanol, gyda disgwyliad o wasanaeth Cymraeg yn Nwyfor a realiti o wasanaeth Saesneg fel arfer yn Ne Morgannwg. Nid yw De Morgannwg yn wahanol i'r mwyafrif o asiantaethau yng Nghymru yn hyn o beth. Yn wir mae rhywfaint o dystiolaeth bellach bod yr adran gwasanaethau cymdeithasol yno o leiaf yn dechrau cydnabod anghenion Cymry Cymraeg fel grŵp, e.e. trwy ddarparu adnoddau i glwb cinio Cymraeg i'r henoed yng Nghaerdydd. Meddai Chris Perry, Cyfarwyddwr yr Adran Gwasanaethau Cymdeithasol mewn erthygl papur newydd lleol:

> Evidence shows that many elderly people prefer to speak in the Welsh language and do not take up services on offer because of the lack of Welsh-speakers.[5]

O gymharu'r ddwy ardal, gellid yn rhesymol ddadlau mai yn Ne Morgannwg yn hytrach na Dwyfor y mae'r angen bellach am ddatblygu gwasanaeth addas o ran iaith. Nid problem o egwyddor sydd yma – wedi'r cyfan darperir gwasanaeth cyflawn Cymraeg a Saesneg yn llwyddiannus mewn rhai ardaloedd. Gweithredu ymarferol sy'n brin.

Tewi siaradwyr Cymraeg

Mae cyfran sylweddol o'r cyfanswm o Gymry Cymraeg, tua 40 y cant yn ôl Cyfrifiad 1991, yn byw yng Nghlwyd, Gwent a De, Canol a Gorllewin Morgannwg,[6] ardaloedd a gyfrifir fel arfer yn rhai Seisnig. Nid yn unig hynny ond mae 'na dueddiad tuag at gynnydd yn y niferoedd o Gymry Cymraeg yn yr ardaloedd yma.[7] Serch hynny, mewn ardaloedd o'r fath nid yw'r Gymraeg yn gymdeithasol amlwg. Nid oes, fel arfer na chyfle na chroeso parod i'r Gymraeg mewn siopau, banciau, swyddfeydd, cyfarfodydd ac yn y blaen.

Dyna sut y tewir Cymry Cymraeg unigol. Fe'u trewir yn llythrennol fud yn eu hiaith eu hunain mewn cymdeithas sydd ar y cyfan yn fyddar i ieithoedd heblaw am y Saesneg. Drwy

provision in the two areas is very different, with the expectation being that there will be a Welsh service in Dwyfor and the reality being that the service will normally be in English in South Glamorgan. South Glamorgan is no different from most agencies in Wales in this respect. Indeed there is some evidence that by now the social services department there is at least beginning to acknowledge the needs of Welsh-speakers as a group, for example by providing resources for a Welsh-language luncheon club for the elderly in Cardiff. In the words of Chris Perry, Director of Social Services, in a local newspaper article:

> Evidence shows that many elderly people prefer to speak in the Welsh language and do not take up services on offer because of the lack of Welsh-speakers.[5]

In comparing the two areas it could be reasonably argued that it is in South Glamorgan rather than in Dwyfor that a linguistically appropriate service now needs to be developed. This is not a problem of principle – after all a full service in both Welsh and English is successfully provided in some areas. What is lacking is practical action.

Silencing Welsh-speakers

A substantial proportion of the total number of Welsh-speakers, about 40 per cent according to the 1991 Census, live in Clwyd, Gwent, and South, Mid and West Glamorgan[6] – areas which are normally considered to be Anglicized. Quite apart from that, there are signs that the number of Welsh-speakers in these areas is increasing.[7] Nevertheless, the Welsh language is not socially evident in such areas. There is not usually any opportunity to use the Welsh language and it is not readily welcomed in shops, banks, offices, meetings etc.

This is how individual Welsh-speakers are silenced. They are literally struck dumb in their own language in a society which is on the whole deaf to any language other than English.

anwybyddu'r Gymraeg mae'r cyfundrefnau gwasanaethau cymdeithasol hefyd yn cyfrannu tuag at y broses yma o dewi Cymry Cyrmaeg. Maent yn cyfyngu a lleihau defnydd o'r iaith. Nid proses naturiol, anorfod mo hon, ond mynegiant bwriadol neu anymwybodol o rym sydd o ran effaith yn dinistrio'r Gymraeg.

Nid arddel niwtralrwydd y mae cefnogwyr y *status quo* ieithyddol oddi mewn i asiant-aethau. Yn wyneb diffyg polisi a gweithredu parthed y Gymraeg, yr hyn a geir mewn gwirionedd yw polisi o ddefnyddio ac felly hyrwyddo'r Saesneg. Nid oes tir canol.

Beth bynnag am weithredoedd gorthrymus sefydliadau tuag at yr iaith mae gan bob aelod unigol o gymdeithas rym naill ai i gyfrannu tuag at danseilio'r Gymraeg neu i ddewis ei chynnal. Mae gan weithwyr cymdeithasol unigol efo'u statws proffesiynol fwy o rym na'r cyffredin.

Cymry uniaith

Nid yw pawb yng Nghymru'n siarad Saesneg. Mae rhan o'r boblogaeth yn uniaith Gymraeg. Yn nodweddiadol o'r Cymry Cymraeg uniaith, mae'n siwr, y mae plant o dan bump,[8] grŵp sy'n amlwg fel clientau i weithwyr cymdeithasol. Er hynny, mae bron pob asiantaeth yng Nghymru yn dal i benodi gweithwyr cymdeithasol gyda'u gallu yn y Saesneg fel yr unig ystyriaeth ieithyddol weithredol; gweithwyr na allant felly o anghenraid gyfathrebu yn uniongyrchol â phob client (efallai canran uchel o glientau'r gwasanaethau arbenigol i blant a'r henoed yn 'yr ardaloedd Cymraeg').

Ni ellir eithrio'r iaith a ddefnyddir wrth asesu safon y gwasanaeth a roddir. Er enghraifft, gellid gofalu am berson oedrannus sydd yn ôl ei hanes yn ymddangos yn ddwyieithog ond sydd ychydig yn ffwndrus dros dro oherwydd mân salwch corfforol ac o ganlyniad yn weithredol uniaith. Mae defnyddio'r iaith sy'n ddealladwy i'r client yn rhan annatod o ddarparu gofal. Mae angen cyfleu cydymdeimlad ac empathi yn llafar wrth roi gofal personol, ac wrth wneud pethau

By ignoring the Welsh language, the social services systems also contribute towards this process of silencing Welsh-speakers. They confine and reduce the use of the language. This is not an inevitable and natural process but an intentional or unconscious expression of a power which in effect destroys the Welsh language.

Those who support the linguistic *status quo* within agencies are not putting forward a case for neutrality. In the face of the lack of policy and action with regard to Welsh, what happens in fact is that there is a policy of using English and hence of promoting English. There is no middle ground.

Irrespective of the oppressive actions of institutions towards the language, every individual in society has the power, either to contribute to undermining the Welsh language or to choose to support it. Individual social workers with their professional status have more power than most.

Monoglot Welsh-speakers

Not everyone in Wales speaks English. There are a large number of people who consider themselves to be monolingual Welsh. An obvious group of monolingual Welsh-speakers are children under five,[8] a group which is prominent among social workers' clients. Even so, almost every agency in Wales still appoints social workers whose ability to speak English is the only operational linguistic consideration; workers who cannot therefore, of necessity, communicate directly with every client (perhaps a high percentage of the clients in specialized services for children and the elderly in the 'Welsh-speaking areas').

The language used cannot be ignored when assessing the standard of service offered. For example, care might be offered to an elderly person, who from looking at his or her history would appear to be bilingual but who is temporarily slightly confused due to a minor physical illness and so to all intents and purposes is monolingual. Using the language which the client understands is an integral

y byddai'r client o'r blaen wedi'u gwneud drosti'i hun. Ni ellir yn rhesymol ddadlau mai'r gofal nid yr iaith sy'n cyfrif pan fo defnydd addas o iaith yn rhan o'r gofal. Mae gwasanaeth uniaith Saesneg i berson uniaith Cymraeg o'i hanfod yn wasanaeth sâl. Nid yw hyn yn gyfystyr â dweud bod gwasanaeth iaith gyntaf yn rhwym o fod yn wasanaeth da oherwydd y ffactor iaith yn unig.

Byddai'n bosibl defnyddio cyfieithydd er mwyn gweithio efo rhywun uniaith. Mae'n deg tybied bod hyn yn digwydd weithiau ar sail anffurfiol, er enghraifft trwy ddefnyddio aelodau teulu i gyfieithu ar ran plant yn achos y Gymraeg, ac yn aml plant i gyfieithu ar ran oedolion yn achos ieithoedd eraill.[9] Mae peryglon amlwg a difrifol o wneud hyn ac nid yw'n ymarfer sydd i'w gymeradwyo. Gwell, haws ac mwy ymarferol yn y pen draw yn achos y Gymraeg yw cyflogi siaradwyr rhugl eu Cymraeg fel gweithwyr cymdeithasol proffesiynol. Yn achos ieithoeddd eraill mae'r un dadleuon yn dal ynghylch cynyddu'r nifer o weithwyr amlieithog, ond y tebyg yw mai parhau i ddefnyddio cyfieithwyr fydd y norm yn y tymor hir.[10]

Yr unig achos lleol sy'n hysbys i'r awdur o ddefnyddio cyfieithydd cydnabyddedig i roi gwasanaeth uniongyrchol i glientau yw un o gyfieithu rhwng gweithwyr cymdeithasol uniaith Saesneg a phlentyn o'r gymuned Sieneaidd. Mae hyn yn dweud llawer am agwedd anymwybodol yr asiantaeth berthnasol tuag at ddwyieithrwydd, hynny yw ei fod yn rhywbeth anghyffredin sy'n cyfiawnhau cyflogi cyfieithydd o ddinas bell. Hyn ar adeg pan fo plant uniaith Cymraeg yn byw yn yr ardal a'r asiantaeth honno heb bolisi ynghylch cymwysterau iaith gweithwyr cymdeithasol.

Byddardod i iaith fel ymateb

Nid yw honni trin pawb yr un fath trwy siarad Saesneg yn ddi-eithriad ond yn fersiwn ieithyddol o ddadl pobl wynion eu bod yn 'ddall i liw croen' wrth wadu eu bod yn gwethredu'n hiliol.[11] Mae'r un gwrth-

part of providing care. Sympathy and empathy have to be conveyed verbally when giving personal care and when doing things which the client would previously have done for himself or herself. It cannot reasonably be argued that it is the care and not the language which counts when appropriate use of the language is part of the care. A monolingual English service for a monolingual Welsh-speaking person is in essence a poor service. This is not, of course, to say that receiving a service in one's first language is necessarily synonymous with good service.

It would be possible to use an interpreter when working with a monolingual person. It is fair to assume that this does sometimes happen on an informal basis, for example by using members of the family to translate for children in the case of Welsh, and often children to translate for adults in the case of other languages.[9] There are obvious and serious dangers in doing this and it is not a practice which is to be commended. It is better, easier and more practical in the long term, in the case of Welsh, to employ fluent Welsh-speakers as professional social workers. In the case of other languages, the same arguments hold true about increasing the numbers of workers who speak more than one language, but it is likely that the long-term norm will be the continued use of interpreters.[10]

The only local case to the author's knowledge where a recognized interpreter has been used in providing a direct service to clients was a case where there was interpreting between a monolingual English-speaking social worker and a child from the Chinese community. This speaks volumes for the unconscious attitude of the relevant agency towards bilingualism, namely that it is something exotic which justifies employing an interpreter from some distant city. And this is at a time when there are monolingual Welsh children living in that agency's area and it does not have any policy with regard to the linguistic qualification of social workers.

ddadleuon – o gadarnhau grym y siaradwr, o guddio anffafrio mewn gwirionedd, o anwybyddu natur unigryw pob unigolyn ac yn y blaen – yn dal ar gyfer yr ymateb o fod yn 'fyddar i iaith wahanol'.

Y ddarpariaeth i Gymry dwyieithog

Mae'r mwyafrif llethol o Gymry Cymraeg hefyd yn siarad Saesneg. Yn greiddiol i'r ddadl dros ddarpariaeth gyfrwng Cymraeg iddynt hwy yw'r egwyddorion sylfaenol i waith cymdeithasol sef:

1. Hawl y client i benderfynu drosto'i hun.
2. Hawl y client i ddewis.[12]

I fod yn gyson â'r egwyddorion hyn, y clientau yn y pen draw sydd â'r hawl i benderfynu pa nodweddion sy'n bwysig iddynt o ran ansawdd gofal da, a'r clientau, beth bynnag fo'u gallu neu'u hanallu ieithyddol tybiedig yn y Saesneg neu'r Gymraeg, sydd â'r hawl diymwad i ddewis pa iaith i'w defnyddio. Adlewyrchir hyn ym mholisi iaith BASW a pholisi iaith CCETSW:

> Dylai'r cwsmer (sic) benderfynu ar iaith y berthynas rhyngddo a'r gweithiwr cymdeithasol. (BASW 1984)[13]

> Mae gan glient yr hawl sylfaenol i ddewis yr iaith a ddefnyddir rhyngddo a'r asiantaeth gwaith cymdeithasol. (CCETSW)[14]

Nid cyfanswm y bobl uniaith Gymraeg na rhyw garfan ogleddol ymylol yw maint y clientlu Cymraeg posibl, ond yn hytrach yr hanner miliwn sy'n siarad Cymraeg trwy Gymru benbaladr. Efallai eu bod hefyd yn medru'r Saesneg ond mae hyn yn amherthnasol os ydynt yn dewis gwasanaeth Cymraeg.

Mae gwasanaeth uniaith Saesneg yn amlwg yn gynnig gwael i glientau dwyieithog a fyddai fel arall yn dewis gwasanaeth Cymraeg. Paham felly nad yw swyddfeydd y gwasanaethau cymdeithasol yn berwi efo Cymry Cymraeg yn mynnu eu hawliau? Yn y pen

Linguistic deafness as a response

Claiming to treat everyone equally by speaking English without exception is nothing but a linguistic version of some white peoples' argument that they are 'blind to the colour of a person's skin' when they deny racist behaviour.[11] The same counter-arguments – of reinforcing the speaker's power, of implicitly concealing discrimination, of ignoring the unique nature of the individual etc – are also true of the response that one is 'deaf to differences of language'.

The provision for bilingual Welsh people

The vast majority of Welsh-speakers also speak English. Central to the argument for Welsh-language provision for them are the basic social work principles stating:

1. The client's right to decide for himself or herself.
2. The client's right to choose.[12]

To be consistent with these principles, it is clients who ultimately have the right to decide which aspects are important to them with regard to good quality of care, and it is they, whatever their supposed linguistic ability or lack of ability in English or Welsh, who have an undisputed right to choose what language to use. This is reflected in the BASW and CCETSW language policies:

> The client should determine the choice of language of the relationship between him and the social worker. (BASW 1984)[13]

> A client has a basic right to choose the language of interaction with the social work agency and its workers. (CCETSW 1989)[14]

It is not those who are monoglot Welsh, or some peripheral northern faction, who constitute the potential Welsh clientele but rather the half a million who speak Welsh in all parts of Wales. They may also be able to

draw cwestiwn o rym sydd yma. Pan fo asiantaeth yn rhannu grym ynglŷn ag iaith efo'r client yn weithredol trwy ddarparu gwasanaeth Cymraeg neu Saesneg yn ddi-rwystr yn ôl dewis y client, nid yw'n fawr o syndod bod Cymry Cymraeg yn dewis gwasanaeth Cymraeg. Pan fo asiantaeth yn gwrthod rhannu'r grym ieithyddol, ychydig sy'n barod i dalu'r pris am fynnu gwasanaeth Cymraeg ac yn rhesymol iawn hynny!

Mae'n well derbyn rhyw lun o wasanaeth yn hytrach na dim gwasanaeth o gwbl; mae'r client yn annhebyg o greu rhwystr pellach drwy wrthod yr hyn a gynigir. Ni chynigir gwasanaeth Cymraeg i bawb ym mhob rhan o'r wlad – amlygir hyn gan y ffaith bod pob agwedd ar wyneb cyhoeddus y mwyafrif llethol o asiantaethau yn Saesneg. Mae'r client anfodlon, dyweder rhywun ar brawf, yn annhebygol o dynnu sylw ato'i hun drwy fynnu cael swyddog prawf neu achos llys Cymraeg pan fo'r gwasanaeth prawf a'r system o gyfiawnder troseddol hefyd yn amlwg yn gweithredu fel arfer trwy gyfrwng y Saesneg, ac achosion Cymraeg yn gyffredin yn cael eu cyfrif fel rhai'n codi o weithredu uniongyrchol gwleidyddol ei gymhelliad.[15]

Mae codi twrw am iaith yng Nghymru yn gofyn am fesur o rym cymdeithasol neu o ddifrawder i'r canlyniadau o wneud hynny. Nid yw'r un o'r ddau opsiwn yn agored i glientau'r gwasanaethau cymdeithasol a'r gwasanaeth prawf fel arfer; mae pethau 'pwysicach' yn mynnu sylw.

Cymwysterau iaith a honiadau o hiliaeth

Er mwyn sicrhau bod canran addas o'r gweithlu'n medru cyfathrebu'n effeithiol â chlientau yn eu dewis iaith, mae'n rhaid gweithredu rhyw fath o gymhwyster iaith, neu a bod yn gywir, cymhwyster ieithoedd, canys gweithredir cymhwyster iaith Saesneg yn anymwybodol anfeirniadol yn barod.

Ceir enghraifft o weithredu'r cymhwyster iaith Saesneg anymwybodol mewn erthygl ynghylch ricriwtio gweithwyr cymdeithasol o Ffrainc i weithio yn mwrdeistref Newham.[16]

speak English but that is irrelevant if they choose a Welsh-language service.

A monolingual English service is clearly a poor choice for bilingual clients who would otherwise choose a service through the medium of Welsh. Why then are social services offices not overwhelmed with Welsh-speakers, all insisting on their rights? Ultimately it is a question of power. When an agency shares power with the client in the context of language, by providing access without hindrance to a service in a language of the client's choice, it is hardly surprising that Welsh-speakers choose a Welsh-language service. When an agency refuses to share linguistic power, few are prepared to pay the price for insisting on a Welsh service, and that with reason!

It is better to receive some sort of service than no service at all; a client is unlikely to create further obstacles by refusing what is offered. A Welsh-language service is not offered to all in every part of the country – this is evident from the fact that every aspect of the public face of most agencies is English. The unwilling client, someone who is on probation, for example, is unlikely to draw attention to himself or herself by insisting on a Welsh-speaking probation officer or a Welsh-language court case when the probation service and the criminal justice system normally work through the medium of English and Welsh-language cases are commonly considered to be those following from action with a directly political motivation.[15]

Making a fuss about language in Wales calls for a degree of social power or indifference to the consequences of doing so. Neither of these options is normally open to clients of the social services and probation service; there are more 'important' things claiming attention.

Linguistic qualifications and alleged racism

In order to ensure that an appropriate percentage of the workforce is able to communicate effectively with clients in the language of the client's choice, some kind of linguistic qualification has to be in operation, or to be more accurate, a qualification in lan-

Dywedir ynghylch darpar weithwraig gymdeithasol:

> (She) has a Diploma from a French school of social work . . . she was also attracted by the borough's equal opportunities policy. Although she impressed the interviewing panel at Newham she was not offered a job on the spot but was advised to brush up on her English and come back.

Noder nad oes sôn am unrhyw un o'r degau o ieithoedd eraill a ddefnyddir yn lleol. Hyd y gwn i, ni fu storm o brotest neu honiadau o hiliaeth o ganlyniad i'r erthygl hon. Mae mynnu'r Saesneg yn normal.

Mewn gwrthgyferbyniad â hyn bu cryn drafodaeth ynghylch natur honedig hiliol gweithredu cymhwyster iaith Gymraeg – yn benodol, bod gweithredu cymhwyster o'r fath yn achos o anffafrio anuniongyrchol yn nhermau Adran 1(1)(b) *Deddf Cysylltiadau Hiliol* 1976.[17] Yn yr achos dan sylw apeliodd Cyngor Sir Gwynedd yn erbyn penderfyniad tribiwnlys diwydiannol a ddedfrydodd fod y Cyngor wedi gweithredu'n groes i'r Ddeddf drwy weithredu cymhwyster iaith a pheidio â chyflogi dwy wraig wen ddi-Gymraeg. Yn nyfarniad y tribiwnlys apêl cyflogaeth meddai Syr Ralph Kilner Brown:

> It was wrong in law to use the language factor alone and in isolation as creating a racial group (sic) . . . We cannot believe that, for example, a Mrs Jones from Holyhead who speaks Welsh as well as English is to be regarded as belonging to a different racial group to her dear friend, a Mrs Thomas from Colwyn Bay who speaks only English.[18]

Disgrifiwyd hiliaeth fel mynegiant o rym gan bobl wynion, yn unigol ac yn gyfundrefnol, yn erbyn pobl dduon, ar sail cred cyfeiliornus mewn bodolaeth gwahaniaethau biolegol; neu'n fwy diweddar, cred mewn diwylliant digyfnewid anghynhwysol Seisnig/ Prydeinig (defnyddir y ddau yn gyfystyr fel bo angen yn yr achos yma).[19]

guages, since the English-language qualification is already enacted in an unconscious, uncritical way.

An example of an unconscious use of the English-language qualification appeared in an article about the recruitment of social workers from France to work in the Newham borough.[16] It is said of a prospective social worker:

> (She) has a Diploma from a French school of social work . . . she was also attracted by the borough's equal opportunities policy. Although she impressed the interviewing panel at Newham she was not offered a job on the spot but was advised to brush up on her English and come back.

It has to be noted that there is no mention of any of the dozens of other languages used locally. As far as I know, there was no storm of protest, allegations of racism etc. as a consequence of this article. The English requirement is normal, unmarked.

In contrast, there was much discussion of the alleged racism implied in implementing a Welsh-language qualification – specifically that to use such a qualification constitutes a case of indirect discrimination in respect of section 1(1)(b) of the *Race Relations Act* 1976.[17] In the case concerned, Gwynedd County Council appealed against the decision of an industrial tribunal which judged that the Council had acted unlawfully by operating a language qualification and not employing two white non-Welsh-speaking women. In the employment appeal tribunal judgment, Sir Ralph Kilner Brown said:

> It was wrong in law to use the language factor alone and in isolation as creating a racial group (sic) . . . We cannot believe that, for example, a Mrs Jones from Holyhead who speaks Welsh as well as English is to be regarded as belonging to a different racial group to her dear friend, a Mrs Thomas from Colwyn Bay who speaks only English.[18]

Yr hyn sy'n bwysig i ni yw'r ddadl mai hanfod hiliaeth yw'r gred bod gwahaniaethau hiliol, anghyfnewidiol, gwaelodol yn bod. Felly gall rhywun du wynebu hiliaeth er gwaethaf mabwysiadu 'masg gwyn' – priodoleddau cymdeithasol y tybir eu bod yn perthyn i wynion yn unig, o ran gyrfa, iaith, acen, agweddau gwleidyddol etc. Mewn cymdeithas hiliol cyfrifir fod rhywun du'n hanfodol wahanol, yn eilradd, yn estron, ac yn siwr yn yr achos yma o fod yn cuddio'i hanian gyntefig go iawn y tu ôl i'r union 'fasg gwyn' hwnnw. Ni chaniateir i bobl dduon ddewis bod yn 'wyn' (beth bynnag yw hynny a hyd yn oed petaent eisiau gwneud y fath beth!). Yn y pen draw nid yw'n bosibl treiddio'r ffin gadarn a gedwir gan y gymdeithas wyn hiliol at ei phwrpasau hi ei hun.

Mewn gwrthgyferbyniad â hyn mae'n bosibl, os weithiau'n straen, i rywun ddysgu ac yna gweithio trwy gyfrwng iaith arall heb wadu neu ddifodi'i hunaniaeth. Dyna wedi'r cyfan a wna cannoedd o filoedd o Gymry Cymraeg, rhai gwyn a rhai du, bob dydd gwaith. Dyna hefyd a wna nifer sylweddol bellach o Gymry, Saeson, Americanwyr, Indiaid, Danwyr ac yn y blaen a oedd unwaith yn methu â siarad Cymraeg ond sydd bellach wedi ei dysgu'n llwyddiannus.

Mae cwestiwn pwysig o gyfle cyfartal ynghlwm wrth weithredu cymhwyster ieithoedd yng Nghymru. Y cwestiwn hwnnw yw a oes cyfle cyfartal i ddysgu'r Gymraeg a'r Saesneg, nid a oes hawl absoliwt i gyflogaeth beth bynnag fo'r gallu ieithyddol. Yn nhermau gwaith a gofal cymdeithasol y cwestiwn yw a oes hawl i hyfforddiant er mwyn darparu gwasanaeth addas o ran iaith, nid a oes hawl i orfodi clientau i newid iaith (petai'r dewis hwnnw mewn gwirionedd yn agored iddynt i gyd).

Addysg a hyfforddiant

Mae addysg gyflawn Gymraeg ar gael rhywle ar bob lefel yn y gyfundrefn addysg yng Nghymru ac mewn amrywiaeth o bynciau. Mae niferoedd o fyfyrwyr er enghraifft yn

Racism has been described as an expression of power by white people, individually and institutionally, against black people, on the basis of a spurious belief in the existence of biological differences; or more recently, a belief in an unchanging, exclusive English/British culture (both are used interchangeably as required in this case).[19]

What is important for our purposes is that the essence of racism is the belief that unchanging, fundamental racial differences exist. So a black person can face racism despite having adopted a 'white mask' – social attributes which are thought to belong to whites only, as regards career, language, accent, political attitudes etc. In a racist society, a black person is considered to be essentially different, second-rate, foreign and certainly in this case to be hiding his or her real, primitive nature behind that 'white mask'. Black people are not allowed to choose to be 'white' (whatever that is and even if they wanted to!). Ultimately it is not possible to penetrate the definite boundary which white racist society maintains for its own ends.

In contrast, it is possible if at times stressful for people to learn and then work through the medium of another language without denying or losing their identity. After all that is what hundreds of thousands of Welsh-speakers do, both black and white, every single working day. This is also what a substantial number of Welsh, English, American, Indian, Danish people etc now do. At one time, they could not speak Welsh but have now successfully learned the language.

An important question of equal opportunities is involved in using a language qualification in Wales. The question is whether there are equal opportunities to learn both Welsh and English, not whether there is an absolute right to employment irrespective of linguistic ability. In terms of social work and care, the question is whether there is an entitlement to training in order that a linguistically appropriate service may be provided, not whether there is a right to compel clients to change their language (even if that were a real option for them all).

dilyn cyrsiau gradd yn y gwyddorau cymdeithasol trwy gyfrwng y Gymraeg. Nid mater bach fu sefydlu'r fath gyrsiau ond mae eu bodolaeth yn profi nad oes rhwystr i ddarparu addysg a hyfforddiant Cymraeg mewn gwaith cymdeithasol os gwneir ymdrech. Nid ple sydd yma am driniaeth arbennig i gyrsiau cyfrwng Cymraeg. I'r gwrthwyneb. Ymwybyddiaeth, ewyllys ac adnoddau sy'n brin.

Polisïau iaith

Dadleuwyd uchod bod asiantaethau yng Nghymru, drwy beidio â gwneud datganiadau polisi iaith yn y bôn yn hyrwyddo'r Saesneg ar draul y Gymraeg ac yn gwadu hawliau'r Cymry Cymraeg i wasanaeth o'r un safon â siaradwyr Saesneg. Mae dadl mai adlewyrchu a rheoli ymarfer sy'n bodoli'n barod yw swyddogaeth go iawn polisi o unrhyw fath. Os felly mae absenoldeb cyffredinol polisïau iaith yn awgrymu'n gryf nad yw ymarfer ieithyddol addas yn bodoli ar unrhyw raddfa eang yng Nghymru. Yr anhawster yw nad oes corff o ymchwil ar gael ynghylch ymarfer o'r fath yng Nghymru. Nid oes ychwaith ystadegau ar gael yn ganolog ynghylch yr iaith a'r gwasanaethau cymdeithasol, er enghraifft, ffeithiau mor elfennol â nifer a chanran staff y gwasanaethau cymdeithasol sy'n siarad Cymraeg. Hyd at gyhoeddi canllawiau polisi dwyieithog ar gyfer y sector cyhoeddus gan Fwrdd yr Iaith Gymraeg[20] nid oedd arweiniad i'w gael ar y mater o du'r Llywodraeth. Noder mai canllawiau nid cyfarwyddiadau ydynt. Maent ar gyfer y sector cyhoeddus yn gyffredinol nid y gwasanaethau cymdeithasol yn benodol.

Holiadur iaith a gwaith cymdeithasol

Yng ngwyneb hyn oll nid yw'n syndod i arolwg byr trwy'r post o holl adrannau gwasanaethau cymdeithasol awdurdodau lleol a phob gwasanaeth prawf yng Nghymru a wnaed ym 1985 ddangos nad oedd gan yr un o'r asiantaethau a ymatebodd (saith o'r pymtheg posibl) bryd hynny bolisi ysgrifenedig ar yr iaith Gymraeg.[21]

Education and training

A full Welsh-language education is available somewhere at all levels in the education system in Wales and in a variety of subjects. For example, numerous students follow degree courses in social sciences through the medium of Welsh. It was not easy to establish such courses, but their existence proves that if an effort is made there is nothing to prevent the provision of education and training in social work through the medium of Welsh. This is not a plea for special treatment for Welsh-medium courses. On the contrary, what is lacking is awareness, the will and the resources.

Language policies

The argument has been propounded above that agencies in Wales, by not making language policy statements, are in fact promoting English at the expense of Welsh and thus denying Welsh-speakers the right to a service of the same standard as that accorded to English-speakers. There is an argument that the real function of any kind of policy is to reflect and manage existing practice. If that is so, the general absence of language policies suggests strongly that appropriate linguistic practice does not exist on any substantial scale in Wales. The difficulty is that there is no body of research available concerning such practice in Wales. Neither are there any statistics available centrally with regard to the language and social services, such elementary facts, for example, as the number and percentage of social services staff who are Welsh speaking. Prior to the publication of bilingual policy guidelines for the public sector by the Welsh Language Board,[20] there was no guidance on the matter from the Government. It should be noted that what we now have are guidelines and not regulations. They are for the public sector as a whole and not specifically for the social services.

Roedd chwech o'r saith yn cyflogi gweithwyr cymdeithasol a fedrai siarad Cymraeg, yn amrywio o bymtheg a thrigain mewn un asiantaeth i dair mewn un arall. Dim ond un asiantaeth oedd yn mynnu'r gallu i siarad Cymraeg fel cymhwyster ar gyfer unrhyw swydd, gydag un arall yn gweld y Gymraeg fel cymhwyster ychwanegol ar gyfer rhai swyddi. Nid oedd y pump arall yn gweithredu cymhwyster iaith. Yn ôl tair asiantaeth roedd rhai o'u gweithwyr yn gwneud rhywfaint o'u gwaith ysgrifenedig yn Gymraeg. Yn ôl dwy arall roedd 'yn bosibl' bod eu gweithwyr yn defnyddio'r Gymraeg yn ysgrifenedig.

Roedd staff tair o'r saith asiantaeth wedi dysgu'r Gymraeg fel rhan o'u hyfforddiant mewn swydd dros y tair blynedd diwethaf. Roedd chwech o'r saith wedi danfon rhywfaint o'u staff ar hyfforddiant trwy gyfrwng y Gymraeg yn y tair blynedd diwethaf, hynny yw cyrsiau byrion ar bynciau penodol etc. Yn arwyddocaol darparwyd y cyfan o'r cyrsiau byrion hyn gan gyrff allanol – CCETSW neu'r Brifysgol. Nid oedd gan yr un asiantaeth wybodaeth ar gael am gyrsiau cyfrwng Cymraeg wedi eu trefnu'n fewnol gan eu hadrannau hyfforddi eu hunain.

Adroddodd un asiantaeth ei bod heb unrhyw weithwyr a siaradai Gymraeg, heb bolisi iaith, ddim yn gweithredu cymhwyster iaith, heb strategaeth hyfforddi ysgrifenedig a ddim yn danfon staff ar unrhyw gyrsiau i ddysgu'r Gymraeg. Roedd yr asiantaeth hon yn gwasanaethu ardal lle siaradai 20 y cant o'r boblogaeth Gymraeg yn ôl Cyfrifiad 1981.

Dylid nodi nad atebodd pump o asiantaethau a gwrthododd tair arall gan esbonio nad oedd y wybodaeth ar gael.

Dylid pwysleisio bod y wybodaeth uchod erbyn hyn yn hen iawn ac efallai nad yw'n adlewyrchu'r sefyllfa bresennol. Ni fu, hyd y gwn, unrhyw arolwg tebyg er 1985.

Datblygiadau diweddar

Mae datblygiadau diweddar yn llawer mwy calonnog. Nodwyd eisoes bod BASW wedi cyhoeddi polisi iaith cyn belled yn ôl â 1984.

Language and social work questionnaire

In view of all this, it is not surprising that a brief postal survey undertaken in 1985 of all the local authority social services departments and probation services in Wales showed that none of the agencies which responded (seven out of a possible fifteen) had at the time a written policy on the Welsh language.[21]

Six out of the seven employed social workers who were able to speak Welsh, varying in number from seventy-five in one agency to three in another. Only one agency made the ability to speak Welsh a necessary qualification for any post, while one other considered Welsh to be an additional qualification for some posts. The remaining five did not operate a Welsh-language qualification. According to three agencies, some of their workers did some of their written work in Welsh. According to two others, it was 'possible' that their workers used the Welsh language in writing.

Staff in three of the seven had learnt Welsh as part of their in-service training in the previous three years. Six out of the seven had sent some of their staff on Welsh-medium training in the previous three years, i.e. short courses on specific topics etc. Significantly, all these short courses were provided by external bodies – CCETSW or the University. None of the agencies had any knowledge of Welsh-medium courses organized internally by their own training departments.

One agency reported that it had no Welsh-speaking workers and no language policy, that it did not operate a language qualification, had no written training strategy and did not send staff on any courses to learn Welsh. This agency served an area where 20 per cent of the population spoke Welsh according to the 1981 Census.

It should be noted that five agencies did not reply and that another three refused to take part, explaining that the information was not available.

It should be emphasized that the above information is now very dated and that it may not reflect the current position. As far as I

Gwnaed gwaith ar bolisi iaith yn ddiweddar hefyd gan amryw o asiantaethau gwirfoddol megis Barnardos, yr NSPCC, Shelter Cymru a Chymorth i Fenywod Cymru. Cyhoeddodd Gwasanaeth Prawf Gogledd Cymru bolisi iaith ym 1990,[22] polisi sy'n datgan ymysg pethau eraill:

> Bydd pwyllgor Prawf Gogledd Cymru yn sicrhau y bydd yn ei holl weithgareddau gnewyllyn o weithwyr dwyieithog fel y bo gwasanaeth ar gael yn iaith ddewisiedig yr unigolyn, fel hawl sylfaenol.

Cyhoeddodd Cyngor Sir Gwynedd bolisi iaith ym 1992[23] – polisi perthnasol i holl weithgareddau'r Cyngor yn hytrach nag un penodol i'r gwasanaethau cymdeithasol. Eto egwyddor sylfaenol y polisi yw hawl unigolyn i ddefnyddio ei dewis iaith efo staff y Cyngor:

> 3(i) Os bydd unrhyw un yn dymuno manteisio ar wasanaethau'r Cyngor megis y gwasanaethau cymdeithasol . . . gall wneud hynny trwy gyfrwng y naill iaith neu'r llall.

Trafodaeth fanylach o bolisi enghreifftiol

Y polisi iaith mwyaf datblygedig perthnasol i waith cymdeithasol yw un CCETSW, polisi a noddir yn ariannol gan y Swyddfa Gymreig. Sail y polisi yw tair egwyddor, sef yn fras:

1. Dylai CCETSW hyrwyddo ac annog statws cyfartal i'r Gymraeg a'r Saesneg yn ei waith yng Nghymru.

2. Mae gan glient hawl i ddewis yr iaith a ddefnyddir rhyngddo ef neu rhyngddi hi a'r asiantaeth.

3. Dylai CCETSW geisio sicrhau bod addysg trwy gyfrwng y Gymraeg ar gael a bod addysg trwy gyfrwng y Saesneg yn dangos sensitifrwydd diwylliannol ac ieithyddol.

Egwyddor statws cyfartal
Mae'r egwyddor gyntaf, ar un wedd, yn

know, there has not been any similar survey since 1985.

Recent developments

Recent developments are far more encouraging. It has already been noted that BASW published a language policy as long ago as 1984. Work on language policy has also been done recently by a number of voluntary agencies such as Barnardos, the NSPCC, Shelter Wales and Welsh Women's Aid. The North Wales Probation Service published a language policy in 1990,[22] which states among other things:

> The North Wales Probation committee will ensure that there is within all its activities a core of bilingual workers so that a service is available in the preferred language of the individual, by way of a fundamental right.

Gwynedd County Council published a language policy in 1992[23] – a policy for all the Council's activities and not just social services. Once again the basic principle of the policy is the right of the individual to use the language of his or her choice when communicating with Council staff:

> 3(i) If anyone wishes to take advantage of the Council's services such as social services . . . he or she may do so through the medium of either language.

A more detailed discussion on an exemplary policy

The most developed language policy with regard to social work is that of CCETSW, a policy which receives financial support from the Welsh Office. The policy is based on three principles, which briefly are:

1. CCETSW should promote and encourage equal status for the Welsh and English languages in its work in Wales.

2. A client has the right to choose the

rhywbeth sy'n bennaf o ddiddordeb mewnol i CCETSW. Ond mae llwyddiant neu aflwyddiant CCETSW i weithredu hyn yn gyhoeddus yn adlewyrchu'r pwys a roddir ganddynt ar y polisi, ac felly'n dylanwadu ar y broses barhaol o ail-lunio'r feddylfryd gyffredin gyhoeddus ynghylch yr iaith.

Erbyn hyn, cyfeirir at ofynion ynghylch yr iaith yn natganiadau polisi'r Cyngor a chyhoeddir rhai dogfennau yn y ddwy iaith.[24] Cynhyrchwyd deunydd ricriwtio Cymraeg o safon uchel. Darperir cyfleusterau cyfieithu ar y pryd mewn cyfarfodydd. Newidiwyd trefniadaeth CCETSW, a sefydlwyd uned reolaethol ar wahân, sef CCETSW Cymru/Wales. Dichon nad oedd hyn i gyd yn ganlyniad uniongyrchol i ddyfodiad y polisi iaith. Mae'n debyg fod cyfrifoldeb y Swyddfa Gymreig dros y gwasanaethau cymdeithasol yn ffactor ddylanwadol ac y credid y byddai'n fanteisiol i sefydlu uned reolaethol i CCETSW oedd â'r un ffiniau.

Egwyddor hawl y client i wasanaeth ieithyddol addas

Gellir olrhain yr ail egwyddor yn ôl o leiaf i bolisi BASW 1984. Mae hefyd yn adleisio argymhellion a geir yng nghanllawiau *Deddf Iechyd Meddwl* 1983,[25] a bwriad *Deddf Iaith* 1967 i sicrhau defnydd o'r Gymraeg heb lyffethair yng ngweithrediadau'r gyfraith. A dyfynnu eto o astudiaeth Andrews and Henshaw:

> According to Lord Justice Edmund Davies, the Welsh Language Act 1967 recognised that the conception of a 'just result' is not confined in the language used to the simple consideration of whether the accused Welshman is able to comprehend everything said in Court. It confers on all Welsh speakers the right to use Welsh *without hindrance* in legal proceedings.[26] (Ychwanegwyd yr italeiddiad)

Mae hefyd yn mynd i'r un cyfeiriad ag Adran 22(5)(c) *Deddf Plant* 1989 sy'n ymwneud â dyletswyddau awdurdodau lleol wrth wneud penderfyniadau ynghylch plentyn yn

language which he or she uses to communicate with the agency.

3. CCETSW should attempt to ensure that Welsh-medium education is available and that English-medium education shows cultural and linguistic sensitivity.

The principle of equal status

The first of the above principles is in one sense mainly of internal interest to CCETSW. But their success or failure in implementing this publicly indicates the importance which they give to the policy, and so influences the continuing process of reforming the general public perception of the language.

Reference is now made to linguistic requirements in the Council's policy statements and some documents are published in the two languages.[24] Welsh-language recruitment material of a high standard has been produced. Simultaneous translation facilities are provided at meetings. CCETSW's organization has been changed and a separate management unit, CCETSW Cymru/Wales, established. This may not have been entirely the direct result of the advent of the language policy, and the fact that the Welsh Office was responsible for social services was probably influential in that it was thought advantageous to establish a coterminous managerial unit for CCETSW.

The principle that the client has a right to an appropriate linguistic service

The second principle can be traced back at least to the BASW policy of 1984. It also reiterates recommendations found in the guidelines to the *Mental Health Act* 1983[25] and the intention behind the 1967 *Language Act*, of ensuring that the Welsh language may be used without hindrance in legal proceedings. To quote once more from the Andrews and Henshaw study:

> According to Lord Justice Edmund Davies, the Welsh Language Act 1967 recognised that the conception of a 'just result' is not confined in the language used to the simple consideration of whether the accused

eu gofal neu ynghylch plentyn y bwriadant roi gofal iddo:

> (5) in making any such decision a local authority shall give due consideration . . . (C) to the child's religious persuasion, racial origin and cultural and linguistic background.

Cydnabyddir nad yw 'give due consideration . . . to . . . linguistic background' yn golygu'n union yr un peth o anghenraid â rhoi hawl absoliwt i'r plentyn ddefnyddio iaith benodol. Mae'r cyfrolau arweiniad a rheolau'r *Ddeddf Plant* yn cyfeirio'n amlach, ac yn llawnach wrth gwrs, at anghenion ieithyddol plant.[27]

Ymddengys yr ail egwyddor yn un amlwg synhwyrol i lawer o weithwyr cymdeithasol, yn clymu'r polisi i hawl y client i benderfynu a dewis drosto'i hun. Fodd bynnag mae anawsterau, yn bennaf oherwydd grym cyfyngedig CCETSW i sicrhau gweithredu ar sail yr egwyddor, a diffyg polisïau tebyg, canllawiau ymarfer ac adnoddau digonol i'w gweithredu ymysg y mwyafrif o asiantaethau gwaith cymdeithasol yng Nghymru, yn y Swyddfa Gymreig a'r Swyddfa Gartref, hynny yw'r sefydliadau gyda'r grym i sicrhau newid.

Anhawster sylfaenol arall yw bod yr ail egwyddor yn cyfeirio at hawl unigolyn, yn hytrach nag at hawl cymuned ieithyddol a chenedl i wasanaeth trwy gyfrwng dwy brif iaith y genedl honno. Effaith hyn yw lleoli'r 'broblem iaith' a'r cyfrifoldeb o'i datrys efo'r client unigol gyda'r canlyniad ymarferol o wadu hawl go iawn i ddewis a hefyd felly o leihau defnydd y Gymraeg a chadarnhau defnydd y Saesneg. Mae'r diffyg hwn, o gyfyngu'r cwestiwn iaith i'r client unigol, yn darged amlwg i'r rhai sy'n ceisio sicrhau newid go iawn yn y maes yng Nghymru.

Arwydd o symudiad, yn nhermau'r ail egwyddor, yw'r argraff a geir bellach bod gwadu'r hawl i ddefnyddio'r Gymraeg, o ran damcaniaeth o leiaf, bellach yn annerbyniol i lawer, os nad y mwyafrif, o weithwyr cymdeithasol Cymru. Dichon y byddai'n

Welshman is able to comprehend everything said in Court. It confers on all Welsh speakers the right to use Welsh *without hindrance* in legal proceedings.[26] (Italic not in the original).

This also has the same purpose in view as section 22 (5) (C) of the *Children Act* 1989 which deals with the duties of local authorities when making decisions about children in their care or to whom they propose to give care:

> (5) in making any such decision a local authority shall give due consideration . . . (C) to the child's religious persuasion, racial origin and cultural and linguistic background.

It is recognized that to 'give due consideration . . . to . . . linguistic background' does not of necessity mean exactly the same thing as giving the child an absolute right to use a particular language. The volumes of guidance and regulations to the *Children Act* refer with greater frequence and of course in more depth to children's linguistic needs.[27]

The second principle appears to many social workers to be an obvious and sensible one, linking the policy to clients' rights to decide and choose for themselves. There are however difficulties, not least because of CCETSW's limited powers to ensure that action is based on this principle, as well as a lack of similar policies, practice guidelines and sufficient resources to carry them out among most social work agencies in Wales, the Welsh Office and the Home Office, the very institutions which have the power to bring about change.

Another fundamental difficulty is that the second principle refers to the right of the individual, rather than the right which a linguistic community and nation has to a service through the medium of the two main languages of that nation. The effect of this is to localize the 'language problem' and the responsibility for solving it, making this the responsibility of the individual client, the practical outcome of which is to deny any real

bosibl dadlau mai rhan o'r un broses eang yw dyfodiad polisi iaith CCETSW â'r symudiad yma, yn hytrach na bod y polisi wedi dylanwadu'n uniongyrchol neu'n anuniongyrchol. Y pwynt a wneir yma yw ei bod yn ymddangos bod newid agwedd wedi digwydd a bod angen ymchwil bellach i ddilysu hyn.

Egwyddor addysg trwy gyfrwng y Gymraeg

Yn rhannol hyd yn hyn y bu'r llwyddiant wrth weithredu'r drydedd egwyddor. Mynegwyd anfodlonrwydd cyson gan fyfyrwyr cyrsiau cymhwyso ynghylch y diffyg cymharol o gyfleoedd dysgu o bob math trwy gyfrwng y Gymraeg. Crynhoir eu sylwadau yn drawiadol yn y gosodiad bod y Gymraeg yn ymddangos yn broblem i gyrsiau yn hytrach nag yn gyfle i wella ac ymestyn dysgu.

Mae gan CCETSW rym a dylanwad go iawn yn hwn ei briod faes. Mae lle i obeithio bod y polisi wedi ei gyfreithloni a'i sefydlogi'n ddigonol oddi mewn i gyfundrefn CCETSW fel y gweithredir ar ofynion parthed y Gymraeg fel rhan arferol o weithgaredd y sefydliad. Dylai asesu'r modd y gweithredir yr egwyddor yma felly fod yn rhan o'r broses o gymeradwyo a monitro'r cyrsiau diploma gwaith cymdeithasol newydd, o werthuso a monitro'r cyrsiau athrawon ymarfer ac o gymeradwyo asiantaethau fel rhai addas i gynnig lleoliadau i fyfyrwyr.

I grynhoi dadleuwyd uchod:

1. Mae dulliau arferol, tymor hir yn agored i CCETSW er sicrhau gweithredu egwyddorion y polisi.

2. Mae grym CCETSW yn gyfyngedig ac felly mae angen dylanwadu ar sefydliadau sydd â grym a chydlynu gyda'r sefydliadau hynny.

3. Mae polisi iaith CCETSW wedi cael dylanwad y tu allan i faes gweithgarwch arferol y sefydliad hwnnw, ei fod wedi cyfrannu at symud y farn gyhoeddus ynghylch yr iaith.

4. Nid cyfrifoldeb unigolion yn unig yw

right to choose and hence to decrease the use of Welsh and reinforce the use of English. The restriction of the language question to the individual client is a defect and an obvious target for those who are trying to bring about some real change in this field within Wales.

One sign that something is happening, in terms of the second principle, is the impression that denying the right to use Welsh is by now, at any rate in theory, unacceptable to many if not a majority of social workers in Wales. It may be possible to argue that the implementation of the CCETSW language policy is part of the same broad process as this movement, rather than that the policy has had a direct or indirect influence. The point here is that there does appear to have been a change of attitude and that further research is required to validate this.

The principle of Welsh-language education

To date, there has only been partial implementation of the third principle. Constant dissatisfaction has been expressed by students on qualifying courses about the comparative lack of all kinds of learning opportunities through the medium of Welsh. Their observations are summed up memorably in the statement that Welsh appears to be a problem for courses rather than an opportunity to improve and enhance the teaching.

CCETSW has real power and influence in this, its own operational area. There is room to hope that the policy has been legitimized and established to such an extent within the CCETSW system that requirements concerning the Welsh language are dealt with as a normal part of the activities of the organization. Assessing the implementation of this principle should therefore be a normal part of the process of approving and monitoring the new social work diploma courses, appraising and monitoring courses for practice teachers and approving agencies as being suitable to offer placements for students.

sicrhau cael y maen i'r wal; yn sicr nid cyfrifoldeb clientau unigol.

Mae'r pwyntiau hyn i gyd yn berthnasol i sefydliadau eraill a fydd yn llunio a gweithredu polisïau iaith yn y dyfodol, er enghraifft o ganlyniad i'r Ddeddf Iaith newydd.

Gosod agenda'r drafodaeth sydd ei hangen

Mae'r agenda ynghylch iaith a gwaith cymdeithasol at y dyfodol yn cynnig sialens enfawr. Gwnaed rhai elfennau'n amlwg yn y drafodaeth flaenorol a rhestrir rhai ohonynt isod.

Trafodaeth ddamcaniaethol

Mae angen ail-ddadansoddi a deall profiadau Cymry Cymraeg o'r cyfundrefnau gwasanaethau cymdeithasol o berspectif gwahanol, perspectif o ymwybyddiaeth o iaith, grym a gorthrymder.

Rhaid gosod gorthrwm iaith o fewn cyd-destun gorthrwm yn gyffredinol o fewn gwaith cymdeithasol.

Mae angen trafod nodweddion ymarfer da mewn cymdeithas amlieithog. Beth yw dylanwad bodolaeth mwy nag un iaith ac amrywiaethau o fewn ieithoedd ar berthynas y gweithiwr cymdeithasol proffesiynol â'r client, y teulu a'r gymuned? Pa ffyrdd sydd ar gael i sicrhau grym i glientau fedru dewis iaith?

Ymchwil

Mae angen ymchwil sylfaenol i bob agwedd o'r maes – natur ieithyddol y ddarpariaeth ar hyn o bryd; agweddau gweithwyr tuag at ddarpariaeth trwy gyfrwng y Gymraeg; anghenion a barn benodol clientau; nifer a dosraniad Cymry Cymraeg oddi mewn i'r clientlu; nifer a dosraniad Cymry Cymraeg oddi mewn i'r gweithlu; rhagolygon ynghylch newid yn y ddau yn y dyfodol; cynllunio'r gweithlu a'r ffyrdd o ddarparu gwasanaeth er mwyn sicrhau dewis.

In summary, the above argues that:

1. Normal, long-term methods are open to CCETSW in order to ensure that the principles of the policy are carried out.

2. CCETSW's power is limited and so there is a need to influence and liaise with organizations which do have power.

3. CCETSW's language policy has had some influence outside the usual remit of that institution, and has contributed to changing public opinion about the language.

4. It is not the responsibility of individuals alone to ensure that success is achieved; it is most definitely not the responsibility of individual clients.

All these points are of relevance to other institutions which will be formulating and implementing language policies in the future, for example as a result of the new Language Act.

Setting an agenda for the necessary debate

The future agenda for language and social work presents an enormous challenge. Some elements have been clarified in the preceding discussion and some are listed below.

Theoretical discussion

There is a need to analyse anew and understand the Welsh-speaker's experience of the social services organizations from a different perspective, a perspective of awareness of language, power and oppression.

Linguistic oppression has to be placed within a context of general oppression within social work.

Features which constitute good practice in a multilingual society need to be discussed. What influence does the existence of more than one language have, as well as variety within languages, on the relationship of the professional social worker with the client, the

Polisïau iaith
Mae angen i bob asiantaeth statudol a gwirfoddol lunio a chyhoeddi polisi iaith. Mae angen trafodaeth ar natur y polisïau hynny, yn unigol ac fel corff. Er enghraifft, a fyddai'n addas gweithredu'r un polisi manwl ym mhob rhan o Gymru? A oes angen blaenoriaethu rhai agweddau, megis datblygu wyneb cyhoeddus Cymraeg i rai asiantaethau fel mater o frys? Beth yw'r polisi ar iaith cofnodi achosion, ysgrifennu adroddiadau, cynnal cynadleddau achos ac yn y blaen?

Hyfforddiant
Sut mae datblygu system ar draws yr ystod hyfforddi sy'n rhoi cyfle cyfartal i Gymry Cymraeg? Sut mae datblygu system i alluogi Cymry di-Gymraeg i ddysgu'r iaith fel rhan o'u hyfforddiant mewn swydd? Pa ddeunydd addysgol sydd ei angen?

Monitro
Sut mae monitro, gwerthuso a rheoli datblygiadau a sicrhau'r adnoddau angenrheidiol ar gyfer cynnydd?

Mae hyn oll yn galw am waith sylweddol gan amrywiaeth o unigolion a sefydliadau, gwaith sydd prin wedi ei gyffwrdd hyd yn hyn. Mae rhai yng Nghymru wedi mentro i'r maes yn barod ac mae gwersi i'w dysgu o'u profiad. Yn amlwg yn eu mysg mae rhai asiantaethau gwirfoddol a statudol a hefyd grwpiau dwyn pwysau dros yr iaith. Mae gwersi i'w dysgu hefyd o waith, profiad a damcaniaethu grwpiau eraill, yn arbennig pobl dduon, grwpiau sydd eisoes wrthi'n brwydro yn erbyn gorthrwm o fewn gwaith cymdeithasol.

Diweddglo

Mae'r cyfundrefnau gwasanaethau cymdeithasol yng Nghymru yn cynnig gwasanaeth eilradd i Gymry Cymraeg bron ym mhob agwedd o'u gweithredu a bron ym mhob rhan o'r wlad. Mae angen diwygio parhaol a sylweddol i sicrhau adferiad. Ond nid gyda chlientau, myfyrwyr a gweithwyr cym-

family and the community? What ways are there of empowering clients so that they are able to choose their language?

Research
Basic research is required into all aspects of this field: the linguistic nature of the current provision; workers' attitudes towards Welsh-language provision; clients' needs and specific views; the number and distribution of Welsh-speakers within the clientele; the number and distribution of Welsh-speakers within the workforce; prospects for future change in both of these; planning the workforce and service provision so that choice is available.

Language policies
Every statutory and voluntary agency needs to formulate and publish a language policy. Discussion about the nature of such policies is required, both individually and as a whole. For example, whether it would be appropriate to operate the same detailed policy in all parts of Wales. Is there a need to prioritize some aspects, such as developing a Welsh-language public image for some agencies as a matter of urgency? What is the language policy in relation to recording casework, writing reports, holding case conferences etc?

Training
How is a system to be developed across the spectrum of training which gives Welsh-speakers equal opportunities? How can a system be developed which enables non-Welsh-speaking Welsh people to learn the language as part of their in-service training? What educational material is needed?

Monitoring
How can developments be monitored, appraised and controlled and the necessary resources be secured to ensure progress?

All this demands substantial work on the part of a variety of individuals and establishments, work which is as yet largely untouched. There are people in Wales who have pioneered in this field and there are lessons to be learnt

deithasol a gweithwyr gofal unigol yn bennaf y gorwedda'r cyfrifoldeb a'r grym i gyflawni hyn. Nac ychwaith gyda dyrnaid o asiantaethau blaengar yn un rhan o'r wlad. Mae angen datblygu polisïau a strategaethau gweithredu, a sicrhau adnoddau digonol trwy Gymru benbaladr. Mae'r diffyg hwn, o beidio â rhoi sylw bwriadol digonol i gwestiynau iaith mewn cymdeithas sy'n gynyddol ymwybodol o anghenion a hawliau pobl ddwyieithog, yn fethiant hanesyddol a sylweddol i broffesiwn sy'n honni rhoi lle blaenllaw i hawliau'r client. Mae'n fai sy'n galw am weithredu di-oed.

from their experience. Prominent among them are voluntary and statutory agencies as well as language pressure groups. There are also lessons to be learned from the work, experience and theorizing of other groups, particularly black people, groups which are already struggling against oppression within social work.

Conclusion

The social services in Wales are offering Welsh-speakers a second-rate service in almost every aspect of their activities and in almost every part of the country. Continuous, substantial reform is required in order to recover from this but the responsibility and power to achieve this do not rest primarily with individual clients, students and social workers and care workers. Nor do they lie with a handful of forward-thinking agencies in one part of the country. Policies and action strategies need to be developed and sufficient resources secured throughout the whole of Wales. This lack of sufficient purposeful attention to language questions in a society which is increasingly aware of the needs and rights of bilingual people is a historical and substantial failure on the part of a profession which claims to give a prominent place to the rights of the client. It is a fault which has to be remedied through urgent action.

Nodiadau

[1] Er enghraifft, gweler Lena Dominelli, *Anti-Racist Social Work* (Macmillan, 1986), t.6; Peter Ely a David Denney, *Social Work in a Multi-Racial Society* (Gower, 1987), tt.125–8; Julia Philipson, *Practising Equality. Women, Men and Social Work* (CCETSW, 1992), tt.13–18.

[2] David L. Adamson, *Class, Ideology and the Nation: A Theory of Welsh Nationalism* (University of Wales Press, 1991), t.129.

Notes

[1] For example, see Lena Dominelli, *Anti-Racist Social Work* (Macmillan, 1986), p.6; Peter Ely a David Denney, *Social Work in a Multi-Racial Society* (Gower, 1987), pp. 125–8; Julia Philipson, *Practising Equality, Women, Men and Social Work* (CCETSW, 1992), pp.13–18.

[2] David L. Adamson, *Class, Ideology and the Nation: A Theory of Welsh Nationalism* (University of Wales Press, 1991), p.129.

[3] Felly anwybyddwyd y cwestiwn iaith bron yn llwyr mewn ymchwiliad gan y Swyddfa Gymreig i safon y gwasanaeth yng nghartrefi plant Cymru – *Accommodating Children*, Cyfrolau 1 a 2 (Y Swyddfa Gymreig, 1991). Yn ôl Nicholas Bennett, yr Is-Ysgrifennydd Gwladol ar y pryd galwyd am yr adroddiad 'because it was important to receive an assurance that the children's homes in Wales were providing a high standard of service to the children in them' (t.2).

Cyfeirir at iaith unwaith yng Nghyfrol 1 – yn rhestr nodi NAYPIC (National Association of Young People in Care). 'Children's homes should be based on good anti-racist practice; special needs should be addressed, placement should be matched; children and staff should be ethnically matched as far as possible; issues of food and language should be addressed' (Atodlen 3, Rhan IV, t.41).

Cyfeirir at yr iaith Gymraeg unwaith yng Nghyfrol 2 – pan ofynnwyd i awdurdodau lleol restru anghenion nas cyflawnwyd. (Iddynt enwi anghenion iaith byddai'n rhaid i'r awdurdodau eu hunain fod yn ymwybodol o'r anghenion hynny wrth gwrs.) '*Unmet needs*. The following were mentioned only once by the authorities indicated . . . Welsh-language placements (C)' (h.y. Clwyd), Papur 1, t.3.

[4] Gweler Carter yn y gyfrol hon.

[5] 'It's double dutch to Welsh-speaking OAPs!', *Cardiff Independent*, 11 Rhagfyr 1991, t.5.

[6] Adroddiad Cyfrifiad 1991 (OPCS). Gweler hefyd Carter yn y gyfrol hon.

[7] J. Aitchison a H. Carter, *The Welsh Language 1961–1981* (University of Wales Press, 1985), t.30. Hefyd gweler Carter yn y gyfrol hon.

[8] Ibid., 16–17 a ffigurau 12 a 13.

[9] Peter Ely a David Denney, op. cit., t.126.

[10] Am drafodaeth bellach gweler Phil Baker, 'Talking the client's language', *Social Work Today*, 23 Mawrth 1989, tt.24–5; Phil Baker, Zaluda Hussain a Jane Saunders, *Interpreters in Public Services* (Venture Press, 1991); Jane Brotchie, 'A bridge across culture', *Community Care/Inside*, 26 Hydref 1990, ii–iii; Ron Baker a Jennie Briggs, 'Working with interpreters in

[3] And so the language question was almost totally ignored in an inquiry by the Welsh Office into the standard of service in Welsh children's homes - *Accommodating Children*, Vol. 1 and 2 (Welsh Office, 1991). According to Nicholas Bennett who was Under-Secretary of State at the time the report was commissioned 'because it was important to receive an assurance that the children's homes in Wales were providing a high standard of service to the children in them' (p.2).

There is one reference to language in Volume 1 - in the notes? of NAYPIC (National Association of Young People in Care). 'Children's homes should be based on good anti-racist practice; special needs should be addressed, placement should be matched; children and staff should be ethnically matched as far as possible; issues of food and language should be addressed' (Supplement 3, Part IV, p.41).

There is only one reference to the Welsh language in Volume 2 – when local authorities are asked to list those needs which are not being met. (In order to be able to list language needs the authorities themselves would of course have to be conscious of those needs.) '*Unmet needs*. The following were mentioned only once by the authorities indicated . . . Welsh-language placements (C)' (that is, Clwyd), Paper', p.3.

[4] See Carter in this volume.

[5] 'It's double dutch to Welsh-speaking OAPs!', *Cardiff Independent*, 11 December 1991, p.5.

[6] Census Report 1991 (OPCS). See also Carter in this volume.

[7] J. Aitchison and H. Carter, *The Welsh Language, 1961–1981* (University of Wales Press, 1985), p.30. See also Carter in this volume.

[8] Ibid., 16–17 and figures 12 and 13.

[9] Peter Ely and David Denney, op.cit., p.126.

[10] For further discussion see Phil Baker, 'Talking the client's language', *Social Work Today*, 23 March 1989, pp.24–5; Phil Baker, Zaluda Husain and Jane Saunders, *Interpreters in Public Services* (Venture Press, 1991); Jane

social work practice', *Australian Social Work*, 28(4), tt.31–7.

[11] Lena Dominelli, op. cit., 36–8.

[12] Nid na fu trafodaeth ynghylch yr egwyddorion sylfaenol hyn. Gweler, er enghraifft, Terry Thomas a John Forbes, 'Choice, consent and social work', *Practice*, 3(2), tt.136–48.

[13] *Defnydd o'r Gymraeg a'r Saesneg mewn gwaith cymdeithasol yng Nghymru*, Datganiad polisi BASW (1984).

[14] *Polisi yr Iaith Gymraeg* (Cyngor Canolog Addysg a Hyfforddiant mewn Gwaith Cymdeithasol, 1989).

[15] J. A. Andrews a L. G. Henshaw, *The Welsh Language in the Courts* (Aberystwyth, 1984), t.93. Er yn cydnabod dadleuon o'r math hwn mae Andrews a Henshaw yn mynegi boddhad gyda'r ddarpariaeth ieithyddol yn y llysoedd ond gyda'r ychwanegiad diddorol: 'That the parties and witnesses choose not to make use of the facilities is not the fault of the law or the legal system, it is more a reflection of public and individual attitudes' (t.93).

[16] Anne Fry, 'Crossing the Channel and the language barrier', *Social Work Today*, 9 Tachwedd 1989.

[17] John McGlyne, 'Racial discrimination and the Welsh language', *New Law Journal*, 13 Hydref 1989. Gweler hefyd Gwilym Prys Davies yn y gyfrol hon.

[18] Gwynedd County Council vs. Jones and Doyle, EAT, 23–24/7/86.

[19] Er enghraifft gweler a chymharer, Peter Ely a David Denney, op. cit, tt.17–19, â Charles Husband 'Race, conflictual politics and anti-racist social work: lessons from the past for action in the 90s', *Setting the Context for Change* (CCETSW, 1991), 60–4.

[20] *Polisi dwyieithog. Canllawiau ar gyfer y sector cyhoeddus* (Bwrdd yr Iaith Gymraeg, 1989).

[21] 'Holiadur iaith a gwaith cymdeithasol'/ 'Language and social work questionnaire', Hywel Williams/Canolfan Ymarfer Gwaith Cymdeithasol Gogledd Cymru, 1985. (Nis cyhoeddwyd.)

[22] *Datganiad Polisi a Chanllawiau Dwyieith-*

Brotchie, 'A bridge across culture', *Community Care/Inside*, 26 October 1990, ii–iii, Ron Baker and Jennie Briggs, 'Working with interpreters in social work practice', *Australian Social Work*, 28(4), pp.31–7.

[11] Lena Dominelli, op.cit., pp.36–8.

[12] It is not that there has not been discussion of these basic principles. See, for example, Terry Thomas and John Forbes, 'Choice, consent and social work', *Practice*, 3(2), pp.136–48.

[13] *Defnydd o'r Gymraeg a'r Saesneg mewn gwaith cymdeithasol yng Nghymru*, BASW policy statement (1984).

[14] *Polisi yr Iaith Gymraeg* (Cyngor Canolog Addysg a Hyfforddiant mewn Gwaith Cymdeithasol, 1989).

[15] J. A. Andrews and L. G. Henshaw, *The Welsh Language in the Courts* (Aberystwyth, 1984), p.93. Although they acknowledge this sort of argument, Andrews and Henshaw express satisfaction with the language provision of the courts but with the interesting rejoinder: 'That the parties and witnesses choose not to make use of the facilities is not the fault of the law or the legal system, it is more a reflection of public and individual attitudes' (p.93).

[16] Anne Fry, 'Crossing the Channel and the language barrier', *Social Work Today*, 9 November 1989.

[17] John McGlyne, 'Racial discrimination and the Welsh language', *New Law Journal*, 13 October 1989. See also Gwilym Prys Davies in this volume.

[18] Gwynedd County Council vs. Jones and Doyle, EAT, 23–24/7/86.

[19] For example, see and compare Peter Ely and David Denney, op.cit., pp.17–19, with Charles Husband, 'Race, conflictual politics and anti-racist social work; lessons from the past for action in the 90s', *Setting the Context for Change* (CCETSW, 1991), 60–4.

[20] *A bilingual policy. Guidelines for the public sector* (The Welsh Language Board, 1989).

[21] 'Holiadur iaith a gwaith cymdeithasol'/ 'Language and social work questionnaire', Hywel Williams/Canolfan Ymarfer Gwaith

rwydd/Statement of Bilingual Policy and Guidelines, Gwasanaeth Prawf Gogledd Cymru (Mai 1990).

[23] *Polisi Iaith Cyngor Sir Gwynedd/Gwynedd County Council's Welsh Language Policy*, Cyngor Sir Gwynedd (Caernarfon, 1992).

[24] Er enghraifft: 'NVQ. Gofynion ar gyfer cymeradwyo canolfannau asesu a dyfarnu cymwysterau gan CCETSW', Papur 29; a 'NVQ. Cyfarwyddyd ar gyfer cymeradwyo trefniadau asesu'. Cyhoeddwyd y ddau gan CCETSW (Llundain, 1991).

[25] *Code of Practice. Mental Health Act 1983* (HMSO, 1990). Gweler er enghraifft yn unig 1.4 t.2, a 2.11 t.6.

[26] J. A. Andrews a L. G. Henshaw, op. cit., t.30.

[27] Gweler, er enghraifft, *The Children Act 1989. Guidance and Regulations Volume 3. Family Placements* (HMSO, Llundain, 1991), tt.3, 7, 13, 14, 15 etc. Gweler hefyd bennod Gwilym Prys Davies yn y gyfrol hon.

Cymdeithasol Gogledd Cymru, 1985. (Unpublished.)

[22] *Datganiad Polisi a Chanllawiau Dwyieithrwydd/Statement of Bilingual Policy and Guidelines*, Gwasanaeth Prawf Gogledd Cymru (May 1990).

[23] *Polisi Iaith Cyngor Sir Gwynedd/Gwynedd County Council's Welsh Language Policy*, Cyngor Sir Gwynedd (Caernarfon, 1992).

[24] For example: 'NVQ. Requirements for approval of assessment centres and awarding of qualifications by CCETSW', Paper 29, and 'NVQ. Guidance on approval of assessment arrangements'. Both were published by CCETSW (London, 1991).

[25] *Code of Practice. Mental Health Act 1983* (HMSO, 1990). See, for example, 1.4 p.2, and 2.11 p.6.

[26] J. A. Andrews and L. G. Henshaw, op.cit., p.30.

[27] See, for example, *The Children Act 1989. Guidance and Regulations Volume 3. Family Placements* (HMSO, 1991), pp.3, 7, 13, 14, 15 etc. See also Gwilym Prys Davies's chapter in this volume.

Mynegai
~
Index